20 Prüfungssimulationen und Kurzvorträge für das mündliche Steuerberaterexamen

Alexander Schneider · Marc Philipp Müller

20 Prüfungssimulationen und Kurzvorträge für das mündliche Steuerberaterexamen

Alexander Schneider
München, Deutschland

Marc Philipp Müller
München, Deutschland

ISBN 978-3-658-41615-7   ISBN 978-3-658-41616-4 (eBook)
https://doi.org/10.1007/978-3-658-41616-4

Die Deutsche Nationalbibliothek verzeichnet diese Publikation in der Deutschen Nationalbibliografie; detaillierte bibliografische Daten sind im Internet über https://portal.dnb.de abrufbar.

© Der/die Herausgeber bzw. der/die Autor(en), exklusiv lizenziert an Springer Fachmedien Wiesbaden GmbH, ein Teil von Springer Nature 2023, korrigierte Publikation 2023
Das Werk einschließlich aller seiner Teile ist urheberrechtlich geschützt. Jede Verwertung, die nicht ausdrücklich vom Urheberrechtsgesetz zugelassen ist, bedarf der vorherigen Zustimmung des Verlags. Das gilt insbesondere für Vervielfältigungen, Bearbeitungen, Übersetzungen, Mikroverfilmungen und die Einspeicherung und Verarbeitung in elektronischen Systemen.
Die Wiedergabe von allgemein beschreibenden Bezeichnungen, Marken, Unternehmensnamen etc. in diesem Werk bedeutet nicht, dass diese frei durch jedermann benutzt werden dürfen. Die Berechtigung zur Benutzung unterliegt, auch ohne gesonderten Hinweis hierzu, den Regeln des Markenrechts. Die Rechte des jeweiligen Zeicheninhabers sind zu beachten.
Der Verlag, die Autoren und die Herausgeber gehen davon aus, dass die Angaben und Informationen in diesem Werk zum Zeitpunkt der Veröffentlichung vollständig und korrekt sind. Weder der Verlag noch die Autoren oder die Herausgeber übernehmen, ausdrücklich oder implizit, Gewähr für den Inhalt des Werkes, etwaige Fehler oder Äußerungen. Der Verlag bleibt im Hinblick auf geografische Zuordnungen und Gebietsbezeichnungen in veröffentlichten Karten und Institutionsadressen neutral.

Planung/Lektorat: Vivien Bender
Springer Gabler ist ein Imprint der eingetragenen Gesellschaft Springer Fachmedien Wiesbaden GmbH und ist ein Teil von Springer Nature.
Die Anschrift der Gesellschaft ist: Abraham-Lincoln-Str. 46, 65189 Wiesbaden, Germany

Vorwort

Das Steuerberaterexamen gilt als eine der schwersten Prüfungen, die es in Deutschland gibt. Mit dem Bestehen des Steuerberaterexamens erhält der Absolvent einen Abschluss, der hohes Ansehen auch außerhalb des Berufsstandes genießt.

Neben der schriftlichen Prüfung muss der Teilnehmer des Steuerberaterexamens auch eine mündliche Prüfung absolvieren. Die mündliche Prüfung hat für das Bestehen der gesamten Prüfung eine hohe Relevanz, weil schriftliche und mündliche Prüfung paritätisch bewertet werden.

Anders als bei anderen Prüfungen sind die Durchfallquoten bezogen auf die mündliche Prüfung noch beträchtlich. Allerdings gibt es hier regional sehr unterschiedliche Ergebnisse. Besonders hoch sind die Durchfallquoten in den mündlichen Prüfungen des Prüfungsjahres 2021 in Bayern und Köln gewesen. Im Bundesschnitt beträgt die Durchfallquote, der zur mündlichen Prüfung bereits zugelassenen Teilnehmer, immerhin noch knapp 10 %.

Die hohe Bedeutung der mündlichen Prüfung im Rahmen des Steuerberaterexamens erfordert eine gute Vorbereitung auf diesen Teil. Hilfreich ist es hierbei, wenn sich die Prüfungsteilnehmer möglichst realitätsnah auf die mündliche Prüfung vorbereiten. Dieses Buch will hierzu einen Beitrag leisten.

Wenngleich bei der mündlichen Prüfung ein guter Vortrag wünschenswert ist und einen guten psychologischer Start in das mündliche Examen bedeutet, so wird auf diesen Teil der Prüfung nur eine von insgesamt sieben möglichen Noten vergeben. Somit ist die eigentliche Prüfung im Rahmen eines Frage- und Antwortgesprächs der Teil der mündlichen Prüfung, der vor allem über das Bestehen der Gesamtprüfung entscheidet. Aus diesem Grund ist auch dieser Teil der Prüfung der Kernbereich dieses Buches. In diesem Buch wird deshalb das Kapitel „20 Prüfungssimulationen" vor dem Teil „20 Vortragsthemen" behandelt.

Die Besonderheit dieses Buches besteht darin, dass es von zwei Autoren geschrieben wurde, die durch ihre praktische Erfahrung unmittelbaren Zugang zur mündlichen Steuerberaterexamen haben. Dies gilt zum einen für Alexander Schneider, der seit rd. 20 Jahren im mündlichen Teil des Steuerberaterexamens prüft. Dies gilt zum anderen für Marc

Müller, der das Steuerberaterexamen samt mündlicher Prüfung erst im Jahr 2022 erfolgreich absolviert hat.

Alexander Schneider hat die Kap. 1 und 2 und Marc Müller hat das Kap. 3 dieses Buches verfasst.

In diesem Buch wird der Rechtsstand bis April 2023 berücksichtigt. Aktuelle und prüfungsrelevante Entwicklungen oder Gerichtsentscheidungen, die bis zu diesem Zeitpunkt vorlagen, sind in dem Buch aufgenommen. Insbesondere hat das Jahressteuergesetz 2022 Berücksichtigung gefunden.

Das Buch wurde nach bestem Wissen und Gewissen erstellt. Sollten sich dennoch Fehler oder Ungereimtheiten in dieses Buch eingeschlichen haben, so bedanken sich die Autoren für eine Rückmeldung unter der Emailanschrift alexander.f.schneider@online.de oder marc.mueller30@gmail.com. Eine steuerliche Beratung kann dieses Buch nicht ersetzen. Die BDO AG Wirtschaftsprüfungsgesellschaft unterstützt dieses Buch und Mitarbeiter/-innen auf ihrem Karriereweg (recruiting@bdo.de).

München, Deutschland

Alexander Schneider
Marc Philipp Müller

Inhaltsverzeichnis

1 Ablauf der mündlichen Prüfung des Steuerberaterexamens 1
    1.1   Ablauf der Prüfung 1
    1.2   Prüfungsgebiete 3
    1.3   Benotung 3

2 20 Prüfungssimulationen 5
    2.1   Prüfung 1 – Bilanzierungspflicht im Steuerrecht; Betriebsprüfung; Geschäftsführer einer GmbH; Influencer; Wegzug in das Ausland; Finanzierung einer Gesellschaft 6
    2.2   Prüfung 2 – Berufsgerichtliche Maßnahmen gegen einen Steuerberater; Betriebsaufspaltung; Nichtigkeit von Bilanzen und Feststellungsklage; Doppelte Haushaltsführung und Arbeitszimmer; Jahresabschluss bei Gesellschafterwechsel; Umsatzsteuerkarussell und Konsignationslager ... 14
    2.3   Prüfung 3 – Sonderausgaben; Innergemeinschaftliche Lieferung und elektronische Rechnung; Gewährleistungsrecht und Sicherheitsleistungen; Veräußerung eines KG-Anteils; Stundung und Vollstreckungsaufschub; Erbbaurecht 1 24
    2.4   Prüfung 4 – Tod und Verluste; Spenden; Anfechtung und Nichtigkeit; Außergewöhnliche Belastungen; Steuerliches Einlagekonto / Sonderausweis; Erbbaurecht 2 32
    2.5   Prüfung 5 – Investitionsabzugsbetrag und latente Steuern; Form der Steuererklärung und Anzeige nach § 30 ErbStG; Zugewinngemeinschaft und Eigentumsübergang; Zwangsvollstreckung und Bußgeld; Strafverteidigung und Steuerfahndung; Entscheidungen im finanzgerichtlichen Verfahren 40
    2.6   Prüfung 6 – Umwandlungsformen; Personengesellschaften mit Immobilienvermögen; Hilfspersonen; Fremdwährungsgeschäfte; Haftung und Richtertätigkeit eines Steuerberaters; Verständigungsverfahren 49

2.7 Prüfung 7 – Sicherung des deutschen Steueraufkommens; Beschränkte Erbschaftsteuerpflicht; Gewillkürte Erbfolge; Gewerblich geprägte Personengesellschaft mit Sonderbetriebsvermögen; Aufnahme eines Steuerberaters in eine KG; Grundlagen- und Folgebescheid 57

2.8 Prüfung 8 – Lebensversicherungen; Verlagerung von Wirtschaftsgütern in eine ausländische Betriebsstätte; Vergleich; Grundstücke mit Betriebsvorrichtung und Option nach § 9 UStG; Geschäfts- und Firmenwert und Abschreibung; Einstweiliger Rechtsschutz und Feststellungsklage 67

2.9 Prüfung 9 – Einlage als fiktive Veräußerung; Haftung für Steuerschulden des Betriebsveräußerers; Stellvertretung; Aktientausch durch Verschmelzung; Kapitalrücklage und steuerliches Einlagekonto; Stiftung 1 76

2.10 Prüfung 10 – Formwechsel eines Einzelunternehmens in eine GmbH; Aufsichtsrat; Gründung einer GmbH & Co KG und Stellung des Kommanditisten; Vermeidung einer Doppelbesteuerung nach nationalem Recht; Selbstanzeige; Vereinfachte Ertragsbewertung 85

2.11 Prüfung 11 – Betriebsveräußerung; GmbH & atypisch Still; Kommanditgesellschaft auf Aktien und SE; Doppelbesteuerung von Ertragsteuern und Erbschaftsteuer; Jahresabschluss einer GmbH; Verjährung der Steuerhinterziehung 94

2.12 Prüfung 12 – Steuerberatervertrag 1; Veräußerung von Privatvermögen; Finanzgericht und Bundesfinanzhof; Haftung des Kommanditisten und Prokuristen; Handels- und Steuerbilanz; Besonderheiten bei Konzernen 102

2.13 Prüfung 13 – Anzeigepflichten; Verdeckte Einlage; Europäisches Recht; Gewerbliche oder sonstige Einkünfte; Dividenden und Veräußerung einer Beteiligung; Rechtsformwechsel 111

2.14 Prüfung 14 – Spiegelbildtheorie; Mitarbeiterbeteiligung; Ausschlagung der Erbschaft und Anfechtung; Strafverfolgungsverjährung und Strafermittlung durch das Finanzamt; Unternehmensbewertung; Zulässigkeit einer finanzgerichtlichen Klage 118

2.15 Prüfung 15 – Gesellschafterwechsel bei Grundstücksgesellschaften; Bruchteilsgemeinschaft und Gesellschaft; Beschränkt geschäftsfähiger Minderjähriger als Kommanditist; Hinzurechnung ausländischer Einkünfte in Deutschland; Güterstandschaukel; Insolvenz 127

2.16 Prüfung 16 – Vor- und Nacherbschaft und Berliner Testament; Umsatzsteuerbefreiung bei Grunderwerb; Kauf per E-Mail; Goldhandel; Steuerberatervertrag 2; Gleichheit der Besteuerung 135

2.17 Prüfung 17 – Handakte des Steuerberaters; Vorläufiger Rechtschutz; Nießbrauch; Umsatzsteuer bei Besitzkonstitut; Realteilung und Begünstigung nach § 6 Abs. 5 EStG; Betriebswirtschaftliche Einzelfragen 144

2.18 Prüfung 18 – Honorar des Steuerberaters und Verjährung; Gutscheine; Kaufvertrag; Steuerbescheid ohne Begründung und Anhörung; Bauabzugssteuer; Stiftung 2 153

2.19 Prüfung 19 – Kapitalgesellschaft versus Personengesellschaft; Erlass und Stundung; Kaufmann im HGB; Anschaffungsnahe Herstellungskosten; Ausländische Gesellschaft mit Grundbesitz in Deutschland; Steuern und deren steuerliche Behandlung 162

2.20 Prüfung 20 – Rechtsformen einer Steuerberatungsgesellschaft; Versorgungsleistungen als wiederkehrende Zahlungen; Einlagen bei einer GmbH; Homeoffice; Beteiligungsveräußerung an Kapitalgesellschaft; Steuererklärungspflicht und Verspätungszuschlag ... 171

3 20 Vortragsthemen 181
   3.1 Das steuerliche Einlagekonto............................... 181
   3.2 Die steuerliche Behandlung von Bitcoins 184
   3.3 Haushaltsnahe Beschäftigungsverhältnisse und Dienstleistungen........ 187
   3.4 Die steuerliche Behandlung von Fotovoltaikanlagen 190
   3.5 Die ertragsteuerliche Behandlung von Arbeitszimmer und Homeoffice ... 193
   3.6 Rechnungsberichtigung nach § 14c UStG...................... 196
   3.7 Optionen in der Umsatzsteuer 199
   3.8 Die verbindliche Auskunft................................. 201
   3.9 Die steuerliche Außenprüfung.............................. 204
   3.10 Die Haftung nach § 69 AO................................. 207
   3.11 Die Berufspflichten des Steuerberaters 210
   3.12 Rückstellungen in der Handels- und Steuerbilanz.............. 213
   3.13 Bilanzierung von Leasingverträgen.......................... 216
   3.14 Verluste bei beschränkter Haftung nach § 15a EStG 219
   3.15 Gründung einer GmbH 222
   3.16 Wesentliche Inhalte des Ehevertrags 224
   3.17 Formvorschriften im BGB.................................. 227
   3.18 Beschränkte Geschäftsfähigkeit im BGB 230
   3.19 Vertretung im BGB 232
   3.20 Die gesetzliche Erbfolge 235
   Literatur... 237

Erratum zu: 20 Prüfungssimulationen E1

Ablauf der mündlichen Prüfung des Steuerberaterexamens

1.1 Ablauf der Prüfung

Zu Beginn der Prüfung müssen die Teilnehmer (in der Regel 4) zunächst ihren Personalausweis vorlegen. Anschließend bereiten sich die Teilnehmer dann im Abstand von ca. 10 Minuten in 30 Minuten auf den Kurzvortrag vor. Hierzu stehen den Teilnehmern 3 Themen zur Auswahl. Die Teilnehmer werden hierzu in einen separaten Raum geführt, in welchem sie sich auf den Vortrag vorbereiten können. Als Hilfsmittel steht den Teilnehmern die Sammlung der Steuergesetze, der Steuerrichtlinien und Zivilgesetze zur Verfügung. Der Teilnehmer hat die Möglichkeit, handschriftliche Notizen anzufertigen, die er auch für seinen Vortrag verwenden kann. Nach Ablauf der 30 Minuten werden die Teilnehmer dann in den Saal geführt, in welchem die Prüfungskommission bereits sitzt. Der Vorsitzende begrüßt den Teilnehmer und bittet ihn sogleich, seinen Vortrag zu beginnen. Er teilt dem Teilnehmer die vorgegebene Zeit für den Vortrag mit. Die Vortragsdauer ist abhängig vom jeweiligen Bundesland (z. B. Bayern 8 bis max. 10 Minuten und Berlin 5 bis max. 7 Minuten). Anschließend stellt der Vorsitzende noch die Frage, ob der Teilnehmer den Vortrag am Stehpult oder im Sitzen halten will. Unmittelbar danach hält der Teilnehmer seinen Kurzvortrag. Nach Beendigung des Kurzvortrages verlässt der Teilnehmer den Sitzungssaal und kurze Zeit später wird der nächste Teilnehmer in den Sitzungssaal geführt.

Nachdem alle Teilnehmer ihren Kurzvortrag gehalten haben, findet eine kurze Pause statt. In dieser Zeit berät die Prüfungskommission über die Notenvergabe. In der Regel wird derjenige der Prüfungskommission, der das Kurzvortragsthema gewählt hat, zunächst eine Note vorschlagen und diese begründen. Hierzu kann sich dann jedes Mitglied der Prüfungskommission äußern. Dann wird die Note einvernehmlich und ggf. unter Vermittlung des Vorsitzenden festgelegt.

© Der/die Autor(en), exklusiv lizenziert an Springer Fachmedien Wiesbaden GmbH, ein Teil von Springer Nature 2023
A. Schneider, M. P. Müller, *20 Prüfungssimulationen und Kurzvorträge für das mündliche Steuerberaterexamen*, https://doi.org/10.1007/978-3-658-41616-4_1

Nach der Pause beginnt die eigentliche mündliche Prüfung. Die Teilnehmer der Prüfung werden hierzu von einem Mitarbeiter der Steuerberaterkammer gebeten, gemeinsam in den Sitzungssaal einzutreten. Anschließend setzen sich die Teilnehmer an nebeneinander aufgereihten Tischen auf einen ihnen zugewiesenen Sitzplatz.

Sobald die Teilnehmer sitzen, begrüßt der Vorsitzende die Teilnehmer nochmals. Er weist darauf hin, dass die Teilnehmer eine etwaige Prüfungsunfähigkeit durch Krankheit unverzüglich mitzuteilen haben und vergewissert sich, dass jeder Teilnehmer seine Prüfungstauglichkeit betätigt. Dann stellt der Vorsitzende die Mitglieder der Prüfungskommission namentlich vor und informiert, in welcher Reihenfolge die Mitglieder des Prüfungsausschusses prüfen und welcher Prüfer dem Berufsstand, der Finanzverwaltung oder der Wirtschaft angehört.

Anschließend fragt der Vorsitzende, ob vor Beginn der Prüfungsrunde noch Unklarheiten oder Fragen seitens der Teilnehmer bestehen. Anschließend beginnt dann die Prüfungsrunde.

In der Regel beginnt ein Mitglied des Berufsstandes mit der Prüfung. Dann setzt ein Mitglied der Finanzverwaltung die Prüfung fort. Dann folgt eine etwas längere Pause, in welcher die Teilnehmer die Möglichkeit haben, etwas zu essen. Nach dieser Pause prüft sodann das Mitglied der Prüfungskommission für die Wirtschaft die Teilnehmer und anschließend prüft das zweite Mitglied der Prüfungskommission für die Finanzverwaltung. Dann folgt eine kürzere Pause, in welcher die Prüfungskommission sich nochmals berät. Nach dieser Beratungspause werden die letzten beiden Prüfungsrunden von dem zweiten Mitglied des Prüfungsausschusses für den Berufsstand und abschließend vom Vorsitzenden durchgeführt.

In manchen Bundesländern (z. B. Berlin) wird nur eine Pause nach der dritten Fragerunde gemacht.

Nach einer weiteren Beratungsrunde der Prüfungskommission werden die Teilnehmer einzeln oder gemeinsam gebeten, in den Sitzungssaal zu kommen. Dort wird ihnen das Ergebnis der Prüfung bekanntgegeben. Den erfolgreichen Teilnehmern wird gratuliert und sie erhalten vom Vorsitzenden sogleich eine Urkunde über das Bestehen der Prüfung ausgehändigt. Hat ein Teilnehmer nicht bestanden, wird er allein in den Sitzungssaal gebeten. Nach Bekanntgabe des Nichtbestehens wird der Teilnehmer über die Rechtsbehelfsmöglichkeit belehrt und gefragt, ob er die einzelnen Noten der sechs Prüfungsabschnitte wissen will. Bejaht der Teilnehmer dies, liest ihm der Vorsitzende die einzelnen Noten vor. Auf Wunsch erklären dann noch die einzelnen Prüfungsmitglieder die Hintergründe für ihre Benotung.

Anschließend endet die Prüfung.

Typischerweise läuft die mündliche Prüfung in der beschriebenen Weise ab. Regional können sich jedoch geringere Abweichungen ergeben.

1.2 Prüfungsgebiete

Die Prüfungsgebiete für die mündliche Prüfung ergeben sich aus der Vorschrift des § 37 StBerG. Es handelt sich insgesamt um 8 Prüfungsgebiete:

Steuerliches Verfahrensrecht sowie Steuerstraf- und Steuerordnungswidrigkeitsrecht
Steuern vom Einkommen und Ertrag
Bewertungsrecht, Erbschaftsteuer und Grundsteuer
Verbrauch- und Verkehrssteuern, Grundzüge des Zollrechts
Handelsrecht sowie Grundzüge des Bürgerlichen Rechts, des Gesellschaftsrechts, des Insolvenzrechts und des Rechts der Europäischen Union,
Betriebswirtschaft und Rechnungswesen
Volkswirtschaft
Berufsrecht

1.3 Benotung

Jeder Teilnehmer erhält in der mündlichen Prüfung sieben Noten. Hiervon entfällt eine Note auf den Kurzvortrag und sechs Noten auf die Prüfungsrunde. Jedes der sechs Mitglieder der Prüfungskommission vergibt eine eigene Note für das von ihm geprüfte Prüfungsgebiet. Für den Kurzvortrag wird zunächst eine Note von demjenigen Mitglied der Prüfungskommission vorgeschlagen, welches das Thema gestellt hat. Hierzu kann sich jedes Mitglied der Kommission äußern. Anschließend wird die Note in der Regel einvernehmlich vergeben.

Die Summe der sieben Noten dividiert durch die Zahl „Sieben" ergibt die Note für die mündliche Prüfung. Die Steuerberaterprüfung ist insgesamt bestanden, wenn die durch zwei geteilte Summe aus den Gesamtnoten für die schriftliche und mündliche Prüfung die Zahl 4,15 nicht übersteigt.

2

20 Prüfungssimulationen

Im Folgenden werden 20 Simulationen für eine mündliche Prüfung im Steuerberaterexamen dargestellt. Im Kap. 2 werden in jeder einzelnen Simulation die sechs Prüfungsblöcke behandelt, in welchen die Prüflinge im Rahmen eines Verfahrens mit Fragen und Antworten zu ausgewählten Bereichen benotet werden.

Die Originalversion des Kapitels wurde revidiert. Ein Erratum ist verfügbar unter:
https://doi.org/10.1007/978-3-658-41616-4_4

© Der/die Autor(en), exklusiv lizenziert an Springer Fachmedien Wiesbaden GmbH, ein Teil von Springer Nature 2023, korrigierte Publikation 2023
A. Schneider, M. P. Müller, *20 Prüfungssimulationen und Kurzvorträge für das mündliche Steuerberaterexamen*, https://doi.org/10.1007/978-3-658-41616-4_2

2.1 Prüfung 1 – Bilanzierungspflicht im Steuerrecht; Betriebsprüfung; Geschäftsführer einer GmbH; Influencer; Wegzug in das Ausland; Finanzierung einer Gesellschaft (Tab. 2.1, 2.2, 2.3, 2.4, 2.5 und 2.6)

Tab. 2.1 Vertreter des Berufsstandes I: Bilanzierungspflicht im Steuerrecht. AO, HGB

Frage:	Antwort:
Wo ist im Steuerrecht die derivative Bilanzierungspflicht geregelt?	Die derivative Bilanzierungspflicht ist in § 140 AO kodifiziert.
Was versteht man hierunter?	Ergibt sich eine Bilanzierungspflicht aus anderen Gesetzen, so übernimmt das Steuerrecht diese Pflicht.
Was ist die originäre Bilanzierungspflicht und wo ist sie geregelt?	In diesem Fall ergibt sich die Bilanzierungspflicht aus dem Steuerrecht selbst. Die originäre Steuerpflicht findet sich in § 141 AO.
Gilt eine Bilanzierungspflicht im deutschen Steuerrecht auch, wenn sich eine Bilanzierungspflicht allein aus dem ausländischen Recht ergibt?	Auch in diesem Fall besteht eine Bilanzierungspflicht im deutschen Steuerrecht. Mit „anderen Gesetzen" im Sinne des § 140 AO sind auch ausländische Gesetze gemeint.
Muss eine gewerbliche KG auch im Steuerrecht eine Bilanz erstellen?	Personenhandelsgesellschaften sind nach § 6 Abs. 1 HGB sog. Formkaufleute. Nach § 242 Abs. 1 müssen Kaufleute eine Bilanz aufstellen. Diese Verpflichtung gilt dann über § 140 AO auch für das Steuerrecht.
Gibt es dann auch für eine vermögensverwaltende KG eine Bilanzierungspflicht im deutschen Steuerrecht?	Im Handelsrecht besteht diese Verpflichtung grundsätzlich schon, allerdings wird im Steuerrecht hiervon abgewichen. Im Bereich der sog. Überschusseinkünfte lässt das deutsche Einkommensteuerrecht eine Gewinnermittlung durch Überschussermittlung ausdrücklich zu.
Steht die derivative Bilanzierungspflicht nach § 140 vom Wortlaut dieser Folgerung nicht entgegen?	In § 140 AO ist geregelt, dass die Bilanzierungspflicht aus einem anderen Gesetz nur gilt, wenn dies für die Besteuerung von Bedeutung ist. Dies ist aber gerade nicht der Fall, weil das Steuerrecht hier die Überschussermittlung vorsieht.
Ein im Handelsregister eingetragener Einzelunternehmer erhält im Jahr 2022 eine Aufforderung von seinem Finanzamt eine Bilanz für das Jahr 2022 zu erstellen. Braucht es eine solche Aufforderung, um eine Bilanzerstellungspflicht zu begründen?	Nach § 242 Abs. 1 HGB sind Kaufleute bilanzierungspflichtig. Jedoch kann nach § 242 Abs. 4 HGB i. V. m. § 241a HGB eine solche Verpflichtung entfallen, wenn die dort genannten vier Kriterien nicht überschritten sind.
Gehen Sie davon aus, dass aufgrund § 241a HGB keine gesetzliche Bilanzierungspflicht besteht. Hat der Einzelunternehmer aufgrund des Schreibens dennoch eine Bilanz für das Geschäftsjahr 2022 aufzustellen?	Nach dem Gesetz kann nach § 141 Abs. 2 AO eine solche Bilanzierung verlangt werden. Jedoch ist dies nur für das Folgejahr (2023) möglich. Der Verwaltungsakt ist folglich rechtswidrig.

(Fortsetzung)

2.1 Prüfung 1

Tab. 2.1 (Fortsetzung)

Frage:	Antwort:
Was gilt, wenn der Einzelunternehmer seinen Betrieb veräußert? Gilt dann die angeordnete Bilanzierungspflicht auch für den Erwerber?	Die Bilanzierungspflicht ist betriebsbezogen zu sehen. Nach § 141 Abs. 3 AO geht die Bilanzierungspflicht auf den Käufer über.
Muss ein gewerblicher Einzelunternehmer ein Inventar aufstellen?	Grundsätzlich ergibt sich für den Kaufmann eine solche Verpflichtung aus § 240 HGB. Gemäß § 241a Satz 1 HGB kann jedoch auch hier bei Unterschreiten der Kriterien diese Verpflichtung entfallen.
Was ist eigentlich der Unterschied zwischen einer Inventur und einem Inventar?	Inventar ist das Ergebnis einer Inventur. Inventur ist die eigentliche Maßnahme, die Vermögensgegenstände mit dem Wert anzugeben.

Tab. 2.2 Finanzverwaltung I: Betriebsprüfung. HGB, BpO, AO, EStG, FGO

Frage: Ein Unternehmer möchte von Ihnen wissen, ob sein Unternehmen mit einer Betriebsprüfung rechnen muss.	Antwort:
Wonach richtet sich die Häufigkeit und Frequenz einer Betriebsprüfung für ein Unternehmen?	Die Beantwortung der Frage hängt davon ab, ob die Finanzverwaltung das Unternehmen als Großbetrieb, Mittelbetrieb, Kleinbetrieb oder Kleinstbetrieb einstuft. Diese Größenklasseneinteilung ist nicht zu verwechseln mit den Größenklassen nach § 267 HGB.
Was gilt für Großbetriebe?	Bei Großbetrieben gibt es grundsätzlich keinen prüfungsfreien Zeitraum. Die nachfolgende Betriebsprüfung schließt an den vorangegangenen Zeitraum an.
Wo finden sich hierzu Regelungen?	Regelungen hierzu finden sich in der allgemeinen Verwaltungsvorschrift für die Betriebsprüfung (Betriebsprüfungsordnung 2000).
Gibt es für die Einteilung der Unternehmen in die jeweilige Größenklasse ein Register?	Die Betriebsprüfungsstellen haben über die Groß-, Mittel- und Kleinbetriebe eine Betriebskartei zu führen. Die Betriebskartei besteht aus der Namens- und Branchenkartei (vgl. § 32 BpO). Bei den Finanzämtern werden ferner Konzernverzeichnisse geführt (vgl. § 33 BpO).
In manchen Betriebsprüfungen werden sog. Fachprüfer einbezogen. Welche kennen Sie?	Als Fachprüfer gibt es den Fachprüfer für Auslandsbeziehungen sowie den Fachprüfer für Unternehmensbewertungen.
Wie lange ist gewöhnlich ein Betriebsprüfungszeitraum?	Grundsätzlich soll nach § 4 Abs. 3 BpO der Prüfungszeitraum 3 Jahre betragen.
Welche Betriebsprüfungen kennen Sie?	Zunächst ist die allgemeine Außenprüfung nach § 193 ff. AO zu nennen. Daneben gibt es aber auch die Lohnsteueraußenprüfung nach § 42 f. EStG sowie die Umsatzsteuersonderprüfung.

(Fortsetzung)

Tab. 2.2 (Fortsetzung)

Frage: Ein Unternehmer möchte von Ihnen wissen, ob sein Unternehmen mit einer Betriebsprüfung rechnen muss.	Antwort:
Wo finden sich die gesetzlichen Grundlagen für die Umsatzsteuersonderprüfung?	Die Umsatzsteuersonderprüfung hat keine eigenständige gesetzliche Vorgabe im Umsatzsteuerrecht. Für diese Prüfung sind die allgemeinen gesetzlichen Vorgaben (§§ 193 ff. AO) und die Betriebsprüfungsordnung maßgeblich.
Neben diesen Betriebsprüfungen gibt es im Gesetz noch die Prüfung durch eine sog. Nachschau. Welche Arten einer solchen Nachschau kennen Sie?	Es gibt eine Umsatzsteuernachschau nach § 27b UStG. Ferner kennt das Gesetz die Lohnsteuernachschau nach § 42g EStG sowie die Kassennachschau nach § 146b AO.
Was ist das Besondere an einer solchen Nachschau?	Eine Nachschau findet in der Regel ohne vorherige Ankündigung statt.
Ist die Kassennachschau eine Betriebs- bzw. Außenprüfung? Warum ist die Frage relevant?	Eine Kassennachschau ist keine Betriebsprüfung im Sinne des § 193 AO ff. Dies hat z. B. insoweit Relevanz als eine Ablaufhemmung nach § 171 Abs. 4 AO nur bei einer Betriebsprüfung eintreten kann.
Welches Rechtsmittel kann der Steuerpflichtige gegen eine Kassenschau einlegen?	Die Durchführung einer Kassenschau beinhaltet die Verpflichtung zur Durchführung einer solchen Prüfung. Dies stellt einen Verwaltungsakt dar, gegen welchen mittels Einspruch vorgegangen werden kann.
Was bedeutet es für den Einspruch, wenn die Nachschau vorbei ist?	Mit Beendigung der Nachschau hat sich der Verwaltungsakt erledigt. Ein Einspruch oder eine Anfechtungsklage ist mangels bestehenden Verwaltungsaktes nicht mehr zulässig.
Bedeutet dies, dass der Steuerpflichtige dann wehrlos gegenüber der Finanzverwaltung ist?	Nein. Dem Steuerpflichtigen bleibt mittels einer Fortsetzungsfeststellungsklage nach § 100 Abs. 1 Satz 4 FGO die Möglichkeit, die Rechtswidrigkeit der Nachschau gerichtlich feststellen zu lassen.

Tab. 2.3 Vertreter der Wirtschaft: Geschäftsführer einer GmbH. GmbHG, BGB, KStG, AktG

Frage: G möchte Geschäftsführer der G-GmbH werden. G selbst hat keine Anteile an der G-GmbH.	Antwort:
Wie wird G Geschäftsführer? Was muss hier ggf. unterschieden werden?	Nach § 46 Nr. 5 GmbHG wird G durch einen Beschluss der Gesellschafter zum Geschäftsführer bestellt (sog. organschaftliche Bestellung). Daneben kann die GmbH noch einen privatrechtlichen Vertrag mit dem Geschäftsführer schließen.
Kann G allein durch die organschaftliche Bestellung für die G-GmbH handeln?	Ja, das ist möglich. Die Vertretungsmacht ergibt sich nach § 35 GmbHG unmittelbar aus dem Gesetz.

(Fortsetzung)

2.1 Prüfung 1

Tab. 2.3 (Fortsetzung)

Frage: G möchte Geschäftsführer der G-GmbH werden. G selbst hat keine Anteile an der G-GmbH.	Antwort:
Kann G die G-GmbH auch bei einem Grundstücksvertrag vertreten, wenn im Geschäftsführervertrag ein solches Geschäft der Zustimmung der Gesellschafter bedarf?	Auch in diesem Fall kann G die GmbH nach § 35 GmbHG wirksam vertreten. Die Vertretungsmacht ergibt sich allein aus dem Gesetz und nicht aufgrund einer schriftlichen Vereinbarung (vgl. auch § 37 GmbHG).
Welche Konsequenzen kann der Verstoß gegen die Regelung im Anstellungsvertrag für G haben?	Der Verstoß gegen die Regelung im Anstellungsvertrag stellt einen Pflichtverstoß dar, der z. B. über § 43 Abs. 2 GmbHG zu einer Schadensersatzpflicht des Geschäftsführers führen kann. Denkbar ist auch, dass ein wichtiger Grund für eine Kündigung nach § 626 BGB vorliegt.
Eine Schadensersatzpflicht kann sich aus § 43 GmbHG ergeben. Was ist das Besondere an dieser Regelung?	§ 43 GmbHG ermöglicht lediglich die Haftung gegenüber der GmbH. Es ist also eine reine Innenhaftung. Für Dritte ergibt sich hieraus kein Anspruch gegen den Geschäftsführer. Diese müssen sich bei einem Schadensersatz grundsätzlich an die GmbH halten, für welche der Geschäftsführer handelt.
Können Sie sich auch eine zivilrechtliche Anspruchsmöglichkeit vorstellen, die eine Haftung Dritter gegen den Geschäftsführer ermöglicht?	In engen Grenzen kann sich ein solcher Anspruch aus culpa in contrahendo nach § 311 Abs. 3 Satz 2 BGB ergeben. Denkbar ist auch eine Haftung aus dem Deliktsrecht bei Verletzung eines Schutzgesetzes im Sinne des § 823 Abs. 2 BGB oder bei vorsätzlicher sittenwidriger Schädigung nach § 826 BGB.
Was ist zu beachten, wenn sich eine GmbH von dem Geschäftsführer wieder trennen will?	Die GmbH muss zum einen durch einen Beschluss der Gesellschafter die Bestellung des Geschäftsführers widerrufen (§ 38 Abs. 1 GmbHG) und zum anderen den Vertrag des Geschäftsführers kündigen.
Gewährleistet das Kündigungsschutzgesetz dem Geschäftsführer Kündigungsschutz?	Nach § 14 KSchG gilt dieses Recht nicht für den Geschäftsführer. Somit ist jederzeit eine Kündigung ohne Grund möglich.
Wie können sich Geschäftsführer absichern, wenn ein Kündigungsschutz nicht besteht?	Es besteht die Möglichkeit, einen befristeten Dienstvertrag zu schließen. Innerhalb der Laufzeit ist der Vertrag nur bei einem sog. wichtigen Grund nach § 626 BGB kündbar.
Kann ein Geschäftsführer von der GmbH noch haftbar gemacht werden, wenn für das Jahr der Pflichtverletzung eine Entlastung erteilt wurde?	Im GmbH-Recht ist dies grundsätzlich noch möglich. Die Entlastung ist nur eine generelle Billigung und ein Vertrauensausspruch. Schadensersatzansprüche bleiben aber möglich.
Wie ist dies beim Vorstand einer Aktiengesellschaft?	Hier geht nach § 120 Abs. 2 AktG die Entlastung weiter. Für alle erkennbaren Pflichtverstöße beinhaltet die Entlastung auch einen Verzicht auf die Geltendmachung eines Schadensersatzanspruches.

Tab. 2.4 Finanzverwaltung II: Influencer. EStG, AO, HGB

Frage: Der Steuerpflichtige S veröffentlicht You-tube-Videos, in denen er für Studenten aufgearbeitete juristische Themenbereiche erläutert.	Antwort
Sind die Einkünfte, die S hieraus erzielt, steuerpflichtig?	Das hängt davon ab, ob S bereits die Kriterien für eine gewerbliche Tätigkeit nach § 15 Abs. 2 EStG erfüllt. Es kommt insbesondere darauf an, ob die Tätigkeit der S bereits nachhaltig ist, er am allgemeinen Verkehr teilnimmt und eine Gewinnerzielungsabsicht hat.
Gehen Sie bitte davon aus, dass S seine Tätigkeit nicht mehr als Hobby, sondern als Beruf nachgeht. Sind das nicht Einkünfte nach § 18 EStG? Warum könnte man darauf kommen?	Gewerbliche Einkünfte liegen dann nicht vor, wenn ein Kriterium des § 18 Abs. 1 Nr. 1 EStG erfüllt ist. Man könnte hier an eine unterrichtende Tätigkeit denken. Da jedoch eine persönliche Beziehung fehlt, geht die Rechtsprechung weiter von einer gewerblichen Tätigkeit aus, wenngleich ein gewisser Nachhilfecharakter besteht.
Was hat S zu beachten, wenn seine Hobbytätigkeit gewerblich wird? Muss er das melden?	Nach § 138 Abs. 1 AO muss S die Erwerbstätigkeit nach amtlichem Vordruck anzeigen.
Was müsste mit dem Eintritt der Gewerblichkeit für die zukünftige Gewinnermittlung noch beachtet werden?	Mit der Gewerblichkeit werden immaterielle Wirtschaftsgüter, die der Tätigkeit dienen (wie insbesondere der You-Tube Account) notwendiges Betriebsvermögen. Der You-Tube Account wird als notwendiges Betriebsvermögen zu aktivieren sein. Als abnutzbares Wirtschaftsgut unterliegen die Wirtschaftsgüter einer planmäßigen Abschreibung, die den Gewinn in der Folgezeit mindern.
Ist eine Aktivierung wegen § 248 Abs. 2 HGB bzw. 5 Abs. 2 EStG in der Handels- und Steuerbilanz nicht ausgeschlossen?	Das ist nicht der Fall. Die Einlage eines immateriellen Wirtschaftsgutes unterliegt nicht der Aktivierungsbeschränkung eines selbstgeschaffenen Wirtschaftsgutes.
Angenommen der S verwendet auch eine eigene Webseite für seine Tätigkeit. Was wäre hier zu beachten?	Auch die Webseite ist ein immaterielles Wirtschaftsgut und wird hier wohl als betriebsnotwendiges Betriebsvermögen zu aktivieren und abzuschreiben sein.
Was ist, wenn S auch über eine Domain für seine Tätigkeit verfügt?	Die Domain ist ein separates eigenständiges immaterielles Wirtschaftsgut und wird zu aktivieren sein. Allerdings ist die Domain – anders als der Social media Account und die Webseite – nicht abnutzbar. Abschreibungen kommen hier nicht in Betracht.
Mit welchem Wert sind die immateriellen Wirtschaftsgüter in der Steuerbilanz zu erfassen?	Grundsätzlich sind die Wirtschaftsgüter nach § 6 Abs. 1 Nr. 5 EStG mit ihrem Teilwert anzusetzen.

(Fortsetzung)

2.1 Prüfung 1

Tab. 2.4 (Fortsetzung)

Frage: Der Steuerpflichtige S veröffentlicht You-tube-Videos, in denen er für Studenten aufgearbeitete juristische Themenbereiche erläutert.	Antwort
S erhält von einem Hersteller unaufgefordert Tablets. Der Hersteller erhofft sich, dass diese im Video gezeigt werden. Was hat S hier zu beachten?	Es handelt sich bei der Sachzuwendung um eine Betriebseinnahme des S. Dies ist der Fall, wenn die Zuwendung im Hinblick auf die gewerbliche Tätigkeit des S erfolgt. Eine Verpflichtung zur Verwendung im Video bedarf es hierfür nicht.
Was könnte der Hersteller ggf. tun, damit der S die Zuwendung nicht besteuern muss?	Der Hersteller könnte die Sachzuwendung nach § 37 EStG mit 30 % pauschal besteuern. Dann entfällt eine Besteuerung der Einnahme bei S (vgl. § 37b Abs. 3 Satz 1 EStG).
Mit welchem Wert hat S das Tablet zu bilanzieren?	Nach § 6 Abs. 4 EStG wäre das Tablet mit dem gemeinen Wert zu erfassen.
Welche Folge hat es für S, wenn er kurz danach das Tablet seiner Verlobten schenkt?	Die Schenkung stellt eine Entnahme nach § 4 Abs. 1 Satz 2 EStG dar, die mit dem Teilwert nach § 6 Abs. 1 Nr. 4 EStG zu erfassen ist. Hierdurch erhöht sich dann der Gewinn des S nochmals.

Tab. 2.5 Vertreter des Berufsstandes II: Wegzug in das Ausland. EStG, AStG, AO

Frage: Der Steuerpflichtige S mit Wohnsitz in München verfügt über 5 % der Anteile an der X-GmbH. Im Jahr 2022 will die X-GmbH den Sitz in das Ausland verlegen.	Antwort:
S möchte von Ihnen wissen, ob die Verlegung des Sitzes für ihn steuerliche Auswirkungen haben kann. Was würden Sie als neu bestellter Steuerberater antworten?	Die Sitzverlegung könnte zu einer Besteuerung nach § 17 Abs. 5 i. V. m. Abs. 1 EStG führen, wenn es infolge der Sitzverlegung zu einer Beschränkung oder einem Ausschluss des Besteuerungsrechtes von Deutschland kommt.
Welche Voraussetzungen müssten im Übrigen noch vorliegen, damit es zu einer Besteuerung nach § 17 Abs. 5 i. V. m. § 17 Abs. 1 EStG kommt?	Zusätzlich müssten die Anteile an der Kapitalgesellschaft im Privatvermögen sein. Zudem muss eine wesentliche Beteiligung von mind. 1 % vorliegen.
Welches Tatbestandsmerkmal des § 17 Abs. 1 EStG ersetzt damit § 17 Abs. 5 EStG?	Statt des Tatbestandsmerkmales „Veräußerung" tritt die Voraussetzung „Ausschluss/Beschränkung im deutschen Steuerrecht hinsichtlich der Veräußerung der Anteile".
Wie wird ein Gewinn nach § 17 Abs. 5 i. V. m. § 17 Abs. 1 EStG in Deutschland besteuert?	Der Veräußerungsgewinn ist nach § 3 Nr. 40d EStG zu 40 % steuerfrei. Der steuerpflichtige Teil des Veräußerungsgewinns unterliegt dem individuellen Steuersatz.

(Fortsetzung)

Tab. 2.5 (Fortsetzung)

Frage: Der Steuerpflichtige S mit Wohnsitz in München verfügt über 5 % der Anteile an der X-GmbH. Im Jahr 2022 will die X-GmbH den Sitz in das Ausland verlegen.	Antwort:
Wie hoch könnte maximal der Freibetrag nach § 17 Abs. 3 EStG sein? Ist dies eine signifikante Steuerersparnis?	Der Freibetrag könnte max. 5 % von 9060 € sein. Eine bedeutsame Steuerersparnis kann hierdurch nicht entstehen.
Wie wäre der Fall zu sehen, wenn die X-GmbH ihren Sitz in Deutschland behält, jedoch S in das Ausland ziehen würde?	In diesem Fall könnte es zu einer Wegzugsbesteuerung nach § 6 AStG i. V. m. § 17 EStG kommen.
Welche Voraussetzungen müssen generell für die Anwendung des § 6 Abs. 1 AStG erfüllt sein?	Natürliche Person; mind. 7 Jahre der letzten 12 Jahre unbeschränkt steuerpflichtig; Beendigung der unbeschränkten Steuerpflicht durch Wegzug; Voraussetzungen nach § 17 EStG liegen vor (außer Veräußerung).
Was passiert, wenn es zur Wegzugsbesteuerung kommt, jedoch S nach 3 Jahren wieder nach Deutschland zieht? Die Anteile an der X-GmbH hat er immer noch.	In diesem Fall entfällt die ursprüngliche Steuerschuld nach § 6 Abs. 3 AStG.
Was gilt, wenn der ursprüngliche Bescheid über den Wegzug bei Rückkehr schon bestandskräftig ist?	Es handelt sich hier um ein rückwirkendes Ereignis nach § 175 Abs. 1 Nr. 2 AO, das eine Aufhebung des Steuerbescheides ermöglicht.
Welche steuerliche Folge könnte eintreten, wenn S einen Gewerbebetrieb hat und seinen Wohnsitz in das Ausland verlegt?	Kommt es zu einem Ausschluss oder einer Beschränkung im deutschen Besteuerungsrecht, so könnte dies nach § 16 Abs. 3a EStG als Aufgabe eines Gewerbebetriebes angesehen werden. Die Aufgabe eines Gewerbebetriebes steht einer Veräußerung gleich (vgl. § 16 Abs. 3 Satz 1 EStG).
Welche Rechtsfolge könnte eintreten, wenn S seinen Gewerbebetrieb zwar in Deutschland fortführt, jedoch den Fuhrpark des Betriebes in die ausländische Betriebsstätte seines Gewerbebetriebes überführt?	In diesem Fall könnte es zu einer Entstrickung nach § 4 Abs. 1 Satz 3, 4 EStG kommen. Der Fuhrpark gilt als entnommen und der Entnahmegewinn wäre nach § 6 Abs. 1 Nr. 4 EStG (Differenz Teilwert und Buchwert) zu versteuern.
Was könnte S ggf. gegen die Entstrickung unternehmen?	Es besteht nach § 4g Abs. 1 EStG die Möglichkeit, einen Antrag auf Bildung eines Ausgleichspostens stellen.
Kennen Sie auch im Körperschaftsteuerrecht eine entsprechende Entstrickungsregelung?	Im Körperschaftsteuerrecht ist der § 12 KStG zu beachten, der z. B. bei Verlegung des Sitzes oder der Geschäftsleitung zu einer Aufdeckung stiller Reserven führen kann.

Tab. 2.6 Vorsitzende der Prüfungskommission: Finanzierung einer Gesellschaft. GmbHG, AktG, EStG, HGB, KStG

Frage: Ihr neuer Mandant M wendet sich mit einigen Fragen an Sie. Er teilt Ihnen mit, dass er einziger Gesellschafter einer GmbH ist.	Antwort:
Ist es möglich, dass eine GmbH nur einen Gesellschafter hat?	Gemäß § 1 GmbHG benötigt eine GmbH nur einen Gesellschafter.
Wie wäre das bei einer AG?	Gemäß § 2 AktG ist es auch hier möglich, dass nur ein Aktionär vorhanden ist.
Kann auch eine KG nur einen Gesellschafter haben?	Eine KG ist eine Personengesellschaft. Als solche bedarf es eines Gesellschaftervertrages, der von mind. 2 Gesellschaftern abzuschließen ist.
Im bisherigen Jahresabschluss der GmbH ist ein Bilanzgewinn ausgewiesen. M möchte von Ihnen wissen, was das genau ist.	Ein Bilanzgewinn ist der Jahresüberschuss nach Ergebnisverwendung (vgl. § 268 Abs. 1 HGB). Im Bilanzgewinn ist der Gewinn- oder Verlustvortrag bereits enthalten. Zudem sind aus dem Gewinn bereits Rücklagen eingestellt oder aufgelöst worden.
Inwieweit ist der Bilanzgewinn bei der Berechnung der Steuerlast relevant?	Der Bilanzgewinn muss für steuerliche Zwecke wieder zum Jahresüberschuss umgerechnet werden. Der Jahresüberschuss nach § 5 Abs. 1 EStG ist allein für die Steuerbelastung der GmbH maßgeblich.
M möchte das Eigenkapital der GmbH erhöhen? Welche Möglichkeiten hierzu hat er?	Zunächst könnte M eine formelle Kapitalerhöhung (gez. Kapital) durchführen oder eine Kapitalrücklage beschließen. Denkbar wäre auch, dass M ggf. auf Forderungen gegenüber der GmbH verzichtet.
Ist eher eine formelle Kapitalerhöhung oder eine Kapitalrücklage zu favorisieren?	Wesentlich bürokratischer ist eine formelle Kapitalerhöhung, die einen notariell zu beurkundeten Satzungsbeschluss und eine Satzungsänderung erfordert. Zudem kann formelles Kapital wegen den Kapitalerhaltungsvorschriften nur erschwert an den Gesellschafter wieder zurückbezahlt werden (vgl. § 30 ff. GmbHG).
Wie kann eine Kapitalrücklage wieder zurückbezahlt werden?	Hierfür bedarf es lediglich eines einfachen Gesellschafterbeschlusses.
Welches steuerliche Problem könnte sich ggf. bei der Rückzahlung ergeben?	Es besteht hier die Gefahr, dass wegen der Verwendungsfiktion des § 27 Abs. 1 Satz 3 KStG die Rückzahlung als steuerpflichtige Dividende zu sehen ist und nicht als steuerfreie Einlagenrückgewähr.
Wie wäre die Rechtslage zu beurteilen, wenn die GmbH bisher nur Verluste hatte und nun die Kapitalrücklage aufgelöst wird?	In diesem Fall wird wohl die GmbH keinen ausschüttbaren Gewinn im Sinne des § 27 Abs. 1 Satz 5 HGB haben. Folglich wird die Auflösung der Kapitalrücklage auch eine steuerfreie Einlagenrückgewähr darstellen.

(Fortsetzung)

Tab. 2.6 (Fortsetzung)

Frage: Ihr neuer Mandant M wendet sich mit einigen Fragen an Sie. Er teilt Ihnen mit, dass er einziger Gesellschafter einer GmbH ist.	Antwort:
Würden Sie M eher empfehlen, die Finanzierung der GmbH mit Fremd- oder Eigenkapital durchzuführen?	Die Finanzierung mit Fremdkapital ist wesentlich flexibler. Die Auszahlung und Rückführung sind unkompliziert. Die Tilgung eines Darlehens ist auch beim Darlehensgeber kein steuerpflichtiger Ertrag. Ferner sind die Zinsen bei der GmbH Betriebsausgaben.
Was ist, wenn M ein zinsloses Darlehen seiner GmbH gewährt?	Dies würde zu einer Abzinsung nach § 6 Abs. 1 Nr. 3 EStG um 5,5 % bei der GmbH führen. Dies wäre daher nicht zu empfehlen. Für Wirtschaftsjahre, die nach dem 31. Dezember 2022 enden, gilt die Verzinsung nicht mehr (vgl. § 52 Abs. 12 Satz 2 EStG).

2.2 Prüfung 2 – Berufsgerichtliche Maßnahmen gegen einen Steuerberater; Betriebsaufspaltung; Nichtigkeit von Bilanzen und Feststellungsklage; Doppelte Haushaltsführung und Arbeitszimmer; Jahresabschluss bei Gesellschafterwechsel; Umsatzsteuerkarussell und Konsignationslager (Tab. 2.7, 2.8, 2.9, 2.10, 2.11 und 2.12)

Tab. 2.7 Vertreter des Berufsstandes I: Berufsgerichtliche Maßnahmen gegen einen Steuerberater. StBerG, FGO

Frage: Der Mandant reicht eine Beschwerde bei der Steuerberaterkammer ein, weil er glaubt, dass Sie eine Berufspflicht als Steuerberater verletzt haben.	Antwort:
Wie wird die Steuerberaterkammer reagieren, wenn die Beschwerde begründet und die Verfehlung eher gering ist?	In der Regel wird der Vorstand der Steuerberaterkammer eine Rüge nach § 81 Abs. 1 StBerG erteilen, wenn er die Verfehlung für gering ansieht und die Einleitung eines berufsrechtlichen Verfahrens nicht für erforderlich hält.
Wie reagiert die Steuerberaterkammer bei einer schweren Verfehlung des Steuerberaters?	In diesem Fall wird der Vorstand der Steuerberaterkammer bei der Staatsanwaltschaft beantragen, ein berufsgerichtliches Verfahren nach § 89 StBerG einzuleiten (vgl. auch § 115 StBerG).
Was kann ein Steuerberater tun, wenn er mit einer Rüge nicht einverstanden ist?	Der Steuerberater kann gemäß § 81 Abs. 5 StBerG Einspruch beim Vorstand einlegen. Wird der Einspruch zurückgewiesen, kann der Steuerberater eine Entscheidung des Landgerichts nach § 82 Abs. 1 StBerG beantragen.

(Fortsetzung)

2.2 Prüfung 2

Tab. 2.7 (Fortsetzung)

Frage: Der Mandant reicht eine Beschwerde bei der Steuerberaterkammer ein, weil er glaubt, dass Sie eine Berufspflicht als Steuerberater verletzt haben.	Antwort:
Welche Maßnahmen kann ein Gericht bei einer Verfehlung des Steuerberaters verhängen?	Als mögliche Maßnahmen kommen gemäß § 90 StBerG die Warnung, der Verweis, die Geldbuße, das befristete Berufsverbot und die Ausschließung vom Beruf in Betracht.
Ein Steuerberater wurde vor einem Strafgericht wegen Beihilfe zur Steuerhinterziehung verurteilt. Kann zusätzlich noch ein berufsgerichtliches Verfahren eingeleitet werden?	Das ist grundsätzlich möglich. Nach dem Gesetz kann von der Ahndung durch ein berufsgerichtliches Verfahren Abstand genommen werden, wenn der Steuerberater bereits anderweitig eine Strafe erhalten hat. Ist jedoch eine berufsgerichtliche Maßnahme erforderlich, um den Steuerberater zur Einhaltung der Berufspflichten anzuhalten und das Ansehen des Berufstands zu wahren (§ 92 StBerG), kommt auch die Einleitung eines berufsgerichtlichen Verfahrens in Betracht.
Kann ein berufsgerichtliches Verfahren durchgeführt werden, wenn ein Strafverfahren eingestellt worden ist?	Auch bei Einstellung eines Strafverfahrens ist unter engen Voraussetzungen eine berufsgerichtliche Maßnahme möglich. Im berufsgerichtlichen Verfahren geht es nicht um eine Verletzung einer Strafnorm, sondern um die Reaktion auf ein berufliches Fehlverhalten.
Wie kann sich ein Steuerberater gegen ein einjähriges Berufsverbot wehren, das vom Landgericht München verhängt wurde?	Gemäß § 127 Abs. 1 StBerG kann gegen das Urteil des Landgerichts beim Oberlandesgericht Berufung eingelegt werden. Gegen das Berufungsurteil besteht nach § 129 StBerG ggf. noch die Möglichkeit, Revision einzulegen.
Wie ist das Landgericht in der ersten Instanz im berufsrechtlichen Verfahren besetzt?	Die Kammer besteht aus 3 Berufsrichter und 2 Steuerberatern als Beisitzer (§ 95 Abs. 4 StBerG).
Wie werden die Steuerberater als ehrenamtliche Beisitzer ausgesucht?	Die Steuerberaterkammer reicht beim Landgericht die Vorschlagsliste für die ehrenamtlichen Richter ein (§ 99 Abs. 3 StBerG).
Können Steuerberater auch ehrenamtliche Richter im finanzgerichtlichen Verfahren sein?	Nach § 19 Nr. 5 FGO können Steuerberater keine ehrenamtlichen Richter am Finanzgericht sein.

Tab. 2.8 Finanzverwaltung I: Betriebsaufspaltung. EStG, KStG

Frage: M ist 60 %iger Gesellschafter einer vermögensverwaltenden Gesellschaft bürgerlichen Rechts (GbR) und 40 %iger Gesellschafter einer GmbH. Die anderen Anteile an der GbR und GmbH werden von seiner Ehefrau gehalten. Die GbR möchte nun entgeltlich ein Patentrecht an die GmbH überlassen. Das Patentrecht wurde der GbR selbst zur Nutzung überlassen.	Antwort:
M möchte wissen, ob die Überlassung des Patents steuerliche Folgen auslöst. Was würden Sie hier steuerlich prüfen?	Es wäre zu prüfen, ob durch die Überlassung der Patentrechte eine Betriebsaufspaltung zwischen der GbR und der GmbH eintritt.
Welche steuerlichen Konsequenzen hätte denn eine Betriebsaufspaltung bei der GbR?	Zunächst einmal wären die Einnahmen aus der Patentüberlassung bei der GbR bzw. deren Gesellschafter gewerbliche Einkünfte. Diese Rechtsfolge würde zudem bewirken, dass auch andere Einnahmen der GbR nach der Abfärbetheorie gemäß § 15 Abs. 3 Nr. 1 EStG gewerblich werden.
Welche Folgen hätte die Betriebsaufspaltung auf das Gesamthandsvermögen der GbR?	Das Gesamthandsvermögen wird Betriebsvermögen. Eine Veräußerung dieses Vermögens ist nun zwingend steuerpflichtig.
Welche Einkünfte liegen bei dem erhaltenen Entgelt für die Patentüberlassung vor, wenn keine Betriebsaufspaltung vorliegt?	Ohne Betriebsaufspaltung liegen gemäß § 21 Abs. 1 Nr. 3 EStG Einkünfte aus Vermietung und Verpachtung vor.
Welche zwei zentralen Voraussetzungen müssen bei einer Betriebsaufspaltung vorliegen?	Zwischen dem Besitzunternehmen (GbR) und dem Betriebsunternehmen (GmbH) muss eine personelle und sachliche Verflechtung vorliegen.
Liegt eine sachliche Verflechtung vor?	Eine sachliche Verflechtung liegt vor, wenn eine wesentliche Betriebsgrundlage an das Betriebsunternehmen überlassen wird.
Spielt es eine Rolle, ob das Patent der GbR gehört?	Dies ist unerheblich (vgl. H. 15.7 (5) EStR „Eigentum des Besitzunternehmens".)
Was ist eine wesentliche Betriebsgrundlage im Rahmen der Betriebsaufspaltung?	Es kommt hier allein auf die Funktion des Wirtschaftsgutes an. Etwaige stille Reserven bei Wirtschaftsgütern spielen keine Rolle (H 15.7 (6) EStR „Stille Reserven").
Nehmen wir an eine sachliche Verflechtung liegt vor. Auf was kommt es vor allem bei der personellen Verflechtung an?	Maßgeblich sind hier vor allem die Stimmrechte. Grundsätzlich entsprechen die Stimmrechte auch den Gesellschaftsrechten, sodass hier wohl keine personelle Verflechtung vorliegt.

(Fortsetzung)

2.2 Prüfung 2

Tab. 2.8 (Fortsetzung)

Frage: M ist 60 %iger Gesellschafter einer vermögensverwaltenden Gesellschaft bürgerlichen Rechts (GbR) und 40 %iger Gesellschafter einer GmbH. Die anderen Anteile an der GbR und GmbH werden von seiner Ehefrau gehalten. Die GbR möchte nun entgeltlich ein Patentrecht an die GmbH überlassen. Das Patentrecht wurde der GbR selbst zur Nutzung überlassen.	Antwort:
Was verstehen Sie unter dem Wiesbadener Modell?	Hierunter versteht man, dass ein Ehegatte am Besitzunternehmen und der andere Ehegatte am Betriebsunternehmen mehrheitlich beteiligt ist. Eine Betriebsaufspaltung liegt hier nicht vor.
Wann könnte dennoch auch beim Wiesbadener Modell eine personelle Verflechtung vorliegen?	Dies wäre der Fall, wenn die Ehegatten gleich gerichtete wirtschaftliche Interessen haben.
Wie nennt man die Theorie, die hinsichtlich der personellen Verflechtung mehrere Personen zusammenfasst?	Dies ist die sog. Personengruppentheorie.
Fällt Ihnen eine andere Norm ein, die den Gedanken der Personengruppe in einem anderen Steuergesetz gesetzlich erwähnt?	Hier ist § 8c Abs. 1 Satz 2 KStG zu nennen. Hier können mehrere Erwerber hinsichtlich der schädlichen Beteiligungsschwelle von 50 % zusammengefasst werden.
Angenommen zwischen der GbR und der GmbH besteht seit langem eine Betriebsaufspaltung. Was passiert, wenn die GmbH insolvent wird?	Wenn ein (vorläufiger) Insolvenzverwalter bestellt wird, entfällt regelmäßig die Betriebsaufspaltung und es kommt zur Versteuerung der stillen Reserven der GbR. Da der Insolvenzverwalter in der Regel die Verwaltungs- und Verfügungsrechte über die GmbH hat, besteht keine personelle Verflechtung mehr.

Tab. 2.9 Vertreter der Wirtschaft: Nichtigkeit von Bilanzen und Feststellungsklage. AktG, FGO, AO

Frage: Das Landgericht München I hat die Jahresabschlüsse der Wirecard AG für die Jahre 2017 und 2018 für nichtig erklärt.	Antwort:
Wo finden Sie die einschlägigen Vorschriften für die Nichtigkeit eines Jahresabschlusses oder einer Bilanz?	Die Vorschriften über die Nichtigkeit finden sich in den Vorschriften des Aktienrechts (§§ 256 ff. AktG).
Was genau wird hier eigentlich für nichtig erklärt?	Es geht im Kern um die Nichtigkeit des Gesellschafterbeschlusses über die Feststellung des Jahresabschlusses.

(Fortsetzung)

Tab. 2.9 (Fortsetzung)

Frage:	Antwort:
Das Landgericht München I hat die Jahresabschlüsse der Wirecard AG für die Jahre 2017 und 2018 für nichtig erklärt. Können auch Jahresabschlüsse einer GmbH für nichtig erklärt werden?	Auch dies ist möglich. Im GmbH-Recht gibt es hierzu zwar keine eigenen Regelungen, jedoch besteht Einigkeit, dass die Vorschriften §§ 256 ff. AktG analog für die GmbH gelten.
Wissen Sie, weshalb die Jahresabschlüsse der Wirecard AG für nichtig erklärt wurden?	Kern der Feststellung der Nichtigkeit war die Überbewertung der Aktiva nach § 256 Abs. 5 Nr. 1 AktG.
Welche weiteren Beschlüsse wurden vom Landgericht München I in diesem Zuge für nichtig erklärt?	Das waren vor allem die Gewinnverwendungsbeschlüsse der Wirecard AG.
Was bedeutet die Feststellung der Nichtigkeit nun für die Aktionäre?	Ohne wirksamen Feststellungs- und Gewinnverwendungsbeschluss erfolgt die Dividendenzahlung ohne Rechtsgrund. Es besteht ein Rückzahlungsanspruch der Wirecard AG gegenüber den Aktionären. Der Anspruch wird vom Insolvenzverwalter geltend gemacht.
Welche Rückzahlungen haben möglicherweise auch das Management oder leitende Mitarbeiter zu fürchten, die selbst keine Dividenden erhalten haben?	Denkbar wäre, dass die Grundlage für bereits geleistete Bonuszahlungen nachträglich entfällt und auch deshalb Gelder an die Gesellschaft zurückzuzahlen sind.
Was könnte die zivilrechtliche Rechtsgrundlage für eine Rückforderung der Dividenden sein?	Damit der Nichtigkeit ein Rechtsgrund für die Auszahlung nicht in Betracht kommt, könnte sich der Anspruch aus den Grundsätzen der ungerechtfertigten Bereicherung nach § 812 BGB ergeben.
Wie wäre es gewesen, wenn der Jahresabschluss inhaltlich korrekt ist, jedoch ein prüfungspflichtiger Jahresabschluss nicht von einem Wirtschaftsprüfer testiert wurde?	Auch in diesem Fall hätte das Landgericht den Jahresabschluss nach § 256 Abs. 1 Nr. 3 AktG für nichtig erklärt.
Welche Art von Klage hat der Insolvenzverwalter eingelegt?	Es handelt sich um eine sog. Feststellungsklage.
Gibt es eine solche Klageart auch im finanzgerichtlichen Klageverfahren?	Die Feststellungklage ist im finanzgerichtlichen Verfahren explizit in § 41 FGO erwähnt.
Weshalb gibt es im finanzgerichtlichen Verfahren eher selten eine Feststellungsklage?	Die Feststellungsklage ist gemäß § 41 Abs. 2 FGO gegenüber der Anfechtungs-, Verpflichtungs- und Leistungsklage subsidiär. Nur wenn eine solche Klage nicht möglich ist, kann eine solche Klage zulässig erhoben werden.

(Fortsetzung)

Tab. 2.9 (Fortsetzung)

Frage: Das Landgericht München I hat die Jahresabschlüsse der Wirecard AG für die Jahre 2017 und 2018 für nichtig erklärt.	
	Antwort:
Welche Folge hat es, wenn eine Feststellungsklage beim Finanzgericht eingelegt wird, jedoch kein Einspruchsverfahren nach §§ 347 ff. AO durchlaufen wurde?	Dies würde die Zulässigkeit der Klage nicht beeinflussen. Da weder ein Verwaltungsakt begehrt noch angefochten wird, ist in diesen Fällen ein Einspruchsverfahren auch nicht möglich.
Können Sie einen praktischen Fall nennen, in welchen eine Feststellungsklage vor dem Finanzgericht in Betracht kommt?	Denkbar wäre z. B. die im Nachhinein begehrte Feststellung einer rechtswidrigen, jedoch bereits abgeschlossenen Durchsuchungsmaßnahme der Finanzverwaltung oder die Feststellung eines nichtigen Verwaltungsaktes.
Aus welcher Vorschrift ergibt sich, wann Verwaltungsakte der Finanzverwaltung nichtig sind?	Die Nichtigkeit von Verwaltungsakten ist in § 125 AO geregelt.

Tab. 2.10 Finanzverwaltung II: Doppelte Haushaltsführung und Arbeitszimmer. EStG

Frage: Der in München wohnhafte Arbeitnehmer A soll im nächsten Jahr in Stuttgart für seinen Arbeitgeber arbeiten. Den Wohnsitz möchte er in München aber beibehalten.	
	Antwort:
A möchte von Ihnen als Steuerberater wissen, ob er Mietkosten für eine Wohnung in Stuttgart von seiner Steuer abziehen kann. Welcher Abzug kommt hier grundsätzlich in Betracht?	Da A Einkünfte aus nicht selbstständiger Arbeit nach § 2 Abs. 1 Nr. 4 i. V. m. § 19 Abs. 1 Nr. 1 EStG bezieht, könnte er die Kosten ggf. als Werbungskosten abziehen.
Welche Werbungskosten könnten das sein?	Es könnten Werbungskosten aufgrund einer sog. doppelten Haushaltsführung nach § 9 Abs. 1 Satz 3 Nr. 5 EStG in Betracht kommen.
Welche Voraussetzungen müssen bei einer doppelten Haushaltsführung erfüllt sein?	A muss (1.) außerhalb der ersten Tätigkeitsstätte einen eigenen Haushalt unterhalten, (2.) A wohnt auch am Ort der ersten Tätigkeitsstätte und (3.) die Kosten der doppelten Haushaltsführungen sind beruflich veranlasst.
Können die Mietkosten für die Wohnung in Stuttgart angesetzt werden?	Abziehbar sind die notwendigen Mehraufwendungen. Hierzu gehören auch die Kosten der Unterkunft.
Wäre nur die reine Miete abziehbar?	Auch die Betriebskosten, Reinigungskosten der Wohnung und Kosten für einen Stellplatz sind abziehbar.

(Fortsetzung)

Tab. 2.10 (Fortsetzung)

Frage: Der in München wohnhafte Arbeitnehmer A soll im nächsten Jahr in Stuttgart für seinen Arbeitgeber arbeiten. Den Wohnsitz möchte er in München aber beibehalten.	Antwort:
Was wäre, wenn A sich in Stuttgart für diesen Zweck eine Wohnung kauft?	Auch hier liegt eine doppelte Haushaltsführung vor. Abziehbare Kosten sind die Afa, Zinsen, Reparatur und Nebenkosten der Wohnung.
Was wäre, wenn die Miete bei 1200 € im Monat liegt?	Die abziehbaren Kosten der Nutzung der Unterkunft sind auf 1000 € beschränkt (vgl. Satz 4).
Was wäre, wenn die Zweitwohnung in Salzburg liegen würde?	Für eine im Ausland gelegene Zweitwohnung gilt die Höchstgrenze nicht.
Was wäre, wenn die Wohnung in Stuttgart möbliert ist?	Kosten für Einrichtungsgegenstände der Zweitwohnung sind keine Kosten der Unterkunftsnutzung, sondern sonstige Mehraufwendungen, für welche die Grenze nicht gilt.
Welche Kosten sind weiterhin noch abziehbar, wenn eine doppelte Haushaltsführung vorliegt?	Hier sind die Aufwendungen für Familienheimfahrten und sonstigen Wegeaufwendungen (§ 9 Abs. 1 Satz 5 bis 8, Abs. 2 EStG), die Mehraufwendungen für Verpflegung bis 3 Monate (§ 9 Abs. 4a, Satz 12, 13 EStG) und sonstige Mehraufwendungen (wie Umzugskosten etc.) zu nennen.
Was wäre, wenn sich A in der Wohnung in Stuttgart ein Arbeitszimmer einrichtet?	Insoweit handelt es sich um keine Unterkunftskosten nach § 9 Abs. 1 3 Nr. 5 Satz 4 EStG. Die Abziehbarkeit richtet sich nach den allgemeinen Regeln eines Arbeitszimmers nach § 9 Abs. 5 i. V. m. § 4 Abs. 5 Satz 1 Nr. 6b EStG.
Kann A die Kosten für das Arbeitszimmer unbeschränkt geltend machen?	Das wäre nach dem Wortlaut des Gesetzes bis 2022 nur der Fall gewesen, wenn A keinen anderen Arbeitsplatz hätte und das Arbeitszimmer den Mittelpunkt der gesamten beruflichen Tätigkeit darstellt. Ab 2023 genügt es, wenn sich der Mittelpunkt der gesamten und beruflichen Betätigung im häuslichen Arbeitszimmer befindet.
A möchte ferner die Kosten seines berufsbegleitenden Studiums geltend machen. A hat bereits eine abgeschlossene Lehre. Geht das?	A kann die Kosten unbegrenzt nach § 9 Abs. 6 EStG als Werbungskosten abziehen, da er bereits über eine abgeschlossene Lehre verfügt.
Was wäre, wenn A keine Lehre oder ein Studium abgeschlossen hat?	In diesem Fall kann A die Kosten als Sonderausgaben nach § 10 Nr. 7 EStG geltend machen. Der jährliche Abzug ist jedoch auf 6000 € begrenzt.

Tab. 2.11 Vertreter des Berufsstandes II: Jahresabschluss bei Gesellschafterwechsel. HGB, AO, GrEStG

Frage: Die Zöttl-GmbH & Co KG ist im Baustoffhandel tätig. Die einzige Komplementärin, die Zöttl GmbH, ist nicht am Vermögen und Ergebnis der KG beteiligt. Kommanditisten der KG sind die Jungmann AG (80 %) und Hans Altmann (20 %). In 01 veräußert die Jungmann AG 80 % ihre Kommanditbeteiligung mit Gewinn an Neumann. Im gleichen Jahr veräußert auch Altmann seine Kommanditbeteiligung an Neumann. Die KG ist Eigentümerin über ein Grundstück.	Antwort:
Wie ermittelt die GmbH & Co KG ihren Gewinn?	Nach § 242 Abs. 1 HGB hat ein Kaufmann eine Bilanz zu erstellen. Da die Zöttl-GmbH & Co KG als Kaufmann einzustufen ist, gilt für sie auch diese Pflicht.
Woraus ergibt sich, dass die Gesellschaft Kaufmann ist?	Die Kaufmanneigenschaft ergibt sich aus § 6 Abs. 1 HGB. Die Zöttl-GmbH & Co KG ist sog. Formkaufmann.
In § 6 Abs. 1 HGB ist die Rede von Handelsgesellschaften. Was sind Handelsgesellschaften?	Das HGB verwendet den Begriff. Anhand der Überschrift des 2. Buchs des HGBs (§§ 105 – 237 HGB) lässt sich erkennen, dass die OHG und die KG Handelsgesellschaften sind.
Sie sprechen gerade das 2. Buch des HGB an. Welche Bücher des HGB kennen Sie? Bitte schauen Sie nicht im Gesetz nach!	Es gibt vier Bücher, in welchen der Handelsstand, die Handelsgesellschaften, die Handelsbücher und die Handelsgeschäfte geregelt sind.
Gilt die Bilanzierungspflicht des § 242 Abs. 1 HGB auch für das Steuerrecht?	Nach § 140 AO leitet sich die Bilanzierungspflicht für das Steuerrecht aus dem Handelsrecht ab.
Wie nennt man die Steuerpflicht des § 140 AO?	Es handelt sich um die sog. derivative Steuerpflicht.
Muss eine Personengesellschaft auch einen Anhang aufstellen?	Grundsätzlich ist dies nicht der Fall. Die Verpflichtung obliegt grundsätzlich nach § 264 Abs. 1 Satz 1 HGB den Kapitalgesellschaften.
Muss dann auch die Zöttl-GmbH & Co KG keinen Anhang aufstellen?	Hier gilt eine Ausnahme, da die Zöttl-GmbH & Co KG als Personengesellschaft im Sinne des § 264a HGB zu qualifizieren ist. Gemäß § 264a Abs. 1 i. V. m. § 264 Abs.1 Satz 1 HGB besteht für eine solche Personengesellschaft die Pflicht zur Erstellung eines Anhanges.
Bedeutet dies dann auch, dass die Gesellschaft einen Lagebericht zu erstellen hat?	Das ist gemäß § 264a Abs. 1 HGB i. V. m. § 264 Abs. 1 Satz 4 HGB nur der Fall, wenn die Gesellschaft als mittelgroß einzustufen ist.

(Fortsetzung)

Tab. 2.11 (Fortsetzung)

Frage: Die Zöttl-GmbH & Co KG ist im Baustoffhandel tätig. Die einzige Komplementärin, die Zöttl GmbH, ist nicht am Vermögen und Ergebnis der KG beteiligt. Kommanditisten der KG sind die Jungmann AG (80 %) und Hans Altmann (20 %). In 01 veräußert die Jungmann AG 80 % ihre Kommanditbeteiligung mit Gewinn an Neumann. Im gleichen Jahr veräußert auch Altmann seine Kommanditbeteiligung an Neumann. Die KG ist Eigentümerin über ein Grundstück.	Antwort:
Muss die KG den Gesellschafterwechsel buchhalterisch im Jahresabschluss berücksichtigen? Was käme in Betracht!	Aufgrund des Wechsels der Gesellschafter muss die KG eine Rückstellung für die Grunderwerbsteuerschuld buchen. Nach § 1 Abs. 2a GrEStG entsteht infolge des Gesellschafterwechsels Grunderwerbsteuer. Binnen 10 Jahren hat sich der Gesellschafterbestand um mind. 90 % an der Personengesellschaft verändert. Steuerschuldnerin der Grunderwerbsteuer ist die KG (vgl. § 13 Nr. 6 GrEStG).
Welche Rückstellung wäre noch zu bilden?	Die Gesellschaft hat auch eine Gewerbesteuerrückstellung zu verbuchen. Die Veräußerung des Kommanditanteils ist gewerbesteuerpflichtig, da es sich bei der Jungmann AG nicht um eine natürliche Person handelt (vgl. § 7 Satz 2 Nr. 2 GewStG). Die KG ist nach § 5 GewStG selbst Steuerschuldnerin der Gewerbesteuer.
Ist die Veräußerung des Anteils von Hans Altmann gewerbesteuerpflichtig?	Die Veräußerung des Anteils von Hans Altmann ist nicht gewerbesteuerpflichtig. Es handelt sich um die Veräußerung eines Mitunternehmeranteils durch eine natürliche Person.

Tab. 2.12 Vorsitzende der Prüfungskommission: Umsatzsteuerkarussell und Konsignationslager. UStG, GG

Frage: In den Zeitungen ist häufig von einem Steuerbetrug im Zusammenhang mit Umsatzsteuerkarussells zu hören, die von der Finanzverwaltung bekämpft werden.	Antwort:
Wie funktioniert ein solches Umsatzsteuerkarussell?	Zunächst verkauft ein Unternehmer A Waren an einen Händler B mit Sitz in einem anderen EU-Staat. B verkauft die Waren an Unternehmer C im selben EU-Land weiter. C wiederum verkauft die Ware zurück an A.
Wo liegt hier der Betrug?	B ist derjenige, der von vornherein die von ihm geschuldete Umsatzsteuer aus dem Verkauf nicht abführt. C wiederum ist aus diesem Verkauf zum Vorsteuerabzug berechtigt, der diese auch geltend gemacht wird. Daraus entsteht der Steuerschaden.
Wissen Sie, wie man den B auch nennt?	B wird im Zusammenhang mit dem Umsatzsteuerkarussell auch „missing trader" genannt.
Welche Maßnahmen des Gesetzgebers kennen Sie, die diesen Betrugsfällen entgegenwirkt?	Hier ist zunächst die Ausweitung des Anwendungsbereichs im Reverse-Charge-Verfahren zu nennen, die ein Auseinanderfallen von Umsatzsteuerschuldner und Vorsteuerabzugsberechtigten verhindert.
Was fällt Ihnen noch ein?	Die Finanzverwaltung hat nach § 27b UStG die Möglichkeit, eine Umsatzsteuernachschau nach § 27b UStG durchzuführen. Eine solche Prüfung erfolgt ohne vorherige Ankündigung.
Was wirkt sonst noch einem solchen Betrug entgegen?	Hier ist noch die monatliche Verpflichtung zur Abgabe von Voranmeldungen für Vorratsgesellschaften nach § 18 Abs. 2 Satz 5 UStG, die Gelangensbestätigung oder die Versagung des Vorsteuerabzugs nach § 25f UStG zu nennen.
Was verstehen Sie unter einem Konsignationslager?	Das Konsignationslager ist ein Warenlager eines Lieferanten oder Dienstleisters, welches sich in der Nähe des Kunden befindet. Die Ware bleibt so lange im Eigentum des Lieferanten, bis der Kunde die Ware aus dem Lager entnimmt.
Was ist nun zu beachten, wenn der Lieferant und das Konsignationslager in unterschiedlichen EU-Ländern sind?	In diesem Fall sind die Regelungen des innergemeinschaftlichen Verbringens zu beachten. Der Lieferant tätigt eine innergemeinschaftliche Lieferung und gleichzeitig aus Sicht des anderen Landes einen innergemeinschaftlichen Erwerb. Dies bedeutet, dass sich der Lieferant im anderen EU-Land umsatzsteuerlich registrieren muss.

(Fortsetzung)

Tab. 2.12 (Fortsetzung)

Frage: In den Zeitungen ist häufig von einem Steuerbetrug im Zusammenhang mit Umsatzsteuerkarussells zu hören, die von der Finanzverwaltung bekämpft werden. Welchen Zweck erfüllt hierbei die Vorschrift des § 6b UStG?	Antwort: Die Vorschrift legt als Vereinfachung fest, wann ein steuerbarer Verbringungsvorgang bei der Einlagerung von Wirtschaftsgütern im Konsignationslager vorliegt.
Wem steht eigentlich die Umsatzsteuer zu?	Die Umsatzsteuer ist eine sog. Gemeinschaftssteuer nach Art. 106 Abs. 3 GG. Somit steht das Aufkommen, dem Bund, den Ländern und den Kommunen zu.
Wie nennt man das Prinzip, welches der deutschen Umsatzsteuer zugrunde liegt?	Das Prinzip heißt „Allphasen-Netto-Umsatzsteuer" mit Vorsteuerabzug.
Für welche Unternehmenstypen stellt die gezahlte Umsatzsteuer einen echten Kostenfaktor dar?	Das sind Unternehmen, die selbst nicht zum Vorsteuerabzug berechtigt sind. Hier sind vor allem Banken, Versicherungen und Krankenhäuser zu nennen.

2.3 Prüfung 3 – Sonderausgaben; Innergemeinschaftliche Lieferung und elektronische Rechnung; Gewährleistungsrecht und Sicherheitsleistungen; Veräußerung eines KG-Anteils; Stundung und Vollstreckungsaufschub; Erbbaurecht 1 (Tab. 2.13, 2.14, 2.15, 2.16, 2.17 und 2.18)

Tab. 2.13 Vertreter des Berufsstandes I: Sonderausgaben. EStG

Frage: Ihr erster Mandant kommt zu Ihnen. Er hat diverse Fragen zur steuerlichen Abzugsfähigkeit von Ausgaben in seiner Einkommensteuererklärung 2022. Der Mandant ist wohnhaft in Deutschland und unverheiratet. Er hat ein fünfjähriges Kind, das bei ihm wohnt.	Antwort:
Kann die Rechnung für eine Tagesmutter in Höhe von 9000 € in der Steuererklärung Berücksichtigung finden?	Es handelt sich um private Ausgaben, sodass hier Sonderausgaben in Betracht kommen. Gemäß § 10 Abs. 1 Nr. 5 EStG können Kosten zu 2/3 von Dienstleistungen für die Betreuung abgezogen werden. Da jedoch die Höchstgrenze von 4000 € überschritten wird, sind nur 4000 € berücksichtigungsfähig.
Was gilt, wenn die Betreuung im Jahr 2022 stattfand, jedoch das Geld erst im Jahr 2023 überwiesen wurde?	Im Bereich der Sonderausgaben und außergewöhnlichen Belastungen gilt das strenge Abflussprinzip nach § 11 EStG; d. h. die Kosten können nur im Jahr 2023 abgezogen werden.
Was ist, wenn der Mandant die Rechnung in bar beglichen hat?	In diesem Fall scheidet ein Abzug als Sonderausgaben nach § 10 Abs. 1 Nr. 5 Satz 4 EStG aus.

(Fortsetzung)

2.3 Prüfung 3

Tab. 2.13 (Fortsetzung)

Frage: Ihr erster Mandant kommt zu Ihnen. Er hat diverse Fragen zur steuerlichen Abzugsfähigkeit von Ausgaben in seiner Einkommensteuererklärung 2022. Der Mandant ist wohnhaft in Deutschland und unverheiratet. Er hat ein fünfjähriges Kind, das bei ihm wohnt.	Antwort:
Was ist, wenn Ihr Mandant in Österreich wohnt?	Dann könnte eine beschränkte Steuerpflicht in Deutschland bestehen. In diesem Fall können Sonderausgaben nach § 50 Abs. 1 Satz 4 EStG nicht steuermindernd geltend gemacht werden.
Was ist, wenn die Rechnung nicht vom Mandanten, sondern von seiner Mutter beglichen wurde?	Es liegt sog. Drittaufwand vor. Da der Mandant die Ausgaben nicht trägt, können eigentlich die Sonderausgaben auch keine Berücksichtigung finden. Die Finanzverwaltung sieht hierin jedoch einen abgekürzten Zahlungsweg, sofern die Rechnung auf den Mandanten lautet, sodass ein Abzug möglich ist (vgl. BMF BStBl I 12, 307 Rz. 24).
Wie sieht es mit Kosten für den Tennisunterricht des Kindes aus?	Der Tennisunterricht ist nach § 10 Abs. 1 Nr. 5 Satz 2 EStG ausgenommen. Solche Ausgaben sind bereits nach § 32 Abs. 6 EStG abgegolten.
Was ist, wenn der Mandant lediglich der Stiefvater ist?	Auch dann scheiden Sonderausgaben aus. Es liegt kein Kind im Sinne des § 32 Abs. 1 EStG vor.
Was ist, wenn das Kind bereits in die Schule geht und der Mandant ein Schuldgeld bezahlt?	Insoweit können 30 % des Schuldgeldes bis zu einem Höchstbetrag von 5000 € als Sonderausgaben nach § 10 Abs. 1 Nr. 9 EStG abgezogen werden.
Was würde gelten, wenn die Schule in den USA ist?	In diesem Fall kommt ein Abzug grundsätzlich nicht in Betracht. Nur innerhalb der EU/EWR sind Schulkosten abziehbar. Eine Ausnahme würde aber bestehen, wenn es eine deutsche Schule in den USA wäre (§ 10 Abs. 1 Nr. 9 Satz 4 EStG).

Tab. 2.14 Finanzverwaltung I: Innergemeinschaftliche Lieferung und elektronische Rechnung. UStG

Frage: Ein in Deutschland ansässiges Unternehmen möchte Waren an ein in einem anderen EU-Staat ansässiges Unternehmen liefern.	Antwort:
Wie wäre grundsätzlich eine solche Lieferung in Deutschland umsatzsteuerlich zu behandeln?	Grundsätzlich ist die Lieferung am Ort des die Ware empfangenden Unternehmens steuerpflichtig (§ 3 Abs. 7 UStG). Eine solche Lieferung wäre als innergemeinschaftliche Lieferung nach § 4 Nr. 1 b UStG i. V. m. § 6 a UStG steuerfrei.

(Fortsetzung)

Tab. 2.14 (Fortsetzung)

Frage: Ein in Deutschland ansässiges Unternehmen möchte Waren an ein in einem anderen EU-Staat ansässiges Unternehmen liefern.	
Was sollte das deutsche Unternehmen beachten, bevor es an das Unternehmen ausliefert?	Antwort: Die Umsatzsteuerfreiheit knüpft an das Vorliegen einer innergemeinschaftlichen Lieferung im Sinne des § 6 a UStG. Hierfür ist u. a. Voraussetzung, dass der Abnehmer eine ihm in seinem Ansässigkeitsstaat erteilte gültige Umsatzsteuer-Identifikationsnummer nach § 6 a Abs. 1 Nr. 4 UStG verwendet. Diese Voraussetzung hat das deutsche Unternehmen nach § 6 a Abs. 3 UStG nachzuweisen. Aus diesem Grunde sollte das deutsche Unternehmen sorgfältig vorab prüfen, ob das ausländische Unternehmen eine Umsatzsteuer-Identifikationsnummer hat. Nur bei Nachweis der Unternehmereigenschaft des empfangenden Unternehmens kann die Lieferung steuerfrei (ohne Ausweis von Umsatzsteuer) erfolgen.
Was ist, wenn das ausländische Unternehmen eine falsche, nicht existierende Umsatzsteuer-Identifikationsnummer verwendet?	Hat das deutsche Unternehmen von der Unrichtigkeit der Nummer keine Kenntnis und konnte es auch die Unrichtigkeit nicht erkennen, so bleibt es bei der Steuerfreiheit (vgl. § 6 a Abs. 4 UStG).
Weshalb wird trotz § 6 a Abs. 4 UStG wohl doch die Lieferung als steuerpflichtig behandelt werden?	Das deutsche Unternehmen könnte die Richtigkeit der Umsatzsteuer-Identifikationsnummer beim Bundeszentralamt für Steuern überprüfen. Wird dies nicht gemacht, könnte von einer Fahrlässigkeit auszugehen sein, die eine umsatzsteuerfreie Lieferung ausschließt.
Ist eine elektronische Rechnung für einen Vorsteuerabzug ausreichend?	Elektronische Rechnungen sind grundsätzlich möglich. Der Empfänger muss allerdings zustimmen (vgl. § 14 Abs. 1 Satz 7 und 8 UStG).
Warum sollte man auf eine einfache elektronische Rechnung eher verzichten und stattdessen eine qualifizierte Signatur verwenden?	Um die Echtheit der Herkunft und die Unversehrtheit des Inhaltes nachzuweisen, empfiehlt sich die Verwendung einer elektronischen Rechnung mit qualifizierter Signatur (vgl. § 14 Abs. 3 UStG).
Wie hat die Zustimmung des Empfängers zugunsten einer elektronischen Rechnung zu erfolgen?	Weder im Unionsrecht noch im deutschen Umsatzsteuerrecht ist eine bestimmte Form vorgesehen. Die deutsche Finanzverwaltung lässt es genügen, wenn die Beteiligten diese Verfahrensweise praktizieren und damit stillschweigend billigen (Abschn. 14.4 Abs. 1 Satz 5 UStAE).
Warum sollte der Rechnungsempfänger darauf achten, dass die Rechnungen ihm nur an eine einzige Emailanschrift bekannt gegeben werden?	Bei unterschiedlichen Eingängen der Rechnungen droht die Gefahr der Doppelerfassung der Rechnungen.

2.3 Prüfung 3

Tab. 2.15 Vertreter der Wirtschaft: Gewährleistungsrecht und Sicherheitsleistungen. BGB

Frage:	Antwort:
Welche Gewährleistungen gibt es im Kaufrecht?	Für den Käufer kommen nach § 437 BGB die Nacherfüllung, der Rücktritt, die Minderung und der Schadensersatz in Betracht
Wann verjähren in der Regel die Gewährleistungsrechte?	Nach § 438 BGB Abs. 1 Nr. 3 BGB in 2 Jahren.
Kennen Sie hiervon Abweichungen?	Bei Bauwerken liegt z. B. die Verjährung bei 5 Jahre (vgl. § 438 Abs. 1 Nr. 2 BGB).
Welche Besonderheit gibt es bei der Gewährleistung im Werkvertrag, jedoch nicht im Kaufrecht?	Im Werkrecht kann der Besteller nach § 634 Nr. 2 BGB i. V. m. § 637 BGB Mängel selbst beseitigen und den Ersatz der erforderlichen Aufwendungen verlangen.
Im Werkrecht gibt es eine Vorleistungspflicht für Handwerker. Woraus ergibt sich das?	Die Vorleistungspflicht für Unternehmer ergibt sich aus § 641 BGB.
Als Korrektiv für seine Vorleistungspflicht müssen einem Handwerker besondere Sicherheitsrechte zur Verfügung stehen. Welche kennen Sie?	Hier ist zunächst das Unternehmerpfandrecht nach § 647 BGB zu nennen. Für Bauunternehmer gibt es noch die Sicherheitshypothek nach § 650 e BGB oder die Bauhandwerkersicherung nach § 650 f. BGB.
Was gibt es sonst noch für allgemeine Sicherheiten im BGB?	Hier ist vor allem der Eigentumsvorbehalt nach § 449 BGB zu nennen.
Warum hilft im Werkvertragsrecht der Eigentumsvorbehalt dem Unternehmer häufig nicht?	Häufig erwirbt der Besteller mit der Neuerstellung eines Werkes nach §§ 946 ff. BGB das Eigentum kraft Gesetzes.
Was ist ein weitergeleiteter Eigentumsvorbehalt im Kaufrecht?	Der Käufer verpflichtet sich gegenüber dem Verkäufer, die unter Eigentumsvorbehalt gekaufte Sache nur in der Weise weiter zu übereignen, dass der Verkäufer Vorbehaltseigentümer bleibt.
Wie unterscheidet sich hiervon der verlängerte Eigentumsvorbehalt?	Hier vereinbaren Käufer und Verkäufer, dass anstelle des Eigentumsvorbehaltes, wenn dieser durch Weiterveräußerung oder Verarbeitung erlischt, die neue Sache oder die daraus entstehende Forderung tritt.
Welche Verträge im BGB sind sog. werkvertragsähnliche Verträge?	Hier ist insbesondere der Bauvertrag nach §§ 650 a ff. BGB zu nennen. Jedoch gilt auch der Architektenvertrag und Ingenieurvertrag nach §§ 650 p ff BGB sowie der Bauträgervertrag nach §§ 650 u ff. und der Pauschalreisevertrag nach §§ 651 a ff. BGB als werkvertragsähnlicher Vertrag.
Was sind die VOB?	Hierunter versteht man die Vergabe- und Vertragsordnung für Bauleistungen hinsichtlich der Durchführung von Aufträgen der öffentlichen Hand.

Tab. 2.16 Finanzverwaltung II: Veräußerung eines KG-Anteils. EStG, GewStG

Frage: Eine natürliche Person A ist zu 100 % an einer KG beteiligt. Die KG hat keine nennenswerten Wirtschaftsgüter. Allerdings hat die KG einen auf 3 Jahre noch laufenden Vertrag mit dem Geschäftskunden G, woraus mit einem Gewinn von 750 TE zu rechnen ist. 80 % des Umsatzes macht die KG mit dem Geschäftskunden G. A verkauft 95 % seines Anteils an die natürliche Person B. Das Kapitalkonto des A beträgt 100 TE. Der Veräußerungspreis beträgt 1000 TE.	Antwort:
Woraus ergibt sich die Steuerpflicht des A?	Eine Steuerpflicht nach § 16 Absatz 1 Nr. 2 EStG liegt nicht vor, da nicht der gesamte Anteil veräußert wird. Es handelt sich um einen sog. laufenden gewerblichen Gewinn nach § 15 Abs. 1 EStG in Höhe von 900 TE.
Spielt es eine Rolle, ob § 15 EStG oder § 16 EStG einschlägig ist?	Ja, da nur für Gewinne nach § 16 EStG die Steuerbegünstigungen nach § 16 Absatz 4 EStG bzw. § 34 Absatz 1 EStG oder § 34 Abs. 3 EStG in Betracht kommen.
In welchem Steuerformular ist der Veräußerungsgewinn einzutragen?	In der einheitlichen und gesonderten Gewinnfeststellung wird der Gewinn erfasst und dem A zugerechnet.
Welche Folgen ergeben sich noch bei der Veranlagung der KG?	In Höhe des Unterschiedsbetrages zwischen dem Veräußerungspreis und dem Kapitalkonto des A muss für B eine Ergänzungsbilanz aufgestellt werden. Der Betrag ist zunächst bei den bilanzierten Wirtschaftsgütern anteilig zu aktivieren. Da die KG über keine nennenswerten Wirtschaftsgüter verfügt, ergibt sich eine Aktivierung eines Geschäfts- und Firmenwertes in der positiven Ergänzungsbilanz des B.
Wie ist der Geschäfts- und Firmenwert abzuschreiben?	Gemäß § 7 Absatz 1 Satz 3 EStG ist der Geschäfts- und Firmenwert für einen Gewerbebetrieb auf 15 Jahre abzuschreiben. Das Gesetz wendet hier eine Fiktion an, von der nicht abgewichen werden kann. Dies gilt auch dann, wenn klar ist, dass der Geschäfts- und Firmenwert praktisch in 3 Jahren (nach Ablauf des Vertrages) hinfällig geworden ist.
Wie könnte dennoch ggf. die Abschreibung nach 3 Jahren erreicht werden?	Es verbleibt die Möglichkeit der Teilwertabschreibung nach 3 Jahren.

(Fortsetzung)

Tab. 2.16 (Fortsetzung)

Frage: Eine natürliche Person A ist zu 100 % an einer KG beteiligt. Die KG hat keine nennenswerten Wirtschaftsgüter. Allerdings hat die KG einen auf 3 Jahre noch laufenden Vertrag mit dem Geschäftskunden G, woraus mit einem Gewinn von 750 TE zu rechnen ist. 80 % des Umsatzes macht die KG mit dem Geschäftskunden G. A verkauft 95 % seines Anteils an die natürliche Person B. Das Kapitalkonto des A beträgt 100 TE. Der Veräußerungspreis beträgt 1000 TE.	
	Antwort:
Wie ist der Veräußerungsgewinn gewerbesteuerlich zu behandeln?	Da die KG selbst Steuerschuldner ist, schuldet die KG die Gewerbesteuer aus dem Veräußerungsgewinn. Der Gewinn ist auch nicht nach § 7 Satz 2 Nr. 2 GewStG befreit, da der A nur einen Teil seines KG-Anteils veräußert hat.
Wer kann sich die Gewerbesteuer nach § 35 EStG bei der Einkommensteuer anrechnen lassen, wenn der Verkauf unterjährig stattfindet?	Entscheidend ist der allgemeine Verteilungsschlüssel (idR das sog. Kapitalkonto I). Vorabvergütungen oder Ergebniszurechnungen aus der Sonder- oder Ergänzungsbilanz bleiben unberücksichtigt. Da die Gewerbesteuer erst mit Ablauf des Erhebungszeitraumes entsteht, wird sie auch nur von den Mitunternehmern, die am Ende des Erhebungszeitraumes an der Mitunternehmerschaft beteiligt sind, aufwandswirksam getragen. Damit ist die Gewerbesteuer zu 95 % bei B anzurechnen.

Tab. 2.17 Vertreter des Berufsstandes II: Stundung und Vollstreckungsaufschub. AO

Frage: Sie betreuen als Steuerberater ein Einzelunternehmen. Das Einzelunternehmen gerät in finanzielle Schieflage, da die Kunden des Unternehmens ihre Rechnungen später als üblich begleichen.	
	Antwort:
Welche Möglichkeiten hat der Unternehmer gegenüber dem Fiskus, seinen finanziellen Engpass zu überbrücken oder seine Liquidität zu erhöhen?	Der Unternehmer hat unterschiedliche Möglichkeiten: Antrag auf Herabsetzung der Steuervorauszahlungen (§ 37 Abs. 3 EStG, § 19 Abs. 3 GewStG), Antrag auf Aussetzung der Vollziehung (§ 361 AO), Antrag auf Erlass (§ 163 AO und § 227 AO), Antrag auf Stundung (§ 222 AO) und Antrag auf Vollstreckungsaufschub (§ 258 AO).

(Fortsetzung)

Tab. 2.17 (Fortsetzung)

Frage: Sie betreuen als Steuerberater ein Einzelunternehmen. Das Einzelunternehmen gerät in finanzielle Schieflage, da die Kunden des Unternehmens ihre Rechnungen später als üblich begleichen.	
Kann die Herabsetzung der Steuervorauszahlung auch nachträglich erfolgen?	Antwort: Eine Herabsetzung ist grundsätzlich möglich. Die Anpassung kann aber nur bis zum 15. auf das dem Erhebungszeitraum folgende Kalendermonat vorgenommen werden (vgl. § 37 Abs. 3 EStG, § 19 Abs. 3 GewStG).
Wie unterscheiden sich die Stundung nach § 222 AO und der Antrag auf Vollstreckungsaufschub nach § 258 AO?	Der Vollstreckungsaufschub soll einen Vollstreckungsaufschub bei einer vorübergehenden Notlage gewähren. Die Einziehung der Forderung selbst erscheint nicht unbillig, sondern lediglich die Art und Weise oder der Umfang oder der Zeitpunkt der Vollstreckungsmaßnahme. Bei der Stundung hingegen stellt das Finanzamt ausschließlich auf die Wirkung der Einziehung zum Fälligkeitszeitpunkt ab. Anders als bei der Stundung lässt der Vollstreckungsaufschub die Fälligkeit unberührt. Bei einem Vollstreckungsaufschub fallen deshalb auch weiterhin Säumniszuschläge an.
Stundung und Vollstreckungsaufschub beinhalten beide eine Billigkeitsprüfung. Wo liegt aber der Unterschied, wenn es um die Feststellung der Unbilligkeit geht?	Bei der Stundung muss wie bei den §§ 163, 227 AO ein sachlicher und persönlicher Billigkeitsgrund vorliegen. Die Einziehung bei Fälligkeit muss eine erhebliche Härte für den Schuldner bedeuten und der Anspruch darf durch die Stundung nicht gefährdet sein. Es handelt sich um eine Ermessensentscheidung. Die Messlatte liegt höher als bei dem Antrag auf Vollstreckungsaufschub. Unbillig heißt beim Vollstreckungsaufschub, dass die Vollstreckung dem Steuerpflichtigen einen unangemessenen Nachteil bringen würde, der durch kurzfristiges Zuwarten (ca. 6 bis max. 12 Monate) vermieden werden kann.
Kann die Finanzverwaltung ihre gewährte Stundung wieder „zurücknehmen"?	Sofern die Voraussetzungen des § 130 Abs. 2 AO bzw. § 131 Abs. 2 AO erfüllt sind, ist eine Rücknahme möglich.
Welche Rechtsbehelfe bestehen gegen eine vom Finanzamt abgelehnte Stundung?	Der Steuerpflichtige kann Einspruch gegen eine ablehnende Entscheidung einlegen. Bei erfolglosem Einspruch besteht die Möglichkeit der Verpflichtungsklage.

(Fortsetzung)

2.3 Prüfung 3

Tab. 2.17 (Fortsetzung)

Frage: Sie betreuen als Steuerberater ein Einzelunternehmen. Das Einzelunternehmen gerät in finanzielle Schieflage, da die Kunden des Unternehmens ihre Rechnungen später als üblich begleichen.	
	Antwort:
Drohen Säumniszuschläge bzw. Zinsen bei einer gewährten Stundung?	Da die Stundung die Fälligkeit hinausschiebt, fallen keine Säumniszuschläge an. Bereits entstandene Säumniszuschläge bleiben aber grundsätzlich bestehen. Wird eine Stundung rückwirkend gewährt, was nach Rechtsprechung möglich ist, hat ein entsprechender Erlassantrag jedoch meist Erfolg. Die Zinspflicht bleibt allerdings bestehen (vgl. § 234 AO).

Tab. 2.18 Vorsitzende der Prüfungskommission: Erbbaurecht 1. Zivilrecht, GrEStG

Frage: Ein Mandant kommt zu Ihnen. Er teilt Ihnen mit, dass er ein Erbbaurecht erwerben möchte.	
	Antwort:
Was ist ein Erbbaurecht?	Ein Erbbaurecht (früher auch Erbpacht) ist das Recht, den Grund und Boden umfassend zu nutzen und ein Gebäude auf einem Grundstück zu errichten. Mit Errichtung der Immobilie wird der Erbbauberechtigte Eigentümer der Immobilie. Der Grund und Boden gehört weiterhin dem Eigentümer (Erbbauverpflichteten).
Wo ist das Erbbaurecht gesetzlich geregelt?	Das Erbbaurecht ist in einem eigenen Gesetz (Erbbaurechtsgesetz) geregelt.
Wie erwirbt man ein solches Recht?	Das Erbbaurecht wird durch notarielle Einigung und Eintragung im Grundbuch erworben.
Steht das Erbbaurecht im „normalen" Grundbuch?	Ja, jedoch wird das Erbbaurecht auch in einem gesonderten Erbbaugrundbuch aufgeführt.
Worin besteht der Unterschied zum Nießbrauchrecht?	Anders als das Nießbrauchrecht ist das Erbbaurecht ein veräußerliches und vererbbares Recht. Das Erbbaurecht gibt dem Erbbauberechtigten auch eine Eigentümerstellung über die gebaute Immobilie.
Was ist steuerlich zu beachten, wenn das Erbbaurecht übertragen wird?	Das Erbbaurecht steht einem Grundstück gemäß § 2 Abs. 2 Nr. 1 GrEStG gleich. Ein Kaufvertrag hierüber würde grundsätzlich gemäß § 1 Abs. 1 Satz 1 GrEStG zu einer Grunderwerbsteuer führen.
Wie würde ein erwerbendes Unternehmen das Erbbaurecht bilanzieren?	Das Erbbaurecht ist ein immaterielles Recht, das zeitlich beschränkt ist. Entgeltlich erworbene immaterielle Wirtschaftsgüter sind in der Handelsbilanz und Steuerbilanz zu aktivieren und planmäßig über die Laufzeit abzuschreiben.

2.4 Prüfung 4 – Tod und Verluste; Spenden; Anfechtung und Nichtigkeit; Außergewöhnliche Belastungen; Steuerliches Einlagekonto / Sonderausweis; Erbbaurecht 2 (Tab. 2.19, 2.20, 2.21, 2.22, 2.23 und 2.24)

Tab. 2.19 Vertreter des Berufsstandes I: Tod und Verluste. EStG, KStG, GewStG

Frage:	Antwort:
Der Steuerpflichtige X stirbt. Bis zu seinem Tod hatte er ungenutzte Verlustvorträge. Kann der Erbe diese noch nutzen?	Ungenutzte Verlustvorträge gemäß § 10d EStG sind seit dem Jahr 2008 nach einer Entscheidung des BFH nicht mehr vererblich (BFH, Beschluss vom 17. Dezember 2007, GrS 2/04, BStBl. II 2008, 608).
Wie begründet der BFH seine Entscheidung?	Der Verlustabzug ist als höchstpersönliche Rechtsposition untrennbar an die Person gebunden, die die Verluste erlitten hat.
Führt das nicht zu einer Übermaßbesteuerung? Falls ja, für wen würde das gelten?	Aus Sicht des Erblassers ist es eine Übermaßbesteuerung, weil er bezogen auf die Leistungsfähigkeit seines gesamten Lebens zu hohe Steuern bezahlt hat.
Wie sieht dies aus, wenn der Erblasser noch verrechenbare Verluste als Kommanditist nach § 15 a EStG hatte?	In diesem Fall übernimmt der Erbe diese gesonderten Verlustvorträge. Ein Untergang findet nicht statt.
Was gilt, wenn der Erblasser verheiratet war, jedoch die Ehegatten sich getrennt veranlagt haben?	Dann sollte der überlebende Ehegatte die gemeinsame Veranlagung wählen. Dies ist auch noch im Todesjahr gemäß § 26 Abs. 1 Satz 1 Nr. 3 EStG möglich. Dann sind die Ehepartner gemeinsam als ein Steuerpflichtiger zu behandeln und auf dieser Ebene erfolgt dann die Verlustverrechnung.
Was gilt, wenn der überlebende Ehegatte selbst nicht Erbe wird?	Auf die fehlende Vererblichkeit kommt es nicht an. Der Verlustvortrag kommt dem überlebenden Ehegatten durch die Zusammenveranlagung zugute.
Könnte der überlebende Ehegatte auch noch im Folgejahr von seinem verstorbenen Ehegatten „profitieren"?	Im Folgejahr könnte der überlebende Ehegatte noch durch das sog. Witwensplitting nach § 32 a Abs. 6 Satz 1 EStG profitieren.
Die Eheleute X und Y werden gemeinsam veranlagt. Kann X Verluste zurücktragen, wenn im Vorjahr eine getrennte Veranlagung bestand?	Dies ist nach § 62d Abs. 2 EStDV möglich. Allerdings gilt dies nur für Verluste, die bei der Zusammenveranlagung tatsächlich auf X entfallen.
Was gilt für die (gewerbesteuerlichen) Verlustvorträge einer Personengesellschaft, wenn ein Gesellschafter seinen Anteil verkauft?	In diesem Fall geht der gewerbesteuerliche Verlustvortrag anteilig, d. h. entsprechend des Gesellschaftsanteiles des ausscheidenden Gesellschafters, unter. Es fehlt insoweit an der Unternehmeridentität (vgl. § 10a 3 (1) GewStR).
Gilt § 8 c KStG auch bei (gewerbesteuerlichen) Verlustvorträgen von Personengesellschaften?	§ 8 c KStG gilt zunächst nur für Körperschaften und damit nicht für Personengesellschaften. Allerdings kann ein Verlustuntergang bei einer Kapitalgesellschaft auf eine Personengesellschaft durchschlagen, wenn die Kapitalgesellschaft an der Personengesellschaft (unmittelbar oder mittelbar) beteiligt ist (vgl. § 10 a Satz 10 GewStG).

(Fortsetzung)

2.4 Prüfung 4

Tab. 2.19 (Fortsetzung)

Frage:	Antwort:
Der Steuerpflichtige X stirbt. Bis zu seinem Tod hatte er ungenutzte Verlustvorträge. Kann der Erbe diese noch nutzen?	Ungenutzte Verlustvorträge gemäß § 10d EStG sind seit dem Jahr 2008 nach einer Entscheidung des BFH nicht mehr vererblich (BFH, Beschluss vom 17. Dezember 2007, GrS 2/04, BStBl. II 2008, 608).
Was gilt, wenn ein gewerblicher Einzelunternehmer seinen Betrieb veräußert. Kann der Erwerber einen gewerblichen Verlustvortrag übernehmen?	In diesem Fall geht der gewerbesteuerliche Verlustvortrag vollumfänglich unter, da es an der Unternehmeridentität fehlt (vgl. auch R 10a 3. (1) GewStR).
Welchen Unterschied stellen Sie fest, wenn bei einer Personen- oder Kapitalgesellschaft 30 % der Anteile übergehen und diese Gesellschaft steuerliche Verlustvorträge hat?	Bei der Kapitalgesellschaft bleiben die Verlustvorträge bestehen, da nicht mehr als 50 % der Anteile übertragen werden. Bei der Personengesellschaft kommt es hingegen zu einem anteiligen Verlustuntergang.

Tab. 2.20 Finanzverwaltung I: Spenden. EStG, AO, FGO

Frage:	Antwort:
Der gewerbliche Einzelunternehmer X spendet 500 € an die Partei Bündnis 90/Die Grünen und macht die Kosten als Betriebsausgaben geltend. Ist das zutreffend?	Ein Betriebsausgabenabzug ist nach § 4 Abs. 6 EStG ausgeschlossen.
Was gilt, wenn eine GmbH an eine Partei spendet?	Ein Abzug nach § 9 Abs. 1 Nr. 2 KStG kommt nicht in Betracht, da eine Partei keinen steuerbegünstigten Zweck im Sinne der §§ 52 bis 54 AO fördert (gemeinnützig, mildtätig, kirchlich). Es bleibt gemäß § 8 Abs. 1 KStG i. V. m. § 4 Abs. 6 EStG bei einem Ausschluss des Betriebsausgabenabzuges.
Was ist, wenn X als Privatperson an die Partei spendet?	Vorrangig werden Zuwendungen an politische Parteien bis 825/1650 € als tarifliche Einkommensteuerermäßigung berücksichtigt. Erst wenn dieser Betrag überschritten wird, können die Spenden bis zu den Höchstbeträgen nach § 10 b EStG als Sonderausgabe zusätzlich abgesetzt werden.
Kann X auch eine Spende an seinen gemeinnützigen Golfverein in seiner Steuererklärung ansetzen?	Ein Spendenabzug ist nach § 10b Abs. 1 Satz 8 Nr. 1 EStG ausgeschlossen.
Kann A auch seine Arbeitsleistung an einen gemeinnützigen Verein spenden?	Nein. Nutzungen und Leistungen sind nach § 10b Abs. 3 Satz 1 EStG vom Spendenabzug ausgeschlossen
Kann X den Spendenabzug geltend machen, wenn er in Deutschland nur beschränkt steuerpflichtig ist?	Ja. Ein Spendenabzug ist möglich, da § 50 Abs. 1 Satz 4 EStG die Vorschrift des § 10b EStG vom Abzug nicht ausschließt.

(Fortsetzung)

Tab. 2.20 (Fortsetzung)

Frage:	Antwort:
Der gewerbliche Einzelunternehmer X spendet 500 € an die Partei Bündnis 90/ Die Grünen und macht die Kosten als Betriebsausgaben geltend. Ist das zutreffend?	Ein Betriebsausgabenabzug ist nach § 4 Abs. 6 EStG ausgeschlossen.
Was gilt, wenn X eine Spende tätigt und eine Spendenbestätigung erhalten hat und das Finanzamt dem Empfänger nachträglich die Gemeinnützigkeit entzogen hat?	Es bleibt grundsätzlich beim Spendenabzug des X. X kann nach § 10b Abs. 4 Satz 1 EStG auf die Richtigkeit einer Spendenbestätigung vertrauen. Lediglich bei Kenntnis oder grob fahrlässiger Unkenntnis über die fehlende Gemeinnützigkeit scheidet ein Abzug aus.
Was kann das Finanzamt in einem solchen Fall tun?	Gemäß § 10b Abs. 4 Satz 2 EStG wird das Finanzamt prüfen, ob es für die entgangene Steuer einen Dritten nach § 10b Abs. 4 Satz 2 und 3 EStG in Haftung nehmen kann. Insoweit kommt die Ausstellerhaftung oder Veranlasserhaftung in Betracht.
Was bedeutet „haften" im Steuerrecht?	Das Einstehen eines Dritten für die Steuerschuld eines anderen.
Wo ist der Haftungsbescheid im Verfahrensrecht geregelt?	Die Regelung findet sich im § 191 AO.
Was ist bei einem Haftungsbescheid nach § 191 AO aus Sicht des Finanzamtes zu beachten?	Nach § 191 AO kann ein Haftungsbescheid erlassen werden. Somit hat das Finanzamt ihr Ermessen nach § 5 AO ordnungsgemäß auszuüben. Insbesondere hat die Behörde zu prüfen, ob nicht doch gegen den Steuerschuldner vorzugehen ist.
Wie kann sich ein Aussteller einer falschen Spendenbescheinigung gegen einen Haftungsbescheid wehren?	Der Aussteller kann nach § 347 Abs. 1 Nr. 1 AO Einspruch einlegen und ggf. sich vor dem Finanzgericht mit einer Anfechtungsklage nach § 40 Abs. 1 Alt. 1 FGO wehren.

2.4 Prüfung 4

Tab. 2.21 Vertreter der Wirtschaft: Anfechtung und Nichtigkeit. BGB

Frage:	Antwort:
Welche Nichtigkeitsgründe aus dem BGB fallen Ihnen ein?	Klassische Nichtigkeitsgründe sind insbesondere die Geschäftsunfähigkeit (§ 105 BGB), das Scheingeschäft (117 Abs. 1 BGB), der Mangel an Ernstlichkeit (§ 118 BGB), der Formmangel (§ 125 BGB), der Verstoß gegen ein gesetzliches Verbot (§ 134 BGB) und gegen die guten Sitten (§ 138 Abs. 1 BGB) sowie das Wuchergeschäft (§ 138 Abs. 2 BGB).
Welche Anfechtungsgründe gibt es im BGB?	Hier ist zunächst die Anfechtung wegen Irrtums nach § 119 BGB und die Anfechtung wegen arglistiger Täuschung oder Drohung nach § 123 BGB zu nennen. Innerhalb der Irrtumsanfechtungen unterscheidet man die Anfechtung wegen Irrtum über den Erklärungsinhalt (Abs. 1 Alt. 1), die Erklärungshandlung (Abs. 1 Alt. 2) und den Irrtum über eine verkehrswesentliche Eigenschaft (Abs. 2). Zusätzlich ist noch der Irrtum bei der Übermittlung nach § 120 BGB zu erwähnen.
Was ist bei einer Anfechtung anders als bei einer Nichtigkeit?	Bei der Nichtigkeit besteht die Unwirksamkeit von Anfang an. Bei Anfechtung wird die Unwirksamkeit erst durch einen Gestaltungsakt herbeigeführt (sog. Anfechtungserklärung). Erst mit Zugang der Anfechtungserklärung ist dann das angefochtene Rechtsgeschäft von Anfang an (ex tunc) unwirksam.
Welche Anfechtungsfristen sind zu beachten?	Bei arglistiger Täuschung oder Drohung ist eine Jahresfrist zu beachten (§ 124 Abs. 1 BGB). Bei Irrtumsanfechtung muss die Anfechtung unverzüglich nach Kenntnis vom Anfechtungsgrund erfolgen (§ 121 BGB).
Kann auch eine Verfügung im Testament angefochten werden?	Ja, das ist möglich. Das Gesetz regelt die Gründe der Anfechtung in § 2078 und sieht § 2078 als Sondervorschrift zu § 119 BGB und § 123 BGB.
Umfasst die Anfechtung das ganze Testament?	Eine Anfechtung bezieht sich nicht auf das Testament als solches, sondern nur jeweils auf die Verfügung, worauf sich der Irrtum bezieht.
Kann auch ein Arbeitsvertrag angefochten werden?	Streng genommen wird die Willenserklärung zum Arbeitsvertrag angefochten. Auch hier gelten grundsätzlich die Regeln im allgemeinen Teil des BGB.
Gilt bei der Anfechtung etwas Besonderes?	Im Arbeitsrecht ist allgemein anerkannt, dass die Anfechtung keine Rückwirkung hat, sondern nur für die Zukunft wirkt (ex nunc). Begründet wird dies damit, dass die Rückabwicklung erbrachter Arbeitsleistung praktisch unmöglich ist.
In welchem Rechtsgebiet könnte eine Anfechtung noch schwierig sein?	Im Familienrecht ist eine Anfechtung nur eingeschränkt möglich. Dies gilt insbesondere für die Eheschließung (vgl. § 1314 Abs. 2 BGB).
Kann auch die Versäumnis einer Frist zur Ausschlagung einer Erbschaft angefochten werden?	Mangels Willenserklärung kommt eigentlich keine Anfechtung in Betracht. Jedoch fingiert § 1956 BGB die Fristversäumnis als Willenserklärung, sodass eine Anfechtung möglich ist. Die Vorschriften §§ 1954 ff. BGB modifizieren das Anfechtungsrecht im allgemeinen Teil des BGB.

Tab. 2.22 Finanzverwaltung II: Außergewöhnliche Belastungen. EStG

Frage: Ein Steuerpflichtiger S kommt zu Ihnen als neu bestellter Steuerberater. Er hat eine Reihe von Rechnungen und möchte nun Auskunft von Ihnen, ob er diese Ausgaben bei der Steuererklärung geltend machen kann.	Antwort:
S legt eine Rechnung für Adoptionskosten eines Kindes vor. Wo würden Sie nachsehen, um das zu prüfen?	Es handelt sich um privat veranlasste Kosten, sodass nur ein Abzug als Sonderausgaben oder außergewöhnliche Belastungen in Betracht kommt.
Sind die Kosten nun steuerlich berücksichtigungsfähig?	Im Katalog der Sonderausgaben ist keine der Ziffern einschlägig. Auch außergewöhnliche Belastungen kommen nicht in Betracht, da Adoptionskosten nicht zwangsläufig (§ 33 Abs. 2 Satz 1 EStG) entstehen, sondern aufgrund einer eigenständigen privaten, freien Entscheidung. Ein Abzug scheidet folglich aus.
S legt auch eine Rechnung über die Beerdigungskosten seines verstorbenen Vaters vor. Kann er diese Kosten geltend machen?	Auch hier kommen lediglich außergewöhnliche Belastungen in Betracht. Der Tod ist zwangsläufig. Fraglich ist, ob es größere Aufwendungen sind, die der überwiegenden Mehrzahl anderer Steuerpflichtiger entstehen. Dies kann wohl nur bejaht werden, wenn die Beerdigungskosten nicht aus dem Nachlass oder einer Sterbegeldversicherung bedient werden können (vgl. auch H 33.1–33.4 EStR).
S legt auch die Rechnung einer US-Universität vor, in welcher sein Sohn gerade studiert.	Es liegen außergewöhnliche Belastungen vor. Allerdings besteht hier die Besonderheit, dass dieser Fall in § 33a Abs. 2 EStG erfasst ist, sodass nur max. 1200 € je Kalenderjahr abziehbar sind.
Was ist, wenn der Sohn in den Sommerferien für 2 Monate nach Hause kommt?	Dann ist der pauschale Abzugsbetrag nach § 33a Abs. 3 EStG zeitanteilig zu kürzen.
Wie ist denn das Verhältnis von § 33 und § 33a EStG generell zu sehen?	§ 33a EStG geht § 33 EStG vor und ist dann in sich abschließend. Dies ergibt sich aus § 33a Abs. 4 EStG.
Wie sieht es mit Anwaltskosten für eine Scheidung aus?	Kosten für die Führung eines Rechtsstreites sind nach § 33 Abs. 1 Satz 4 EStG grundsätzlich nicht als außergewöhnliche Belastungen abziehbar.
Kann es hiervon eine Ausnahme geben?	Nur ausnahmsweise ist das denkbar, wenn der Steuerpflichtige nachweisen kann, dass er ohne diese Aufwendungen Gefahr laufen würde seine Existenzgrundlage zu verlieren und seine lebensnotwendigen Bedürfnisse nicht mehr befriedigen kann.
Wie ist es, wenn der Steuerpflichtige S behindert ist?	Nach § 33b EStG kann der Steuerpflichtige Pauschbeträge für seinen Mehraufwand geltend machen.

(Fortsetzung)

2.4 Prüfung 4

Tab. 2.22 (Fortsetzung)

Frage: Ein Steuerpflichtiger S kommt zu Ihnen als neu bestellter Steuerberater. Er hat eine Reihe von Rechnungen und möchte nun Auskunft von Ihnen, ob er diese Ausgaben bei der Steuererklärung geltend machen kann.	
	Antwort:
Ist er auf die Pauschbeträge angewiesen oder kann er auch höhere Ausgaben gelten machen, wenn diese vorliegen?	Ja, das ist möglich. Nach § 33b EStG kann der Pauschbetrag anstelle von § 33 EStG geltend gemacht werden.
Können außergewöhnliche Belastungen unbeschränkt abgezogen werden?	Außergewöhnliche Belastungen sind nur berücksichtigungsfähig, soweit die sog. Zumutbarkeitsgrenze des jeweiligen Jahres überschritten wird. Die Höhe der Zumutbarkeitsgrenze hängt vom Einkommen, etwaigen Kindern und der Veranlagungsart ab. Es macht Sinn, dass der Steuerpflichtige außergewöhnliche Belastungen möglichst gebündelt in einem Veranlagungszeitraum geltend macht.

Tab. 2.23 Vertreter des Berufsstandes II: Steuerliche Einlagekonto/Sonderausweis. KStG, EStG

Frage:	Antwort:
Wer hat ein sog. steuerliches Einlagekonto zu führen?	Das steuerliche Einlagekonto wird von unbeschränkt steuerpflichtigen Kapitalgesellschaften geführt.
Wo ist das steuerliche Einlagekonto geregelt?	Die Rechtsgrundlage findet sich in § 27 Abs. 1 Satz 1 KStG.
Welchen Sinn und Zweck hat ein solches Einlagekonto?	Das steuerliche Einlagekonto soll sichtbar machen, welche Auskehrungen der Kapitalgesellschaft Einlagen sind. Da die Rückzahlung von Einlagen beim Anteilsempfänger gemäß § 20 Abs. 1 Satz 3 EStG steuerfrei ist, ist ihre Unterscheidung von Gewinnen, die als Dividenden beim Anteilseigner gemäß § 20 Abs. 1 Satz 3 EStG steuerpflichtig sind, bedeutsam.
Warum ist die Unterscheidung der Rückzahlung von Dividenden und Einlagenrückgewähr auch für die Kapitalgesellschaft bedeutsam?	Für Dividendenzahlungen hat die Kapitalgesellschaft Kapitalertragsteuer einzubehalten; dies gilt nicht für die Einlagenrückgewähr. Die Kapitalgesellschaft haftet für die Kapitalertragsteuer gemäß § 44 Abs. 5 EStG.
Eine Kapitalgesellschaft zahlt an einen Anteilseigner eine Kapitalrücklage zurück. Ist das dann eine steuerfreie Einlagenrückgewähr beim Anteilseigner?	Das hängt davon ab, ob die Kapitalgesellschaft einen ausreichenden ausschüttbaren Gewinn im Sinne des § 27 Abs. 1 Satz 3 KStG hat. Abweichend vom Handelsrecht gilt eine vorgegebene Verwendungsreihenfolge. Eine steuerfreie Einlagenrückkehr liegt erst dann vor, wenn kein ausschüttbarer Gewinn nach § 27 Abs. 1 Satz 3 KStG mehr vorliegt.

(Fortsetzung)

Tab. 2.23 (Fortsetzung)

Frage:	Antwort:
Wer hat ein sog. steuerliches Einlagekonto zu führen?	Das steuerliche Einlagekonto wird von unbeschränkt steuerpflichtigen Kapitalgesellschaften geführt.
Welches Problem ergibt sich, wenn die Kapitalgesellschaft in Italien ist und an den im Inland ansässigen K ausschüttet?	Die italienische Kapitalgesellschaft wird weder den ausschüttbaren Gewinn nach § 27 Abs. 1 Satz 3 KStG noch das steuerliche Einlagekonto nach § 27 Abs. 1 Satz KStG ermittelt haben.
Ist dann praktisch jede Geldzahlung an den Anteilseigner eine steuerpflichtige Dividende?	Der Gesetzgeber gibt in § 27 Abs. 8 KStG der Kapitalgesellschaft in Italien die Möglichkeit, entsprechend den deutschen Vorschriften das steuerliche Einlagekonto sowie den ausschüttbaren Gewinn nach § 27 Abs. 1 Satz 3 KStG zu ermitteln.
Wird das einfach sein?	Nein. Die Ermittlung erfolgt nach deutschem Recht und entsprechende Aufzeichnung für die Vergangenheit gibt es meist auch nicht.
Wird die Finanzbehörde streng auf die formalen Vorschriften pochen?	Unter Wahrung der europäischen Kapitalverkehrsfreiheit sollte der Maßstab nicht zu streng angelegt werden.
Was ist ein sog. Sonderausweis? Wo ist er geregelt?	Ein Sonderausweis kommt nach § 28 Abs. 1 KStG in Betracht, wenn eine Kapitalerhöhung aus Gesellschaftsmitteln vorliegt.
Was ist der Sinn und Zweck von einem solchen Sonderausweis?	Um sicherzustellen, dass die umgewandelten Einlagen nicht später als Gewinne behandelt werden, wird der Sonderausweis gebildet.
Wenn jetzt eine Kapitalerhöhung aus Gesellschaftsmitteln erfolgt, ist dieser Betrag dann vollumfänglich in den Sonderausweis einzustellen?	Nein, zunächst wird das steuerliche Einlagekonto aufgelöst. Erst wenn dieser Betrag dann nicht mehr ausreicht, wird der Sonderausweis nach § 28 Abs. 1 Satz 1 KStG gebildet.

2.4 Prüfung 4

Tab. 2.24 Vorsitzende der Prüfungskommission: Erbbaurecht 2. EStG, GrEStG, UStG, BGB

Frage: Herr E hat vor kurzem ein unbebautes Grundstück im Privatvermögen erworben. In einem notariellen Vertrag bestellt er für die Dauer von 50 Jahren zugunsten seiner Nachbarin Frau N ein Erbbaurecht an diesem Grundstück. Frau N will auf dem Grundstück ein Haus errichten, in welchem sie wohnen möchte. Herr E erhält als Gegenleistung ein marktgerechtes Entgelt von 300 TE.	
	Antwort:
Hat Herr E hierzu etwas in seiner Einkommensteuererklärung zu veranlagen?	Da es sich um die Übertragung eines Gegenstandes im Privatvermögen handelt, kommt ein privates Veräußerungsgeschäft nach § 23 Abs. 1 Nr. 1 EStG in Betracht. Das Grundstück selbst wird nicht übertragen, sodass insoweit kein Veräußerungsgeschäft vorliegt. Allerdings wird ein Erbbaurecht übertragen, für welches gleichsam die 10 Jahresfrist des § 23 Abs. 1 Nr. 1 EStG gilt. Da jedoch das Erbbaurecht selbst nicht angeschafft wurde, liegt kein Veräußerungsgeschäft im Sinne des § 23 EStG vor. In der Steuererklärung muss daher Herr E keine Angaben machen.
Was wäre hier noch zu beachten?	Es könnte Grunderwerbsteuer entstehen. Die Verpflichtung zur Bestellung eines Erbbaurechtes ist der Verpflichtung zur Übertragung eines Grundstücks nach § 1 Abs. 1 Nr. 1 i. V. m. § 2 Abs. 2 Nr. 1 GrEStG gleichgestellt.
Was wäre die Bemessungsgrundlage für die Grunderwerbsteuer?	Gemäß § 8 Abs. 1 GrEStG bemisst sich die Grunderwerbsteuer nach dem Wert der Gegenleistung. Der Kaufpreis iHv 300 TE ist Gegenleistung für die Übertragung des Rechtes.
Ist noch etwas im Hinblick auf die Bemessungsgrundlage zu beachten?	Ja. Zusätzlich ist auch der zu zahlende kapitalisierte Erbbauzins nach § 9 Abs. 2 Nr. 2 GrEStG in die Bemessungsgrundlage ergänzend einzubeziehen.
Wie bestimmt man nun den Wert der Erbbauzinsen, die in den nächsten 50 Jahren zu zahlen sind?	Für die Bewertung gilt das Bewertungsgesetz. Nach § 13 Abs. 1 BewG ist zunächst der Jahreswert zu bestimmen und hierauf ein Multiplikator anzuwenden, dessen Höhe sich aus der Anlage 9 a des Bewertungsgesetzes ergibt.
Wer muss dann die Grunderwerbsteuer bezahlen?	Steuerschuldner sind gemäß § 13 Nr. 1 GrEStG sowohl Herr E als auch Frau N. Im Rahmen der Ermessensausübung wird sich das Finanzamt jedoch an der zivilrechtlichen Rechtslage orientieren. In der Regel ist im Notarvertrag bestimmt, wer die Grunderwerbsteuerschuld zu zahlen hat.

(Fortsetzung)

Tab. 2.24 (Fortsetzung)

Frage: Herr E hat vor kurzem ein unbebautes Grundstück im Privatvermögen erworben. In einem notariellen Vertrag bestellt er für die Dauer von 50 Jahren zugunsten seiner Nachbarin Frau N ein Erbbaurecht an diesem Grundstück. Frau N will auf dem Grundstück ein Haus errichten, in welchem sie wohnen möchte. Herr E erhält als Gegenleistung ein marktgerechtes Entgelt von 300 TE.	Antwort:
Was gilt, wenn der Notarvertrag nicht regelt, wer die Grunderwerbsteuer schuldet?	Dann orientiert sich das Finanzamt an der Vorschrift des § 448 Abs. 2 BGB, wonach der Käufer die Grunderwerbsteuer zu zahlen hat und wird dementsprechend ihr Ermessen ausüben.
Ist auch die Umsatzsteuer einschlägig?	Eine solche Lieferung wäre nach § 4 Nr. 9 a UStG umsatzsteuerbefreit.
Könnte zur Umsatzsteuer optiert werden?	Grundsätzlich kann bei einer Befreiung nach § 9 Abs. 1 UStG zur Umsatzsteuer optiert werden. Allerdings kommt dies hier nicht in Betracht, da Frau N das neue Haus zu Wohnzwecken nutzen will.

2.5 Prüfung 5 – Investitionsabzugsbetrag und latente Steuern; Form der Steuererklärung und Anzeige nach § 30 ErbStG; Zugewinngemeinschaft und Eigentumsübergang; Zwangsvollstreckung und Bußgeld; Strafverteidigung und Steuerfahndung; Entscheidungen im finanzgerichtlichen Verfahren (Tab. 2.25, 2.26, 2.27, 2.28, 2.29 und 2.30)

Tab. 2.25 Vertreter des Berufsstandes I: Investitionsabzugsbetrag und latente Steuern. EStG, HGB

Frage: Die vorsteuerabzugsberechtigte gewerbliche X-OHG wird am 01.03.2023 errichtet. Das Kalenderjahr ist das Geschäftsjahr. Gesellschafter sind die natürlichen Personen A und B mit jeweils 50 %. Bereits im ersten Geschäftsjahr erzielt die OHG einen Gewinn von 300 TE. Die OHG möchte im Jahr 2025 einen Lieferwagen erwerben (Kaufpreis 100 TE zzgl. Umsatzsteuer).	Antwort:
Die X-OHG möchte von Ihnen wissen, ob eine Möglichkeit besteht, den steuerlichen Gewinn im Jahr 2023 niedriger ausfallen zu lassen. Was kommt Ihnen hier in den Sinn?	Die X-OHG könnte möglicherweise einen Investitionsabzugsbetrag (IAB) nach § 7g Abs. 1 EStG in Abzug bringen.

(Fortsetzung)

2.5 Prüfung 5

Tab. 2.25 (Fortsetzung)

Frage: Die vorsteuerabzugsberechtigte gewerbliche X-OHG wird am 01.03.2023 errichtet. Das Kalenderjahr ist das Geschäftsjahr. Gesellschafter sind die natürlichen Personen A und B mit jeweils 50 %. Bereits im ersten Geschäftsjahr erzielt die OHG einen Gewinn von 300 TE. Die OHG möchte im Jahr 2025 einen Lieferwagen erwerben (Kaufpreis 100 TE zzgl. Umsatzsteuer).	Antwort:
Wie hoch wäre in unserem Fall der IAB?	Der IAB beträgt 50 % der geplanten Anschaffungskosten. Da die OHG vorsteuerabzugsberechtigt ist, gehört die Umsatzsteuer nicht zu den Anschaffungskosten. Folglich wäre der IAB 50.000.
Müsste bei Bildung des IAB feststehen, dass in einen Lieferwagen investiert werden soll?	Dies ist nicht mehr erforderlich. Die OHG kann sich im Zeitpunkt der Anschaffung dann noch einmal frei entscheiden.
Wie hoch könnte der IAB maximal sein?	Der gesamte IAB darf pro Betrieb einen Betrag von 200 TE nicht übersteigen (§ 7g Abs. 1 Satz 4 EStG).
Ist ein IAB überhaupt möglich, da immerhin die X-OHG einen steuerlichen Gewinn von 300 TE im Jahr 2023 erzielt?	Zwar kann ein IAB nach § 7g Abs. 1 Satz 2 nur bei Betrieben gewährt werden, wenn der steuerliche Gewinn nicht höher als 200 TE ist. Es kommt jedoch auf das Vorjahr an und im Vorjahr hatte die X-OHG noch keinen Gewinn
Wo wird der IAB abgezogen?	Es handelt sich um eine außerbilanzielle Kürzung.
Was passiert dann im Jahr 2025, wenn die OHG tatsächlich den Lieferwagen erwirbt?	Nach § 7g Abs. 4 EStG würde zunächst der IAB wieder außerbilanziell hinzugerechnet werden. Dann erfolgt im Buchungskreislauf eine Kürzung der Anschaffungskosten um den geltend gemachten IAB. Auf dieser Basis erfolgt dann die weitere Abschreibung des Lieferwagens.
Welchen Vorteil hat ein IAB?	Im Prinzip geht es nur darum, eine Steuerschuld in die Zukunft zu verlagern. Der IAB wirkt wie eine Steuerstundung.
Was wäre, wenn die X-OHG doch keine Anschaffung in der Zukunft tätigt?	Dann kommt es zu einer nachträglichen Verzinsung nach § 233a AO.
Ist das immer so, dass eine nachträglich entstehende Steuerschuld bei der Verzinsung zurückwirkt?	Nach § 233a Abs. 2a EStG ist das grundsätzlich nicht der Fall. Jedoch ist die Anwendung dieser Vorschrift explizit nach § 7g Abs. 4 Satz 4 EStG ausgeschlossen.
Machen die Gesellschafter der OHG den IAB entsprechend ihrer Beteiligungsverhältnisse geltend?	Nach § 7g Abs. 7 EStG ist dies nicht der Fall. Der IAB gilt trotz einer transparenten Rechtsform gesellschaftsbezogen und nicht gesellschafterbezogen.

(Fortsetzung)

Tab. 2.25 (Fortsetzung)

Frage: Die vorsteuerabzugsberechtigte gewerbliche X-OHG wird am 01.03.2023 errichtet. Das Kalenderjahr ist das Geschäftsjahr. Gesellschafter sind die natürlichen Personen A und B mit jeweils 50 %. Bereits im ersten Geschäftsjahr erzielt die OHG einen Gewinn von 300 TE. Die OHG möchte im Jahr 2025 einen Lieferwagen erwerben (Kaufpreis 100 TE zzgl. Umsatzsteuer).	Antwort:
Wie wirkt sich der IAB in der Handelsbilanz aus?	Das Handelsrecht kennt den IAB nicht. Folglich findet er dort auch keine Berücksichtigung.
Müssten dann latente Steuern in der Handelsbilanz gebildet werden?	Das ist bei einer Personengesellschaft nicht der Fall.
Bei welcher Personengesellschaft wären solche latenten Steuern zu bilden?	Das wäre bei einer Personengesellschaft im Sinne des § 264a HGB der Fall. Da die Gesellschafter A und B aber persönlich und unbeschränkt haften, ist dies nicht einschlägig.
Welche latenten Steuern wären bei einer Personengesellschaft im Sinne des § 264a HGB zu bilden?	Es müssten passive latente Steuern gebildet werden (§ 264a Abs. 1 i. V. m. § 274 HGB). Dies ist aber nur der Fall, wenn die Gesellschaft als mittelgroße Personengesellschaft einzustufen ist (§ 274a HGB).

Tab. 2.26 Finanzverwaltung I: Form der Steuererklärung und Anzeige nach § 30 ErbStG. ErbStG, EStG, AO

Frage: A hat lediglich Vermietungseinkünfte. Hieraus erzielt er einen Überschuss von 10.000 €. Er möchte von Ihnen wissen, ob er seine Einkommensteuererklärung in Papierform abgeben kann. Was meinen Sie?	Antwort: Grundsätzlich muss nach § 25 Abs. 4 Satz 1 EStG die Einkommensteuererklärung elektronisch übermittelt werden. Da A allerdings lediglich eine Einkunft erzielt, welche zu den Überschusseinkünften gehört, kann er die Steuererklärung in Papierform übermitteln.
Was gilt, wenn A zusätzlich 100 € aus Einkünften nach § 18 EStG erzielt?	In diesem Fall muss A seine Einkommensteuererklärung elektronisch übermitteln. Es spielt hier grundsätzlich keine Rolle, dass der erzielte Gewinn innerhalb der Gewinneinkünfte gering ist.
Was ist, wenn A keinen PC hat?	Hier bestünde die Möglichkeit, einen Antrag auf Befreiung wegen unbilliger Härte nach § 25 Abs. 2 Satz 2 EStG zu stellen. Immerhin übersteigen die Kosten eines PCs für die Erstellung der Steuererklärung den Gewinn nach § 18 EStG.

(Fortsetzung)

Tab. 2.26 (Fortsetzung)

Frage:	Antwort:
A hat lediglich Vermietungseinkünfte. Hieraus erzielt er einen Überschuss von 10.000 €. Er möchte von Ihnen wissen, ob er seine Einkommensteuererklärung in Papierform abgeben kann. Was meinen Sie?	Grundsätzlich muss nach § 25 Abs. 4 Satz 1 EStG die Einkommensteuererklärung elektronisch übermittelt werden. Da A allerdings lediglich eine Einkunft erzielt, welche zu den Überschusseinkünften gehört, kann er die Steuererklärung in Papierform übermitteln.
Kennen Sie sonst eine Steuererklärung, die nicht elektronisch einzureichen ist?	Das gilt für die Schenkung- und Erbschaftsteuer. In § 31 ErbStG ist eine Pflicht zur elektronischen Übermittlung nicht vorgesehen.
Muss A eine Schenkungsteuererklärung abgeben, wenn V ihm ein Grundstück schenkt?	Die Pflicht zur Erstellung einer Schenkungsteuererklärung besteht nur, wenn das Finanzamt A zuvor hierzu aufgefordert hat (vgl. § 31 Abs. 1 ErbStG). Von sich aus muss A nicht tätig werden.
Hat A zumindest eine Anzeige nach § 30 Abs. 1 ErbStG an das Finanzamt abzugeben?	Auch das ist nicht der Fall. Die Übertragung eines Grundstückes unterliegt der notariellen Beurkundung. Die Pflicht des Notars, die Schenkung gegenüber dem Finanzamt anzuzeigen, macht die Anzeige durch A nach § 30 Abs. 3 ErbStG entbehrlich. A muss also keine Anzeige durchführen.
Was gilt, wenn V dem A einen Porsche schenkt? Hat dann A die Schenkung anzuzeigen?	In diesem Fall muss A die Schenkung beim Finanzamt anzeigen.
Was gilt, wenn V die Anzeige bereits erstattet hat? Hat dennoch A die Schenkung anzuzeigen?	Auch in diesem Fall bleibt die Anzeigepflicht bestehen.
Was droht dem A, wenn er keine Anzeige nach § 30 Abs. 1 ErbStG durchführt?	Das Unterlassen der Anzeige nach § 30 ErbStG führt als solches zu keiner Sanktion. Wird jedoch die Steuer wegen der fehlenden Anzeige nicht oder nicht rechtzeitig in voller Höhe festgesetzt, erfüllt dies den objektiven Tatbestand einer Steuerhinterziehung nach 370 Abs. 1 Nr. 2 AO.
Gibt es noch andere Anzeigepflichten im Erbschaft- und Schenkungsteuergesetz?	Ja, das ist der Fall, wenn bestimmte Steuerbefreiungen oder Steuerermäßigungen nachträglich wegfallen. In diesen Nachversteuerungsfällen kann sich die Anzeigepflicht direkt aus dem Erbschaft- und Schenkungsteuergesetz oder aus der allgemeinen Norm des § 153 AO ergeben. Ein Beispiel wäre das Unterschreiten der Mindestlohnsumme nach § 13 a Abs. 7 Satz 1 ErbStG.
Besteht auch eine Anzeigepflicht nach § 30 ErbStG, wenn z. B. wegen Freibeträgen gar keine Steuer entstehen kann?	Das Gesetz sieht eine Anzeigepflicht nach § 30 Abs. 1 ErbStG für jeden der Erbschaftsteuer unterliegenden Erwerb vor. Somit gilt die Anzeigepflicht auch in diesen Fällen.

Tab. 2.27 Vertreter der Wirtschaft: Zugewinngemeinschaft und Eigentumsübergang. BGB

Frage:	Antwort:
Was versteht man unter Schlüsselgewalt?	Schlüsselgewalt ist ein Begriff aus dem Familienrecht. Er bezeichnet das Recht von Ehegatten Rechtsgeschäfte, die zur Deckung des Lebensunterhaltes beitragen, auch mit Wirkung für oder gegen den anderen Ehegatten durchzuführen.
Wo findet sich dies im Gesetz?	Im Gesetz findet sich dies im § 1357 BGB.
Wo ist die Ehe im Zivilrecht geregelt?	Die Ehe ist in den Vorschriften §§ 1353 ff. BGB geregelt.
Welche Güterstände gibt es für eine Ehe?	Es gibt die Zugewinngemeinschaft (§ 1363 BGB), die Gütertrennung (§ 1414 BGB), die Gütergemeinschaft (§ 1415 BGB) und die sog. Wahl-Zugewinngemeinschaft.
Wie kann man feststellen, welcher Güterstand besteht?	Wenn die Ehegatten in einem notariellen Ehevertrag nicht anders verfügt haben, gilt die Zugewinngemeinschaft. Ansonsten gilt der im notariellen Vertrag vereinbarte Güterstand (vgl. § 1363 Abs. 1 BGB).
Was bedeutet Zugewinngemeinschaft?	Der Grundgedanke besteht darin, dass während der Ehe hinzugewonnenes Vermögen als von beiden gleichermaßen verdient angesehen wird. Trotzdem bleibt das Vermögen während der Ehe getrennt. Die Bedeutung der Zugewinngemeinschaft zeigt sich vor allem bei Beendigung. Dann wird der Zugewinn der beiden Ehegatten ausgeglichen.
Wenn bei der Zugewinngemeinschaft die Vermögen der Ehegatten getrennt bleiben, kann dann jeder auch über sein Vermögen uneingeschränkt verfügen?	Grundsätzlich ja. Allerdings sieht das Gesetz Ausnahmen von diesem Grundsatz bei Verfügungen über das Vermögen als Ganzes (§ 1365 BGB) und bei Verfügungen über Haushaltsgegenstände (§ 1369 BGB) vor.
Haftet ein Ehegatte für den anderen Ehegatten, wenn sie in der Zugewinngemeinschaft leben?	Die Zugewinngemeinschaft ist keine Haftungsgemeinschaft. Dies ergibt sich bereits daraus, dass jeder der Ehegatten unabhängig voneinander Rechtsgeschäfte tätigen kann.
Welchen steuerlichen Vorteil gibt es bei der Zugewinngemeinschaft?	Nach § 5 ErbStG kann der Zugewinn bei Beendigung des Güterstandes (z. B. Scheidung) steuerfrei ausbezahlt werden.
Was versteht man im Zivilrecht unter dem Abstraktionsprinzip?	Das Abstraktionsprinzip besagt, dass im Zivilrecht das Verpflichtungsgeschäft (z. B. Kaufvertrag) von den dinglichen Verfügungsgeschäften (z. B. Übereignung der Kaufsache) zu trennen ist.
Wie erlangt man im BGB Eigentum?	Hier gilt es zunächst zu differenzieren, ob es sich um eine bewegliche oder unbewegliche Sache oder eine Forderung bzw. ein sonstiges Recht handelt.

(Fortsetzung)

2.5 Prüfung 5

Tab. 2.27 (Fortsetzung)

Frage:	Antwort:
Was versteht man unter Schlüsselgewalt?	Schlüsselgewalt ist ein Begriff aus dem Familienrecht. Er bezeichnet das Recht von Ehegatten Rechtsgeschäfte, die zur Deckung des Lebensunterhaltes beitragen, auch mit Wirkung für oder gegen den anderen Ehegatten durchzuführen.
Wie erwirbt man Eigentum an einem Grundstück?	Infolge einer Einigung (sog. Auflassung) und der Eintragung im Grundbuch (§ 873 BGB i. V. m. § 925 BGB) wird Eigentum übertragen.
Wie erwirbt man eine Forderung?	Durch eine Abtretung nach § 398 BGB.
Ist dies eine einseitige Willenserklärung?	Nein. Im Grunde handelt es sich um eine Abtretungsvereinbarung; d. h. die Abtretungserklärung muss auch angenommen werden, damit der Forderungsübergang wirksam erfolgen kann.

Tab. 2.28 Finanzverwaltung II: Zwangsvollstreckung und Bußgeld. AO, UStG

Frage: Der Steuerpflichtige A gibt eine Umsatzsteuervoranmeldung ab, aus welcher sich eine Umsatzsteuerschuld von 100 TE ergibt. A hat von Anfang an vor, die Steuerschuld erst nach Zwangsmaßnahmen der Finanzverwaltung zu bezahlen.	Antwort:
Wann ist die Umsatzsteuer zur Zahlung fällig?	Gemäß § 18 Abs. 1 Satz 4 UStG ist die Umsatzsteuer bis zum 10. Kalendertag nach Ablauf des Voranmeldungszeitraumes zu entrichten.
Welche Vorschriften über Zwangsmaßnahmen kommen in Betracht?	Es geht hier um eine Vollstreckung einer Geldforderung, sodass sich die Zwangsmaßnahmen nach §§ 259 bis 327 AO richten.
Was muss bei der Vollstreckung unterschieden werden?	Es ist zu unterscheiden, ob in bewegliches oder unbewegliches Vermögen vollstreckt wird.
Welche Vollstreckungsmaßnahmen gibt es beim beweglichen Vermögen?	Für Sachen kommt die Pfändung nach § 285 AO und für Forderungen die Pfändungsverfügung nach § 309 AO in Betracht.
Welche Vollstreckungsmaßnahmen gibt es beim unbeweglichen Vermögen?	Für unbewegliches Vermögen kommt die Zwangsversteigerung nach § 322 AO oder die Zwangsverwaltung nach § 322 AO in Betracht.
Welche Zwangsmaßnahmen bestehen bei der Vollstreckung wegen einer anderen Leistung als einer Geldforderung?	Hier gibt es drei Möglichkeiten der Zwangsvollstreckung (vgl. § 328 ff. AO): Das Zwangsgeld (§ 329 AO), die Ersatzvornahme (§ 330 AO) und der unmittelbare Zwang (§ 331 AO).
Was meinen Sie ist wohl der häufigste praktische Fall, in welchem das Finanzamt nach §§ 328 ff. AO vollstreckt?	Der häufigste Anwendungsfall ist die Durchsetzung der Verpflichtung zur Abgabe einer Steuererklärung (vgl. § 149 AO i. V. m. Einzelsteuergesetzen).

(Fortsetzung)

Tab. 2.28 (Fortsetzung)

Frage: Der Steuerpflichtige A gibt eine Umsatzsteuervoranmeldung ab, aus welcher sich eine Umsatzsteuerschuld von 100 TE ergibt. A hat von Anfang an vor, die Steuerschuld erst nach Zwangsmaßnahmen der Finanzverwaltung zu bezahlen.	Antwort:
Welches Zwangsmittel wird hierbei wohl am häufigsten eingesetzt?	Das Zwangsgeld ist als mildestes Mittel die gängige Maßnahme zur Zwangsvollstreckung.
Wer ist für die Zwangsvollstreckung zuständig?	Die Vollstreckung wird von dem Finanzamt betrieben, das den zu vollstreckenden Verwaltungsakt erlassen hat (§ 328 Abs. 1 Satz 3 AO).
Welchen Rechtsbehelf kann man gegen ein Zwangsgeld einlegen?	Die Androhung (§ 332 AO) und die Festsetzung des Zwangsgeldes (§ 333 AO) sind selbstständige Verwaltungsakte, die der Betroffene jeweils mit Einspruch nach §§ 347 ff. AO angreifen kann.
Was ist, wenn der Einspruch abgelehnt wird?	Dann bleibt dem Steuerpflichtigen noch die Einlegung einer Anfechtungsklage nach § 40 Abs. 1 FGO.
Hat sich A im Ausgangsfall wegen Steuerhinterziehung strafbar gemacht?	Der objektive Tatbestand einer Steuerhinterziehung im Sinne des § 370 Abs. 1 AO ist nicht einschlägig. Eine solche Strafbarkeit scheidet demnach aus.
Liegt dann zumindest eine Ordnungswidrigkeit vor?	Die Ordnungswidrigkeiten nach § 378 ff. AO sind nicht einschlägig, da es auch hier am objektiven Tatbestand einer Steuerhinterziehung fehlt. Jedoch kann ein Bußgeld wegen einer Ordnungswidrigkeit nach § 26a Abs. 1 UStG festgesetzt werden.

Tab. 2.29 Vertreter des Berufsstandes II: Strafverteidigung und Steuerfahndung. AO, StPO

Frage: Ein Mandant kommt zu einem Steuerberater. Er zeigt ein Schreiben des Finanzamtes, in welchen ihm mitgeteilt wird, dass gegen ihn wegen Steuerhinterziehung ermittelt wird.	Antwort:
Kann der Steuerberater die Strafverteidigung übernehmen?	Grundsätzlich können in einem Strafverfahren nach § 138 StPO nur Rechtsanwälte und Hochschullehrer mit Befähigung zum Richteramt eine Strafverteidigung übernehmen. In Ergänzung hierzu können jedoch auch Steuerberater die Strafverteidigung übernehmen, wenn die Finanzbehörde das Strafverfahren selbstständig durchführt.

(Fortsetzung)

2.5 Prüfung 5

Tab. 2.29 (Fortsetzung)

Frage: Ein Mandant kommt zu einem Steuerberater. Er zeigt ein Schreiben des Finanzamtes, in welchen ihm mitgeteilt wird, dass gegen ihn wegen Steuerhinterziehung ermittelt wird.	Antwort:
Wann führt die Finanzbehörde das Strafverfahren selbstständig durch?	Dies ist der Fall, wenn eine Steuerstraftat Gegenstand der Ermittlungen ist.
Was ist, wenn dem Mandanten auch Urkundenfälschung vorgeworfen wird?	In diesem Fall kann der Steuerberater nicht mehr die Verteidigung übernehmen.
Was gilt, wenn gegen den Mandanten nur wegen Steuerhinterziehung ermittelt wird, jedoch bereits ein Haftbefehl erlassen wurde?	Auch in diesem Fall kann der Steuerberater die Verteidigung nicht mehr übernehmen (vgl. § 386 Abs. 3 AO).
Wer ist die Strafermittlungsbehörde in einem Steuerstrafverfahren?	In einem Steuerstrafverfahren ist die Finanzbehörde oder die Staatsanwaltschaft Strafermittlungsbehörde.
Kann die Staatsanwaltschaft auch in einem reinen Steuerstrafverfahren die Ermittlungen führen?	Die Finanzbehörde kann jederzeit die Ermittlungen an die Staatsanwaltschaft abgeben. Zudem kann die Staatsanwaltschaft jederzeit die Ermittlungen an sich ziehen (vgl. §§ 386 Abs. 3 AO).
Wie nennt man die bei der Finanzbehörde zuständige Stelle, die Ermittlungen in einem Steuerstrafverfahren übernimmt?	Die Ermittlungen werden von der Bußgeld- und Strafsachenstelle (BuStra) geleitet. In manchen Bundesländern wird die Stelle auch Strafsachen- und Bußgeldstelle (StraBuG) genannt.
Worin besteht der Unterschied zwischen der Bußgeld- und Strafsachenstelle und der Steuerfahndung?	Die Steuerfahndung wird nach § 208 Abs. 1 AO auch bei der Erforschung von Steuerstraftaten tätig. Allerdings führt die Steuerfahndung polizeiliche Tätigkeiten durch. Die Ermittlungen werden hingegen von der Bustra geleitet. Vereinfacht gesprochen hilft die Steuerfahndung der Bustra oder der Staatsanwaltschaft bei deren Ermittlungen.
Ist es möglich, dass die Finanzbehörde für die Strafverfolgung und für das allgemeine Besteuerungsverfahren gleichzeitig zuständig ist?	Ja, das ist möglich. Nach § 393 AO kann die Finanzbehörde in beiden Bereichen tätig werden. Innerhalb der Behörde werden jedoch unterschiedliche Stellen tätig: Bustra und das (allgemeine) Finanzamt.
Welches Problem ergibt sich aus dieser Doppelzuständigkeit?	Im Straf- und Ermittlungsverfahren gelten andere Regeln für den Steuerpflichtigen. Während er im Besteuerungsverfahren weitgehende Mitwirkungspflichten hat (§§ 33, 90 Abs. 1 AO), kann er im Strafverfahren seine Mitwirkung weitgehend verweigern und darf schweigen (§§ 136, 136 a StPO).

Tab. 2.30 Vorsitzende der Prüfungskommission: Entscheidungen im finanzgerichtlichen Verfahren. FGO

Frage: Ihr Mandant teilt Ihnen am Telefon mit, dass er einen Gerichtsbescheid vom Finanzgericht erhalten hat.	Antwort:
Wo ist der Gerichtsbescheid im Gesetz geregelt?	Der Gerichtsbescheid ist in § 90a FGO gesetzlich geregelt.
Was ist ein Gerichtsbescheid?	In einem Gerichtsbescheid entscheidet das Finanzgericht über einen anhängigen Rechtsstreit. Ein Gerichtsbescheid nach § 90a Abs. 1 FGO kommt in Betracht, wenn eine mündliche Verhandlung nicht stattgefunden hat.
Welche andere Entscheidungsformen eines Finanzgerichtes kennen Sie?	Neben Gerichtsbescheiden kommen als Entscheidungen des Gerichts das Urteil (§ 95 FGO) sowie der Beschluss (§ 113 FGO) in Betracht.
Welches Rechtsmittel kommt gegen einen Gerichtsbescheid in Betracht?	Grundsätzlich muss der Steuerpflichtige dann einen Antrag auf mündliche Verhandlung stellen. Etwas anderes gilt nur, wenn das Gericht in dem Gerichtsbescheid die Revision zugelassen hat. (vgl. § 90a Abs. 2 FGO).
Welches Rechtsmittel kommt in Betracht, wenn nach einem Antrag auf mündliche Entscheidung ein Urteil folgt?	Sofern vom Finanzgericht zugelassen, kommt eine Revision beim Bundesfinanzhof nach § 115 ff. FGO in Betracht.
Was kann der Steuerpflichtige machen, wenn eine Revision nicht zugelassen wurde?	Dann bleibt dem Steuerpflichtigen nur die Möglichkeit, eine sog. Nichtzulassungsbeschwerde beim Bundesfinanzhof nach § 116 FGO einzulegen. Ohne Zulassung oder erfolgreiche Nichtzulassungsbeschwerde ist eine Revision beim BFH nicht möglich.
Worin besteht der Unterschied zwischen einer Berufung und einer Revision?	In der Revision findet nur eine rechtliche Überprüfung des Urteils statt. Neue Tatsachen werden nicht mehr berücksichtigt. Eine Berufung ermöglicht den Vortrag neuer Tatsachen und überprüft in rechtlicher Hinsicht die Ausgangsentscheidung.
Können Sie ein Beispiel nennen, wann ein Gericht durch Beschluss entscheidet?	Typischerweise wird im einstweiligen Rechtsschutz durch Beschluss des Gerichtes entschieden. Dies gilt für die Aussetzung der Vollziehung nach § 69 Abs. 6 FGO und für die einstweilige Anordnung nach § 114 Abs. 4 FGO.
Welches Rechtsmittel kommt gegen einen Beschluss des Finanzgerichtes in Betracht?	Nach § 128 FGO kommt als Rechtsmittel die Beschwerde in Betracht.
Kann man gegen einen Beschluss des Finanzgerichts, der eine einstweilige Anordnung nach § 114 FGO ablehnt, Beschwerde einlegen?	Dies ist grundsätzlich möglich. Jedoch muss nach § 128 Abs. 3 FGO die Beschwerde in dem Beschluss ausdrücklich zugelassen worden sein.

(Fortsetzung)

Tab. 2.30 (Fortsetzung)

Frage: Ihr Mandant teilt Ihnen am Telefon mit, dass er einen Gerichtsbescheid vom Finanzgericht erhalten hat.	Antwort:
Besteht auch die Möglichkeit, die Entscheidung des Finanzgerichtes über die Kosten des Verfahrens überprüfen zu lassen?	Die Kostenentscheidung erfolgt meist in den Urteilen (vgl. § 143 FGO). In diesem Fall kann eine Kostenüberprüfung nur erfolgen, wenn auch in der Hauptsache ein Rechtsmittel eingelegt wird (vgl. § 145 FGO). Wird über die Kosten außerhalb eines Urteils entschieden, besteht die Möglichkeit, hiergegen eine Beschwerde einzulegen (§ 128 FGO). Besteht die Streitigkeit über die Kosten in der Hauptsache, so besteht nach § 128 Abs. 4 FGO keine Beschwerdemöglichkeit.
Kann gegen die Ablehnung einer Prozesshilfe für eine Klage Beschwerde beim Finanzgericht eingelegt werden?	Auch hier scheidet eine Beschwerde nach § 128 Abs. 2 FGO aus.

2.6 Prüfung 6 – Umwandlungsformen; Personengesellschaften mit Immobilienvermögen; Hilfspersonen; Fremdwährungsgeschäfte; Haftung und Richtertätigkeit eines Steuerberaters; Verständigungsverfahren (Tab. 2.31, 2.32, 2.33, 2.34, 2.35 und 2.36)

Tab. 2.31 Vertreter des Berufsstandes I: Umwandlungsformen. UmwG, UmwStG, GrEStG

Frage: Welche Umwandlungen gibt es im Umwandlungsrecht?	Antwort: Hier sind vor allem die Spaltung, der Formwechsel und die Verschmelzung zu nennen.
Warum ist das Umwandlungsrecht für Unternehmen interessant?	Das Umwandlungsrecht gibt Unternehmen die Möglichkeit, im Wege der Gesamtrechtsnachfolge Rechte und Pflichten einer Unternehmenseinheit auf einen anderen Rechtsträger zu übertragen.
Gibt es auch bei einem Formwechsel eine Gesamtrechtsnachfolge?	Streng genommen nicht, weil sich nur das „Rechtskleid" ändert. Es besteht also von vornherein eine Rechtsidentität.
Löst ein Rechtsformwechsel einer Gesellschaft mit Grundvermögen Grunderwerbsteuer aus?	Wegen der fortbestehenden Rechtsidentität findet eine Übertragung eines Grundstückes nicht statt, sodass keine Grunderwerbsteuer anfällt.
Wann könnte trotz eines blossen Rechtsformwechsels eine Grunderwerbsteuer eintreten?	Das wäre der Fall, wenn sich durch den Rechtsformwechsel die Beteiligungsgrenzen so verändern würden, dass die Vorschrift des § 1 Abs. 2a bzw. Abs. 3 und Abs. 3a GrEStG zur Anwendung kommen.
Welche Formen der Spaltung gibt es?	Es gibt die Abspaltung, die Aufspaltung und die Ausgliederung.
Wie unterscheidet sich die Aufspaltung von der Ausgliederung	Bei der Ausgliederung wird Vermögen auf eine Tochtergesellschaft übertragen. Bei einer Aufspaltung wird Vermögen auf eine Schwestergesellschaft der ausgliedernden Gesellschaft übertragen.

(Fortsetzung)

Tab. 2.31 (Fortsetzung)

Frage:	Antwort:
Welche Umwandlungen gibt es im Umwandlungsrecht?	Hier sind vor allem die Spaltung, der Formwechsel und die Verschmelzung zu nennen.
Welchen Sinn hat das Umwandlungssteuerrecht?	Das Gesetz ermöglicht die Übertragung von Unternehmenseinheiten ohne Aufdeckung stiller Reserven, wenn bestimmte Voraussetzungen erfüllt sind.
Was würde passieren, wenn das Gesetz nicht existieren würde?	Ohne dem Gesetz käme es wegen § 6 Abs. 1 Nr. 4 EStG zu sog. steuerpflichtigen Entnahmegewinnen.
Für welche Steuern gilt das Umwandlungssteuerrecht?	Das Umwandlungssteuerrecht gilt lediglich für die Ertragsteuern wie Körperschaft-, Einkommen- und Gewerbesteuer.
Welche Vorgänge erfasst vor allem das Umwandlungssteuergesetz, die nicht im Umwandlungsrecht vorgesehen sind?	Das sind die sog. Einbringungsfälle nach § 20 UmwStG und § 24 UmwStG. Diese Vorschriften können auch Fälle beinhalten, die keine Spaltung oder Verschmelzung vorsehen.
Was ist eine Einbringung im Sinne des Umwandlungssteuergesetzes?	Bei einer Einbringung besteht die Gegenleistung darin, dass der Einbringende als Gegenleistung eine neue Beteiligung am aufnehmenden Rechtsträger erhält.
Kann es bei einem Formwechsel zu einer Aufdeckung stiller Reserven kommen?	Nach zivilrechtlichen Maßstäben wäre dies nicht möglich, da die Rechtsidentität fortbesteht. Steuerlich hingegen findet bei einem Rechtsformwechsel von Kapitalgesellschaft auf eine Personengesellschaft und umgekehrt ein Steuersystemwechsel statt, sodass das Steuerrecht hier einen Übertragungsvorgang fingiert. Durch § 25 i. V. m. § 20 UmwStG bzw. § 9 i. V. m. § 3 UmwStG gibt der Gesetzgeber dem steuerpflichtigen Unternehmen jedoch die Möglichkeit, den Rechtsformwechsel ohne Aufdeckung stiller Reserven zu vollziehen.

Tab. 2.32 Finanzverwaltung I: Personengesellschaft mit Immobilienvermögen. EStG, GewStG

Frage: Die AB GbR vermietet Wohnungen. Gesellschafter sind jeweils zu 50 % die natürlichen Personen A und B.	Antwort:
Welche Einkünfte hat die AB GbR zu versteuern?	Die GbR selbst hat keine Einkünfte zu versteuern. Die einkommensteuerlichen Einkünfte nach § 21 EStG werden direkt den Gesellschaftern zugerechnet.
Was wäre, wenn die AB GbR Vermögensgegenstände aus ihrem Gesamthandsvermögen veräußert? Ist der Gewinn steuerpflichtig?	Da die AB GbR lediglich Überschusseinkünfte erzielt, liegt lediglich Privatvermögen vor. Eine Steuerpflicht bei Veräußerung aus dem Privatvermögen kann nur dann vorliegen, wenn sich eine Steuerpflicht aus § 17 EStG, § 20 Abs. 2 EStG oder § 23 EStG ergibt. In diesem Fall würde der steuerpflichtige Gewinn den Gesellschaftern zu je 50 % zugerechnet werden.

(Fortsetzung)

2.6 Prüfung 6

Tab. 2.32 (Fortsetzung)

Frage: Die AB GbR vermietet Wohnungen. Gesellschafter sind jeweils zu 50 % die natürlichen Personen A und B.	
	Antwort:
Kann A ihm persönlich entstandene Kosten, die ihm wegen einer Bewertung einer Immobilie der AB GbR entstanden sind, steuerlich in seiner Einkommensteuererklärung ansetzen?	Die Kosten sind bei A persönlich entstanden. Es handelt sich jedoch um Sonderwerbungskosten, die ihm im Rahmen der einheitlichen und gesonderten Gewinnfeststellung zugerechnet werden.
Welche Folgen treten ein, wenn A seinen GbR Anteil veräußert, jedoch im Gesamthandsvermögen eine Mietimmobilie ist, die vor 2 Jahren angeschafft wurde?	Die Veräußerung der Beteiligung an einer Personengesellschaft gilt nach § 23 Abs. 1 Satz 4 EStG als Veräußerung der anteiligen Wirtschaftsgüter der AB GbR. A hat demnach ein privates Veräußerungsgeschäft nach § 23 Abs. 1 Nr. 1 EStG getätigt. Er hat ein angeschafftes Grundstück binnen 10 Jahren veräußert.
Kann die AB GbR eine steuerfreie Rücklage bilden, wenn sie ein Grundstück verkauft und ein neues dafür anschaffen will?	Eine Rücklage nach § 6 b EStG scheidet aus, da die AB GbR ihren Gewinn nicht durch Bilanzierung ermittelt.
Kann grundsätzlich eine Personengesellschaft, die ihren Gewinn durch eine Einnahmen- und Überschussrechnung erstellt, dennoch etwas Vergleichbares bilden?	Nach § 6 c EStG kann statt einer Rücklage ein Betriebsausgabenabzug bei einem Einnahmen- und Überschussrechner geltend gemacht werden. Dies gilt aber nur, wenn die Personengesellschaft Gewinneinkünfte erzielt. Bei einer vermögensverwaltenden Personengesellschaft selbst ist dies nicht möglich.
Was wäre zu beachten, wenn die AB GbR für ihre Mieter auch die Reinigung der Wäsche, Einkäufe und Reparaturdienste gegen Entgelt übernehmen würde?	Die AB GbR könnte neben den Vermietungseinkünften dann auch gewerbliche Einkünfte nach § 15 Abs. 2 EStG haben. Über § 15 Abs. 3 Nr. 1 EStG wäre auch die Vermietungstätigkeit gewerblich infiziert. Folge hieraus wäre, dass die GbR insgesamt eine gewerbliche Tätigkeit ausübt.
Was würden Sie Ihrem Mandanten raten, damit dies nicht passiert?	Der Mandant könnte eine weitere personenidentische Personengesellschaft gründen, die allein diese gewerblichen Dienste anbietet. Damit könnte eine Abfärbung nach § 15 Abs. 3 Nr. 1 EStG vermieden werden.
Was wäre, wenn die AB GbR gewerblich wäre und A seinen Anteil mit Gewinn veräußern würde?	Aus Sicht des A hat er einen steuerlichen Veräußerungsgewinn nach § 16 Abs. 1 Nr. 1 EStG. Die steuerlichen Begünstigungen nach § 16 Abs. 4, § 34 Abs. 1 und Abs. 3 EStG kommen in Betracht.
Unterliegt der Gewinn des A der Gewerbesteuer?	Nein. Nach § 7 Satz 2 GewStG ist der Gewinn gewerbesteuerfrei.
Was ist bei der gewerblichen AB GbR zu beachten?	Der Veräußerungsgewinn des A wird als Sonderbetriebseinnahme gewerbesteuerlich der AB GbR zugerechnet, die somit selbst den Gewinn hieraus zu versteuern hat.

Tab. 2.33 Vertreter der Wirtschaft: Hilfspersonen. BGB

Frage:	Antwort:
Welche Personen unterscheidet man im BGB?	Im BGB unterscheidet man die natürlichen Personen nach §§ 1ff. BGB und die juristischen Personen nach §§ 21 ff. BGB.
Welche Hilfspersonen kennt das BGB?	Im BGB kennt man den Erfüllungsgehilfen nach § 278 BGB und den Verrichtungsgehilfen nach § 831 BGB.
Erklären Sie die Begriffe!	Voraussetzung für einen Verrichtungsgehilfen ist, dass er im Interesse für seinen Geschäftsherrn handelt und von diesem weisungsabhängig ist. Ein Erfüllungsgehilfe handelt zur Erfüllung einer Verbindlichkeit des Geschäftsherrn.
Was ist ein Besitzdiener und wo ist das gesetzlich geregelt?	Ein Besitzdiener übt für einen anderen die tatsächliche Gewalt über die Sache aus und ist von diesem weisungsabhängig. Der Besitzdiener selbst hat keinen Besitz, sondern derjenige, dessen Weisungen er zu befolgen hat. Die Regelung findet sich in § 855 BGB.
Was ist der Unterschied zwischen einem Vertreter und einem Boten?	Der Vertreter gibt eine eigene Willenserklärung im Namen des Vertretenden ab. Der Bote selbst gibt keine eigene Willenserklärung ab. Er übermittelt nur die Willenserklärung eines anderen.
Muss der Bote geschäftsfähig sein? Kann z. B. ein Bote auch ein dreijähriges Kind sein?	Da ein Bote keine eigene Willenserklärung abgibt, muss er nicht geschäftsfähig sein. Ein dreijähriges Kind kann also Bote sein.
Welche Formen der Geschäftsfähigkeit gibt es?	Es gibt die Geschäftsunfähigkeit nach § 104 BGB, die beschränkte Geschäftsfähigkeit nach § 106 BGB und die volle Geschäftsfähigkeit.
Was ist die Folge, wenn ein beschränkt Geschäftsfähiger ein Rechtsgeschäft abschließt?	Ein solches Rechtsgeschäft ist schwebend unwirksam. Die Wirksamkeit des Vertrages hängt von der Zustimmung des gesetzlichen Vertreters ab.
Was ist, wenn ein beschränkt Steuerpflichtiger eine Kündigung ausspricht?	Es handelt sich hier um ein einseitiges Rechtsgeschäft. In diesem Fall ist die Erklärung des beschränkt Steuerpflichtigen von vornherein nach § 111 BGB unwirksam.
Kann ein beschränkt Steuerpflichtiger einen anderen vertreten?	Dies ist möglich. Nach § 165 BGB kann ein beschränkt Geschäftsfähiger einen anderen wirksam vertreten.
Wo ist die Prokura im Gesetz geregelt?	Die Prokura ist in § 48 HGB geregelt.
Was ist eine Prokura?	Eine Prokura ist eine von einem Kaufmann rechtsgeschäftlich erteilte Vollmacht, die einen gesetzlich vorgeschriebenen Inhalt hat.
Was ist, wenn ein Rechtsanwalt einem Berufskollegen Prokura erteilt?	Da der Rechtsanwalt kein Kaufmann ist, ist eine Prokura nicht möglich. Im Wege der Umdeutung nach § 140 BGB wird man die Willenserklärung als Vollmachtserteilung ansehen, die den Inhalt einer Prokura haben soll.
Ist die Prokura bereits durch mündliche Erklärung wirksam?	Ja. Zwar muss die Prokura im Handelsregister nach § 53 Abs. 1 HGB eingetragen werden. Die Eintragung hat aber bloß deklaratorische Wirkung und ist für die Wirksamkeit nicht erforderlich.

2.6 Prüfung 6

Tab. 2.34 Finanzverwaltung II: Fremdwährungsgeschäfte. EStG

Frage: A kommt aus seinem 6-wöchigen Urlaub aus Japan zurück. Als er die nach Hause genommenen Yen wieder in Euro umtauscht, stellt er erfreut fest, dass er aus dem Wechselgeschäft einen Gewinn gemacht hat.	
	Antwort:
Hat A Einkünfte aus Kapitalvermögen erzielt?	Der Umtausch von Währungen stellt eine Veräußerung dar. Insoweit käme dann allenfalls § 20 Abs. 2 EStG in Betracht. Die dort angesprochenen Wirtschaftsgüter sind jedoch nicht einschlägig. Insbesondere liegt keine Veräußerung einer Kapitalforderung nach § 20 Abs. 2 Nr. 7 EStG vor.
Was könnte dann einschlägig sein?	Wenn keine Einkünfte aus Kapitalvermögen in Betracht kommen, ist subsidiär ein privates Veräußerungsgeschäft nach § 23 Abs. 1 Nr. 2 EStG zu prüfen.
Sind Fremdwährungen „andere Wirtschaftsgüter" im Sinne des § 23 Abs. 1 Nr. 2 EStG?	In § 23 Abs. 1 Nr. 2 Satz 3 EStG wird unterstellt, dass Fremdwährungen solche Wirtschaftsgüter sind. Ansonsten würde diese Regelung keinen Sinn machen und keine Anwendung finden.
Was genau regelt denn § 23 Abs. 1 Nr. 2 Satz 3 EStG?	Es legt die sog. Fifo Methode fest (first in, first out). Mittels dieser Methode wird bestimmt, welche Fremdwährungsbestände verkauft werden, wenn Fremdwährungen zu unterschiedlichen Stichtagen und Tageswerten angeschafft wurden.
Gibt es die Fifo Methode noch an anderer Stelle im Einkommensteuerrecht?	Die Fifo Methode gibt es auch bei Wertpapieren in Sammelverwahrung (vgl. § 20 Abs. 4 Satz 7 EStG).
Welche Methode kennt das Bilanzsteuerrecht bei der Bilanzierung von Vorratsvermögen?	Hier hat der Steuerpflichtige die Möglichkeit, für die Bewertung des Vorratsbestandes gleichartiger Wirtschaftsgüter die Lifo Methode anzuwenden (vgl. § 6 Abs. 1 Nr. 2a EStG).
Kann er die Fifo Methode hier nicht anwenden?	Das geht nicht, da dieses Vereinfachungsverfahren hier nicht vorgesehen ist.
Kann er wenigstens in der Handelsbilanz die Fifo Methode wählen?	Ja. Nach § 256 HGB kann der Steuerpflichtige das Vereinfachungsverfahren frei wählen
Ist jetzt der Umtausch der Yen Währung des A grundsätzlich steuerpflichtig?	Das ist der Fall, weil davon auszugehen ist, dass der Umtausch binnen Jahresfrist erfolgt ist.
Was könnte jedoch eine Einkommensteuerschuld des A noch verhindern?	Für A gilt eine Freigrenze nach § 23 Abs. 3 Satz 5 EStG von 600 €. Unterhalb dieses Wertes ist ein Gewinn nicht zu versteuern.

(Fortsetzung)

Tab. 2.34 (Fortsetzung)

Frage: A kommt aus seinem 6-wöchigen Urlaub aus Japan zurück. Als er die nach Hause genommenen Yen wieder in Euro umtauscht, stellt er erfreut fest, dass er aus dem Wechselgeschäft einen Gewinn gemacht hat.	Antwort:
Was ist, wenn A im gleichen Jahr bereits eine vermietete Wohnung im Privatvermögen steuerpflichtig veräußert hat?	In diesem Fall ist dann auch der Gewinn aus dem Währungswechsel steuerpflichtig. Die Freigrenze stellt auf den Gesamtgewinn der privaten Veräußerungsgeschäfte im Kalenderjahr ab.
Was gilt, wenn A aus der Währungsumrechnung einen Verlust gemacht hat?	Verluste hieraus dürfen nur mit anderen Gewinnen aus privaten Veräußerungsgeschäften verrechnet werden. Sofern dies nicht der Fall ist, wird der Verlust gesondert festgestellt und vorgetragen (vgl. § 23 Abs. 3 Satz 7 und 8 EStG).

Tab. 2.35 Vertreter des Berufsstandes II: Haftung und Richtertätigkeit eines Steuerberaters. StBerG, HGB, PartGG, BGB, FGO

Frage: Die „Tax Consulting GbR" möchte einen Steuerberatungsauftrag annehmen. Wie haften die einzelnen Steuerberater, wenn nur ein Steuerberater die Tätigkeit übernimmt.	Antwort: Alle Steuerberater haften als Gesamtschuldner persönlich und unbeschränkt (§ 128 HGB analog). Es spielt hierbei keine Rolle, wer die Steuerberatung innerhalb der GbR durchführt.
Was bedeutet Gesamtschuld?	Der Gläubiger kann jeden der Gesamtschuldner frei nach seiner Wahl auf den vollständigen Betrag in Anspruch nehmen.
Kann die „Tax Consulting GbR" mit dem Mandanten vereinbaren, dass die nicht sachbearbeitenden Steuerberater von der Haftung ausgenommen sind?	Im Rahmen der Vertragsfreiheit sind solche Vereinbarungen möglich. Für Steuerberater sind jedoch noch die Besonderheiten nach § 67a Abs. 2 StBerG zu beachten. Die von der Haftung ausgeschlossenen Steuerberater müssen namentlich benannt sein, die Vereinbarung muss gesondert erfolgen und die Zustimmungserklärung des Mandanten muss schriftlich und unterschrieben sein.
Welche Rechtsform käme in Betracht, wenn die Steuerberater generell wollen, dass nur die sachbearbeitenden Steuerberater für den jeweiligen Mandanten haften?	In diesem Fall käme die Partnerschaftsgesellschaft in Betracht. Dort besteht nach § 8 Abs. 2 PartGG das Privileg, dass nur die sachbearbeitenden Steuerberater gegenüber dem Mandanten haften.

(Fortsetzung)

2.6 Prüfung 6

Tab. 2.35 (Fortsetzung)

Frage:	Antwort:
Die „Tax Consulting GbR" möchte einen Steuerberatungsauftrag annehmen. Wie haften die einzelnen Steuerberater, wenn nur ein Steuerberater die Tätigkeit übernimmt.	Alle Steuerberater haften als Gesamtschuldner persönlich und unbeschränkt (§ 128 HGB analog). Es spielt hierbei keine Rolle, wer die Steuerberatung innerhalb der GbR durchführt.
Welchen weiteren Vorteil hat eine Partnerschaftsgesellschaft mbB gegenüber einer üblichen Partnerschaftsgesellschaft?	Bei einer Partnerschaftsgesellschaft können Gläubiger bei fehlerhafter Berufsausübung generell gegen die einzelnen Steuerberater nicht vorgehen. Es spielt also keine Rolle, wer den Mandanten betreut hat. Es haftet also nur das Vermögen der Gesellschaft
Wie sieht dies bei Mietschulden der Partnerschaftsgesellschaft mbB aus? Besteht hier auch ein Anspruch gegen den einzelnen Steuerberater?	In diesem Fall haften alle Steuerberater persönlich, da es insoweit nicht um die Berufsausübung geht.
Was kann ein Steuerberater tun, wenn er Angst hat, dass der Versicherungsschutz bei einem neuen Auftrag nicht ausreichen könnte? Eine Erhöhung der Versicherungssumme kommt allerdings nicht in Betracht.	Der Steuerberater kann nach § 67a StBerG durch Individualvereinbarung die Begrenzung von Ersatzansprüchen auf die Mindestversicherungssumme vereinbaren. In allgemeinen Geschäftsbedingungen kann die Haftung auf die vierfache Mindestversicherungssumme begrenzt werden.
Für welches Verhalten kann eine Haftungsbegrenzung nicht gelten?	Die Haftung für Vorsatz kann im Vorhinein nicht begrenzt werden (vgl. § 276 Abs. 3 BGB).
Kann ein Steuerberater als ehrenamtlicher Richter vor einem Finanzgericht bestellt werden?	Das Amt des Finanzrichters ist mit der Tätigkeit als Steuerberater nach § 19 Nr. 5 FGO unvereinbar.
Wo gibt es bei der Finanzgerichtsbarkeit ehrenamtliche Richter?	Das ist beim Finanzgericht der Fall, sofern nicht ein Einzelrichter entscheidet (§ 5 Abs. 3, § 6 FGO). Beim BFH gibt es keine ehrenamtlichen Richter (§ 10 Abs. 3 FGO).
Kann ein Steuerberater dennoch Richter sein?	In den berufsgerichtlichen Verfahren gemäß §§ 95 ff. FGO können Steuerberater gemäß § 99 Abs. 1 StBerG Richter sein.
Vor welchem Gericht wird in erster Instanz bei einem berufsrechtlichen Verfahren verhandelt?	Hierfür ist das Landgericht nach § 95 StBerG sachlich zuständig. Am Landgericht wird eine eigene Kammer für Steuerberatersachen gebildet.
Welches Gericht entscheidet in einem berufsgerichtlichen Verfahren in zweiter und dritter Instanz?	Im zweiten Rechtszug entscheidet das Oberlandesgericht und in dritter Instanz ist der Bundesgerichtshof zuständig (§§ 96, 97 StBerG).

Tab. 2.36 Vorsitzende der Prüfungskommission: Verständigungsverfahren. AO, IntStR, DBA

Frage:	Antwort:
Welche Rechtsgrundlagen kennt das deutsche Steuerrecht, wenn der Steuerpflichtige eine rechtliche Bindung der Finanzverwaltung für eine zukünftige Rechtseinschätzung anstrebt?	Der Steuerpflichtige kann eine allgemeine verbindliche Auskunft nach § 89 AO sowie eine verbindliche Auskunft im Anschluss an eine Betriebsprüfung nach § 204 AO beantragen. Zudem gibt es noch die Möglichkeit, ein sog. Vorabverständigungsverfahren nach § 89a AO einzuleiten.
Die Vorschrift des § 89a AO ist im Jahr 2021 eingeführt worden. Gab es vorher kein Vorabverständigungsverfahren?	Es gab auch vorher ein Vorabverständigungsverfahren. Die Verwaltungspraxis hatte sich zuvor auf Art. 25 OECD Musterabkommen und einem Merkblatt aus 2006 (BStBl. I 2006, 594) gestützt. Mit dem § 89a AO besteht nun eine klar gesetzlich verankerte Rechtsgrundlage.
Sind die verschiedenen Anträge für den Steuerpflichtigen kostenlos?	Ein Antrag auf verbindliche Auskunft nach einer Betriebsprüfung gemäß § 204 AO ist gebührenfrei. Die allgemeine verbindliche Auskunft gemäß § 89 Abs. 3 AO und das Vorabverständigungsverfahren nach § 89a Abs. 7 AO sind hingegen gebührenpflichtig.
Gibt es neben § 89a AO noch weitere Verständigungsverfahren? Wo sind diese ggf. geregelt?	In den Doppelbesteuerungsabkommen finden sich meist hierzu Regelungen (vgl. Art. 25 Art. 1 und OECD-MA). Anders als in § 89a AO geht es hier darum, eine Doppelbesteuerung in unterschiedlichen Ländern nachträglich zu lösen.
Welche Anwendungsfälle hat § 89a AO im Blick?	Es geht darum, Meinungsverschiedenheiten zwischen Steuerverwaltungen verschiedener Staaten zu vermeiden, wodurch eine Doppelbesteuerung beim Steuerpflichtigen droht. Dies gilt insbesondere im Hinblick auf die Verrechnungspreise. Der Anwendungsbereich geht aber über die Verrechnungspreise hinaus. So können z. B. auch Steuerabzugsfälle Gegenstand des § 89a AO sein.
Was ist generell aus Sicht des Steuerpflichtigen der Schwachpunkt eines Verständigungsverfahrens?	Die Einleitung und das Ergebnis eines Verständigungsverfahrens (auch von § 89a AO) ist abhängig von dem Willen und der Gesetzeslage des anderen beteiligten Staates.
Was ist eine Verständigung rechtlich gesehen?	Die Verständigung ist ein öffentlich-rechtlicher Vertrag zwischen zwei Behörden im Sinne des §§ 54 VwVfG.
Kann ein öffentlich-rechtlicher Vertrag auch zwischen der Finanzbehörde und dem Steuerpflichtigen geschlossen werden?	In der Regel handelt die Finanzbehörde durch Erlass eines Verwaltungsaktes im Sinne des § 118 AO. Nur ausnahmsweise ist ein öffentlich-rechtlicher Vertrag zwischen dem Steuerpflichtigen und der Behörde möglich (z. B. § 224a AO).

(Fortsetzung)

Tab. 2.36 (Fortsetzung)

Frage:	Antwort:
Welche Rechtsgrundlagen kennt das deutsche Steuerrecht, wenn der Steuerpflichtige eine rechtliche Bindung der Finanzverwaltung für eine zukünftige Rechtseinschätzung anstrebt?	Der Steuerpflichtige kann eine allgemeine verbindliche Auskunft nach § 89 AO sowie eine verbindliche Auskunft im Anschluss an eine Betriebsprüfung nach § 204 AO beantragen. Zudem gibt es noch die Möglichkeit, ein sog. Vorabverständigungsverfahren nach § 89a AO einzuleiten.
Was ist der zentrale Unterschied zwischen einem Verwaltungsakt und einem öffentlich-rechtlichen Vertrag?	Ein Verwaltungsakt setzt nach § 118 AO eine hoheitliche Maßnahme voraus. Dies ist bei einem öffentlich-rechtlichen Vertrag nicht der Fall. Hier sind die Parteien gleichberechtigt.
Was ist, wenn die Verständigung zu einer Herabsetzung der deutschen Steuer führt, jedoch der zugrunde liegende Steuerbescheid bereits bestandskräftig ist?	Sowohl das allgemeine Verständigungsverfahren als auch das Vorabverständigungsverfahren ermöglichen dem Steuerpflichtigen eine Korrektur des Steuerbescheides nach § 175a AO.
Die Vorschrift spricht auch von einem Schiedsverfahren. Wo ist das geregelt?	In manchen Doppelbesteuerungsabkommen können Steuerpflichtige auch ein Schiedsverfahren einleiten.
Was versteht man hierunter?	Anders als bei einem Verständigungsverfahren entscheidet beim Schiedsverfahren eine unabhängige Instanz verbindlich über die Streitfrage.

2.7 Prüfung 7 – Sicherung des deutschen Steueraufkommens; Beschränkte Erbschaftsteuerpflicht; Gewillkürte Erbfolge; Gewerblich geprägte Personengesellschaft mit Sonderbetriebsvermögen; Aufnahme eines Steuerberaters in eine KG; Grundlagen- und Folgebescheid (Tab. 2.37, 2.38, 2.39, 2.40, 2.41 und 2.42)

Tab. 2.37 Vertreter des Berufsstandes I: Sicherung des deutschen Steueraufkommens DBA, EStG, AO

Frage: In Doppelbesteuerungsabkommen gibt es verschiedene Klauseln, denen für die Besteuerung internationaler Sachverhalte eine Bedeutung zukommt.	Antwort:
Was verstehen Sie unter einer Subject-to-tax-Klausel?	Es handelt sich hierbei um eine Regelung, wonach das Besteuerungsrecht Deutschland wieder zufällt, wenn Einkünfte in einem anderen Land nicht besteuert wird.
Welchen Zweck hat eine solche Klausel?	Es soll verhindert werden, dass Einkünfte in keinem der beiden Staaten besteuert werden und es somit zur doppelten Nichtbesteuerung kommt.
Wie nennt man Einkünfte, die in beiden Staaten nicht besteuert werden?	Es ist hier die Bezeichnung „weiße Einkünfte" üblich.

(Fortsetzung)

Tab. 2.37 (Fortsetzung)

Frage: In Doppelbesteuerungsabkommen gibt es verschiedene Klauseln, denen für die Besteuerung internationaler Sachverhalte eine Bedeutung zukommt.	Antwort:
Was ist eine Switch-over-Klausel?	Hier findet der Rückfall des Besteuerungsrechts nicht statt. Hier kommt es zum Wechsel der Methode zur Vermeidung der Doppelbesteuerung. Statt der abkommensrechtlich vorgesehenen Freistellungsmethode wird nun die Anrechnungsmethode angewendet.
Was ist unter einer Tie-Breaker-Regelung zu verstehen?	Mit dieser Regelung wird final die Frage gelöst, in welchem Staat der Steuerpflichtige ansässig ist, wenn eine sog. Doppelansässigkeit vorliegt.
Was ist unter einem sog. Treaty Shopping zu verstehen?	Hier geht es darum, dass natürliche oder juristische Personen versuchen, in den Anwendungsbereich einer begünstigten Regelung (insbesondere Steuerfreistellung) in einem DBA zu gelangen.
Ist Treaty Shopping überhaupt legal?	Wenn sich der Steuerpflichtige an die jeweiligen Gesetze hält, ist dies eine legale Steuergestaltung.
Wie versucht der Gesetzgeber, das Treaty Shopping zu erschweren?	Der deutsche Gesetzgeber versucht, das Treaty Shopping vor allem durch die Vorschrift des § 50d Abs. 3 EStG zu erschweren. Kommt diese Regelung zur Anwendung, wird dem Steuerpflichtigen eine Steuerfreistellung versagt, obgleich dies im DBA vorgesehen ist.
Wie nennt man es, wenn das nationale Recht abweichende Regelungen zum DBA vorsieht?	Man spricht hier vom sog. Treaty overriding.
Aus welcher Formulierung des Gesetzes ist zu erkennen, dass § 50d Abs. 3 EStG einer begünstigenden Regelung im DBA vorgeht?	Der Gesetzgeber hat in § 50d Abs. 3 Satz 1 EStG ausdrücklich erwähnt, dass ein Anspruch auf Entlastung aus dem DBA nicht besteht.
Wie könnte der Gesetzgeber einen Steuervorteil im DBA noch versagen, wenn es § 50d Abs. 3 EStG nicht geben würde?	Dem § 50d Abs. 3 EStG ist der Gedanke zu entnehmen, dass für die Erlangung des Steuervorteils weitgehend steuerliche Motive maßgeblich sind. Dieser Gedanke findet sich auch in § 42 AO, sodass man auch an diese Vorschrift denken könnte.
Die Formulierung des § 50d Abs. 3 EStG hat sich im Jahr 2021 verändert. Welches Gesetz lag der Veränderung zugrunde?	Der Paragraf wurde im Jahr 2021 durch das Gesetz zur Modernisierung der Entlastung von Abzugsteuern und der Bescheinigung von Kapitalertragsteuer geändert.

2.7 Prüfung 7

Tab. 2.38 Finanzverwaltung I: Beschränkte Erbschaftsteuerpflicht ErbStG, BewG, AStG

Frage: A (60 Jahre) ist vor 7 Jahren gemeinsam mit seiner Tochter T (30 Jahre) nach Österreich gezogen. A lebte bis zum Wegzug ausschließlich in Deutschland. A verstirbt und T ist Alleinerbin. Zum Nachlassvermögen gehört ein Mietshaus in München und Aktien an einer in Deutschland ansässigen AG (2 % am Stammkapital).	Antwort:
T möchte wissen, ob der Erbfall der deutschen Erbschaftsteuer unterliegt. Prüfen Sie der Reihe nach! Wie beginnen Sie?	Zunächst ist die persönliche unbeschränkte Erbschaftsteuerpflicht der T zu klären. Eine Steuerpflicht nach § 2 Abs. 1 Nr. 1a ErbStG besteht nicht, da A und T beide ihren Wohnsitz und gewöhnlichen Aufenthalt im Ausland hatten. Da A und T ihren Wohnsitz in Deutschland bereits vor mehr als 5 Jahren aufgegeben haben, scheidet auch eine unbeschränkte Steuerpflicht nach § 2 Abs. 1 Nr. 1b ErbStG aus.
Wie ist nun weiter zu prüfen, nachdem eine unbeschränkte Erbschaftsteuerpflicht zu verneinen ist?	Es könnte eine beschränkte Steuerpflicht nach § 2 Abs. 1 Nr. 3 ErbStG vorliegen, wenn die gerbten Gegenstände Inlandsvermögen nach § 121 BewG sind.
Liegt Inlandsvermögen vor?	Das Grundstück ist Inlandsvermögen nach § 121 Nr. 2 BewG. Die Aktien (unter 10 %) hingegen sind kein Inlandsvermögen (vgl. § 121 Nr. 4 BewG).
Bedeutet dies nun, dass die Aktien nicht der deutschen Erbschaftsteuer unterliegen?	Eine Steuerpflicht dieser Vermögensgegenstände könnte sich ergeben, wenn eine erweiterte beschränkte Erbschaftsteuerpflicht nach § 4 AStG i. V. m. § 2 AStG vorliegt.
Liegt eine solche Steuerpflicht vor?	A lebte in den letzten 10 Jahren in Deutschland und war 5 Jahre dort unbeschränkt einkommensteuerpflichtig. Österreich ist mangels Erbschaftsteuer ein Niedrigbesteuerungsland. Ferner hat A wesentliche wirtschaftliche Interessen in Deutschland, da A an der AG wesentlich im Sinne des § 17 EStG beteiligt war.
Was ergibt sich jetzt hieraus für die Steuerpflicht der Geldforderung und der Aktien?	Es ist nun zu prüfen, ob die Erträge dieses Vermögens sog. nicht ausländische Einkünfte gemäß § 34d EStG sind.
Was ergibt sich dann unter Einsichtnahme des § 34d EStG?	Dividenden wären nur ausländische Einkünfte, wenn die AG im Ausland ansässig wäre (vgl. § 34d Nr. 6 EStG). Somit unterliegen die Aktien der erweiterten beschränkten Steuerpflicht.

(Fortsetzung)

Tab. 2.38 (Fortsetzung)

Frage:	
A (60 Jahre) ist vor 7 Jahren gemeinsam mit seiner Tochter T (30 Jahre) nach Österreich gezogen. A lebte bis zum Wegzug ausschließlich in Deutschland. A verstirbt und T ist Alleinerbin. Zum Nachlassvermögen gehört ein Mietshaus in München und Aktien an einer in Deutschland ansässigen AG (2 % am Stammkapital).	Antwort:
Worin besteht der zentrale Unterschied zwischen einer beschränkten und unbeschränkten Erbschaftsteuerpflicht?	Zunächst umfasst die unbeschränkte Steuerpflicht den gesamten Vermögensanfall, während bei der beschränkten Steuerpflicht nur das Inlandsvermögen besteuert wird.
Gibt es in der steuerlichen Behandlung weitere Unterschiede zwischen der unbeschränkten und beschränkten Steuerpflicht?	Gemäß § 16 Abs. 2 ErbStG müssen die Freibeträge anteilig gekürzt werden. Ferner kann bei beschränkt Steuerpflichtigen die ausländische Erbschaftsteuer gemäß § 21 Abs. 1 Satz 1 ErbStG nicht auf die deutsche Erbschaftsteuer nach § 21 ErbStG angerechnet werden.

Tab. 2.39 Vertreter der Wirtschaft: Gewillkürte Erbfolge. BGB, ErbStG

Frage:	Antwort:
Ihr Mandant A möchte seine Erbfolge regeln. Welche Möglichkeiten sieht das Gesetz hierfür vor?	Das wichtigste Gestaltungsmittel ist die Erstellung eines eigenhändigen Testamentes nach §§ 2064 ff. BGB. Zudem kommt die Erstellung eines gemeinschaftlichen Testamentes nach §§ 2265 ff. BGB sowie der Abschluss eines Erbvertrages nach §§ 2274 ff. BGB in Betracht.
Welche Form muss ein persönliches Testament haben?	Nach § 2247 BGB muss ein eigenhändiges Testament persönlich mit Hand geschrieben und mit einer Unterschrift versehen sein.
Welche Rechtsfolge hat es, wenn das Testament kein Datum hat?	Die fehlende Datumsangabe ändert nichts an der Wirksamkeit des Testaments. Datum und Ortsangabe sind lediglich als Sollbestandteile des Testamentes vorgesehen (§ 2247 Abs. 2 BGB).
Warum ist es dennoch wichtig, das Datum für die Erstellung eines Testamentes aufzunehmen?	Die Datumsangabe ist bedeutsam, weil ein späteres Testament ein früheres Testament nach § 2258 BGB ersetzt. Anhand des Datums kann bei zwei vorhandenen Testamenten festgestellt werden, welches Testament maßgeblich ist.

(Fortsetzung)

Tab. 2.39 (Fortsetzung)

Frage:	Antwort:
Ihr Mandant A möchte seine Erbfolge regeln. Welche Möglichkeiten sieht das Gesetz hierfür vor?	Das wichtigste Gestaltungsmittel ist die Erstellung eines eigenhändigen Testamentes nach §§ 2064 ff. BGB. Zudem kommt die Erstellung eines gemeinschaftlichen Testamentes nach §§ 2265 ff. BGB sowie der Abschluss eines Erbvertrages nach §§ 2274 ff. BGB in Betracht.
Ist der Erblasser in seiner Erbeinsetzung frei?	Grundsätzlich ist der Erbe bei der Erbeinsetzung frei. Eine Einschränkung besteht jedoch insofern als Pflichtteilsrechte nach §§ 2303 ff. BGB bestehen können, die den Testierenden in der Verfügungsbefugnis einschränken.
Welche Personen sind Pflichtteilsberechtigte?	Pflichtteilsberechtigt sind vor allem die Kinder des Erblassers nach § 2303 Abs. 1 BGB und der überlebende Ehegatte nach § 2303 Abs. 2 Satz 1 BGB. Die Eltern sind nur dann pflichtteilsberechtigt, wenn sie von der gesetzlichen Erbfolge ausgeschlossen sind. Dies wäre insbesondere der Fall, wenn der Erblasser keine Kinder hat.
Hat ein Pflichtteilsberechtigter auch Erbschaftsteuer zu bezahlen?	Dies ist nur dann der Fall, wenn der Pflichtteilsberechtigte seinen Pflichtteilsanspruch geltend macht (vgl. § 3 Abs. 1 Nr. 1 ErbStG.
Wirkt sich der Pflichtteilsanspruch auch auf die Erbschaftsteuer des Erblassers aus?	Wird der Pflichtteilsanspruch geltend gemacht, so kann der Erbe diesen Anspruch als Nachlassverbindlichkeit nach § 10 Abs. 5 Nr. 2 ErbStG abziehen.
Was ist ein gemeinschaftliches Testament?	In einem gemeinschaftlichen Testament verfügen Ehepaare gemeinsam über ihr jeweiliges Erbe.
Was ist das Besondere an einem gemeinschaftlichen Testament im Vergleich zu einem gewöhnlichen Testament?	Zum einen gibt es eine Formerleichterung nach § 2267 BGB, die darin besteht, dass es ausreichend ist, wenn nur ein Ehegatte das Testament schreibt, sofern der andere Ehegatte zumindest mitunterschreibt. Zum anderen kann in einem gemeinschaftlichen Testament durch eine wechselbezügliche Verfügung nach § 2270 BGB eine Bindungswirkung nach dem Tode des ersten Ehegatten hergestellt werden.
Wie nennt man die Fähigkeit, ein wirksames Testament erstellen zu können?	Das ist die Testierfähigkeit, die praktisch das Pendant zur Geschäftsfähigkeit im allgemeinen Teil des BGB ist.
Wie alt muss man sein, um testierfähig zu sein?	Mit Vollendung des 16. Lebensjahres erlangt der Testierende die Testierfähigkeit (§ 2229 Abs. 1 BGB).

Tab. 2.40 Finanzverwaltung II: Gewerblich geprägte Personengesellschaft und Sonderbetriebsvermögen. EStG, UStG, GewStG

Frage:	
A ist einziger Kommanditist der A-GmbH & Co KG. Komplementärin ist die A-GmbH, deren einziger Gesellschafter der A ist. Die A-GmbH ist am Ergebnis und Vermögen der A-GmbH & Co KG nicht beteiligt. Die A-GmbH & Co KG vermietet ausschließlich Wohnungen.	Antwort:
Welche Steuererklärungen hat die GmbH & Co KG abzugeben?	Zunächst hat die Gesellschaft eine einheitlich und gesonderte Gewinnfeststellungserklärung nach § 180 Abs. 1 Nr. 2a EStG abzugeben. Ferner als Unternehmer im Sinne des § 2 UStG eine Umsatzsteuerjahreserklärung. Sofern gewerbliche Einkünfte vorliegen, hat die Gesellschaft zudem eine Gewerbesteuererklärung abzugeben.
Hat die A-GmbH & Co KG gewerbliche Einkünfte? Von was hängt es ggf. ab?	Grundsätzlich erzielt die Gesellschaft bzw. deren Gesellschafter Einkünfte nach § 21 Abs. 1 Nr. 1 EStG. Etwas anderes würde gelten, wenn die Gesellschaft nach § 15 Abs. 3 Nr. 2 EStG gewerblich geprägt ist. Um dies zu beurteilen, muss man wissen, wer die Geschäftsführung der KG innehat.
Laut KG Vertrag hat A sowie sein Freund F jeweils allein die Geschäftsführungsbefugnis. Liegt eine gewerblich geprägte Personengesellschaft vor?	Da A als Kommanditist die Geschäftsführung hat, liegt keine gewerbliche Prägung vor. Ob F die Geschäftsführung innehat, spielt dann keine Rolle mehr.
Nehmen Sie an, dass nur F die Geschäftsführung innehat. Welche Einkünfte erzielt A, wenn die Komplementärgesellschaft A-GmbH Dividenden ausschüttet?	Entscheidend für die Beantwortung ist, ob die Beteiligung an der A-GmbH Sonderbetriebsvermögen des A bei der KG ist. Ist dies der Fall, hat A gewerbliche Einkünfte nach § 15 EStG. Es gilt dann das Teileinkünfteverfahren nach § 3 Nr. 40d EStG.
Von was hängt es ab, ob die Beteiligung an der A-GmbH sich im Sonderbetriebsvermögen befindet?	Hat die A-GmbH kein eigenes operatives Geschäft neben der Komplementärtätigkeit, so befindet sich die Beteiligung im Sonderbetriebsvermögen.
Was würde passieren, wenn die A-GmbH kein eigenständiges Geschäftsfeld hat und A seine Beteiligung veräußert?	Da A dann eine Beteiligung aus dem (Sonder-)Betriebsvermögen verkauft, hat er gewerbliche Einkünfte nach § 15 EStG, die gleichsam dem Teileinkünfteverfahren unterliegen (§ 3 Nr. 40a EStG).
Wo würde dieser Gewinn erfasst werden?	Der Gewinn wäre im Rahmen der einheitlichen und gesonderten Gewinnfeststellung aufzunehmen.

(Fortsetzung)

Tab. 2.40 (Fortsetzung)

Frage:	
A ist einziger Kommanditist der A-GmbH & Co KG. Komplementärin ist die A-GmbH, deren einziger Gesellschafter der A ist. Die A-GmbH ist am Ergebnis und Vermögen der A-GmbH & Co KG nicht beteiligt. Die A-GmbH & Co KG vermietet ausschließlich Wohnungen.	Antwort:
Nehmen wir an, dass an einer gewerblichen Personengesellschaft die Gesellschafter A, B und C beteiligt sind. A verkauft seinen Anteil an D. Welche Steuerpflicht ergibt sich für A?	Für A ergibt sich die Steuerpflicht nach § 16 Abs. 1 Nr. 2 EStG. Es kommen die Begünstigung nach § 16 Abs. 4 EStG, § 34 Abs. 1 oder § 34 Abs. 4 EStG in Betracht. Da A als natürliche Person an der Personengesellschaft beteiligt ist, ist die Veräußerung nicht gewerbesteuerpflichtig (vgl. § 7 Satz 2 GewStG).
Wie stellt sich dies aus Sicht der KG dar?	Die KG ist im Gewerbesteuerrecht nach § 5 GewStG selbst Steuerschuldnerin. Im Rahmen der einheitlichen Gewinnfeststellung wird der Gewinn der KG zugerechnet und erhöht deren gewerbesteuerpflichtigen Gewinn.
Welches Problem ergibt sich daraus für B, C und dem neuen Gesellschafter D?	Auch B, C und D müssen für die Steuerschuld anteilig ihrer Gesellschaftsverhältnisse aus der Veräußerung des A aufkommen.
Was kann D ggf. tun?	Im Rahmen der Veräußerung des Gesellschaftsanteiles könnte zivilrechtlich geregelt werden, dass A für die Gewerbesteuerschuld der Personengesellschaft aufzukommen hat.

Tab. 2.41 Vertreter des Berufsstandes II: Aufnahme eines Steuerberaters in eine KG. StBerG, HGB, BGB

Frage:	
Die Steuerberatungsgesellschaft Wein & Keller GmbH & Co KG möchte einen Steuerberater als weiteren Kommanditisten aufnehmen.	Antwort:
Ist es zulässig, eine Steuerberatungsgesellschaft in der Rechtsform einer Kommanditgesellschaft zu errichten?	Die zulässigen Rechtsformen für Steuerberatungsgesellschaften sind in § 49 Abs. 1 StBerG genannt. Auch die KG ist dort als zulässige Rechtsform genannt.

(Fortsetzung)

Tab. 2.41 (Fortsetzung)

Frage:	
Die Steuerberatungsgesellschaft Wein & Keller GmbH & Co KG möchte einen Steuerberater als weiteren Kommanditisten aufnehmen.	Antwort:
Lange Zeit war es strittig, ob eine Steuerberatungsgesellschaft als GmbH & Co KG überhaupt möglich ist. Welche Einwände gab es hiergegen?	Im Handelsrecht ist gemäß § 161 Abs. 2 i. V. m. § 105 Abs. 1 vorgesehen, dass eine KG grundsätzlich auf ein Handelsgewerbe gerichtet sein muss. Als Ausnahme hiervon ist lediglich die Verwaltung eigenen Vermögens als Geschäftsgegenstand gemäß § 161 Abs. 2 i. V. m. § 105 Abs. 2 HGB genannt.
Wie konnte dennoch begründet werden, dass eine Steuerberatungsgesellschaft als KG möglich ist, obgleich sie keine gewerbliche Tätigkeit ausübt oder eigenes Vermögen verwaltet.	Begründet wurde dies mit der Einführung des § 49 StBerG, der nach höchstrichterlicher Rechtsprechung in bewusster Änderung der handelsrechtlichen Vorschrift ergangen ist. Die andere Meinung hatte argumentiert, dass § 49 StBerG eine bloße berufsrechtliche Vorschrift ist, die das allgemeine Gesellschaftsrecht unberührt lässt.
Was hat die Steuerberatungsgesellschaft in berufsrechtlicher Hinsicht zu beachten, wenn ein weiterer Steuerberater als Kommanditist eintreten will?	Für die Gesellschaft besteht nach § 49 Abs. 4 StBerG eine Anzeigepflicht gegenüber der zuständigen Steuerberaterkammer. Eine Änderung der Kommanditisten bedeutet auch eine Änderung des Gesellschaftsvertrages.
Was ist rechtlich zu beachten, wenn ein neuer Kommanditist in eine Kommanditgesellschaft aufgenommen werden soll?	Zunächst einmal ist der bisherige Gesellschaftsvertrag anzupassen. Zusätzlich ist noch daran zu denken, dass nach § 162 Abs. 3 HGB der Eintritt eines neuen Kommanditisten beim Handelsregister zur Eintragung anzumelden ist.
Welcher Vertrag liegt zivilrechtlich vor, wenn die Steuerberatungsgesellschaft einen Vertrag mit ihrem neuen Mandanten schließt?	In der Regel wird ein sog. Geschäftsbesorgungsvertrag mit Dienstleistungscharakter nach § 675 BGB i. V. m. § 611 BGB abgeschlossen. Es ist jedoch im Einzelfall möglich, dass ein Vertrag mit dem Steuerberater als Werkvertrag zu qualifizieren ist. Dies kann zum Beispiel bei einer Gutachtenerstellung der Fall sein, weil hier das Endprodukt und nicht die Tätigkeit im Vordergrund steht. Die Erstellung eines Jahresabschlusses oder die Erstellung von Steuererklärungen werden als Geschäftsbesorgungsverträge mit Dienstleistungscharakter eingestuft.
Warum ist die Unterscheidung zwischen Dienstvertrag und Werkvertrag überhaupt bedeutsam?	Ein bedeutsamer Unterschied besteht bei den Kündigungsregeln. Ein Vertrag mit Dienstleistungscharakter kann grundsätzlich jederzeit gekündigt werden (vgl. § 627 BGB). Beim Werkvertragsrecht hat nur der Auftraggeber ein jederzeitiges Kündigungsrecht nach § 648 Satz 1 BGB. Ferner besteht lediglich im Werkvertragsrecht ein Nachbesserungsrecht des Steuerberaters.

2.7 Prüfung 7

Tab. 2.42 Vorsitzende der Prüfungskommission: Grundlagen- und Folgebescheid. AO, GewStG

Frage: A ist Gesellschafter einer GbR. Er legt Einspruch gegen seinen Einkommensteuerbescheid ein und rügt, dass seine gezahlten Darlehenszinsen für den Erwerb des Gesellschaftsanteils dort nicht berücksichtigt sind. Ein Bescheid über eine einheitliche und gesonderte Gewinnfeststellung der GbR liegt noch nicht vor.	Antwort:
Wie ist verfahrensrechtlich das Verhältnis zwischen der einheitlich und gesonderten Gewinnfestsetzung und dem Einkommensteuerbescheid des Gesellschafters zu qualifizieren?	Die Gewinnfestsetzung auf Ebene der GbR ist der sog. Grundlagenbescheid für den Einkommensteuerbescheid des Gesellschafters, der dann der sog. Folgebescheid ist.
Woraus ergibt sich diese Einstufung?	In § 182 Abs. 1 AO ist geregelt, dass Feststellungsbescheide für Steuerbescheide bindend sind.
Ist es zulässig, dass ein Folgebescheid vor einem Grundlagebescheid erlassen werden kann?	Nach § 155 Abs. 2 AO kann der Einkommensteuerbescheid auch vor der Gewinnfestsetzung (Grundlagenbescheid) erfolgen.
Wie sind die Erfolgsaussichten zu beurteilen, wenn A einen Einspruch gegen den Einkommensteuerbescheid einlegt?	Die Erfolgsaussichten sind gering, da Entscheidungen im Grundlagenbescheid gemäß § 351 Abs. 2 AO nicht im Folgebescheid angegriffen werden können.
Steht dem Einspruch denn aktuell schon die Vorschrift des § 351 Abs. 2 AO entgegen?	Das ist nicht der Fall, da der Grundlagenbescheid noch nicht ergangen ist. Ergeht der Bescheid jedoch später, wird der Einspruch gemäß § 351 Abs. 2 AO unbegründet.
Führt der Einwand nach § 351 Abs. 2 AO zur Unbegründetheit oder zur Unzulässigkeit des Einspruches?	Das ist umstritten. Der Bundesfinanzhof geht jedoch davon aus, dass der Einspruch dann unbegründet ist (BFH vom 27.9.1972, I B 27/27/72, BStBl. II 1973, 25).
Kann A gegen einen noch folgenden einheitlichen und gesonderten Gewinnfeststellungsbescheid Einspruch einlegen?	Das hängt davon ab, ob A nach § 352 AO einspruchsbefugt ist. Grundsätzlich ist dies der sog. Einspruchsbevollmächtigte nach § 352 Abs. 1 Nr. 1 AO. Da jedoch A sich gegen die Versagung von sog. Sonderbetriebsausgaben wendet, ist A nach § 351 Abs. 1 Nr. 5 AO einspruchsbefugt.
Ist auch der Gewerbesteuermessbescheid ein Grundlagenbescheid des Gewerbesteuerbescheides?	Auch in diesem Fall ist der Gewerbesteuermessbescheid nach § 184 Abs. 1 Satz 4 AO i. V. m. § 182 AO Grundlagenbescheid.

(Fortsetzung)

Tab. 2.42 (Fortsetzung)

Frage: A ist Gesellschafter einer GbR. Er legt Einspruch gegen seinen Einkommensteuerbescheid ein und rügt, dass seine gezahlten Darlehenszinsen für den Erwerb des Gesellschaftsanteils dort nicht berücksichtigt sind. Ein Bescheid über eine einheitliche und gesonderte Gewinnfeststellung der GbR liegt noch nicht vor.	Antwort:
Ist der Körperschaftsteuerbescheid einer GmbH Grundlagenbescheid für den Gewerbesteuermessbescheid der GmbH?	Der steuerliche Gewinn nach dem KStG fließt zwar nach § 7 GewStG in den Gewerbeertrag ein, jedoch ist der Körperschaftsteuerbescheid kein Grundlagenbescheid für den Gewerbesteuermessbescheid. Somit findet § 351 Abs. 2 AO keine Anwendung.
Welche Folgen hat es für den Gewerbesteuermessbescheid, wenn sich der steuerliche Gewinn im Körperschaftsteuerbescheid verändert?	In diesem Fall wird das Finanzamt nach § 35b GewStG den Gewerbesteuermessbescheid von Amts wegen ändern.
Muss der Steuerpflichtige Einspruch gegen den Gewerbesteuermessbescheid einlegen, wenn das Finanzamt nach § 35b GewStG den Bescheid von Amts wegen ändern muss?	Grundsätzlich ist zu empfehlen, dass der Steuerpflichtige auch gegen den Gewerbesteuermessbescheid Einspruch einlegt. Der Einspruch gegen den Gewerbesteuermessbescheid ermöglicht weitergehende Korrekturen. Problematisch könnte auch ein fehlender Einspruch gegen den Gewerbesteuermessbescheid werden, wenn ein Einspruch gegen den Körperschaftsteuerbescheid mangels Beschwer unzulässig ist, weil z. B. die Einwendung nur zu einer Minderung der Gewerbesteuer führt.

2.8 Prüfung 8 – Lebensversicherungen; Verlagerung von Wirtschaftsgütern in eine ausländische Betriebsstätte; Vergleich; Grundstücke mit Betriebsvorrichtung und Option nach § 9 UStG; Geschäfts- und Firmenwert und Abschreibung; Einstweiliger Rechtsschutz und Feststellungsklage (Tab. 2.43, 2.44, 2.45, 2.46, 2.47 und 2.48)

Tab. 2.43 Vertreter des Berufsstandes I: Lebensversicherungen. EStG, ErbStG

Frage: Ein Mandant M kommt zu Ihnen und möchte steuerlich beraten werden. Er hat hierbei einige Fragen an Sie:	Antwort:
M möchte wissen, wie die in Kürze fällig werdende Lebensversicherung von ihm zu versteuern ist. Auf was kommt es zunächst an?	Zunächst wäre zu klären, ob der Lebensversicherungsvertrag vor 2005 abgeschlossen wurde. In diesem Fall ist die Auszahlung der Lebensversicherung steuerfrei. Ist der Lebensversicherungsvertrag jedoch später abgeschlossen worden, kommt grundsätzlich eine Steuerpflicht nach § 20 Abs. 1 Nr. 6 EStG in Betracht.
Nehmen Sie an, dass die Lebensversicherung erst nach dem Jahr 2005 abgeschlossen wurde. Wie muss hier weiter differenziert werden?	Die Art der Besteuerung hängt davon ob, ob der Steuerpflichtige bereits das 60. Lebensjahr erfüllt und die Laufzeit des Vertrages mindestens 12 Jahre betragen hat.
Wie wäre nun zu versteuern, wenn der Lebensversicherungsvertrag länger als 12 Jahre bestehen würde und M bereits 65 Jahre alt ist?	Steuerpflichtig ist zunächst der Unterschied zwischen den eingezahlten Beträgen und die Summe der Erträge. Hiervon ist jedoch 50 % nach § 20 Abs. 1 Nr. 6 Satz 2 EStG steuerbefreit.
Würde für den steuerpflichtigen Teil die Abgeltungsteuer zur Anwendung kommen?	Zwar unterliegen grundsätzlich Kapitaleinkünfte nach § 20 EStG der Abgeltungsteuer, jedoch besteht nach § 32d Abs. 2 Nr. 2 EStG hier eine Ausnahme. Es kommt somit der individuelle Steuersatz des Steuerpflichtigen zur Anwendung.
Könnte M etwaige Verluste aus der Kapitallebensversicherung mit Gewinnen aus anderen Einkünften verrechnen?	Dies wäre grundsätzlich möglich, wenn es sich um eine Lebensversicherung handelt, die eine Vertragsdauer von 12 Jahren hat und der Versicherungsnehmer 60 Jahre alt ist. In diesem Fall gilt gemäß 32d Abs. 2 Nr. 2 Satz 2 EStG die Verlustverrechnungsbeschränkung nach § 20 Abs. 6 EStG nicht.
Angenommen M verstirbt noch vor Auszahlung der Lebensversicherung. Seine Ehefrau ist Bezugsberechtigte. Sein einziges Kind K ist Alleinerbe. Fällt die Lebensversicherung in den Nachlass des Kindes K?	Da die Ehefrau die Bezugsberechtigte ist, fällt die Lebensversicherung nicht in den Nachlass. Für das Kind liegt folglich kein steuerpflichtiger Erbfall nach § 3 Abs. 1 Nr. 1 ErbStG vor.
Ist die Lebensversicherung dann für Zwecke der Erbschaftsteuer bei der Ehefrau steuerpflichtig?	Nach § 3 Abs. 1 Nr. 4 ErbStG unterliegt bei der Ehefrau dann der Wert der Lebensversicherung der Erbschaftsteuer.

(Fortsetzung)

Tab. 2.43 (Fortsetzung)

Frage: Ein Mandant M kommt zu Ihnen und möchte steuerlich beraten werden. Er hat hierbei einige Fragen an Sie:	Antwort:
Was könnte ggf. gegen eine Erbschafteuer der Ehefrau sprechen oder zumindest eine solche mindern?	Zunächst hat die Ehefrau gemäß § 16 Abs. 1 Nr. 1 EStG einen Freibetrag von 500.000 €.
Wann müsste der Freibetrag ggf. gekürzt werden?	Dieser Freibetrag wird nach § 14 ErbStG entsprechend gekürzt, wenn die Ehefrau in den letzten 10 Jahren bereits Schenkungen von ihrem Ehemann erhalten hat.
An welchen weiteren Freibetrag wäre noch zu denken?	Für die Ehefrau kommt zudem noch der Versorgungsfreibetrag nach § 17 ErbStG in Betracht.
Wäre der Versorgungsfreibetrag in Höhe von 256.000 € nach § 17 Abs. 1 Satz 2 ErbStG zu kürzen?	Das wäre nicht der Fall, da die erhaltene Lebensversicherung des Ehemannes zugunsten der Ehefrau nach § 3 Abs. 1 Nr. 4 ErbStG steuerpflichtig ist.
Wann kommt die Kürzung des Versorgungfreibetrages nach § 17 Abs. 1 Satz 2 ErbStG meist in Betracht?	Dies ist vor allem bei der gesetzlichen Witwenrente der Ehefrau der Fall. Diese Rente unterliegt nicht der Erbschaftsteuer. Insbesondere ist nicht § 3 Abs. 1 Nr. 4 ErbStG anwendbar. Demzufolge kommt es dann zur Kürzung des Versorgungsfreibetrages.

Tab. 2.44 Finanzverwaltung I: Verlagerung von Wirtschaftsgütern in eine ausländische Betriebsstätte IntStR, DBA, KStG, EStG

Frage: Die A-GmbH mit Sitz in Deutschland hat eine Betriebsstätte im EU-Ausland. Die A-GmbH verfügt über eine hochwertige Baumaschine (Nutzungsdauer 5 Jahre), die sie der Betriebsstätte dauerhaft zur Verfügung stellt.	Antwort:
Wo ist der Begriff „Betriebsstätte" definiert?	Der Begriff „Betriebsstätte" wird in § 12 AO und in den jeweiligen Doppelbesteuerungsabkommen definiert.
Welche Bedeutung hat der Begriff Betriebsstätte im nationalen Recht und in den DBAs?	Im nationalen Recht wird durch das Vorliegen einer Betriebsstätte die beschränkte Steuerpflicht begründet (vgl. § 49 Abs. 1 Nr. 2 EStG). Der Begriff der Betriebsstätte im Rahmen eines DBA ist vor allem deshalb bedeutsam, weil durch das Vorliegen einer Betriebsstätte das Besteuerungsrecht im Staat der Betriebsstätte begründet wird.
Ist die Definition der Betriebsstätte in § 12 AO identisch mit dem Begriff der Betriebsstätte im DBA?	Der Begriff der Betriebsstätte in § 12 AO ist weitergehend, da hier zunächst ein Besteuerungsrecht begründet werden soll. Im DBA ist der Begriff enger gefasst. Hier geht es dann um die Frage, wer von zwei Staaten das Besteuerungsrecht bekommt.
Welche steuerliche Folge müsste nun bei der A-GmbH geprüft werden?	Es wäre zu prüfen, ob es durch die Verbringung der Baumaschine zu einer fiktiven Veräußerung nach § 12 Abs. 1 KStG kommt.

(Fortsetzung)

2.8 Prüfung 8

Tab. 2.44 (Fortsetzung)

Frage: Die A-GmbH mit Sitz in Deutschland hat eine Betriebsstätte im EU-Ausland. Die A-GmbH verfügt über eine hochwertige Baumaschine (Nutzungsdauer 5 Jahre), die sie der Betriebsstätte dauerhaft zur Verfügung stellt.	
	Antwort:
Wann wäre dies der Fall?	Dies ist der Fall, wenn infolge des Verbringens das Besteuerungsrecht Deutschlands an der Veräußerung der Maschine beschränkt oder ausgeschlossen wird.
Liegt ein solcher Fall vor?	Das hängt vom DBA des jeweiligen Landes ab. Da aber DBAs idR das Besteuerungsrecht dem Staat der Betriebsstätte zuordnen und die Veräußerung von Wirtschaftsgütern zur Betriebsstätte gehören, wäre das Besteuerungsrecht in Deutschland ausgeschlossen.
Können Sie ein Beispiel nennen, wann das deutsche Besteuerungsrecht ausgeschlossen und wann beschränkt wird?	Ein Ausschluss des Besteuerungsrechts liegt vor, wenn im DBA der Steuerpflichtige von der Besteuerung in Deutschland freigestellt ist (Freistellungsmethode). Im Falle der Anrechnung auf die deutsche Steuerpflicht ist von einer Beschränkung der deutschen Besteuerung auszugehen (Anrechnungsmethode).
Was könnte die A-GmbH tun, um die Versteuerung zu verhindern oder zu mindern?	Die A-GmbH könnte einen sog. steuerlichen Ausgleichsposten nach § 12 Abs. 1 KStG i. V. m. § 4g EStG bilden. Hierdurch wird die Besteuerung zwar nicht verhindert, jedoch auf 5 Jahre verteilt.
Welche Pflichten hat die GmbH bei Bildung eines solchen Ausgleichsposten?	Die GmbH hat für jedes Wirtschaftsgut einen getrennten Ausweis zu führen. Das Wirtschaftsgut ist in einem Verzeichnis zu führen. Im Fall der Gewinnermittlung nach § 4 Abs. 3 EStG sind Aufzeichnungen zu erstellen (§ 4g Abs. 4 Satz 2 und 3 EStG).
Was passiert, wenn die Baumaschine bereits nach 3 Jahren zurückgeholt wird?	In diesem Fall wird der restliche Ausgleichsposten ergebnisneutral aufgelöst und die Baumaschine mit den fortgeführten Anschaffungskosten und aufgelösten Beträgen aus dem Ausgleichsposten fortgeführt.

Tab. 2.45 Vertreter der Wirtschaft: Vergleich. BGB, GmbHG, AktG

Frage: A und B führen einen Rechtsstreit. Vor Gericht einigen sich beide darauf, dass A auf einen Teil seines eingeklagten Geldes verzichtet und B den geminderten Betrag binnen einer Woche zahlt.	Antwort:
Wie nennt man die zwischen A und B geschlossene Vereinbarung?	Wird ein Streit durch gegenseitiges Nachgeben beseitigt, liegt ein sog. Vergleich vor.
Wo ist der Vergleich im Gesetz geregelt?	Der Vergleich ist im Gesetz in § 779 BGB kodifiziert.
Bedarf ein Vergleich einer besonderen Form?	Grundsätzlich ist dies nicht der Fall. Eine Ausnahme besteht jedoch dann, wenn an anderer Stelle im Gesetz für eine aufgenommene Verpflichtung eine besondere Form vorgeschrieben ist.
Was wäre, wenn A und B sich derart vergleichen, dass B statt eines Geldbetrages eine Wohnung des B erhält?	In diesem Fall müsste gemäß § 311b Abs. 1 BGB grundsätzlich eine notarielle Beurkundung erfolgen, da sich eine Partei zur Übertragung eines Grundstückes verpflichtet.
Ändert sich hieran etwas, wenn ein solcher Vergleich vor Gericht protokolliert wird?	In diesem Fall bedarf es keiner notariellen Beurkundung. Nach § 127a BGB ersetzt ein vor Gericht protokollierter Vergleich die notarielle Form.
Worin besteht der Unterschied zwischen einer notariellen Beurkundung und einer notariellen Beglaubigung?	Im Falle einer notariellen Beurkundung hat der Notar besondere Verpflichtungen, die sich nach dem Beurkundungsgesetz richten. Insbesondere hat der Notar den Vertrag vorzulesen und sich zu vergewissern, dass die Parteien den Inhalt der Vereinbarung verstanden haben. Im Falle einer öffentlichen Beglaubigung nach § 129 BGB bestätigt der Notar nur die Urheberschaft einer Unterschrift.
Bedarf ein außergerichtlicher Vergleich einer besonderen Form, wenn eine Partei sich verpflichtet, einen GmbH-Anteil zu übertragen?	In diesem Fall bedarf der Vergleich der notariellen Beurkundung, da gemäß § 15 Abs. 4 GmbHG die Verpflichtung zur Übertragung eines solchen Anteils einer solchen Form unterliegt.
Inwieweit unterscheidet sich der Anwendungsbereich von § 15 Abs. 3 GmbHG und § 15 Abs. 4 GmbHG? Lesen Sie bitte hierzu das Gesetz!	In § 15 Abs. 3 GmbHG ist für das Verfügungsgeschäft (Eigentumsübergang) die notarielle Form vorgesehen. § 15 Abs. 4 GmbHG umfasst hingegen das Verpflichtungsgeschäft.
Was würde gelten, wenn es nicht um GmbH Anteile gehen würde, sondern um Aktien?	Anders als bei einem GmbH Anteil gibt es für Aktien keine besonderen Formvorschriften, sodass ein Vergleich auch mündlich möglich wäre.

(Fortsetzung)

2.8 Prüfung 8

Tab. 2.45 (Fortsetzung)

Frage: A und B führen einen Rechtsstreit. Vor Gericht einigen sich beide darauf, dass A auf einen Teil seines eingeklagten Geldes verzichtet und B den geminderten Betrag binnen einer Woche zahlt.	Antwort:
Was wäre, wenn es sich um vinkulierte Namensaktien handelt? Können Sie zunächst den Begriff erklären?	Vinkulierte Namensaktien können nur übertragen werden, wenn die Aktiengesellschaft der Übertragung zustimmt (vgl. § 68 Abs. 2 AktG). Einer besonderen Form bedarf es aber für die Übertragung der Aktien nicht. Die Wirksamkeit der Übertragung hängt jedoch von der Zustimmung ab.
Ist es möglich, einen Vergleich anzufechten?	Da in einem Vergleich eine Willenserklärung abgegeben wird, kommt auch hier eine Anfechtung wegen Irrtums nach §§ 119 ff. BGB oder arglistiger Täuschung nach § 123 BGB in Betracht.
Gilt dies auch, wenn der Vergleich vor einem Gericht protokolliert wird?	Auch in diesem Fall liegt eine Willenserklärung vor, sodass auch hier eine Anfechtung möglich ist.

Tab. 2.46 Finanzverwaltung II: Grundstücke mit Betriebsvorrichtung und Option nach § 9 UStG. EStG, GrEStG, GG, UStG

Frage: A wohnt allein in einem ihm gehörenden Haus, das er vor 5 Jahren erworben hat. Das Haus hat eine Fotovoltaikanlage auf dem Dach.	Antwort:
Welche Ertragsteuern können anfallen, wenn er das Haus mit Gewinn verkauft?	Da A in dem Haus selbst wohnt, handelt es sich um Privatvermögen. Hier käme dann allenfalls eine Besteuerung nach § 23 Abs. 1 Nr. 1 EStG in Betracht. Da er das Haus aber selbst bewohnt, findet eine Besteuerung nach § 23 Abs. 1 Nr. 1 Satz 3 EStG nicht statt.
Welche Steuern können dennoch anfallen?	Gemäß § 1 Abs. 1 Nr. 1 GrEStG liegt ein grunderwerbsteuerpflichtiger Fall vor.
Was wäre, wenn das Grundstück in Österreich wäre?	Das Grunderwerbsteuergesetz findet gemäß § 1 GrEStG nur auf im Inland belegene Grundstücke Anwendung.
Wie hoch ist die Grunderwerbsteuer?	Nach § 11 Abs. 1 GrEStG beträgt die Grunderwerbsteuer grundsätzlich 3,5 %. Jedoch gelten in fast allen Bundesländern hiervon abweichende höhere Steuersätze.
Weshalb können die Länder andere Steuersätze bestimmen, wenn im Bundesgesetz ein Steuersatz von 3,5 % vorgegeben ist?	Im Art. 105 Abs. 2a Satz 2 GG ist verfassungsrechtlich verankert, dass die Bundesländer den Steuersatz in ihrem Bundesland selbst bestimmen können

(Fortsetzung)

Tab. 2.46 (Fortsetzung)

Frage: A wohnt allein in einem ihm gehörenden Haus, das er vor 5 Jahren erworben hat. Das Haus hat eine Fotovoltaikanlage auf dem Dach.	Antwort:
Wer bekommt denn die Grunderwerbsteuer? Wo ist das geregelt?	Nach Art. 106 Abs. 2 Nr. 3 GG erhalten die Länder die Grunderwerbsteuer.
Können die Länder auch sonst eigene Regeln zur Grunderwerbsteuer einführen?	Nach Art. 105 Abs. 2 i. V. m. Art. 72 Abs. 2 GG haben die Länder die konkurrierende Gesetzgebungskompetenz. Sie dürfen nur dort Gesetze erlassen, wo der Bundesgesetzgeber nicht abschließend tätig geworden ist. Da der Bund jedoch dieses Rechtsgebiet ansonsten abschließend geregelt hat, haben die Länder eine solche Möglichkeit nicht.
Unterliegt auch der Verkauf der Fotovoltaikanlage der Grunderwerbsteuer?	Nach § 2 GrEStG unterliegen Grundstücke der Grunderwerbsteuer. Da die Fotovoltaikanlage idR wesentlicher Bestandteil des Grundstücks bzw. Hauses ist, kommt auch insoweit eine Grunderwerbsteuer in Betracht
Was wäre, wenn der A den erzeugten Strom gegen Entgelt veräußert?	In diesem Fall würde eine Betriebsvorrichtung nach § 2 Abs. 1 Nr. 1 GrEStG vorliegen. A kann sein Stromunternehmen nicht ohne Fotovoltaikanlage betreiben. Der Kaufpreis für die Fotovoltaikanlage unterliegt damit nicht der Grunderwerbsteuer.
Kann auf den Verkauf des Grundstücks auch Umsatzsteuer anfallen?	Es liegt eine umsatzsteuerbare Lieferung nach § 1 Abs. 1 Nr. 1 UStG im Inland vor. Nach § 4 Nr. 9a UStG ist der Umsatz jedoch grundsätzlich steuerbefreit. Allerdings kann nach § 9 GrEStG auf die Umsatzsteuerbefreiung verzichtet werden.
Wann ist ein solcher Verzicht möglich?	Das ist der Fall, wenn der Erwerber Unternehmer ist und das Grundstück für sein Unternehmen erwirbt. Ferner muss der Erwerber umsatzsteuerpflichtige Umsätze tätigen.
Wie wird die Option ausgeübt?	Der Verzicht des Verkäufers muss gemäß § 9 Abs. 3 Satz 2 GrEStG in dem notariellen Kaufvertrag erfolgen.
Was ist, wenn die Option im Kaufvertrag vergessen wurde?	Nach einem BFH, Urteil vom 21. Oktober 2015 (XI R 40/13, BStBl. II 2017, 852) kann die Option oder Rückgängigmachung einer Option nicht nachträglich (auch nicht in einer notariellen Urkunde) korrigiert werden. Dies Auffassung wird in der Literatur kritisch gesehen.
Welchen Zweck hat es, wenn der Verkäufer zur Umsatzsteuer optiert?	Zum einen kann der Verkäufer die Vorsteuer für Leistungen beim Verkauf abziehen und zum anderen droht keine Vorsteuerberichtigung nach § 15a UStG.
Wer schuldet denn dann die Umsatzsteuer?	Gemäß § 13b Abs. 5 i. V. m. Abs. 2 Nr. 3 UStG schuldet der Käufer die Umsatzsteuer.

2.8 Prüfung 8

Tab. 2.47 Vertreter des Berufsstandes II: Geschäfts- und Firmenwert und Abschreibung. HGB, EStG

Frage: Was ist ein Geschäfts- und Firmenwert?	Antwort: Hierunter versteht man den Unterschiedsbetrag, um den die Gegenleistung für die Übernahme eines Unternehmens den Wert der hingegebenen Wirtschaftsgüter (abzüglich Verbindlichkeiten) übersteigt. Typischerweise entsteht ein solcher Geschäfts- und Firmenwert bei dem Kauf eines Unternehmens (asset deal).
Wo ist der Geschäfts- und Firmenwert im Gesetz definiert?	Eine Legaldefinition dieses Begriffes findet sich in § 246 Abs. 1 Satz 4 HGB.
Was passiert in der Handelsbilanz, wenn der Erwerber einen Kaufpreis zahlt, der unter der Summe der Buchwerte der erworbenen Wirtschaftsgüter liegt?	Dieser Fall ist im § 246 Abs. 1 Satz 4 HGB nicht angesprochen. Nach herrschender Meinung ist jedoch kein negativer Geschäfts- und Firmenwert zu bilanzieren, sondern stattdessen müssen die Buchwerte der erhaltenen Wirtschaftsgüter anteilig abgestockt werden.
Welche Werte auf der Aktivseite können keinesfalls abgestockt werden?	Vor allem liquide Mittel und werthaltige Forderungen können nicht abgestockt werden.
Was passiert in der Steuerbilanz?	Auch hier wird kein negativer Geschäfts- und Firmenwert bilanziert, sondern es findet eine Abstockung der Buchwerte der erhaltenen Wirtschaftsgüter statt.
Welche Art von Vermögensgegenstand ist der Geschäfts- und Firmenwert?	Es handelt sich um einen sog. immateriellen Vermögensgegenstand.
Welche sonstigen immateriellen Wirtschaftsgüter kennen Sie sonst noch?	Hier sind vor allem die Rechte sowie der Kundenstamm, die Webseite, die Domain und die Marke zu nennen.
Ist der Geschäfts- und Firmenwert auch in der Steuerbilanz zu aktivieren?	Der Geschäfts- und Firmenwert ist stets (wie in der Handelsbilanz) zu aktivieren, wenn er erworben wird. Ist der Geschäfts- und Firmenwert jedoch erworben, ist eine Aktivierung nach § 5 Abs. 2a EStG ausgeschlossen. Im Handelsrecht besteht in § 248 Abs. 2 HGB grundsätzlich ein Wahlrecht zur Aktivierung.
Wie wird der Geschäfts- und Firmenwert im Steuerrecht abgeschrieben?	Gemäß § 7 Abs. 1 Satz 3 EStG wird ein solches Wirtschaftsgut über 15 Jahre abgeschrieben.
Gilt dies bei jedem Unternehmenskauf?	Nein, dies gilt nur, wenn ein gewerbliches oder land- und forstwirtschaftliches Unternehmen erworben wird. Wird ein Unternehmen mit Einkünften nach § 18 EStG erworben, gilt diese Fiktion nicht.
Wie wird der Geschäftswert aus einem Unternehmen im Sinne des § 18 EStG abgeschrieben?	Die Abschreibung richtet sich nach § 7 Abs. 1 Satz 1 EStG. Es kommt auf die betriebsgewöhnliche Nutzungsdauer an. Diese Zeit ist wesentlich kürzer als 15 Jahre.

(Fortsetzung)

Tab. 2.47 (Fortsetzung)

Frage: Was ist ein Geschäfts- und Firmenwert?	Antwort: Hierunter versteht man den Unterschiedsbetrag, um den die Gegenleistung für die Übernahme eines Unternehmens den Wert der hingegebenen Wirtschaftsgüter (abzüglich Verbindlichkeiten) übersteigt. Typischerweise entsteht ein solcher Geschäfts- und Firmenwert bei dem Kauf eines Unternehmens (asset deal).
Kann eine Abschreibung an einem Wirtschaftsgut auch nach der tatsächlichen Leistung erfolgen?	Bei beweglichen Wirtschaftsgütern des Anlagevermögens ist eine solche Abschreibung nach § 7 Abs. 1 Satz 6 EStG möglich, wenn dies wirtschaftlich begründet ist.
Können Sie hierfür einen Beispielsfall nennen?	Ein Beispiel wäre ein Spediteur, der seine LKWs nach den gefahrenen Kilometern abschreibt.
Welche Fälle der Sonderabschreibung kennen Sie im Einkommensteuerrecht?	Hier ist vor allem die Sonderabschreibung zur Förderung kleiner und mittlerer Betriebe nach § 7g Abs. 5 EStG und die Sonderabschreibung nach § 7b EStG für Mietwohnungsneubau zu nennen.
Worin besteht der Unterschied zwischen einer Sonderafa und einer erhöhten Afa im Steuerrecht?	Bei einer Sonderafa bleibt ergänzend eine Afa nach § 7 Abs. 1 oder 4 EStG möglich (vgl. § 7a Abs. 4 EStG). Die erhöhte Afa tritt an Stelle der eigentlichen Afa.

Tab. 2.48 Vorsitzende der Prüfungskommission: Einstweiliger Rechtsschutz und Feststellungsklage. FGO, AO

Frage: A begehrt beim Finanzamt Stundung einer festgesetzten Einkommensteuerschuld. Er hält den Steuerbescheid für rechtswidrig. A möchte Stundung der Steuer beantragen. Welche Vorschrift könnte A die Stundung ermöglichen?	Antwort: Eine Stundung könnte sich nach § 222 AO ergeben, wenn die Einziehung der Steuer eine erhebliche Härte bedeuten würde und der Steueranspruch durch die Stundung nicht gefährdet erscheint.
Welchen Nachteil hat eine Stundung?	Der Nachteil der Stundung besteht darin, dass A die gestundete Steuerschuld nach § 234 AO zu verzinsen hat. Dies gilt unabhängig davon, ob der Bescheid rechtswidrig ist.
Welche ggf. günstigere Möglichkeit hätte A noch?	A könnte den Antrag auf Aussetzung der Vollziehung nach § 361 AO stellen. Für A ist diese Variante günstiger, weil eine Verzinsung nach § 237 Abs. 1 FGO nur dann in Betracht kommt, wenn ein Rechtsmittel erfolglos bleibt.
Bedeutet eine gewährte Stundung stets eine Verzinsung?	In Erbfällen kommt in bestimmten Fällen nach § 28 Abs. 3 ErbStG eine zinslose Stundung in Betracht.

(Fortsetzung)

2.8 Prüfung 8

Tab. 2.48 (Fortsetzung)

Frage:	Antwort:
A begehrt beim Finanzamt Stundung einer festgesetzten Einkommensteuerschuld. Er hält den Steuerbescheid für rechtswidrig. A möchte Stundung der Steuer beantragen. Welche Vorschrift könnte A die Stundung ermöglichen?	Eine Stundung könnte sich nach § 222 AO ergeben, wenn die Einziehung der Steuer eine erhebliche Härte bedeuten würde und der Steueranspruch durch die Stundung nicht gefährdet erscheint.
Was kann A tun, wenn er eine „rasche" Stundung möchte, jedoch das Finanzamt sich Zeit lässt oder den Antrag ablehnt?	A könnte prüfen, ob er nach § 114 FGO einen Antrag auf einstweilige Anordnung stellen kann, um die Stundung zunächst in einem einstweiligen Rechtsschutzverfahren zu erhalten.
Ist § 114 FGO überhaupt einschlägig? Es handelt sich doch hier um eine Vorschrift aus dem finanzgerichtlichen Prozessverfahren!	Der Wortlaut des § 114 Abs. 1 FGO stellt klar, dass ein solcher Antrag bereits vor Klageerhebung möglich ist.
Wo ist dann ein solcher Antrag zu stellen?	Nach § 114 Abs. 2 FGO ist der Antrag beim Finanzgericht eines möglichen späteren Hauptverfahrens zu stellen.
Wie ist der Anwendungsbereich des § 114 FGO von dem einstweiligen Rechtsschutz nach § 69 FGO abzugrenzen?	In § 69 FGO geht es in der Hauptsache um einen angefochtenen Verwaltungsakt. Ist das mögliche Verfahren eine andere Klageart (Verpflichtungs-Leistungs- oder Feststellungsklage), so kommt § 114 FGO in Betracht.
Was verstehen Sie unter den Begriffen „Beteiligtenfähigkeit", „Prozessfähigkeit" und „Postulationsfähigkeit" im finanzgerichtlichen Verfahren?	Beteiligtenfähigkeit (§ 57 FGO) ist im Prinzip die Rechtsfähigkeit und Prozessfähigkeit (§ 58 FGO) ist die Geschäftsfähigkeit vor Gericht. Unter Postulationsfähigkeit versteht man die Fähigkeit, vor dem (Finanz-) Gericht wirksame Handlungen vornehmen zu können.
Ist der Steuerpflichtige vor dem Finanzgericht postulationsfähig?	Ja. Nach § 62 Abs. 1 FGO können Steuerpflichtige den Prozess selbst führen. Anders ist dies nur beim Bundesfinanzhof (§ 64 Abs. 4 FGO).
Kann A gegen den Steuerbescheid auch Feststellungsklage einlegen?	Eine solche Klage wäre nach § 41 Abs. 2 FGO unzulässig, da die Feststellungsklage gegenüber der möglichen Anfechtungsklage subsidiär ist.
Welche Möglichkeit hat A, wenn das Finanzamt im finanzgerichtlichen Verfahren den Steuerbescheid im Sinne des A ändert?	Nach Änderung des Steuerbescheides ist nun nach § 68 FGO auch der geänderte Bescheid Gegenstand im Klageverfahren. Zur Vermeidung von Kosten sollte A den Rechtsstreit für erledigt erklären (§ 138 Abs. 2 FGO).
Was könnte A tun, wenn er fürchtet, dass in Bälde wieder ein neuer, gleichsam rechtswidriger Steuerbescheid erlassen wird? Ein Finanzbeamter hat dies schon entsprechend angekündigt.	Für einen solchen Fall liegt noch kein Verwaltungsakt vor. Hier kann A eine sog. Fortsetzungsfeststellungsklage nach § 100 Abs. 1 Satz 4 FGO einlegen. Ein entsprechendes „berechtigtes Interesse" würde hier wohl vorliegen.

2.9 Prüfung 9 – Einlage als fiktive Veräußerung; Haftung für Steuerschulden des Betriebsveräußerers; Stellvertretung; Aktientausch durch Verschmelzung; Kapitalrücklage und steuerliches Einlagekonto; Stiftung 1 (Tab. 2.49, 2.50, 2.51, 2.52, 2.53 und 2.54)

Tab. 2.49 Vertreter des Berufsstandes I: Einlage als fiktive Veräußerung. EStG

Frage: A überführt ein Aktienpaket (2 % am Grundkapital) aus seinem privaten Depot in sein Einzelunternehmen „Elektrohandel A".	Antwort:
Welche steuerlichen Folgen treten bei dem Einzelunternehmen des A ein?	Es handelt sich um eine Einlage nach § 4 Abs. 1 Satz 1 i. V. m. Satz 8 EStG, die den steuerlichen Gewinn des Einzelunternehmens nicht verändern darf. Eine etwaige handelsrechtliche Gewinneinbuchung müsste außerbilanziell wieder gekürzt werden.
Mit welchem Wert müssten die Aktien des A in der Steuerbilanz des Unternehmens ausgewiesen werden?	Grundsätzlich sind Einlagen mit dem Teilwert nach § 6 Abs. 1 Nr. 5 EStG anzusetzen. Eine Ausnahme gilt jedoch für wesentliche Beteiligungen im Sinne des § 17 EStG. Hier sind die Anschaffungskosten des A maßgeblich (§ 6 Abs. Nr. 5 Satz 1 b EStG).
Warum lässt der Gesetzgeber hier nicht den Ansatz des Teilwerts zu? Was ist der Hintergrund für diese Regelung?	Dürfte A den höheren Teilwert in der Bilanz ansetzen, würde die Differenz zwischen Teilwert und Anschaffungskosten nicht besteuert werden; obgleich dies bei einem Verkauf nach § 17 EStG steuerpflichtig gewesen wäre.
Was passiert auf Seiten des A, wenn er das Aktienpaket in eine GmbH einlegt, an welcher er beteiligt ist?	In diesem Fall würde eine fiktive steuerpflichtige Veräußerung im Sinne des § 17 Abs. 1 Satz 2 EStG vorliegen. A müsste als Gewinn nach § 17 Abs. 2 EStG den Unterschiedsbetrag zwischen gemeinen Wert und Anschaffungskosten versteuern. Es gilt das Teileinkünfteverfahren nach § 3 Nr. 40c EStG.
Wie werden dann die Aktien in der GmbH bilanziert? Welcher Wert gilt hier?	Jetzt darf dort mit dem Teilwert bilanziert werden. § 6 Abs. 1 Satz 1 b EStG gilt hier nicht, da jetzt eine Besteuerung des Wertes zwischen Teilwert und Anschaffungskosten stattgefunden hat (teleologische Reduktion der Gesetzesnorm).
Was bedeutet die verdeckte Einlage für die gehaltene Beteiligung des A an der GmbH?	Für A bedeutet die Einlage eine nachträgliche Erhöhung seiner Anschaffungskosten auf die Beteiligung an der GmbH (§ 6 Abs. 5 Satz 2 EStG).
Wann wirkt sich die Erhöhung der Anschaffungskosten bei A steuerlich aus?	Das ist der Fall, wenn A die GmbH Beteiligung veräußert. Der steuerpflichtige Gewinn fällt dann niedriger aus.
Kennen Sie noch weitere Fälle neben dem § 17 Abs. 1 Satz 2 EStG, in welchen die Einlage als Veräußerung fingiert wird?	Neben § 17 Abs. 1 Satz 2 EStG ist noch § 20 Abs. 2 Satz 2 EStG und ferner der § 23 Abs. 1 Satz 5 Nr. 1 EStG zu nennen.

(Fortsetzung)

Tab. 2.49 (Fortsetzung)

Frage:	
A überführt ein Aktienpaket (2 % am Grundkapital) aus seinem privaten Depot in sein Einzelunternehmen „Elektrohandel A".	Antwort:
Wo ist im Körperschaftsteuerrecht geregelt, dass verdeckte Einlagen das steuerliche Einkommen nicht erhöhen?	Die Regelung findet sich in § 8 Abs. 3 Satz 1 KStG.
Was wäre, wenn bei einem ausländischen Gesellschafter die Einlage von dessen Steuer abgezogen wird?	In diesem Fall würde gemäß § 8 Abs. 3 Satz 4 KStG auch die Einlage den Gewinn der GmbH nicht schmälern.
Warum hat der Gesetzgeber eine solche Regelung aufgenommen?	Der Gesetzgeber will hierdurch weiße Einkünfte verhindern; wenngleich dies zu einer Durchbrechung der Trennung der Besteuerung bei Gesellschaft und Gesellschafter führt.

Tab. 2.50 Finanzverwaltung I: Haftung für Steuerschulden des Betriebsveräußerers. HGB, AO

Frage:	
Im Jahr 2019 veräußert V sein gewerbliches Einzelunternehmen an K, der das Unternehmen unter der bisherigen Firma fortführt. Im Jahr 2022 erhält K einen Bescheid vom Finanzamt, wonach er die Gewerbesteuerschuld der Jahre 2016 bis 2018 des V bezahlen soll.	Antwort:
Was verstehen Sie unter dem Begriff „Firma"?	Unter Firma versteht man den Namen, unter welchem ein Kaufmann seine Geschäfte betreibt (vgl. § 17 HGB).
Hat K von dem Finanzamt einen Steuerbescheid erhalten?	Hiervon ist nicht auszugehen. V hat diese Einkünfte nicht selbst erzielt. Vielmehr ist Steuerschuldner weiterhin der V.
Was hat K dann für eine Art von Bescheid erhalten?	Es handelt sich wohl um ein Einstehen für eine Steuerschuld eines anderen. Es ist daher von einem Haftungsbescheid nach § 191 AO auszugehen.
Was könnte der Grund für die Haftung sein?	Es könnte eine Haftung des K nach § 75 AO in Betracht kommen, weil V ihm seinen Betrieb übereignet hat.
Kann das Finanzamt die Gewerbesteuer von K nach § 75 AO erhalten?	Das ist nur für die Gewerbesteuer des Jahres 2018 möglich. Für die Jahre davor ist eine Haftung nach § 75 AO nicht möglich.
Was gilt dann für die Gewerbesteuer 2016 und 2017?	Insoweit könnte eine Haftung nach § 191 AO i. V. m. § 25 Abs. 1 Satz 1 HGB einschlägig sein.

(Fortsetzung)

Tab. 2.50 (Fortsetzung)

Frage:	Antwort:
Im Jahr 2019 veräußert V sein gewerbliches Einzelunternehmen an K, der das Unternehmen unter der bisherigen Firma fortführt. Im Jahr 2022 erhält K einen Bescheid vom Finanzamt, wonach er die Gewerbesteuerschuld der Jahre 2016 bis 2018 des V bezahlen soll.	
Subsumieren Sie die Tatbestandsmerkmale des § 25 HGB!	K hat ein Handelsgeschäft unter Lebenden erworben. K hat die Firma des V fortgeführt. Wenn kein Ausschluss der Haftung des K nach § 25 Abs. 2 HGB im Handelsregister eingetragen ist, haftet K für alle vor Übereignung im Betrieb begründeten Verbindlichkeiten
Ist davon auch die Gewerbesteuer 2016 und 2017 erfasst?	Ja, eine zeitliche Grenze gibt es hier nicht.
Haftet K auch für die Einkommensteuerschuld des V aus der Veräußerung des Betriebes?	Die Einkommensteuer ist eine persönliche Steuerschuld und ist nicht auf dem Betrieb im Sinne des § 75 AO begründet. Entsprechendes gilt für § 25 HGB.
Kann K die Haftung nach § 25 HGB ausschließen?	Das ist möglich, wenn der vereinbarte Haftungsausschluss zwischen V und K im Handelsregister nach § 25 Abs. 2 HGB eingetragen wird.
Kann K auch die Haftung nach § 75 AO verhindern?	Zwar können auch hier die Parteien zivilrechtlich die Haftung ausschließen; jedoch ändert dies nichts an der Haftungsschuld gegenüber dem Finanzamt.
Sind § 25 HGB und § 75 AO überhaupt nebeneinander anwendbar?	Ja, die Paragrafen schließen sich nicht aus, sondern sind nebeneinander anwendbar.
Könnte K auch für steuerliche Nebenleistungen in Anspruch genommen werden?	Dies ist nach § 75 AO nicht möglich. Allerdings haftet K insoweit nach § 25 HGB.
Was ist, wenn der Bestand des übernommenen Unternehmens nicht für die Steuerschuld des V ausreicht?	Gemäß § 75 Abs. 1 Satz 2 AO ist die Haftung auf das übernommene Vermögen beschränkt. Bei der Vorschrift des § 25 HGB gibt es eine solche Beschränkung aber nicht.

2.9 Prüfung 9

Tab. 2.51 Vertreter der Wirtschaft: Stellvertretung. BGB, HGB

Frage: A möchte, dass sein 6-jähriger Sohn für ihn ein Fahrrad kauft. Er schreibt für seinen Sohn eine Vollmacht.	Antwort:
Wo finden Sie die Vorschriften über die rechtsgeschäftliche Vertretung?	Die Regelungen über die Vertretung sind in den §§ 164 ff. BGB geregelt.
Kann S seinen Vater wirksam vertreten?	S ist nach § 104 Nr. 1 BGB geschäftsunfähig. Als Vertreter seines Vaters muss er jedoch zumindest beschränkt geschäftsfähig sein (vgl. § 165 BGB). Eine Vertretung ist daher nicht möglich.
Kann der Vater nachträglich den Kauf seines Sohnes genehmigen?	Da S keine wirksame Erklärung abgeben konnte, ist auch eine Genehmigung nicht möglich. Selbstverständlich kann S den Kauf jedoch neu abschließen.
Warum bzw. wann könnte der Kauf durch S zu einem wirksam geschlossenen Vertrag führen?	Dies wäre der Fall, wenn S als Bote und nicht als Vertreter auftritt. Geschäftsunfähige können als Boten Willenserklärungen für andere abgeben.
Worin besteht der Unterschied zwischen einem Boten und einem Vertreter?	Der Vertreter gibt eine Willenserklärung für einen anderen ab. Der Bote hingegen gibt keine eigene Willenserklärung ab, sondern überbringt eine fremde Willenserklärung.
Was würde gelten, wenn S bereits 8 Jahre alt ist, jedoch statt eines Fahrrades ein Tandem gekauft hat?	Als beschränkt Geschäftsfähiger konnte S nun als Vertreter für seinen Vater eine Willenserklärung abgeben. Allerdings war die Vollmacht nicht von dem Vertretungsumfang gedeckt. Der Kauf des Tandems ist nun nach § 177 Abs. 1 BGB schwebend unwirksam.
Was ist die Rechtsfolge, wenn A schließlich doch das Tandem will?	Wenn A den Kaufvertrag nachträglich zustimmt (sog. Genehmigung), dann wird der Kaufvertrag rückwirkend wirksam.
Worin besteht der Unterschied zwischen einer Genehmigung und einer Einwilligung?	Die Einwilligung gibt der Vertretene vor Abschluss des Rechtsgeschäftes ab. Die Genehmigung folgt nach dem Rechtsgeschäft.
Was gilt, wenn S seinem volljährigen Bruder mit dem Fahrradkauf beauftragt? Statt die Vertretung offenzulegen, gibt sich der Bruder jedoch als S aus.	Nun liegt kein Handeln im fremden Namen, sondern ein sog. Handeln unter fremden Namen vor. Ein solcher Fall ist im Gesetz nicht geregelt.
Wie wird ein Handeln unter fremden Namen behandelt?	Hier ist zu unterscheiden: Ist dem Erklärungsvertreter der Name des Handelnden gleichgültig, kommt ein Vertrag zwischen dem Handelnden und dem Erklärungsempfänger zustande (Eigengeschäft des Handelnden). Kommt es dem Erklärungsempfänger entscheidend darauf an, mit dem Namensträger das Rechtsgeschäft abzuschließen, liegt ein Fremdgeschäft für den wahren Namensträger ab. Das Rechtsgeschäft hängt dann von der Genehmigung des Namensträgers ab (§ 177 BGB analog).

(Fortsetzung)

Tab. 2.51 (Fortsetzung)

Frage: A möchte, dass sein 6-jähriger Sohn für ihn ein Fahrrad kauft. Er schreibt für seinen Sohn eine Vollmacht.	
Welche Überlegung liegt einer Anscheinsvollmacht und einer Duldungsvollmacht zugrunde?	Antwort: In beiden Fällen liegt keine Vollmacht vor. Jedoch ist ein Rechtsschein einer Vollmacht erzeugt worden, die dem Vertretenen zuzurechnen ist und dazu führt, dass der Vertretene das Rechtsgeschäft gegen sich gelten lassen muss.
Erklären Sie die Unterschiede zwischen Anscheinsvollmacht und Duldungsvollmacht!	Bei der Duldungsvollmacht kennt und duldet der Vertretene das Verhalten eines Dritten. Bei der Anscheinsvollmacht kennt der Vertretene das Verhalten des Vertreters nicht, hätte dies jedoch erkennen und verhindern können.
Kennen Sie im Gesetz einen gesetzlich geregelten Fall einer Anscheinsvollmacht?	In § 56 HGB findet sich ein solcher Fall.

Tab. 2.52 Finanzverwaltung II: Aktientausch durch Verschmelzung. EStG, UmwStG

Frage: Ihr Mandant Herr X legt Ihnen als seinem neuen Steuerberater Bankunterlagen vor, aus welchem sich ergibt, dass die A-AG auf die B-AG verschmolzen wurde und folglich X statt A-Aktien nunmehr Eigentümer der B-Aktien ist.	Antwort:
Wie ist dieser Vorgang einkommensteuerlich aus Sicht des X einzuordnen?	Es handelt sich um einen Tausch von Aktien, der einen entgeltlichen Übertragungsvorgang darstellt. Für die Hingabe von A-Aktien erhält X als Gegenleistung B-Aktien
Welche Einkunftsarten kommen in Betracht, wenn der X die Aktien jeweils im Privatvermögen hält?	Wenn X innerhalb der letzten 5 Jahre mindestens mit 1 % an der A-AG beteiligt war, kommt § 17 EStG in Betracht. Falls dies nicht der Fall ist, könnte der Vorgang nach § 20 Abs. 2 Nr. 1 i. V. m. § 32d EStG besteuert werden.
Gehen Sie davon aus, dass X Streubesitzaktien hatte (also weniger als 1 % aller Aktien im Eigentum hatte). Ist der Tausch nach § 20 Abs. 2 Nr. 1 EStG zu besteuern?	Insoweit gilt die Sonderregelung nach § 20 Abs. 4a EStG. Obgleich eigentlich ein veräußerungsähnlicher Vorgang vorliegt, treten die Aktien der B-AG an die Stelle der A-AG. Stille Reserven werden nicht aufgedeckt. Die Anschaffungskosten der A-AG sind nun die Anschaffungskosten der B-AG. Eine Steuerpflicht kann für X folglich durch die Verschmelzung nicht eintreten.

(Fortsetzung)

Tab. 2.52 (Fortsetzung)

Frage: Ihr Mandant Herr X legt Ihnen als seinem neuen Steuerberater Bankunterlagen vor, aus welchem sich ergibt, dass die A-AG auf die B-AG verschmolzen wurde und folglich X statt A-Aktien nunmehr Eigentümer der B-Aktien ist.	Antwort:
Wie wäre es, wenn X mind. 1 % an der A-AG gehalten hätte? Gilt dann auch § 20 Abs. 4a EStG?	Nein. § 20 Abs. 4a EStG gilt nur für Anteile, die keine wesentliche Beteiligung nach § 17 EStG darstellen. Es käme also grundsätzlich zu einer Besteuerung nach § 17 EStG.
Welche Möglichkeiten bleiben X, eine solche Besteuerung zu vermeiden?	X hätte die Möglichkeit, einen Antrag auf Buchwertfortführung in seiner Steuererklärung nach § 13 Abs. 2 UmwStG zu stellen. Wird einem solchen Antrag entsprochen, liegt kein Fall des § 17 EStG vor und die bisherigen Anschaffungskosten der A-AG treten an die Stelle der Aktien an der B-AG (§ 13 Abs. 2 Satz 2 UmwStG).
Hat ein Antrag nach § 13 Abs. 2 UmwStG Aussicht auf Erfolg?	Ein erfolgreicher Antrag nach § 13 Abs. 2 UmwStG setzt voraus, dass das Besteuerungsrecht von Deutschland an den Aktien nicht eingeschränkt wird. Das ist bei einem Inlandssachverhalt nicht der Fall. Auch bei einem Herausverschmelzen in ein anderes Land behält meist Deutschland nach Art 13 OECD MA das Besteuerungsrecht, weil auf den Ansässigkeitsstaat des Anteilseigners abgestellt wird. Auch dann hätte der Antrag Aussicht auf Erfolg.
Wie sind die übernommenen Wirtschaftsgüter der A-AG bei der B-AG steuerlich anzusetzen?	Dies hängt davon ab, wie die A-AG die Wirtschaftsgüter in ihrer Schlussbilanz nach § 11 UmwStG angesetzt hat. An diese Bilanzierung ist die B-AG nach § 12 Abs. 1 UmwStG gebunden.
Kann die A-AG in ihrer Schlussbilanz frei über den Bilanzansatz der Wirtschaftsgüter entscheiden?	Grundsätzlich sind die Wirtschaftsgüter dort mit den gemeinen Werten nach § 11 Abs. 1 UmwStG anzusetzen. Allerdings besteht nach § 11 Abs. 2 UmwStG die Möglichkeit, die Buchwerte oder Zwischenwerte anzusetzen, wenn die Voraussetzungen des § 11 Abs. 2 UmwStG vorliegen.
Wann ist ein Zwischenwert statt eines Buchwertes in der Schlussbilanz der A-AG sinnvoll?	Ein solcher Antrag macht vor allem Sinn, wenn die A-AG noch über steuerliche Verlustvorträge verfügt. Durch den Zwischenwert kann in Höhe der Verlustvorträge steuerfrei aufgestockt werden und zukünftig höheres Abschreibungsvolumen generiert werden. Ein etwaiger Verlustvortrag der A-AG würde andernfalls mit Verschmelzung nach § 12 Abs. 2 UmwStG i. V. m. § 4 Abs. 2 Satz 2 UmwStG untergehen.

Tab. 2.53 Vertreter des Berufsstandes II: Kapitalrücklage und steuerliches Einlagekonto. KStG, EStG

Frage:	Antwort:
Sie erstellen die Steuererklärung 2022 der X-GmbH. Ihnen wird mitgeteilt, dass die Gesellschafter der X-GmbH eine Kapitalrücklage im Jahr 2022 geleistet haben. Inwieweit ist diese Rücklage bei der Steuererklärung der X-GmbH zu berücksichtigen?	Die Kapitalrücklage hat zunächst keinen Einfluss auf den handels- und steuerlichen Gewinn der X-GmbH. Allerdings ist die Kapitalrücklage bei Berechnung des steuerlichen Einlagekontos im Sinne des § 27 Abs. 1 Satz 1 KStG erhöhend zu erfassen.
Was wäre bei der Steuererklärung zu beachten, wenn eine verdeckte Einlage bei der X-GmbH vorliegen würde?	Sofern die verdeckte Einlage ertragserhöhend gebucht wird, müsste dies wieder in Höhe des Teilwertes nach § 6 Abs. 1 Nr. 5 EStG außerbilanziell korrigiert werden. Auch hier wäre zudem das steuerliche Einlagekonto zu erhöhen.
Was würde es für das steuerliche Einlagekonto bedeuten, wenn die X-GmbH ihr formelles Eigenkapital erhöhen würde?	In diesem Fall hat dies keinen Einfluss auf das steuerliche Einlagenkonto, da nur Eigenkapitalzuführungen außerhalb des gezeichneten Kapitals für das steuerliche Einlagekonto relevant sind.
Warum gibt es ein steuerliches Einlagekonto? Was ist der Sinn dahinter?	Da die Rückführung von Einlagen grundsätzlich steuerfrei sein soll (vgl. § 20 Abs. 1 Nr. 1 Satz 3 EStG), ist es notwendig diese von erwirtschafteten Gewinnen der GmbH zu unterscheiden, deren Auszahlungen grundsätzlich steuerpflichtig sind (§ 20 Abs. 1 Nr. 1 Satz 1 EStG, § 3 Nr. 40d EStG, § 8b Abs. 1 i. V. m. Abs. 5 KStG).
Bedeutet dies, dass die Auflösung der Kapitalrücklage der X-GmbH bei deren Gesellschafter zwingend steuerfrei ist?	Das ist leider nicht der Fall. Das Steuerrecht legt für die Frage, ob eine steuerpflichtige Dividende oder steuerfreie Einlagenrückgewähr vorliegt, eine vom Handelsrecht abweichende Betrachtungsweise zugrunde.
Wie wird die steuerliche Einordnung im Steuerrecht vorgenommen?	Im Steuerrecht gilt eine Fiktion, wonach jede Kapitalrückführung stets eine Dividende darstellt, sofern und soweit die X-GmbH einen ausschüttbaren Gewinn nach § 27 Abs. 1 Satz 3 KStG hat. Erst wenn ein solcher nicht mehr vorliegt, erfolgt die Auszahlung aus dem steuerlichen Einlagekonto und damit zu einer steuerfreien Einlagenrückgewähr.
Woher weiß der Gesellschafter, ob er eine Dividende oder Einlagenrückgewähr erhält?	Nach § 27 Abs. 3 KStG weist die X-GmbH dies in einer Bescheinigung aus, die sie den Gesellschaftern zusendet.
Was ist, wenn die X-GmbH vergisst, den Gesellschaftern eine Bescheinigung über den Erhalt einer steuerfreien Einlagenrückgewähr auszustellen?	Wird eine solche Bescheinigung nicht rechtzeitig ausgestellt, geht der Gesetzgeber von einer steuerpflichtigen Dividende aus. Eine nachträgliche zutreffende Erstellung der Bescheinigung ist nach § 27 Abs. 5 Satz 2 und 3 KStG nicht mehr möglich.

(Fortsetzung)

Tab. 2.53 (Fortsetzung)

Frage: Sie erstellen die Steuererklärung 2022 der X-GmbH. Ihnen wird mitgeteilt, dass die Gesellschafter der X-GmbH eine Kapitalrücklage im Jahr 2022 geleistet haben. Ist das ein Problem der X-GmbH? Die X-GmbH muss die Einlagenrückgewehr doch nicht versteuern.	Antwort: Die X-GmbH muss auf diese Einlagenrückgewähr Kapitalertragsteuer abführen. Ist dies nicht erfolgt, haftet die X-GmbH dafür (vgl. § 44 Abs. 5 EStG). Zudem muss die X-GmbH einen Regressanspruch der Gesellschafter fürchten, die aufgrund eines Fehlers der X-GmbH für eine eigentlich steuerfreie Einlagenrückgewähr Steuern zu zahlen haben.

Tab. 2.54 Vorsitzende der Prüfungskommission: Stiftung 1. ErbStG, AO, KStG, EStG, FGO

Frage: A möchte eine Stiftung mit Sitz in München errichten, die Mitglieder seiner Familie unterstützt und fördert. Hierzu hat er an Sie als Steuerberater einige Fragen:	Antwort:
Wie wird der Gewinn einer solchen Stiftung besteuert?	Zunächst unterliegt der Gewinn der Stiftung der Körperschaftsteuer nach § 1 Abs. 1 Nr. 5 KStG und dem Solidaritätszuschlag. Ferner unterliegen die gewerblichen Einkünfte der Gewerbesteuer.
Bei einer Kapitalgesellschaft unterliegen sämtliche Einkünfte der Gewerbesteuer. Ist das bei Stiftungen anders?	Kapitalgesellschaften können nach § 8 Abs. 2 KStG nur gewerbliche Einkünfte haben. Die Umqualifizierung gilt jedoch nicht für Stiftungen, die dort nicht aufgeführt sind. Somit können Stiftungen auch andere Einkünfte haben.
Inwieweit unterscheidet sich rechtlich gesehen eine Stiftung von einer Kapitalgesellschaft?	Eine Stiftung hat keine Gesellschafter; d. h. die Stiftung gehört niemandem. Folglich gibt es keine Ausschüttungen, sondern nur Zuwendungen an Begünstigte.
Muss eine solche Stiftung auch Erbschaftsteuer bezahlen?	Da die Stiftung niemanden gehört, können auch keine Anteile vererbt werden. Als Ausgleich dafür gibt es die Erbersatzbesteuerung nach § 1 Abs. 1 Nr. 4 ErbStG, die alle 30 Jahre das Vermögen der Stiftung besteuert.
Warum besteuert der Gesetzgeber das Vermögen alle 30 Jahre?	Das entspricht nach Vorstellung des Gesetzgebers einem Generationensprung; d. h. erfahrungsgemäß wird alle 30 Jahre Vermögen auf die nächste Generation übertragen. Diese Betrachtungsweise überträgt der Gesetzgeber auf die Familienstiftung.

(Fortsetzung)

Tab. 2.54 (Fortsetzung)

Frage: A möchte eine Stiftung mit Sitz in München errichten, die Mitglieder seiner Familie unterstützt und fördert. Hierzu hat er an Sie als Steuerberater einige Fragen:	Antwort:
A möchte wissen, ob die Zuwendungen der Stiftung an die Familienmitglieder steuerpflichtig sind. Was meinen Sie?	Erbschaftsteuerlich sind die Zuwendungen unbeachtlich. Jedoch unterliegen die Zuwendungen nach § 20 Abs. 1 Nr. 9 EStG der Einkommensteuer.
A möchte ferner wissen, wie die Auflösung einer solchen Stiftung besteuert wird. Was meinen Sie?	Die Auflösung der Stiftung unterliegt nun der Erbschaftsteuer nach § 7 Nr. 9 ErbStG. Als Schenker gilt in diesem Fall gemäß § 15 Abs. 2 Satz 2 ErbStG der Stifter.
Nach einiger Beratung entschließt sich A nun, eine gemeinnützige Stiftung zu errichten. Er möchte wissen, wie die Gemeinnützigkeit vom Finanzamt festgestellt wird.	Hierbei wird vorab nach § 60a AO vom Finanzamt die formellen Anforderungen der Satzung geprüft und festgestellt. Im Rahmen des späteren Veranlagungsverfahren wird dann geprüft, ob die Stiftung auch tatsächlich die Anforderungen der Gemeinnützigkeit erfüllt.
Warum ist die frühzeitige Feststellung nach § 60a EStG für die Stiftung wichtig?	Infolge der Feststellung nach § 60a EStG kann die Stiftung Zuwendungsbestätigungen ausstellen (vgl. § 63 Abs. 5 Nr. 5 AO) und eine Freistellungsbescheinigung für die Kapitalertragsteuer erhalten. Zudem hat die Stiftung frühzeitig eine gewisse Rechtssicherheit.
Was kann die Stiftung tun, wenn das Finanzamt eine Feststellung nach § 60a AO ablehnt?	Die Stiftung kann einen Einspruch nach § 347 Abs. 1 Nr. 1 AO einlegen. Bei Erfolglosigkeit besteht dann die Möglichkeit, eine Verpflichtungsklage nach § 40 Abs. 1 Alt. 1 FGO einzulegen.
Um welche Art Bescheid handelt es sich beim Feststellungsbescheid nach § 60a AO?	Es handelt sich um einen Grundlagenbescheid nach § 171 Abs. 10 AO, der die Wirkungen nach § 182 AO entfaltet.

2.10 Prüfung 10 – Formwechsel eines Einzelunternehmens in eine GmbH; Aufsichtsrat; Gründung einer GmbH & Co KG und Stellung des Kommanditisten; Vermeidung einer Doppelbesteuerung nach nationalem Recht; Selbstanzeige; Vereinfachte Ertragsbewertung (Tab. 2.55, 2.56, 2.57, 2.58, 2.59 und 2.60)

Tab. 2.55 Vertreter des Berufsstandes I: Formwechsel eines Einzelunternehmens in eine GmbH. GmbHG, UmwG, UmwStG

Frage: A hat vor zwei Jahren ein kleineres gewerbliches Einzelunternehmen gegründet. Zukünftig möchte A das Unternehmen als GmbH fortführen.	Antwort:
Was könnte A bewegen, eine solche Entscheidung zu treffen?	Als Einzelunternehmer haftet A persönlich mit seinem Unternehmens- und Privatvermögen. In der Rechtsform der GmbH ist nach § 13 Abs. 2 GmbHG eine persönliche Haftung des A ausgeschlossen.
Wie kann zivilrechtlich eine solche Veränderung der Rechtsform erfolgen?	Denkbar wäre, dass A im Rahmen einer Ausgliederung nach § 152 UmwG das Einzelunternehmen in eine GmbH überführt. Ferner wäre denkbar, das Unternehmen außerhalb des Umwandlungsgesetzes in eine neue oder bestehende GmbH durch eine Sachgründung oder Sachkapitalerhöhung zu überführen.
Worin würde der Vorteil bestehen, das Unternehmen nach dem Umwandlungsgesetz in die GmbH zu überführen?	Bei Umwandlungen nach dem Umwandlungssteuergesetz gilt die Gesamtnachfolge bzw. bei Ausgliederung/Abspaltung die partielle Gesamtrechtsnachfolge. Die bestehenden Vertragsbeziehungen mit Kunden, Geschäftspartner und sonstigen Dritten (wie z. B. Vermieter) würden automatisch auf die GmbH übergehen, ohne dass eine Zustimmung der Dritten erforderlich wäre.
Was wäre noch vorab zu klären, bevor man eine Ausgliederung nach dem Umwandlungsrecht durchführen würde?	Es müsste noch geklärt werden, ob A bereits im Handelsregister eingetragen ist. Nur ein eingetragener Einzelkaufmann kann die Möglichkeit nach § 152 UmwG nutzen.
Nach welchen steuerlichen Regeln würde die Umwandlung des Einzelunternehmens in eine GmbH ablaufen?	Insoweit sind die Vorschriften § 20 bis § 23 UmwStG einschlägig.
Gilt dies auch, wenn die Umwandlung außerhalb des Umwandlungsgesetzes ablaufen würde?	Ja. Sowohl bei Einzelübertragung außerhalb des Umwandlungsgesetzes als auch bei der Gesamtrechtsnachfolge nach dem Umwandlungsgesetz sind die Vorschriften §§ 20 ff. UmwStG einschlägig.
Kann die Transformation zur GmbH steuerfrei erfolgen?	Grundsätzlich schon, wenn die Voraussetzungen des § 20 Abs. 1 und 2 UmwStG eingehalten werden.

(Fortsetzung)

Tab. 2.55 (Fortsetzung)

Frage: A hat vor zwei Jahren ein kleineres gewerbliches Einzelunternehmen gegründet. Zukünftig möchte A das Unternehmen als GmbH fortführen.	Antwort:
Ist eine formelle Kapitalerhöhung aus steuerlichen Gründen nötig, wenn die GmbH vor Überführung des Unternehmens bereits bestanden hat?	Da § 20 UmwStG zwingend voraussetzt, dass der Einbringende neue Anteile an der GmbH erhält, ist eine formelle Kapitalerhöhung bei der GmbH erforderlich.
Wer übt das Wahlrecht für einen Buchwertansatz aus?	Das ist nach § 20 Abs. 2 Satz 2 und 3 UmwStG die GmbH und nicht der A.
Was hat A zu beachten, wenn er sein Unternehmen zu Buchwerten in die GmbH überführt?	A hat zu beachten, dass ein Verkauf der erhaltenen GmbH-Anteile innerhalb der nächsten 7 Jahren zu einer rückwirkenden Versteuerung der stillen Reserven des Unternehmens nach § 22 Abs. 1 Satz 1 UmwStG führt (sog. Einbringungsgewinn I).
Kann A das Einzelunternehmen auch durch einen Formwechsel nach dem Umwandlungsgesetz in eine GmbH überführen?	Eine solche Möglichkeit besteht nicht. Nach § 191 Abs. 1 UmwG können Einzelunternehmen keine formwechselnden Rechtsträger sein.

Tab. 2.56 Finanzverwaltung I: Aufsichtsrat. UStG, GG

Frage: X wird erstmals in den Aufsichtsrat der A-AG berufen. Am Ende des Geschäftsjahres erhält X eine pauschale Aufwandsentschädigung von 40.000 €. X möchte wissen, ob er dem Finanzamt für die Entschädigung eine Umsatzsteuer schuldet.	Antwort:
Wie beginnen Sie Ihre Prüfung? Gehen Sie systematisch vor!	Zunächst müsste geprüft werden, ob X als Unternehmer im Sinne des § 2 UStG gehandelt hat.
Welches Kriterium wäre hier genau zu prüfen?	Es kommt maßgeblich darauf an, ob die Tätigkeit des X selbstständig ist.
Was hat sich hier geändert?	Bis vor kurzem ging die Finanzverwaltung stets von einer selbstständigen Tätigkeit eines Aufsichtsrates aus. Infolge eines Urteiles des EUGH in der Rechtssache IO (EuGH, Urteil vom 13. Juni 2019 C-420/18) und einem Urteil des BFH (BFH, Urteil vom 27. September 2019 – V R 23/19) hat die Finanzverwaltung aber ihre Ansicht geändert. Es kommt nun auf den Einzelfall an, ob eine Unternehmenseigenschaft eines Aufsichtsrates gegeben ist.

(Fortsetzung)

2.10 Prüfung 10

Tab. 2.56 (Fortsetzung)

Frage: X wird erstmals in den Aufsichtsrat der A-AG berufen. Am Ende des Geschäftsjahres erhält X eine pauschale Aufwandsentschädigung von 40.000 €. X möchte wissen, ob er dem Finanzamt für die Entschädigung eine Umsatzsteuer schuldet.	Antwort:
Auf was stellt die Finanzverwaltung ab, um das Kriterium Selbstständigkeit eines Aufsichtsratsmitgliedes zu bejahen?	Es hängt davon ab, ob das Aufsichtsratsmitglied eine Festvergütung oder eine variable Vergütung erhält. Nur im letzteren Fall liegt eine Unternehmenseigenschaft vor (UStAE 2.2 Abs. 3a).
Was bedeutet dies nun für X?	Da X nur eine pauschale Aufwandsentschädigung erhält, ist er kein Unternehmer. Eine Umsatzsteuer kann folglich nicht anfallen.
Was wäre, wenn X zusätzlich noch eine variable Vergütung erhalten würde?	Die Finanzverwaltung stellt dann darauf ab, wie hoch der Anteil der variablen Vergütung ist. Ist dieser höher als 10 % der Gesamtvergütung, geht die Finanzverwaltung generell von einer Selbstständigkeit im Sinne des § 2 UStG aus.
Inwieweit spielt das Haftungsrisiko nach § 116 AktG eine Rolle für diese Frage?	Das Haftungsrisiko bleibt unberücksichtigt. Allein maßgeblich ist nach Auffassung der Finanzverwaltung das Vergütungsrisiko.
Ab wann gilt die neue Auffassung der Finanzverwaltung?	Die Finanzverwaltung hat eine Übergangsregelung bis zum 31. Dezember 2021 gewährt. Erst danach gilt die geänderte Finanzverwaltungsauffassung verbindlich.
Müsste X zwingend eine Umsatzsteuererklärung abgeben, wenn er eine variable Vergütung erhält?	X ist zwar Unternehmer. Er könnte jedoch unter Umständen die Kleinunternehmerregelung nach § 19 UStG in Anspruch nehmen, wodurch eine Umsatzsteuerpflicht entfallen könnte.
Kann X die Regelung in Anspruch nehmen, wenn die Vergütung 40.000 € beträgt und weitere Tätigkeiten nicht bestehen?	Da X erstmals die Tätigkeit aufnimmt, ist fraglich, ob auf die Grenze eines abgelaufenen Kalenderjahres (22 TE) oder auf die Grenze des laufenden prognostizierten Kalenderjahres (50 TE) abzustellen ist.
Wie sieht dies die Finanzverwaltung?	Mangels Vorjahresumsatz stellt die Finanzverwaltung auf die Umsatzgrenze von 22 TE ab, wodurch X aus der Kleinunternehmerregelung ausscheidet (UStAE 19.1 Abs. 4).
Was ist denn das Besondere an dem Umsatzsteueranwendungserlass im Vergleich zu den früher geltenden Umsatzsteuerrichtlinien?	Anders als Richtlinien (Art. 108 Abs. 7 GG) können Anwendungserlasse ohne Beteiligung des Bundesrates beschlossen werden. Hierdurch können die Verwaltungsvorschriften schneller aktualisiert werden.

Tab. 2.57 Vertreter der Wirtschaft: Gründung einer GmbH & Co KG und Stellung des Kommanditisten. BGB, HGB, GmbHG

Frage:	Antwort:
Ein Mandant M kommt zu Ihnen und teilt Ihnen mit, dass er eine GmbH & Co KG gründen möchte. Er möchte möglichst keine andere Person an der Gesellschaft beteiligen.	
M möchte von Ihnen wissen, wie er eine solche Gesellschaft errichten kann. Er verfügt bisher nicht über Gesellschaftsanteile. Beraten Sie M!	M müsste zunächst eine GmbH errichten, deren einziger Gesellschafter und Geschäftsführer er selbst ist. Im Anschluss hieran könnte die GmbH, vertreten durch M, mit M einen KG-Vertrag abschließen.
Kann M als Geschäftsführer der GmbH ein solches Rechtsgeschäft überhaupt tätigen? Welches Problem kann sich hier stellen?	Es könnte hier ein unzulässiges Insichgeschäft nach § 181 BGB vorliegen, das zur Unwirksamkeit des Vertrages führen könnte.
Was müsste M beachten, um das Rechtsgeschäft wirksam vornehmen zu können?	M könnte sich von der GmbH von dem Verbot des sog. Selbstkontrahierungsverbotes befreien lassen. Hierfür bedarf es eines Gesellschafterbeschlusses.
Wann entsteht die GmbH & Co KG, wenn M von dem Selbstkontrahierungsverbot wirksam befreit wurde?	Die neue Gesellschaft entsteht bereits mit Abschluss des KG-Vertrages. Die Gesellschaft muss sich zwar gemäß § 161 Abs. 2 i. V. m. § 106 HGB im Handelsregister eintragen lassen. Es handelt sich jedoch um eine bloße deklaratorische Eintragung, sodass die KG bereits mit Vertragsabschluss entstanden ist.
Bedarf es für den KG-Vertrag einer besonderen Form?	Grundsätzlich ist ein solcher Vertrag auch ohne besondere Form und somit mündlich möglich, da keine besondere Formvorschrift für den Vertrag besteht. Aus Beweissicherungszwecken empfiehlt sich aber eine Schriftform.
Können Sie erklären, in welchen Fällen ein KG-Vertrag doch der notariellen Form bedarf?	Eine notarielle Form wäre erforderlich, wenn die Verpflichtung zur Leistung einer Einlage einen Gegenstand beinhaltet, dessen Übertragungsverpflichtung seinerseits einer solchen Form bedarf.
Wann wäre dies zum Beispiel der Fall?	Das wäre der Fall, wenn ein Gesellschafter sich verpflichtet, ein Grundstück (vgl. § 311 b BGB) oder GmbH-Anteile in die KG einzubringen (vgl. § 15 Abs. 4 GmbHG).
Neben § 15 Abs. 4 GmbHG schreibt auch § 15 Abs. 3 GmbHG die notarielle Beurkundung vor. Wo sehen Sie den Unterschied der beiden Vorschriften?	In § 15 Abs. 4 GmbHG geht es um die Verpflichtung zur Übertragung der Anteile; folglich also um die schuldrechtliche Ebene. In § 15 Abs. 3 GmbHG geht es hingegen um die Eigentumsverschaffung an den Anteilen; folglich also um die sachenrechtliche Ebene.

(Fortsetzung)

2.10 Prüfung 10

Tab. 2.57 (Fortsetzung)

Frage: Ein Mandant M kommt zu Ihnen und teilt Ihnen mit, dass er eine GmbH & Co KG gründen möchte. Er möchte möglichst keine andere Person an der Gesellschaft beteiligen.	Antwort:
Wie werden denn GmbH-Anteile generell übertragen?	Es bedarf einer sog. Abtretung. Eine solche ist jedoch keine einseitige Willenserklärung, sondern die Einigung der Parteien darauf, dass das Eigentum an den Anteilen übergehen soll.
Könnte M nach dem Gesetz auch als Kommanditist die Geschäftsführung der GmbH & Co KG übernehmen?	Nach § 170 HGB ist M als Kommanditist von der Vertretung ausgeschlossen. Allerdings ist diese Regelung dispositiv; d. h. es ist möglich, dass abweichend vom Gesetz der Kommanditist im Gesellschaftsvertrag eine wirksame Vertretungsbefugnis erhält.
Wie hoch muss die Einlage eines Kommanditisten sein?	Das Gesetz schreibt keine Mindesthöhe vor. Denkbar wäre z. B. auch eine Einlage in Höhe von einem Euro.

Tab. 2.58 Finanzverwaltung II: Vermeidung einer Doppelbesteuerung nach nationalem Recht. IntStR, AO, EStG

Frage: Ein in Deutschland lebender Tennisprofi P bestreitet ein Tennisturnier in Brasilien. Er gewinnt das Turnier. Das Preisgeld wird in Brasilien besteuert. Zwischen Deutschland und Brasilien besteht kein Doppelbesteuerungsabkommen.	Antwort:
Wie ist der Sachverhalt in Deutschland zu besteuern. Bauen Sie Ihre Antwort logisch auf. Wie beginnen Sie Ihre Prüfung?	Zunächst ist die persönliche Steuerpflicht des Tennisprofis in Deutschland zu prüfen. Gemäß § 1 Abs. 1 EStG besteht eine unbeschränkte Steuerpflicht des Profis, da er in Deutschland seinen Wohnsitz hat
Was versteht man unter einem Wohnsitz im Sinne des § 1 Abs. 1 EStG	Die Definition des Begriffes findet sich in § 8 AO.
Wird ein Wohnsitz nach § 8 AO begründet, wenn P bei seinen Eltern gemeldet ist, jedoch eigentlich in Salzburg lebt?	Die melderechtliche Erfassung ist allenfalls ein Indiz für einen Wohnsitz. Entscheidend ist, ob P tatsächlich eine Wohnung innehat; d. h. tatsächlich über die Wohnung verfügen kann.
Bitte gehen Sie nun von einem Wohnsitz aus. Wie geht es weiter mit der Prüfung?	Infolge der unbeschränkten Steuerpflicht unterliegt das gesamte Welteinkommen des P der deutschen Einkommensteuerpflicht. Zu prüfen wäre nun, ob mangels eines DBAs aufgrund nationaler Regelungen eine Doppelbesteuerung vermieden oder reduziert werden kann.

(Fortsetzung)

Tab. 2.58 (Fortsetzung)

Frage: Ein in Deutschland lebender Tennisprofi P bestreitet ein Tennisturnier in Brasilien. Er gewinnt das Turnier. Das Preisgeld wird in Brasilien besteuert. Zwischen Deutschland und Brasilien besteht kein Doppelbesteuerungsabkommen.	Antwort:
Welche Vorschrift würden Sie prüfen?	Es wäre zu prüfen, ob die ausländische Steuer nach § 34c Abs. 1 EStG auf die deutsche Einkommensteuer angerechnet wird.
Prüfen Sie nun bitte diese Vorschrift!	P ist unbeschränkt steuerpflichtig und das Preisgeld müsste eine ausländische Einkunft im Sinne des § 34d EStG sein.
Liegt eine solche ausländische Einkunft vor?	Zunächst ist festzuhalten, dass ein Tennisprofi gewerbliche Einkünfte nach § 15 Abs. 1 Nr. 1 i. V. m. § 15 Abs. 2 EStG erzielt. Somit müsste geprüft werden, ob § 34c Nr. 2 EStG einschlägig ist. Allerdings ist die Norm nicht einschlägig. Insbesondere liegt keine Betriebsstätte in Brasilien vor.
Was verstehen Sie unter einer Betriebsstätte im Sinne des § 34c Nr. 2 a EStG?	Der Begriff ist in § 12 AO legaldefiniert. P hat allein durch die Teilnahme an dem Turnier noch keine feste Geschäftseinrichtung in Brasilien begründet. Eine Betriebsstätte liegt folglich nicht vor.
Was ist hieraus die Rechtsfolge? Wie ist ggf. weiter zu prüfen?	P kann folglich die ausländische Steuer in Deutschland nicht anrechnen. P könne aber ggf. die ausländische Steuer in Deutschland nach § 34c Abs. 3 EStG abziehen.
Ist das der Fall?	§ 34c Abs. 3 EStG kommt in Betracht, da keine ausländischen Einkünfte vorliegen und auch die übrigen Voraussetzungen des § 34c Abs. 3 erfüllt sind.
Inwieweit unterscheiden sich die Vorschriften § 34c Abs. 1 und § 34c Abs. 3 EStG hinsichtlich der Rechtsfolge? Gibt es einen Unterschied?	In § 34c Abs. 1 EStG wird die ausländische Steuer wie eine Vorauszahlung auf die deutsche Steuer behandelt. In § 34c Abs. 3 EStG hingegen ist die ausländische Steuer wie eine Betriebsausgabe zu behandeln; d. h. sie reduziert nicht die Steuer, sondern die Bemessungsgrundlage der Besteuerung des P in Deutschland.
Könnte P die ausländische Steuer in Deutschland auch dann abziehen, wenn er in Brasilien eine Betriebsstätte unterhält?	Das wäre möglich. Die Abzugsmöglichkeit ergibt sich dann aus § 34c Abs. 2 EStG. Diese Wahlmöglichkeit besteht neben der Anrechnungsmöglichkeit nach § 34c Abs. 1 EStG.
Können Sie sich einen Fall vorstellen, in welchem ein Antrag nach § 34c Abs. 2 EStG günstiger als die Anrechnung nach § 34c Abs. 1 EStG ist?	Ein Antrag nach § 34c Abs. 2 EStG könnte ratsam sein, wenn der Steuerpflichtige über hohe Inlandsverluste verfügt oder im Ausland besonders hohe Steuern erhoben werden.

2.10 Prüfung 10

Tab. 2.59 Vertreter des Berufsstandes II: Selbstanzeige. AO, StGB

Frage:	
X gibt im Juli 2022 seine Umsatzsteuererklärung 2021 ab. Im August 2022 fällt ihm auf, dass er überhöhte Vorsteuern geltend gemacht hat. Er übersendet an das Finanzamt eine korrigierte Steuererklärung 2021.	Antwort:
X erhält vom Finanzamt die Nachricht, dass die korrigierte Steuererklärung als Selbstanzeige gewertet wird. Handelt es sich um eine Selbstanzeige?	Eine Selbstanzeige setzt grundsätzlich voraus, dass X die Steuererklärung vorsätzlich oder leichtfertig falsch abgegeben hat. Dies ist aber nicht der Fall, sodass eine Selbstanzeige nach § 371 AO nicht vorliegt.
Wie ist das Handeln von X rechtlich einzuordnen?	X hat eine Steuerberichtigung nach § 153 Abs. 1 AO abgegeben.
Ist es für X relevant, ob eine steuerbefreiende Selbstanzeige oder eine Steuerberichtigung vorliegt?	Eine Selbstanzeige, die eine begangene Steuerhinterziehung voraussetzt, lässt lediglich die steuerstrafrechtlichen Konsequenzen entfallen. Andere Rechtsfolgen, die eine Steuerhinterziehung auslöst, bleiben jedoch bestehen. So könnten X bei einer Selbstanzeige noch Hinterziehungszinsen nach § 235 AO oder eine Haftung nach § 71 AO drohen. Auch die Festsetzungsverjährungsfrist verlängert sich nach § 169 Abs. 2 Satz 2 AO auf 10 Jahre.
Was wäre, wenn X die Steuererklärung zunächst vorsätzlich falsch abgegeben hat und zwei Tage vor Übersendung der korrigierten Steuererklärung ein Finanzbeamter wegen einer Umsatzsteuernachschau 2021 erschienen ist?	Nun würde eine Selbstanzeige nach § 371 AO in Betracht kommen. Da jedoch nach § 371 Abs. 2 Nr. 1 e) AO bereits ein Amtsträger zu einer Umsatzsteuernachschau erschienen ist, ist eine wirksame Selbstanzeige ausgeschlossen.
Was könnte außer einer Selbstanzeige noch zur Straffreiheit führen?	X könnte ggf. strafbefreiend vom Versuch der Steuerhinterziehung zurückgetreten sein. Dies setzt jedoch voraus, dass X die Tat noch nicht vollendet hat und das Versuchsstadium noch nicht überschritten wurde.
Ist die Tat Ihrer Ansicht nach bereits vollendet?	Da die Umsatzsteuererklärung nach § 168 AO bereits einer Steuerfestsetzung unter Vorbehalt der Nachprüfung entspricht, wird die Tat wohl hier schon vollendet sein, sodass auch ein Rücktritt ausscheidet.
Ist ein Rücktritt nach § 24 StGB neben einer Selbstanzeige nach § 371 AO anwendbar.	Beide Befreiungsvorschriften sind nebeneinander anwendbar. Da jedoch im Steuerstrafrecht Straftaten schnell vollendet sind, hat die Selbstanzeige einen größeren Anwendungsbereich. Eine solche Anzeige ist auch nach Vollendung der Tat noch möglich.

(Fortsetzung)

Tab. 2.59 (Fortsetzung)

Frage: X gibt im Juli 2022 seine Umsatzsteuererklärung 2021 ab. Im August 2022 fällt ihm auf, dass er überhöhte Vorsteuern geltend gemacht hat. Er übersendet an das Finanzamt eine korrigierte Steuererklärung 2021.	
§ 371 AO und § 24 StGB haben unterschiedliche Zweckrichtungen. Welche könnten das sein?	Antwort: Beim Rücktritt geht es vor allem darum, die Vollendung der Tat noch zu verhindern. Bei der Selbstanzeige stehen fiskalische Erwägungen im Vordergrund. Der Staat erhofft sich die Erschließung sonst verschlossener Steuerquellen.
Der Rücktritt geht in seiner Wirkung weiter als die Selbstanzeige. Können Sie erklären, weshalb dies der Fall ist?	Die Selbstanzeige verhindert nur die Strafbarkeit von Steuerstraftaten. Der Rücktritt gilt darüber hinaus auch bei anderen Straftaten (wie z. B. Betrug nach § 263 StGB).
Wann wäre die Straftat des X vollendet, wenn er vorsätzlich überhöhte Werbungskosten bei der Einkommensteuererklärung abgibt?	Die Vollendung der Straftat bei der Einkommensteuer erfolgt später als bei der Umsatzsteuer, weil hier noch eine Steuerfestsetzung zwingend folgen muss. In der Regel wird die Tat in dem Zeitpunkt vollendet sein, wenn X erfahrungsgemäß mit dem Steuerbescheid rechnen muss.

Tab. 2.60 Vorsitzende der Prüfungskommission: Vereinfachte Ertragsbewertung. BewG, ErbStG

Frage: Zu Ihnen kommt eine neue Mandantin M. Sie erzählt Ihnen, dass Sie vor wenigen Tagen das Vermögen ihres Vaters geerbt hat. Sie fürchtet eine hohe Erbschaftsteuer und erbittet von Ihnen verschiedene Auskünfte über die erbschaftsteuerliche Bewertung.	
Wo finden sich die Bewertungsvorschriften für Erbschaften?	Antwort: Zunächst regelt § 12 ErbStG als spezielleres Gesetz die Bewertung geerbter verschiedener Vermögensgegenstände. Teilweise wird hier in das Bewertungsgesetz als allgemeineres Recht verwiesen. Im Übrigen regelt das Bewertungsgesetz auch ohne Verweisung die Bewertung von Erbschaften, sofern § 12 ErbStG dem nicht entgegensteht.
Zum Nachlassvermögen gehört ein unbebautes Grundstück in Spanien. Wie wird dieses Grundstück bewertet?	Für die Bewertung ist die Vorschrift § 12 Abs. 7 ErbStG i. V. m. § 31 BewG einschlägig. § 31 BewG wiederum verweist auf den sog. gemeinen Wert nach § 9 BewG. Eine bestimmte Bewertungsmethode ausländischer Grundstücke wie bei inländischen Grundstücken ist nicht vorgesehen.

(Fortsetzung)

2.10 Prüfung 10

Tab. 2.60 (Fortsetzung)

Frage: Zu Ihnen kommt eine neue Mandantin M. Sie erzählt Ihnen, dass Sie vor wenigen Tagen das Vermögen ihres Vaters geerbt hat. Sie fürchtet eine hohe Erbschaftsteuer und erbittet von Ihnen verschiedene Auskünfte über die erbschaftsteuerliche Bewertung.	Antwort:
Warum ist der Gesetzgeber bei ausländischen Grundstücken so unbestimmt, wenn es um die Bewertung geht?	Für ausländische Grundstücke liegen bestimmte Werte nicht vor, die bei inländischen Grundstücken verfügbar sind. Hier ist z. B. zu denken an den Bodenrichtwert, die ortsübliche Miete oder die Liegenschaftszinssätze, die bei ausländischen Grundstücken nicht vorliegen.
Im Vermögen des Erblassers befindet sich ferner eine 10 %ige Beteiligung an der X-GmbH. Die X-GmbH verfügt über ein betrieblich genutztes Grundstück und eine Beteiligung an der T-GmbH. Wie wird die Beteiligung an der X-GmbH bewertet?	Anteile an nicht börsennotierten Kapitalgesellschaften werden nach § 12 Abs. 1 i. V. m. § 11 Abs. 2 BewG bewertet. Zunächst wird als Wert ein Kaufpreis herangezogen, der bei einer Veräußerung unter fremden Dritten erzielt wurde, wenn diese Veräußerung nicht länger als ein Jahr zurückliegt (vgl. § 11 Abs. 2 Satz 2 BewG).
Wie wird die Beteiligung bewertet, wenn es einen solchen Verkauf nicht gegeben hat?	In diesem Fall ist eine Ertragsbewertung der Kapitalgesellschaft durchzuführen. Dieser Ertragswert darf jedoch die Summe der Substanzwerte der Kapitalgesellschaft nicht unterschreiten (vgl. § 11 Abs. 2 Satz 3 BewG).
Bedeutet dies, dass auch das vereinfachte Ertragsverfahren anwendbar ist? Wann wäre es ggf. nicht anwendbar?	Nach § 11 Abs. 2 Satz 4 BewG ist dieses Verfahren auch möglich. Nicht anwendbar wäre es aber, wenn das vereinfachte Ertragswertverfahren nach § 199 Abs. 1 BewG zu offensichtlich unrichtigen Ergebnissen führt.
Können Sie ein Beispiel nennen, wann ein offenbar unrichtiges Ergebnis vorliegt?	Das wäre z. B. der Fall, wenn kurze Zeit nach dem Erbfall eine andere Person an der Kapitalgesellschaft Anteile verkauft und der Kaufpreis erheblich von der Bewertung abweicht.
Was wäre mit dem Grundstück der X-GmbH? Müsste das noch zusätzlich bewertet werden?	Das betrieblich genutzte Grundstück ist bereits in der Ertragswertberechnung enthalten. Es erfolgt also kein zusätzlicher Zuschlag. Eine Bewertung des Grundstückes kann jedoch notwendig sein, um den Substanzwert nach § 11 Abs. 2 Satz 3 BewG zu bestimmen.
Wann müsste der Wert eines Grundstücks zusätzlich zum Ertragswert hinzugerechnet werden?	Dies wäre der Fall, wenn die X-GmbH über ein Grundstück verfügt, dass nicht betrieblich genutzt wird (vgl. § 200 Abs. 2 BewG).
Wie ist das mit der Beteiligung an der T-GmbH? Ist diese noch zusätzlich beim Ertragswertverfahren hinzuzurechnen?	Diese Beteiligung ist nach § 200 Abs. 3 BewG noch zusätzlich zum Ertragswert des anteiligen Ertragsvermögens der Gesellschaft hinzuzurechnen.

2.11 Prüfung 11 – Betriebsveräußerung; GmbH & atypisch Still; Kommanditgesellschaft auf Aktien und SE; Doppelbesteuerung von Ertragsteuern und Erbschaftsteuer; Jahresabschluss einer GmbH; Verjährung der Steuerhinterziehung (Tab. 2.61, 2.62, 2.63, 2.64, 2.65 und 2.66)

Tab. 2.61 Vertreter des Berufsstandes I: Betriebsveräußerung. EStG, AO, GewStG, UStG, HGB

Frage: Die natürliche Person V möchte sein Einzelunternehmen „V Schnellimbiss" an K verkaufen.	Antwort:
Welche Einkunftsart kommt für V in Betracht?	Es handelt sich um Einkünfte nach § 16 Abs. 1 Nr. 1 EStG.
Welche einkommensteuerlichen Besonderheiten könnten in Betracht kommen, die bei laufenden gewerblichen Einkünften nicht möglich sind?	V könnte möglicherweise den Freibetrag nach § 16 Abs. 4 EStG nutzen. Zudem könnte die Fünftelregelung nach § 34 Abs. 1 EStG oder der ermäßigte Steuersatz nach § 34 Abs. 3 EStG in Betracht kommen.
Können alle Begünstigungen auch gleichzeitig in Anspruch genommen werden?	Die Begünstigungen nach § 34 Abs. 1 EStG und § 34 Abs. 3 EStG schließen sich gegenseitig aus. § 16 Abs. 4 EStG ist im Übrigen neben § 34 Abs. 1 EStG oder § 34 Abs. 3 EStG anwendbar.
V hat im Jahr 01 seinen Betrieb verkauft. Die Übergabe erfolgte in 02 und der Kaufpreis wurde in 03 bezahlt. In welchem Jahr hat V seine Einkünfte zu versteuern?	V hat seine Einkünfte in 02 zu versteuern, da in diesem Jahr die Übergabe bzw. die wirtschaftliche Verfügungsmacht übergegangen ist.
Warum ist auf diesen Zeitpunkt abzustellen?	Es handelt sich bei § 16 EStG um eine Gewinneinkunft nach § 2 Abs. 2 Nr. 1 EStG, der folglich der Bilanzierungsgedanke als Grundermittlungsform für den Gewinn zugrunde liegt. Bei einem Bilanzierenden ist die Übergabe für die Gewinnrealisierung maßgeblich.
V und K haben vereinbart, dass V einen Zuschlag erhält, wenn das Unternehmen in 03 bis 05 hohe Gewinne erzielt. Der Zuschlag wird in 06 ausbezahlt. Wie nennt man eine solche Klausel?	V und K haben eine sog. Earn Out Klausel vereinbart. Hierbei wird ein höherer Kaufpreis unter der aufschiebenden Bedingung vereinbart, dass entsprechende Parameter des Unternehmens später erreicht werden.
In welchem Jahr ist der Earn Out bei V zu versteuern?	Dies ist wiederum das Jahr 02, da auch diese Zahlung einen Kaufpreis für eine Veräußerung des Unternehmens darstellt.
Was wäre aber, wenn die Veranlagung des V bereits bestandskräftig wäre?	In diesem Fall könnte die Veranlagung nach § 175 Abs. 1 Nr. 2 AO geändert werden. Der Eintritt des Earn Out stellt ein rückwirkendes Ereignis dar.
Wie wäre die Veräußerung gewerbesteuerlich zu behandeln?	Die Veräußerung wäre gewerbesteuerfrei (vgl. R 7.1.(3) GewStR.
Ergibt sich dies nicht aus § 7 Satz 2 Nr. 1 GewStG?	Nein. Dort ist nur die Veräußerung des Betriebes durch eine Personengesellschaft angesprochen. Die Steuerfreiheit des Einzelunternehmens ergibt sich aber aus einer teleologischen Auslegung dieser Norm.

(Fortsetzung)

2.11 Prüfung 11

Tab. 2.61 (Fortsetzung)

Frage: Die natürliche Person V möchte sein Einzelunternehmen „V Schnellimbiss" an K verkaufen.	Antwort:
Ist für die Übertragung der Wirtschaftsgüter aus dem Unternehmen Umsatzsteuer auszuweisen?	Dies wird in der Regel nicht der Fall sein, da gemäß § 1 Abs. 1a UStG eine Geschäftsveräußerung im Ganzen vorliegt.
Im Jahr 04 erhält K einen Haftungsbescheid, wonach er für die Gewerbesteuer und Einkommensteuerschuld für das Unternehmen im Jahr 01 aufkommen soll. Wo ist der Haftungsbescheid im Gesetz geregelt?	Der Erlass des Haftungsbescheides ist in § 191 AO geregelt. § 191 AO setzt stets eine Haftung nach dem Gesetz oder durch Vertrag (§ 192 AO) voraus.
Woraus könnte sich eine gesetzliche Haftung ergeben?	Insoweit könnte eine Haftung nach § 75 AO sowie nach § 25 HGB bestehen. Beide Normen sind nebeneinander anwendbar.
Besteht eine Haftung auch für die Einkommensteuer?	Es handelt sich hierbei nicht um eine Steuer, die sich auf den Betrieb des Unternehmens gründet. Demnach kommt nach beiden Normen eine solche Haftung nicht in Betracht.
Was gilt für die Gewerbesteuer?	Hier könnte eine Haftung des K in Betracht kommen. V und K sind nach § 44 AO Gesamtschuldner gegenüber dem Finanzamt.

Tab. 2.62 Finanzverwaltung I: GmbH & atypisch Still. EStG, UmwStG, GewStG

Frage: Wo findet man im Gesetz eine Erläuterung des Begriffes „Stille Gesellschaft"?	Antwort: Das Handelsrecht regelt den Begriff in § 230 HGB.
Welche Einkünfte hat grundsätzlich eine natürliche Person, die als stiller Gesellschafter an einer GmbH beteiligt ist?	Ist eine natürliche Person stiller Gesellschafter, so liegen Einkünfte aus Kapitalvermögen nach § 20 Abs. 1 Nr. 4 EStG. Wird die Beteiligung in einem Betriebsvermögen im Sinne des § 15 EStG oder § 18 EStG gehalten, dann liegen entsprechende gewerbliche Einkünfte oder Einkünfte aus selbstständiger Arbeit vor.
Gehen Sie nun davon aus, dass der alleinige Gesellschafter zusätzlich still an seiner GmbH beteiligt ist. Kann der Gesellschafter die Verluste der GmbH nutzen?	Das ist nicht möglich, da die Verluste in der GmbH eingeschlossen sind und nur mit zukünftigen Gewinnen der GmbH verrechnet werden können.
Was könnte der Gesellschafter tun, wenn er z. B. auch positive Vermietungseinkünfte hat?	Er könnte die stille Gesellschaft durch Vertragsänderung derart ausgestalten, dass eine atypische stille Gesellschaft vorliegt, die den stillen Gesellschafter als Mitunternehmer ausweist.

(Fortsetzung)

Tab. 2.62 (Fortsetzung)

Frage:	Antwort:
Wo findet man im Gesetz eine Erläuterung des Begriffes „Stille Gesellschaft"?	Das Handelsrecht regelt den Begriff in § 230 HGB.
An welchem Leitbild orientiert sich die Rechtsprechung bei der Frage, ob eine Mitunternehmerschaft vorliegt?	Die Rechtsprechung orientiert sich an dem Kommanditisten. Ist das Risiko und die Initiative des Mitunternehmens mindestens einem Kommanditisten vergleichbar, geht sie von einer Mitunternehmerschaft aus.
Kommt es bei der Gründung einer atypisch stillen Gesellschaft zur Aufdeckung stiller Reserven, weil das Vermögen der GmbH in eine Mitunternehmerschaft überführt wird?	Grundsätzlich wäre das schon denkbar. Jedoch geht man hier von einer Überführung nach § 24 UmwStG aus. Folglich kann bei Antragstellung eine steuerneutrale Buchwertfortführung erfolgen
Was ist, wenn die atypisch stille Beteiligung nur für einen abgrenzbaren Geschäftsbereich besteht?	Dann ist zwar nicht mehr § 24 UmwStG anwendbar. Jedoch ergibt sich die Buchwertfortführung dann aus § 6 Abs. 5 Satz 3 Nr. 1 EStG.
Was ist bei der Abgabe der Gewerbesteuererklärung einer GmbH & atypisch Still zu beachten?	Es ist zu beachten, dass der Gewerbebetrieb der atypisch stillen Gesellschaft neben dem Gewerbebetrieb der GmbH besteht. Folglich sind dann zwei Gewerbesteuererklärungen abzugeben.
Wer hat die Gewerbesteuererklärungen abzugeben?	Beide Gewerbesteuererklärungen werden von der GmbH als Inhaber des Unternehmens abgegeben.
Kann in beiden Gewerbesteuererklärungen ein Freibetrag geltend gemacht werden?	Da nach § 11 Abs. 1 Satz 3 Nr. 1 GewStG ein Freibetrag von 24.500 € nur für Personengesellschaften vorgesehen ist, kann lediglich die stille Gesellschaft hiervon profitieren.
Was ist bei der Ermittlung des Gewerbeertrages der GmbH noch unbedingt zu beachten?	Es ist darauf zu achten, dass der Gewinnanteil des atypisch stillen Gesellschafters nach § 9 Nr. 2 GewStG beim Gewerbeertrag der GmbH zu kürzen ist.
Welche Einkünfte hat der atypisch stille Gesellschafter, wenn er von der GmbH eine Geschäftsführervergütung erhält?	Es handelt sich dann um eine gewerbliche Einkunft nach § 15 Abs. 1 Nr. 2 EStG.
Muss die GmbH auf die Bezüge Lohnsteuer einbehalten?	Nein, das ist nicht der Fall. Die natürliche Person bezieht ihren Lohn nicht als Arbeitnehmer, sondern als Gesellschafter einer Mitunternehmerschaft.
In welcher Steuererklärung werden diese Einkünfte deklariert?	Es handelt sich um Sonderbetriebseinnahmen, die in der einheitlichen und gesonderten Gewinnfeststellung der GmbH & atypisch Still anzugeben sind.

2.11 Prüfung 11

Tab. 2.63 Vertreter der Wirtschaft: Kommanditgesellschaft auf Aktien und SE. AktG, KStG, AO, SE-VO

Frage: Ein Mandant X kommt zu Ihnen. Er erklärt Ihnen, dass er Vorstand einer GmbH & KGaA ist.	Antwort:
Was bedeutet eine KGaA ausgesprochen?	Gemeint ist damit eine Kommanditgesellschaft auf Aktien
Wo findet sich im Gesetz etwas über die KGaA?	Geregelt ist die KGaA in den Vorschriften §§ 278 ff. AktG.
Was ist dann eine GmbH & KGaA?	Das ist eine Kommanditgesellschaft auf Aktien, deren persönlich haftender Gesellschafter eine GmbH ist.
Was ist bei einer KGaA anders als bei einer AG?	Im Wesentlichen ergeben sich zwei grundsätzlich Unterschiede: Mindestens ein Gesellschafter haftet unbeschränkt (sog. persönlich haftender Gesellschafter) und zudem ist der persönlich haftende Gesellschafter auch automatisch Vorstand der KGaA.
Wie wird die GmbH & Co KGaA rechtlich und steuerlich gesehen? Ist es eine Personen- oder Kapitalgesellschaft?	Die KGaA ist rechtlich als Kapitalgesellschaft zu sehen, wenngleich mit deutlichen Elementen einer Personengesellschaft. Auch im Steuerrecht wird sie als Kapitalgesellschaft behandelt (vgl. § 1 Abs. 1 Nr. 1 KStG). Sie unterliegt der Körperschaft- und Gewerbesteuer.
Welche Einkünfte hat der persönlich haftende Gesellschafter?	Soweit er eine Gewinnbeteiligung erhält (Dividende), bezieht er Einkünfte nach § 20 Abs. 1 Nr. 1 EStG. Erhält er hingegen eine Vergütung für seine geschäftsführende Tätigkeit, so liegen gewerbliche Einkünfte nach § 15 Abs. 1 Nr. 3 EStG vor.
Muss bei der KGaA eine einheitliche und gesonderte Gewinnfeststellung durchgeführt werden?	Es ist heftig umstritten, ob die Voraussetzungen des § 180 Abs. 2 Buchstabe a AO vorliegen. Die Rechtsprechung der Finanzgerichte verneinen dies jedoch.
Wie sind die Zahlungen an den persönlich haftenden Gesellschafter steuerlich aus Sicht der KGaA zu behandeln?	Die Vergütung ist nach § 9 Abs. 1 Nr. 1 KStG eine abziehbare Aufwendung. Soweit jedoch eine Ausschüttung des Gewinns an ihn erfolgt, darf die Ausschüttung den Gewinn nicht schmälern. Es handelt sich um eine reine Ergebnisverwendung.
Welchen rechtlichen Vorteil würden Sie bei einer KGaA im Vergleich zur GmbH sehen?	Anders als die GmbH ist die KGaA eine börsenfähige Rechtsform.
Welchen rechtlichen Vorteil würden Sie bei einer KGaA im Vergleich zur AG sehen?	Bei der AG wird der Vorstand eigenständig durch den Aufsichtsrat bestellt. Gerade bei Familiengesellschaften kann durch die KGaA der Familieneinfluss durch die Rolle des persönlich haftenden Gesellschafters sichergestellt werden, weil dann das Familienmitglied kraft Gesetzes Vorstand ist.

(Fortsetzung)

Tab. 2.63 (Fortsetzung)

Frage: Ein Mandant X kommt zu Ihnen. Er erklärt Ihnen, dass er Vorstand einer GmbH & KGaA ist.	Antwort:
Welche Rechtsformen sind ganz generell börsentauglich?	Das sind neben der Aktiengesellschaft die KGaA und die SE.
Könnte eine natürliche Person zum Notar gehen und dort eine SE gründen?	Die Gründung der SE ist ausschließlich in Art. 2 SE-VO geregelt. Demnach kann eine SE nur durch bestimmte Umstrukturierungsvorgänge (z. B. grenzüberschreitende Verschmelzung) gegründet werden. Eine klassische Neugründung durch eine natürliche Person ist nicht vorgesehen.

Tab. 2.64 Finanzverwaltung II: Doppelbesteuerung von Ertragsteuern und Erbschaftsteuer. ErbStG, KStG, EStG

Frage: E verstirbt. In seinem Testament hat er die Seniorenresidenz München GmbH, in der er gelebt hat, als Erbin eingesetzt.	Antwort:
Ist eine solche Erbeinsetzung der Pflegeeinrichtung möglich?	In den heimgesetzlichen Vorschriften ist eine solche Verfügung zum Schutze des Heimfriedens grundsätzlich unwirksam.
Wann wäre eine solche Verfügung ggf. doch wirksam?	Das wäre der Fall, wenn die Pflegeeinrichtung zu Lebzeiten des E von der Erbeinsetzung keine Kenntnis hatte. Folglich der E ein sog. „stilles" Testament erstellt hat.
Können Kapitalgesellschaften überhaupt erben?	Nach § 1922 Abs. 1 BGB können Personen erben. Dies sind natürliche und juristische Personen.
Prüfen Sie systematisch den Sachverhalt in erbschaftsteuerlicher Hinsicht. Wie beginnen Sie?	Zunächst ist festzuhalten, dass die GmbH nach § 2 Nr. 1d ErbStG unbeschränkt erbschaftsteuerpflichtig ist.
Wie prüfen Sie weiter?	Infolge der Testamentseinsetzung ergibt sich für die GmbH die sachliche Steuerpflicht aus § 1 Abs. 1 Nr. 1 i. V. m. § 3 Abs. 1 Nr. 1 ErbStG.
Wie müsste dann systematisch weiter geprüft werden?	Gemäß § 9 Abs. 1 Nr. 1 ErbStG ist die Erbschaftsteuer mit dem Tode des Erblassers entstanden. Gemäß § 11 ErbStG ist dies auch der Bewertungsstichtag für die Erbschaftsteuer.
Unterliegt die vereinnahmte Erbschaft auch der Körperschaftsteuer?	Bei einer Kapitalgesellschaft werden sämtliche Vermögensmehrungen der Steuer unterworfen; folglich auch die Erbschaft, obgleich sie keiner Einkunftsart des EStG unterliegt.
Was könnte man dieser Auffassung entgegenhalten?	§ 8 Abs. 1 KStG verweist auf die Einkunftsarten des EStG. Jedoch sind Erbschaften im EStG nicht als Einkunftsart erfasst und damit eigentlich einkommensteuerfrei.

(Fortsetzung)

Tab. 2.64 (Fortsetzung)

Frage: E verstirbt. In seinem Testament hat er die Seniorenresidenz München GmbH, in der er gelebt hat, als Erbin eingesetzt.	Antwort:
Wie wäre die gezahlte Erbschaftsteuer bei der GmbH steuerlich zu behandeln?	Die Erbschaftsteuer ist eine nicht abziehbare Betriebsausgabe und darf den steuerlichen Gewinn nicht vermindern.
Woraus ergibt sich diese Rechtsfolge?	Die Erbschaftsteuer ist eine sonstige Personensteuer nach § 10 Nr. 2 ErbStG und folglich steuerlich nicht abziehbar.
Hat die GmbH dann neben Körperschaft und Gewerbesteuer auch Erbschaftsteuer zu bezahlen?	Ja. Die Erbschaftsteuer tritt neben die Ertragsteuern. Der Vorgang Erbschaft wird damit doppelt besteuert.
Wie hätte ggf. die Erbschaftsteuer vermieden werden können?	E hätte einen Gesellschafter der GmbH mit der Erbschaft bedenken können und zugleich den Gesellschafter mit der Auflage beschweren können, das Vermögen als Einlage in die GmbH einzubringen.
Führt dies dann nicht bei dem Gesellschafter zu einer Erbschaftsteuer?	Es löst zwar grundsätzlich eine Steuerpflicht nach § 3 Abs. 1 Nr. 1 ErbStG beim Gesellschafter aus. Jedoch kann die Auflage als Nachlassverbindlichkeit nach § 10 Abs. 5 Nr. 2 ErbStG in gleicher Höhe wieder abgezogen werden.
Kommt es auch im Einkommensteuerrecht zu einer Doppelbesteuerung mit der Erbschaftsteuer?	Grundsätzlich ist dies der Fall. Nach § 35b EStG kann jedoch eine Steuerermäßigung in Betracht kommen.
Gilt dies auch bei Schenkungen?	Für Schenkungen ist § 35b EStG nicht anwendbar. Die Vorschrift gilt nur bei Erwerben von Todes wegen.

Tab. 2.65 Vertreter des Berufsstandes II: Jahresabschluss einer GmbH. HGB

Frage: Der Geschäftsführer F der F-GmbH benötigt Ihre Unterstützung bei der Aufstellung der Handels- und Steuerbilanz 2023. Hierzu hat er verschiedene Fragen, um deren Beantwortung er Sie bittet:	Antwort:
Bis wann muss die F-GmbH ihre Handelsbilanz aufstellen? Auf was kommt es ggf. an?	Dies hängt zunächst davon ab, welche Größenkriterien die F-GmbH erfüllt. Grundsätzlich müssen Kapitalgesellschaften ihren Jahresabschluss binnen 3 Monaten aufstellen. Kleine Kapitalgesellschaften können sich jedoch 6 Monaten Zeit lassen (vgl. § 264 Abs. 1 Satz 3 und 4 HGB).
Ferner möchte F wissen, wo die Offenlegung im Gesetz geregelt?	Die Offenlegungsvorschriften sind im Gesetz in den §§ 325 ff. HGB geregelt.
Bis wann muss die Offenlegung erfolgen?	Die Offenlegung muss binnen eines Jahres nach dem Abschlussstichtag des Geschäftsjahres erfolgen.

(Fortsetzung)

Tab. 2.65 (Fortsetzung)

Frage: Der Geschäftsführer F der F-GmbH benötigt Ihre Unterstützung bei der Aufstellung der Handels- und Steuerbilanz 2023. Hierzu hat er verschiedene Fragen, um deren Beantwortung er Sie bittet:	Antwort:
Spielt die Größenklasse der GmbH hier keine Rolle?	Hinsichtlich der Frist spielt die Größenklasse keine Rolle. Allerdings hinsichtlich des Offenlegungsumfanges gibt es Unterschiede bei den unterschiedlichen Größenklassen.
Wie funktioniert das mit der Offenlegung?	Die offenlegungspflichtigen Unterlagen werden durch das Gesetz zur Umsetzung der Digitalisierungsrichtlinie ab dem 1. August 2022 grundsätzlich elektronisch beim Unternehmensregister (vorher elektronische Bundesanzeiger) veröffentlicht. Vorher wird die Identität der offenlegenden Person elektronisch geprüft.
Aus dem Gespräch mit F ergibt sich, dass die F-GmbH in Kürze zu einer mittelgroßen Kapitalgesellschaft aufsteigen wird. Er möchte wissen, was dies für die F-GmbH bedeutet.	Es ergeben sich verschiedene Konsequenzen. Hiervon ist wohl die wichtigste, dass die Kapitalgesellschaft nach § 316 Abs. 1 HGB prüfungspflichtig wird.
Was ist noch besonders bedeutsam?	Mittelgroße Kapitalgesellschaften müssen einen Lagebericht aufstellen (vgl. § 264 Abs. 1 Satz 4 HGB).
Was ändert sich noch durch den Wechsel hin zur mittelgroßen Kapitalgesellschaft?	So muss z. B. die mittelgroße Kapitalgesellschaft die Bilanz und GuV detaillierter und differenzierter darstellen (vgl. § 266 Abs. 1 HGB, § 276 HGB).
Haben Sie weitere Beispiele?	Insbesondere fallen die Erleichterungen nach § 274a HGB weg. Hierzu gehört zum Beispiel auch, dass nun die Abgrenzung latenter Steuern darzustellen ist.
F möchte wissen, ob er die Bilanz unterschreiben muss?	Das ist nach § 245 Satz 1 HGB zwingend nötig.
Neben F ist auch X Geschäftsführer. Muss auch X unterschreiben?	Das ist notwendig. Alle Geschäftsführer müssen die Bilanz unterschreiben.
Was ist aber, wenn F alleinvertretungsberechtigt ist?	Dies spielt keine Rolle. Es geht nicht um die Vertretung, sondern um eine originäre Pflicht aus der Organstellung.
F möchte von Ihnen wissen, ob er die Bilanz auch in englischer Sprache aufstellen kann.	Das ist möglich, ändert aber nichts an der Verpflichtung (zusätzlich) einen Jahresabschluss in deutscher Sprache aufzustellen (§ 244 HGB).
F möchte ferner von Ihnen wissen, was das Imparitätsprinzip ist. Wo ist dieses Prinzip im Gesetz geregelt?	Das Imparitätsprinzip findet sich in § 252 Abs. 1 Nr. 4 HS 1 HGB.
Was verstehen Sie unter dem Imparitätsprinzip?	Das Prinzip sagt aus, dass unrealisierte Gewinne und Verluste in der Bilanz unterschiedlich behandelt werden.
Wo ist dann das Realisationsprinzip im Gesetz kodifiziert? Und was bedeutet es?	Es ist in dem nachfolgenden Halbsatz geregelt (§ 252 Abs. 1 Nr. 4 Halbsatz 2 HGB). Es besagt, dass am Bilanzstichtag nur realisierte Gewinne in der Bilanz ausgewiesen werden dürfen.

Tab. 2.66 Vorsitzende der Prüfungskommission: Verjährung der Steuerhinterziehung. AO

Frage: Ihr Mandant M kommt zu Ihnen und beichtet Ihnen, dass er vor 12 Jahren eine Steuerhinterziehung begangen hat.	Antwort:
M möchte wissen, wie lange er noch Angst vor dem Staatsanwalt haben muss. Um welche Art der Verjährung geht es hier?	M hat Sorge vor der staatsanwaltlichen Verfolgung und spricht damit die strafrechtliche Bestrafung an. Es geht um die sog. Verfolgungsverjährung.
Wo ist die Verfolgungsverjährung für Steuerhinterziehung im Gesetz geregelt?	Über § 369 Abs. 2 AO gelten auch für Steuerstraftaten die allgemeinen Strafvorschriften und somit auch die Verfolgungsverjährung nach § 78 StGB.
Wie lange ist demnach grundsätzlich die Verfolgungsverjährung für Steuerhinterziehung?	Da nach § 370 AO Abs. 1 AO die (einfache) Steuerhinterziehung im Höchstfall mit 5 Jahren bestraft wird, verjährt die strafrechtliche Verjährungsfrist grundsätzlich nach § 78 Abs. 3 Nr. 4 StGB in 5 Jahren.
Ist Ihr Mandant nach 5 Jahren vor der Strafverfolgung durch den Staatsanwalt sicher?	Das kommt darauf an, ob ggf. M eine besonders schwere Steuerhinterziehung nach § 370 Abs. 3 StGB begangen hat. In diesem Fall verlängert sich die Verfolgungsverjährung.
Wie lange ist die Verfolgungsverjährung bei einer besonders schweren Steuerhinterziehung?	Nach dem allgemeinen Strafrecht gemäß § 78 Abs. 3 Nr. 3 StGB würde sich eine Verjährungsfrist von 10 Jahren ergeben. Gemäß § 376 Abs. 1 AO wurde jedoch hiervon abweichend eine 15 Jahre dauernde Frist neu festgelegt.
Weshalb meinen Sie, dass § 376 AO dem § 78 StGB vorgeht, der doch eigentlich von 10 Jahren ausgeht?	Aus § 369 Abs. 2 AO ergibt sich, dass die AO dem StGB vorgeht, wenn es eine vom StGB abweichende Regelung vorsieht.
Hat die Verlängerung der Verfolgungsverjährung bei besonders schwerer Steuerhinterziehung auch Auswirkungen bei der Selbstanzeige?	Eine wirksame Selbstanzeige setzt nach § 371 Abs. 1 Satz 1 und 2 AO Angaben zu allen nicht verjährten Steuerstraftaten voraus. Somit müssen statt 10 Jahre nun 15 Jahre offengelegt werden.
Nachdem nun zu befürchten ist, dass M eine besonders schwere Steuerhinterziehung begangen hat, möchte er wissen, ob das Finanzamt ihn nun auch noch wegen der Steuerlast vor 10 Jahren belangen kann. Welche Verjährung ist hier angesprochen?	Nun geht es um die Frage, bis wann das Finanzamt den Steuerbescheid vor 10 Jahren noch ändern kann. Es geht folglich um die Festsetzungsverjährungsfrist nach §§ 169 ff. AO.
Wie lange ist die Festsetzungsverjährungsfrist bei Steuerhinterziehung?	Die Festsetzungsverjährungsfrist beträgt nach § 169 Abs. 2 Satz 2 AO 10 Jahre.
Bedeutet dies, dass M nun strafrechtlich belangt wird, aber eine Steuernachzahlung nicht erfolgt?	Im Falle einer Steuerhinterziehung läuft die steuerliche Festsetzungsverjährungsfrist nicht ab, bevor die Verfolgung der Steuerstraftat nach verjährt. Es greift die Ablaufhemmung nach § 171 Abs. 7 AO.

(Fortsetzung)

Tab. 2.66 (Fortsetzung)

Frage: Ihr Mandant M kommt zu Ihnen und beichtet Ihnen, dass er vor 12 Jahren eine Steuerhinterziehung begangen hat. Was ist generell eine Ablaufhemmung?	Antwort: Eine Ablaufhemmung regelt den Nichteintritt der Verjährung bis zum Ablauf einer Frist nach dem Wegfall eines Hindernisses.
Wie unterscheidet sich die Zahlungsverjährung von der Festsetzungsverjährungsfrist?	Bei der Zahlungsverjährung geht es um die Verjährung nach Festsetzung eines Steuerbescheides.
Wo ist die Zahlungsverjährung im Gesetz geregelt?	Die Vorschriften der Zahlungsverjährung finden sich in den §§ 228 ff. AO.

2.12 Prüfung 12 – Steuerberatervertrag 1; Veräußerung von Privatvermögen; Finanzgericht und Bundesfinanzhof; Haftung des Kommanditisten und Prokuristen; Handels- und Steuerbilanz; Besonderheiten bei Konzernen (Tab. 2.67, 2.68, 2.69, 2.70, 2.71 und 2.72)

Tab. 2.67 Vertreter des Berufsstandes I: Steuerberatervertrag 1. StBerG, BGB

Frage: Welche gesetzlichen Regelungswerke kennen Sie, die die Berufsausübung des Steuerberaters regeln?	Antwort: Hier ist zunächst das Steuerberatergesetz zu nennen. Dieses wird noch ergänzt durch die Verordnung zur Durchführung der Vorschriften über Steuerberater (DVStB), die Fachberaterordnung (FBO) und die Steuerberatervergütungsverordnung (StBVV).
Gibt es neben den gesetzlichen Regelungswerken noch weitere Vorschriften, die der Steuerberater bei der Berufsausübung zu beachten hat?	Besondere Bedeutung hat auch für die Berufsausübung als Steuerberater die Berufsordnung der Bundessteuerberaterkammer (BOStB).
Wo finden Sie im Gesetz die Aufgaben der Bundessteuerberaterkammer?	Die Aufgaben der Bundessteuerberaterkammer ergeben sich aus § 86 StBerG. Ihre Zuständigkeit für den Erlass oder die Änderung der Berufsordnung ergibt sich aus § 86 Abs. 2 Nr. 2 StBerG.
Wo hat die Bundessteuerberaterkammer ihren Sitz?	Der Sitz der Bundessteuerberaterkammer befindet sich in Berlin. In ihrer Satzung legt die Bundessteuerberaterkammer ihren eigenen Sitz fest (vgl. § 85 Abs. 2 Satz 2 StBerG).
Als neu bestellter Steuerberater beauftragt Sie Ihr erster Mandant mit der Erstellung der Steuererklärungen einer GmbH. Weitere Aufgaben überträgt er nicht an Sie. Welcher Vertrag wird hier geschlossen?	Der Steuerberatervertrag ist ein Vertrag, der eine Geschäftsbesorgung zum Inhalt hat und folglich als Geschäftsbesorgungsvertrag nach § 675 BGB eingestuft wird.

(Fortsetzung)

Tab. 2.67 (Fortsetzung)

Frage: Welche gesetzlichen Regelungswerke kennen Sie, die die Berufsausübung des Steuerberaters regeln?	Antwort: Hier ist zunächst das Steuerberatergesetz zu nennen. Dieses wird noch ergänzt durch die Verordnung zur Durchführung der Vorschriften über Steuerberater (DVStB), die Fachberaterordnung (FBO) und die Steuerberatervergütungsverordnung (StBVV).
Welche Vorschriften kommen für die Tätigkeit des Steuerberaters dann in Betracht?	§ 675 BGB verweist zum einen auf die Vorschriften auf das Dienstvertragsrecht (§§ 611 ff. BGB) und zum anderen auf das Werkvertragsrecht (§ 631 ff. BGB). Je nachdem, ob der Schwerpunkt in der Erbringung eines Dienstes oder eines Werkes ist, kommt das jeweilige Recht zur Anwendung.
Wie sehen Sie das im konkreten Fall? Welches Recht wird wohl zur Anwendung kommen?	Hier geht es um die Erbringung einer singulären Leistung. Leistungsinhalt ist hier weniger die Tätigkeit als solche, sondern vielmehr die Fertigstellung eines Werkes bzw. der Steuererklärung. Folglich werden hier die werkvertraglichen Vorschriften maßgeblich sein.
Wie wäre es, wenn zusätzlich noch die Lohnbuchhaltung und die laufende Beratung geschuldet werden?	Nun liegt der Schwerpunkt der Tätigkeit insgesamt eher in der Erbringung laufender und unterschiedlicher Tätigkeiten. Da es dem Mandanten nun eher um ein generelles und fortlaufendes Tätigwerden geht, werden nun die dienstvertraglichen Vorschriften anwendbar sein.
Muss der Steuerberatervertrag schriftlich geschlossen werden?	Eine gesetzliche Verpflichtung zur Schriftform ist nicht vorgesehen.
Warum sollten Sie dennoch den Vertrag schriftlich schließen?	Die Schriftform ist vor allem deshalb ratsam, um eine Haftungsbeschränkung wirksam zu vereinbaren. Nach § 67a StBerG ist dies nur möglich, wenn hierzu ein schriftlicher Vertrag vorliegt.
Warum hilft Ihnen ein schriftlicher Vertrag noch, wenn Ihr Mandant Sie in Regress nehmen will?	In einem schriftlichen Vertrag können Sie darlegen, welche Leistungen erbracht werden; das bedeutet im Umkehrschluss auch, dass der Steuerberater für nicht genannte Tätigkeiten auch keine Beratung schuldet.

Tab. 2.68 Finanzverwaltung I: Veräußerung von Privatvermögen. EStG

Frage: Nachbar N fragt den Steuerpflichtigen S, ob er dessen BMW für eine Woche nutzen kann. S willigt ein, verlangt hierfür jedoch 300 €.	Antwort:
Hat S steuerpflichtige Einkünfte? Prüfen Sie systematisch!	Zunächst müsste man überprüfen, ob S einer gewerblichen Einkunft nach § 15 Abs. 1 Nr. 1 EStG nachgeht. Ist das jedoch ein einmaliger Vorgang, so liegt keine nachhaltige und damit keine gewerbliche Tätigkeit vor.
Wo finden sich die Kriterien für eine gewerbliche Tätigkeit im Gesetz?	Die Kriterien finden sich in § 15 Abs. 2 EStG.

(Fortsetzung)

Tab. 2.68 (Fortsetzung)

Frage: Nachbar N fragt den Steuerpflichtigen S, ob er dessen BMW für eine Woche nutzen kann. S willigt ein, verlangt hierfür jedoch 300 €. Sind alle Kriterien für eine gewerbliche Tätigkeit in § 15 Abs. 2 EStG genannt?	Antwort: Ein Kriterium ist dort nicht genannt. Es ist allgemein anerkannt, dass ungeschriebenes Tatbestandsmerkmal auch das „Nichtvorliegen einer privaten Vermögensverwaltung" ist.
Kommen andere Einkünfte des S in Betracht, wenn die Vermietung einmalig erfolgt?	Es könnten dann Einkünfte nach § 22 Nr. 3 EStG vorliegen. Die Vermietung beweglicher Sachen ist als Leistung dort exemplarisch genannt.
Sind folglich die Einnahmen von 300 € zu besteuern?	Das wäre nicht der Fall, wenn Einkünfte nach § 22 Nr. 3 EStG vorliegen würden. Als Werbungskosten könnten die anteiligen Abschreibungen nach § 9 Abs. 1 Nr. 7 EStG angesetzt werden, wodurch die Einkünfte unter den Betrag von 256 € liegen.
Handelt es sich hier um eine Freigrenze oder um einen Freibetrag? Worin liegt der Unterschied?	Es handelt sich um eine Freigrenze. Anders als bei einem Freibetrag, kann bei Überschreiten des Betrages bei einer Freigrenze kein Abzug mehr geltend gemacht werden.
Können Sie zwei Beispiele von weiteren Freigrenzen im Gesetz nennen?	Zu denken ist insbesondere an die Freigrenze in Höhe von 35 € nach § 4 Abs. 5 Nr. 1 EStG bei Geschenken an Geschäftspartner oder die Sachbezugsgrenze in Höhe von 50 € nach § 8 Abs. 2 Satz 11 EStG.
Fällt Ihnen noch eine weitere Freigrenze ein?	Eine weitere Freigrenze ist insbesondere die 3 Mio. € Grenze im Rahmen der Zinsschrankenregelung nach § 4h Abs. 2 Satz 1 Buchstabe a EStG.
Hat S steuerpflichtige Einkünfte, wenn sein kürzlich erworbenes Mietshaus in Berlin für eine Entschädigungssumme von 3 Mio. Euro enteignet wird?	Es ist anzunehmen, dass das Mietshaus im Privatvermögen des S ist. Eine Steuerpflicht könnte sich daher nur aus § 22 Nr. 2 i. V. m. § 23 Abs. 1 Nr. 1 EStG ergeben. Immerhin wurde das Haus kürzlich angeschafft.
Welches Tatbestandsmerkmal im Rahmen des § 23 EStG könnte hier fraglich sein?	Fraglich ist hier, ob eine Enteignung eine Veräußerung darstellt.
Was spricht gegen eine Veräußerung?	Eine Veräußerung setzt eine wirtschaftliche Betätigung des S voraus, dem ein rechtsgeschäftlicher Wille zur Veräußerung zugrunde liegt. Dies ist bei einer staatlichen Zwangsmaßnahme nicht der Fall. Eine Besteuerung scheidet damit aus.
Wie würden Sie den Fall beurteilen, wenn S Xetra-Gold Inhaberschuldverschreibungen erwarb und sich das verbriefte Gold innerhalb eines Jahres physisch aushändigen lässt?	Nun könnte sich eine Steuerpflicht aus § 22 Nr. 2 i. V. m. § 23 Abs. 1 Nr. 2 EStG ergeben. Allerdings fehlt (auch hier) eine entgeltliche Übertragung des angeschafften Xetra-Goldes. Es wird lediglich der verbriefte Anspruch des S auf Lieferung des Goldes einlöst.

Tab. 2.69 Vertreter der Wirtschaft: Finanzgericht und Bundesfinanzhof. FGO, ZPO

Frage: Welche Gerichtsbarkeiten unterscheidet man?	Antwort: Es gibt die ordentliche Gerichtsbarkeit, die Arbeits-, Verwaltungs-, Sozial- und Finanzgerichtsbarkeit. Zu der ordentlichen Gerichtsbarkeit gehören die Zivil- und Strafsachen.
Was unterscheidet die Verwaltungs-, Sozial- und Finanzgerichtsbarkeiten von den anderen Gerichtsbarkeiten?	In diesen Gerichtsbarkeiten geht es um das öffentliche Recht; somit also um die Rechtsbeziehung von Staat zu Bürger bzw. Unternehmen.
Welche Gerichte gibt es in der Finanzgerichtsbarkeit?	In der Finanzgerichtsbarkeit gibt es die Finanzgerichte und den Bundesfinanzhof.
Wo hat der Bundesfinanzhof seinen Sitz?	Der Bundesfinanzhof hat seinen Sitz in München (vgl. auch § 2 FGO).
Was ist das Besondere am Gerichtsaufbau in der Finanzgerichtsbarkeit?	Es gibt nur 2 Instanzen. In allen anderen Gerichtsbarkeiten gibt es mindestens 3 unterschiedliche Gerichtsebenen.
Was ist das gängige Rechtsmittel gegen eine Entscheidung eines Finanzgerichtes nach einer mündlichen Verhandlung?	Das Rechtsmittel gegen eine Entscheidung eines Finanzgerichtes nach § 115 FGO ist die Revision.
Kann man jederzeit gegen ein erstinstanzliches Urteil des Finanzgerichts Revision einlegen?	Eine Revision kann nur dann eingelegt werden, wenn zuvor das Finanzgericht die Revision in ihrem Urteil zugelassen hat.
Was kann der Steuerpflichtige tun, wenn eine solche Zulassung nicht ausgesprochen wurde?	Dann bleibt dem Steuerpflichtigen nur die Möglichkeit, eine sog. Nichtzulassungsbeschwerde nach § 116 FGO einzulegen.
Gibt es im finanzgerichtlichen Verfahren eine Berufung?	Eine solche Möglichkeit sieht das Gesetz nicht vor.
Worin liegt denn ganz generell der Unterschied zwischen einer Berufung und einer Revision?	Im Revisionsverfahren wird nur überprüft, ob das Ausgangsgericht in rechtlicher Hinsicht die richtige Entscheidung getroffen hat. Neue Sachverhalte können nicht mehr vorgetragen oder ermittelt werden. In einer Berufung findet eine vollständige Überprüfung der Entscheidung in tatsächlicher und rechtlicher Sicht statt.
Gibt es in der Finanzgerichtsbarkeit Laienrichter?	Bei den Finanzgerichten sind in der mündlichen Verhandlung von dem fünfköpfigen Senat auch zwei ehrenamtliche Richter dabei (vgl. § 5 Abs. 2 FGO). Beim Bundesfinanzhof hingegen gibt es keine ehrenamtlichen Richter (vgl. § 10 Abs. 3 FGO).
Warum erscheint häufig nur ein Berufsrichter in der mündlichen Verhandlung beim Finanzgericht?	Liegen keine besonderen Schwierigkeiten vor und ist der Fall nicht von grundsätzlicher Bedeutung, kann die Entscheidung nach § 6 FGO auf einen Einzelrichter übertragen werden. Häufig erklären auch die Parteien ihr Einverständnis, dass die Sache auf einen Einzelrichter übertragen wird (vgl. § 79a Abs. 3 und 4 FGO).

(Fortsetzung)

Tab. 2.69 (Fortsetzung)

Frage: Welche Gerichtsbarkeiten unterscheidet man?	Antwort: Es gibt die ordentliche Gerichtsbarkeit, die Arbeits-, Verwaltungs-, Sozial- und Finanzgerichtsbarkeit. Zu der ordentlichen Gerichtsbarkeit gehören die Zivil- und Strafsachen.
Kann der Bürger für einen Finanzgerichtsprozess auch Prozesskostenhilfe beantragen?	Nach § 142 FGO i. V. m. § 114 ZPO besteht eine solche Möglichkeit, wenn der Steuerpflichtige die Mittel für den Prozess nicht aufbringen kann.
Wer hat grundsätzlich die Kosten des Finanzgerichtsprozesses zu tragen?	Nach § 135 Abs. 1 FGO hat grundsätzlich die unterlegene Partei die Kosten zu tragen.
Kann sich der Steuerpflichtige bei Obsiegen auch die Kosten einer Anwaltskanzlei ersetzen lassen, die hohe Stundensätze verlangt hat?	Erstattungsfähig sind nach § 139 FGO lediglich die notwendigen Kosten. Notwendig sind solche Kosten, die sich nach der gesetzlichen Gebührenordnung ergeben. Der Teil der Kosten, der darüber liegt, wird nicht ersetzt.

Tab. 2.70 Finanzverwaltung II: Haftung des Kommanditisten und Prokuristen. AO, HGB

Frage: Was bedeutet Haftung im steuerlichen Sinn?	Antwort: Hierunter versteht man das Einstehen für eine fremde Steuerschuld.
Wo findet sich die Rechtsgrundlage, die dem Finanzamt ermöglicht, einen Haftungsbescheid zu erlassen?	Die Rechtsgrundlage findet sich in § 191 AO. § 191 AO setzt ergänzend eine Haftung nach dem Gesetz voraus. Diese kann sich aus der AO oder anderen Gesetzen ergeben.
Ein Komplementär erhält einen Haftungsbescheid für die Gewerbesteuerschuld der Kommanditgesellschaft? Was könnte die Rechtsgrundlage für die Haftung sein?	Eine Haftung könnte sich aus § 69 AO i. V. m. § 34 Abs. 1 AO ergeben. Der Komplementär ist gesetzlich vertretungsberechtigt und kann bei entsprechendem Fehlverhalten vom Finanzamt in Haftung genommen werden.
Kann der Komplementär auch in Haftung genommen werden, wenn sich ein Fehlverhalten nicht feststellen lässt?	Auch ohne Fehlverhalten ist eine Haftung möglich. Der Komplementär haftet von Gesetzes wegen (§ 128 HGB) für die Schulden der Kommanditgesellschaft. Somit kann nach § 191 Abs. 1 AO i. V. m. § 128 HGB der Komplementär auch ohne Fehlverhalten in Anspruch genommen werden.
Was ist nun, wenn der Komplementär einwendet, dass das Finanzamt zunächst die Vollstreckung der Steuerschuld bei der Kommanditgesellschaft versuchen muss?	Dies lässt den Haftungsanspruch unberührt. Jedoch hat der Einwand Bedeutung bei der Zwangsvollstreckung. Das Finanzamt muss nach § 219 Satz 1 AO zunächst erfolglos den Versuch unternommen haben, in das bewegliche Vermögen der KG zu vollstrecken, bevor gegen ihn die Vollstreckungsmaßnahmen eingeleitet werden.

(Fortsetzung)

2.12 Prüfung 12

Tab. 2.70 (Fortsetzung)

Frage:	Antwort:
Was bedeutet Haftung im steuerlichen Sinn?	Hierunter versteht man das Einstehen für eine fremde Steuerschuld.
Wann wäre die Vollstreckung beim Komplementär auch ohne erfolglosen Vollstreckungsversuch bei der KG möglich?	Dies wäre dann der Fall, wenn anzunehmen ist, dass die Vollstreckung bei der KG aussichtslos sein würde (vgl. § 219 Satz 1 AO)
Gilt dieses Vollstreckungsprivileg generell bei Haftungsschuldnern?	Dieses Privileg gilt nicht bei den Abzugssteuern (Kapitalertragsteuer und Lohnsteuer). Auch Steuerhinterzieher können sich hierauf nicht beruhen (§ 219 Satz 2 AO).
Wie sieht es mit der Haftung eines Kommanditisten aus? Haftet auch er für Steuerschulden der KG?	Auch der Kommanditist kommt als Haftungsschuldner in Betracht. Gemäß § 191 Abs. 1 AO i. V. m. § 161 Abs. 2 HGB i. V. m. § 171 HGB hat der Kommanditisten für die Steuerschulden einzustehen. Allerdings ist die Haftung auf die Einlage begrenzt. Ist diese erbracht, kommt eine Haftung des Kommanditisten nicht mehr in Betracht.
Könnte sich auch eine Haftung des Prokuristen für die Gewerbesteuerschuld der KG ergeben?	Eine Haftung könnte sich u. U. aus § 69 Abs. AO i. V. m. § 35 AO ergeben. Dies setzt ein entsprechendes Fehlverhalten voraus.
Ist der Prokurist ein gesetzlicher Vertreter im Sinne des § 34 AO?	Nein. Die Prokura wird durch eine Willenserklärung des Unternehmers erteilt. Es handelt sich um eine rechtsgeschäftlich erteilte Vollmacht.
Was ist das Besondere an einer Prokura im Vergleich zu einer generellen Vollmacht?	Zum einen wird die Prokura im Handelsregister eingetragen (§ 53 HGB). Zum anderen gibt das Gesetz bei einer Prokura den Vertretungsumfang vor, auf welchen sich der Rechtsverkehr verlassen darf.
Eine Inanspruchnahme des Prokuristen kann sich demnach nur auf § 35 AO stützen. Bedeutet dies, dass nun jeder Prokurist auch möglicher Haftungsschuldner ist?	§ 35 AO ermöglicht die Haftung eines Prokuristen nur dann, wenn er die steuerlichen Aufgaben im Unternehmen auch wahrgenommen hat und somit tatsächlich die steuerlichen Pflichten erfüllen konnte.

Tab. 2.71 Vertreter des Berufsstandes II: Handels- und Steuerbilanz. HGB

Frage: Unternehmer U bittet Sie um Hilfe. Er zeigt Ihnen eine Bilanz des Konkurrenten K und hat hierzu einige Fragen:	Antwort:
In dem Jahresabschluss des K ist ein Bilanzgewinn ausgewiesen. Er möchte wissen, ob bzw. wodurch sich ein Bilanzgewinn von einem Jahresüberschuss unterscheidet.	Im Bilanzgewinn ist ein Gewinn- oder Verlustvortrag des Vorjahres bereits enthalten. Der Bilanzgewinn weist zudem den Jahresüberschuss nach Einstellung oder Auflösung von Rücklagen aus. Durch diese beiden Punkte unterscheidet sich der Bilanzgewinn vom Jahresüberschuss.
Wo findet man im Gesetz etwas über den Bilanzgewinn?	Der Bilanzgewinn ist im Gesetz in § 268 Abs. 1 HGB geregelt.
Was bedeutet der Ausweis eines Bilanzgewinnes in der Handelsbilanz, wenn die Steuerbelastung des Unternehmens zu rechnen ist?	Der Bilanzgewinn muss für steuerliche Zwecke zunächst in einen Jahresüberschuss zurückgerechnet werden. Nur der Jahresüberschuss ist nach § 5 Abs. 1 HGB für die Steuerbilanz bzw. Steuerberechnung maßgeblich.
U möchte ferner von Ihnen wissen, was der Ausweis „Nicht durch Eigenkapital gedeckter Fehlbetrag" auf der Aktivseite der Bilanz bedeutet?	Hierdurch wird ersichtlich, dass das Fremdkapital des Unternehmens höher ist als das Vermögen. Es liegt eine bilanzielle Überschuldung aus. Der Ausweis ist nach § 268 Abs. 3 HGB vorgegeben.
Bedeutet eine solche Überschuldung auch, dass insolvenzrechtliche Schritte einzuleiten sind?	Die bilanzielle Überschuldung ist von der insolvenzrechtlichen Überschuldung zu unterscheiden. Dies ist keineswegs zwingend der Fall.
Können Sie erklären, weshalb eine bilanzrechtliche Überschuldung nicht automatische eine insolvenzrechtliche Überschuldung nach sich zieht?	In Insolvenzrecht wird mit den Zerschlagungswerten und nicht mit den fortgeführten Anschaffungs- oder Herstellungskosten bilanziert. Etwaige stille Reserven verringern daher eine Überschuldung im insolvenzrechtlichen Sinne.
Gibt es auch stille Lasten? Wo können sich solche befinden?	Stille Lasten sind möglich und verbergen sich meist bei Pensionsrückstellungen.
Ist es denkbar, dass trotz des handelsrechtlichen Anschaffungskostenprinzips ein Wert bilanziert wird, der höher als die Anschaffungskosten ist?	Grundsätzlich ist das Anschaffungskostenprinzip nach § 253 Abs. 1 einzuhalten. Bei Fremdwährungsforderungen oder -verbindlichkeiten kann nach § 256a HGB der Wert jedoch überschritten werden.
Gilt das auch bei einer Fremdwährungsforderung, die erst in zwei Jahren fällig ist?	Das Überschreitung der Anschaffungskosten ist nur möglich, wenn die Forderung eine Laufzeit von höchstens ein Jahr hat (vgl. § 256a Satz 2 HGB). Somit ist die Forderung mit den Anschaffungskosten zu bilanzieren.

(Fortsetzung)

2.12 Prüfung 12

Tab. 2.71 (Fortsetzung)

Frage: Unternehmer U bittet Sie um Hilfe. Er zeigt Ihnen eine Bilanz des Konkurrenten K und hat hierzu einige Fragen:	Antwort:
Unternehmer U möchte nun noch wissen, was der Ausweis „Aktiver Unterschiedsbetrag aus der Vermögensverrechnung" bedeutet. Wo finden Sie hierzu etwas im Gesetz?	Das Gesetz regelt diese Thematik im § 246 Abs. 2 HGB.
Was bedeutet nun ein solcher Ausweis?	Bestehen Pensionsverbindlichkeiten eines Unternehmers, so kann er diese mit Vermögen saldieren, welches er für die Erfüllung dieser Verbindlichkeiten separiert hat und anderen Gläubigern ein Zugriff auf dieses Vermögen nicht möglich ist.
Von welchem Grundsatz der Bilanzierung stellt diese Regelung eine Ausnahme dar?	Es stellt eine Ausnahme vom Saldierungsverbot des § 246 Abs. 2 Satz 1 HGB bzw. Einzelbewertungsgrundsatz nach § 252 Abs. 1 Nr. 3 HGB dar.
Ist diese Verrechnung auch in der Steuerbilanz möglich?	Nein. Dies ist eine reine handelsrechtliche Regelung. Es kommt folglich zu einer Abweichung von Handels- und Steuerbilanz.

Tab. 2.72 Vorsitzende der Prüfungskommission: Besonderheiten bei Konzernen. HGB, EStG, KStG, GewStG

Frage:	Antwort:
In der Praxis stellen Unternehmen auch gerne eine Cashflow Rechnung auf. Welchen Vorteil hat eine solche Rechnungslegung gegenüber einer Gewinn- und Verlustrechnung?	Die Cashflow Rechnung bildet nur liquiditätsbezogene Vorgänge ab und ermöglicht einen guten Überblick über die Liquidität eines Unternehmens. Die Gewinn- und Verlustrechnung hingegen stellt alle ergebniswirksamen Vorgänge dar. Auch diejenigen, die ohne Einfluss auf die Liquidität sind.
Welche ergebniswirksamen Vorgänge in der GuV kennen Sie, die ohne Liquiditätsfluss erfolgen?	Das sind insbesondere die Abschreibung von Wirtschaftsgütern oder etwaige Wertaufholungen. Zu denken wäre aber auch an eine Aufdeckung stiller Reserven ohne Gegenleistung (wie z. B. eine Entnahme).
Wann ist eine solche Cashflow oder Kapitalflussrechnung vom HGB vorgeschrieben?	Die Notwendigkeit einer Aufstellung einer Kapitalflussrechnung kann sich ergeben, wenn ein sog. Konzern nach § 290 HGB vorliegt (vgl. § 297 Abs. 1 HGB).

(Fortsetzung)

Tab. 2.72 (Fortsetzung)

Frage:	Antwort:
Welchen Sinn hat ein Konzernabschluss im Vergleich zu einem Einzelabschluss?	Der Konzernabschluss gibt einen realistischen Blick auf die Vermögens- und Ertragslage des gesamten Unternehmens. Ein Einzelabschluss hat nur den Blick der rechtlichen Einheit im Auge. Ist z. B. eine Konzerngesellschaft ertragsstark und sind drei andere Gesellschaften defizitär, würde man einen falschen Eindruck bekommen, wenn man nur die ertragsstarke Gesellschaft betrachten würde.
Welche Bedeutung hat eine Konzernbilanz im Steuerrecht?	Die Konzernbilanz hat insoweit keinen Einfluss. Es ist nur auf die Einzelabschlüsse abzustellen.
Dennoch kennt das Gesetz einen Fall, wo im Steuerrecht auch der Konzernabschluss einmal relevant sein kann. Welcher Fall könnte das sein?	Im Rahmen der Zinsschranke kann der Konzernabschluss relevant sein. Anhand des Konzernabschlusses wird ermittelt, ob die sog. Escape Regelung zur Anwendung kommt (vgl. § 4h Abs. 2 Satz 3 EStG).
Im Steuerrecht gibt es keine Konzernbilanz. Ist es dennoch möglich, dass Konzerngesellschaften Ergebnisse miteinander verrechnen können?	Im Steuerrecht behält jeder Rechtsträger seine Selbstständigkeit. Über sog. Ergebnisabführungsverträge kann jedoch eine Verrechnung von Ergebnissen gesellschaftsübergreifend erreicht werden (vgl. §§ 14 ff. KStG).
Sehen Sie auch Nachteile eines Ergebnisabführungsvertrages. Was ist ggf. der gravierendste Nachteil?	Ergebnisabführungsverträge bedeuten auch, dass Verluste einer Gesellschaft von einer anderen Gesellschaft übernommen werden müssen. Gläubiger der Verlust-Gesellschaft können sich diesen Anspruch pfänden lassen, wodurch die Haftungstrennung der Gesellschaften faktisch aufgehoben wird.
Wie wirkt sich ein Ergebnisabführungsvertrag bei einer Zinsschrankenregelung aus?	Infolge eines solchen Vertrages sind die einbezogenen Gesellschaften insgesamt als ein Betrieb im Sinne des § 4h Abs. 1 Satz 1 EStG anzusehen. Es werden folglich alle Zinsaufwendungen zusammengerechnet, wodurch das Unternehmen schneller in das Zinsabzugsverbot laufen kann.
Welche Vorteile können sich aus dem Ergebnisabführungsvertrag ergeben?	Neben der gesellschaftsübergreifenden Ergebnisverrechnung sind verdeckte Ausschüttungen zwischen den Konzerngesellschaften nicht mehr möglich
Welcher weitere Vorteil fällt Ihnen ein?	Aufwendungen im Sinne des § 8 Abs. 1 Nr. 1 GewStG an eine Konzerngesellschaft müssen für Gewerbesteuerzwecke nicht mehr hinzugerechnet werden (insbesondere Zinsen).

2.13 Prüfung 13 – Anzeigepflichten; Verdeckte Einlage; Europäisches Recht; Gewerbliche oder sonstige Einkünfte; Dividenden und Veräußerung einer Beteilung; Rechtsformwechsel (Tab. 2.73, 2.74, 2.75, 2.76, 2.77 und 2.78)

Tab. 2.73 Vertreter des Berufsstandes I: Anzeigepflichten. IntStR, AO

Frage: Steuerberater X berät seinem Mandanten bei einer grenzüberschreitenden Steuergestaltung. Was hat er zu beachten?	Antwort: X hat zu prüfen, ob ihm als sog. Intermediär die Verpflichtung nach § 138 f. Abs. 1 AO obliegt, die Steuergestaltung anzuzeigen.
Was ist ein Intermediär?	Intermediär ist, wer eine grenzüberschreitende Steuergestaltung vermarktet, für Dritte konzipiert, organisiert oder zur Nutzung bereitstellt oder ihre Umsetzung durch Dritte verwaltet (vgl. § 138d Abs. 1 AO).
Wo und wann wäre die Anzeige ggf. zu erstatten?	Die Anzeige erfolgt gegenüber dem Bundeszentralamt für Steuern (Abs. 1) und ist innerhalb von 30 Tagen zu erstatten (Abs. 2).
Wo ist die Auskunftspflicht für Steuerberater im Gesetz geregelt?	Eine Auskunftspflicht kann sich aus § 93 Abs. 1 Satz 1 und 3 AO ergeben. Auch Steuerberater sind „andere Personen". Diese Pflicht besteht jedoch nur subsidiär gegenüber den Beteiligten.
Wo ist der Begriff „Beteiligter" im Gesetz geregelt?	In § 78 AO ist der Begriff „Beteiligte" definiert.
Kann der Steuerberater sich auf sein Auskunftsverweigerungsrecht berufen und die Anzeige nach §§ 138d AO unterlassen?	Steuerberater können gemäß § 102 Abs. 1 Nr. 3b AO Auskünfte verweigern über das, was ihnen in dieser Eigenschaft anvertraut worden oder bekannt geworden ist. Allerdings wird das Auskunftsrecht weitgehend bei der Meldepflicht grenzüberschreitender Steuergestaltungen ausgehebelt (vgl. § 102 Abs. 4 Satz 3 AO).
Was wäre, wenn Ihr Mandant Ihnen mit Hinweis auf Ihre Verschwiegenheit eine solche Mitteilung nicht gestattet?	In diesem Fall bleibt die Anzeigepflicht des Steuerberaters bestehen. Lediglich hinsichtlich weniger Angaben (vgl. § 138 f. Abs. 6 Satz 2 AO) kann der Steuerberater dann keine Angaben machen. Die Anzeigepflicht dieser Angaben geht jedoch dann auf den Mandanten als sog. Nutzer über (§ 138 f. Abs. 6 Satz 1 AO).
Wie erfährt der Mandant über die Anzeige seines Steuerberaters?	Der Steuerberater hat den Mandanten über die Anzeige und den Inhalt der Anzeige gemäß § 138 f. Abs. 4 AO zu informieren.
Welche Konsequenzen können sich für den Steuerberater ergeben, wenn er eine Anzeige unterlässt?	Wenn der Steuerberater die Mitteilung vorsätzlich oder leichtfertig nicht erstattet, stellt dies eine Ordnungswidrigkeit dar und kann mit einer Geldbuße bis zu 25.000 € geahndet werden (vgl. § 379 Abs. 2 Nr. 1e, Abs. 7 AO). Die örtlich zuständige Finanzbehörde informiert über die Pflichtverletzung das Bundesamt für Steuern, welches über die Verfolgung der Ordnungswidrigkeit nach pflichtgemäßem Ermessen entscheidet.

(Fortsetzung)

Tab. 2.73 (Fortsetzung)

Frage:	Antwort:
Steuerberater X berät seinem Mandanten bei einer grenzüberschreitenden Steuergestaltung. Was hat er zu beachten?	X hat zu prüfen, ob ihm als sog. Intermediär die Verpflichtung nach § 138 f. Abs. 1 AO obliegt, die Steuergestaltung anzuzeigen.
Besteht für den Steuerberater auch eine Anzeigepflicht, wenn bereits ein anderer Intermediär (z. B. eine Bank oder ein anderer Berater) eine Anzeige gegenüber dem Bundesamt für Steuern getätigt hat?	Nach § 138 f. AO Abs. 3 Satz 2 AO kann ein Intermediär auch gegenüber einem anderen Intermediär eine Anzeige erstatten, wenn ihm dieser bekannt ist.

Tab. 2.74 Finanzverwaltung I: Verdeckte Einlage. KStG, EStG

Frage:	Antwort:
A hat Daimler Aktien (Streubesitz). Die Aktien legt er in die A-GmbH ein. A hält sämtliche Geschäftsanteile an der A-GmbH. Was ist hier steuerlich zu prüfen?	Es liegt eine verdeckte Einlage vor (vgl. R. 89. (1) KStR). A hat als Gesellschafter seiner Kapitalgesellschaft einen einlagefähigen Vermögensvorteil (Aktien) zugewendet. Die Zuwendung ist gesellschaftlich veranlasst, weil ein fremder Dritter eine unentgeltliche Zuwendung nicht getätigt hätte.
Was würde sich ändern, wenn nicht der A, sondern dessen Ehefrau die Aktien übertragen hätte?	Eine verdeckte Einlage kann auch von einer nahestehenden Person getätigt werden. Eine nahestehende Person kann insbesondere durch eine familienrechtliche Beziehung entstehen (vgl. H 8.9 bzw. H 8.5 III „Kreis der nahestehenden Personen" KStR). Es würde somit auch eine verdeckte Einlage vorliegen.
Welche steuerlichen Folgen ergeben sich hierdurch für A?	Zunächst erhöhen sich für A die Anschaffungskosten auf seine Beteiligung (§ 6 Abs. 6 Satz 2 EStG). Dies hat zunächst keine Auswirkungen. Jedoch würde dies im Falle eines späteren Verkaufes der Beteiligung die Höhe seines nach § 17 Abs. 2 EStG steuerpflichtigen Gewinnes mindern.
Welche steuerliche Folge ergibt sich noch bei A?	Die verdeckte Einlage wird gemäß § 20 Abs. 2 Satz 2 i. V. m. Satz 1 Nr. 1 EStG einer Veräußerung der Streubesitzaktien gleichgestellt. Der fiktive Veräußerungsgewinn unterliegt grundsätzlich nach § 32d Abs. 1 EStG der Abgeltungsteuer von 25 % sowie dem Solidaritätszuschlag.
Wie hoch ist dann dieser „Veräußerungsgewinn"?	Mangels gezahltem Veräußerungspreis würde gemäß § 20 Abs. 4 Satz 2 EStG der gemeine Wert als Maßstab herangezogen werden. Veräußerungsgewinn wäre als der gemeine Wert der Beteiligung abzüglich der Aufwendungen im Zusammenhang mit der Veräußerung und den Anschaffungskosten der Beteiligung.

(Fortsetzung)

2.13 Prüfung 13

Tab. 2.74 (Fortsetzung)

Frage:	Antwort:
A hat Daimler Aktien (Streubesitz). Die Aktien legt er in die A-GmbH ein. A hält sämtliche Geschäftsanteile an der A-GmbH. Was ist hier steuerlich zu prüfen?	Es liegt eine verdeckte Einlage vor (vgl. R. 89. (1) KStR). A hat als Gesellschafter seiner Kapitalgesellschaft einen einlagefähigen Vermögensvorteil (Aktien) zugewendet. Die Zuwendung ist gesellschaftlich veranlasst, weil ein fremder Dritter eine unentgeltliche Zuwendung nicht getätigt hätte.
Welche Fälle kennen Sie noch, in welchen eine verdeckte Einlage zu einer fiktiven Veräußerung führt?	Hier ist insbesondere § 17 Abs. 1 Satz 2 EStG anzusprechen, wonach die verdeckte Einlage einer wesentlichen Beteiligung an einer Kapitalgesellschaft einer Veräußerung gleichgestellt wird. Zudem ist § 23 Abs. 1 Satz 5 Nr. 2 EStG zu erwähnen, in welchen ein Grundstück innerhalb von 10 Jahren seit der Anschaffung in eine Kapitalgesellschaft verdeckt eingelegt wird.
Welche Folgen ergeben sich bei der A-GmbH?	Die Einlage darf den steuerlichen Gewinn nicht erhöhen (§ 8 Abs. 3 Satz 3 KStG). Zudem ist das steuerliche Einlagekonto zu erhöhen (§ 27 Abs. 1 Satz 1 KStG).

Tab. 2.75 Vertreter der Wirtschaft: Europäisches Recht. Europarecht

Frage:	Antwort:
Was verstehen Sie im Allgemeinen unter dem primären und sekundären (EU-)Gemeinschaftsrecht?	Rechtsakte des Primärrechtes sind Vereinbarungen, die unmittelbar zwischen den Mitgliedstaaten ausgehandelt werden. Auf der Basis des Primärrechtes beschließen das Europäische Parlament und der EU-Ministerrat die europäischen Gesetze – das Sekundärrecht.
Was ist konkret das primäre Gemeinschaftsrecht?	Die Gründungsverträge der Europäischen Gemeinschaften sowie der Vertrag über die Europäische Union gehören zum Primärrecht.
Was ist konkret das sekundäre Gemeinschaftsrecht?	Zum sog. sekundären Gemeinschaftsrecht gehören die Verordnungen, die Richtlinien, Entscheidungen und Empfehlungen.
Wie unterscheiden sich Verordnungen von Richtlinien?	Verordnungen werden nach ihrer Verabschiedung direkt in allen Mitgliedstaaten gültig. Sie sind rechtlich verbindlich, ohne dass es nationaler Umsetzungsmaßnahmen bedürfte. Richtlinien müssen von den Mitgliedstaaten in nationales Recht umgesetzt werden.

(Fortsetzung)

Tab. 2.75 (Fortsetzung)

Frage:	Antwort:
Was verstehen Sie im Allgemeinen unter dem primären und sekundären (EU-)Gemeinschaftsrecht?	Rechtsakte des Primärrechtes sind Vereinbarungen, die unmittelbar zwischen den Mitgliedstaaten ausgehandelt werden. Auf der Basis des Primärrechtes beschließen das Europäische Parlament und der EU-Ministerrat die europäischen Gesetze – das Sekundärrecht.
Kann sich ein EU-Bürger auf eine nicht in nationales Recht umgesetzte Richtlinie berufen?	Grundsätzlich gelten Richtlinien nicht für den Bürger. Jedoch können Richtlinien ausnahmsweise unmittelbar für den Bürger anwendbar sein, wenn sie von dem jeweiligen Mitgliedstaat nicht oder nicht ordnungsgemäß umgesetzt wurden und die Bestimmung der Richtlinie inhaltlich unbedingt und hinreichend genau sind. Der EuGH begründet dies mit dem Verbot des widersprüchlichen Verhaltens, wonach Mitgliedstaaten verwehrt ist, sich gegenüber einzelnen Bürgern mit der Verletzung von gemeinschaftsrechtlichen Pflichten zu verteidigen.
Muss sich ein EU-Bürger bei Gericht oder nationalen Behörden auf die unmittelbare Anwendung einer (nicht umgesetzten) EU-Richtlinie berufen?	Nein. Gerichte und Behörden haben die Richtlinie als geltendes Recht zu beachten. Der Einzelne braucht sich nicht auf die unmittelbare Anwendbarkeit berufen, da die Richtlinien von Amts wegen von den Gerichten und der Verwaltung zu beachten sind.
Welche Richtlinien kennen Sie im Steuerrecht?	Es gibt eine Vielzahl von Richtlinien auf dem Gebiet des Steuerrechtes. Insbesondere gibt es die Fusionsrichtlinie, die Mutter- und Tochterrichtlinie, die Zinsrichtlinie, die Mehrwertsteuerrichtlinie, die Richtlinie zur verschärften Meldepflicht (DAC 6) und andere.

Tab. 2.76 Finanzverwaltung II: Gewerbliche oder sonstige Einkünfte. EStG

Frage: A vermietet seinen PKW an seinen Nachbarn N, damit er seine Verwandten in der Türkei dreimal im Jahr besuchen kann. Im Jahr 2022 erwirtschaftet A hieraus einen Gewinn von 400 €.	
A möchte von Ihnen wissen, ob er diesen Gewinn in seiner Einkommensteuererklärung angeben muss. Welche Einkunftsart prüfen Sie zuerst? Prüfen Sie bitte systematisch die Tatbestandsmerkmale!	Antwort: Zunächst wäre zu prüfen, ob A gewerbliche Einkünfte nach § 15 Abs. 1 Nr. 1 EStG hat. Hier sind die Tatbestandsmerkmale für einen Gewerbebetrieb im Sinne des § 15 Abs. 2 EStG zu prüfen. Die Tätigkeit des A ist wohl nachhaltig, da er seit mehreren Jahren den PKW vermietet. Da er einen Gewinn erwirtschaftet, ist auch von einer Gewinnerzielungsabsicht auszugehen. Fraglich ist aber, ob A sich am allgemeinen wirtschaftlichen Verkehr beteiligt. Eine solche Betätigung kann zwar auch bei einem Vertragspartner vorliegen. Dann muss aber die Tätigkeit nach Art und Umfang dem Bild einer unternehmerischen Marktteilnahme entsprechen. Dies ist wohl eher hier nicht der Fall.
Welche Einkünfte liegen vor, wenn keine gewerblichen Einkünfte zu bejahen sind?	Liegen keine gewerblichen Einkünfte vor, so liegen sonstige Einkünfte nach § 22 Nr. 3 EStG vor. Die Vermietung beweglicher Gegenstände sind dort als Einkünfte aus Leistungen im Sinne des § 22 Nr. 3 EStG explizit genannt. Der Gewinn ist in voller Höhe steuerpflichtig.
Was wäre, wenn der Gewinn nur 200 € betragen würde?	In diesem Fall müsste A die Einkünfte nicht in seiner Steuererklärung angeben. Nach § 22 Nr. 3 Satz 2 EStG besteht eine Freigrenze von 256 €, sodass keine steuerpflichtigen Einnahmen vorliegen.
Worin besteht der der Unterschied zwischen einer Freigrenze und einem Freibetrag?	Bei einem Freibetrag wird der volle Betrag steuerpflichtig, ohne dass ein Abzug mehr möglich ist. Bei einem Freibetrag kann der Steuerabzug auch vorgenommen werden, wenn der fragliche Betrag überschritten wird.
Wo gibt es noch weitere Freigrenzen im Ertragssteuerrecht?	In § 4 Abs. 5 Nr. 1 EStG gilt für Einzelgeschenke eine Freigrenze von 35 €. Auch die Steuerbefreiung von 50 € für Sachbezüge nach § 8 Abs. 2 Satz 11 EStG stellt eine Freigrenze dar. Ferner wäre auch im Rahmen der Zinsschrankenregelung noch die Freigrenze von 3 Mio. Euro nach § 4h Abs. 2 a) EStG zu nennen.
Weshalb sind Einkünfte nach § 22 Nr. 3 EStG nachrangig gegenüber gewerblichen Einkünften?	In § 22 Nr. 3 Satz 1 EStG ist erwähnt, dass alle anderen Einkünfte vorrangig sind.
Kann A etwaige Verluste aus § 22 Nr. 3 EStG mit anderen Einkünften verrechnen?	A kann diese Verluste ausschließlich mit positiven Einkünften nach § 22 Nr. 3 EStG verrechnen (vgl. § 22 Nr. 3 Satz 3 und 4 EStG).

(Fortsetzung)

Tab. 2.77 Vertreter des Berufsstandes II: Dividenden und Veräußerung einer Beteiligung. KStG

Frage:	
Die M-AG hat eine 20 %ige Beteiligung an der T-GmbH. Die Beteiligung wurde vor 3 Jahren für 500 TE erworben. Der Vorstand der M-AG teilt mit, dass die Beteiligung im Jahr 2022 für 400 TE verkauft wurde. Die Notariatskosten betrugen 10 TE.	Antwort:
Wie wird der Vorgang handelsrechtlich verbucht?	Die Beteiligung ist ein nicht abnutzbares Wirtschaftsgut und steht deshalb noch mit 500 TE in den Büchern. Handelsrechtlich entsteht ein Verlust von 110 TE. Forderung 400 TE/Aufwand 110 TE an Beteiligung 500 TE/Kasse 10 TE
Wie ist der Vorgang steuerlich zu behandeln?	Steuerlich ist der Verlust nach § 8 b Abs. 3 Satz 3 KStG i. V. m. § 8 b Abs. 2 KStG zu korrigieren. Außerbilanziell muss der Gewinn für steuerliche Zwecke um 110 TE wieder erhöht werden. Die Veräußerungskosten erhöhen den Veräußerungsverlust (vgl. § 8 b Abs. 2 Satz 2 KStG). Eine 5 %ige Kürzung der Hinzurechnung erfolgt nicht.
Wie wäre der Fall, wenn die Beteiligung an der T-GmbH vollständig außerplanmäßig abgeschrieben worden wäre, weil die T-GmbH insolvent ist?	Der handelsrechtliche Verlust von 500 TE müsste außerbilanziell um 500 TE nach § 8 b Abs. 3 Satz 3 KStG wieder erhöht werden.
Was würde gelten, wenn die M-AG wegen einer Bürgschaft zugunsten der T-GmbH in Höhe von 100 TE vom Gläubiger der T-GmbH in Anspruch genommen worden wäre?	Gemäß § 8 b Abs. 3 Satz 4 KStG dürfen auch Gewinnminderungen im Zusammenhang mit der Inanspruchnahme aus einer Sicherheit für die Tochtergesellschaft steuerlich nicht gekürzt werden. Insoweit besteht jedoch die Besonderheit, dass die M-AG keine Beteiligung von mehr als einem Viertel hält, sondern lediglich über 20 % verfügt. Aus diesem Grund ist der handelsrechtliche Aufwand aus der Bürgschaftsinanspruchnahme steuerlich zu übernehmen.
Wie wäre der Sachverhalt in steuerlicher Hinsicht zu würdigen, wenn die T-GmbH Bruttodividenden von 10 TE an die M-AG zahlen würde?	In diesem Fall würde die Dividende gemäß § 8 b Abs. 1 Satz 1 KStG i. V. m. § 8 b Abs. 5 Satz 1 KStG zu 95 % (9500 €) den steuerlichen Gewinn erhöhen.
Was wäre, wenn die T-GmbH im Ausland ansässig wäre und die Dividendenzahlung den steuerlichen Gewinn der T-GmbH reduziert hat?	Dann würde gemäß § 8 b Abs. 1 Satz 2 KStG auch die steuerliche Befreiung nicht greifen. Der handelsrechtliche Dividendenertrag würde steuerlich übernommen werden. Es kommt zu keinen außerbilanziellen Kürzungen.

2.13 Prüfung 13

Tab. 2.78 Vorsitzende der Prüfungskommission: Rechtsformwechsel. UmwStG, KStG, EStG

Frage: A ist als Kommanditist zu 100 % am Ergebnis und Vermögen der A-GmbH & Co KG beteiligt. Komplementärin ist die A-GmbH, die nicht am Vermögen und Ergebnis beteiligt ist. A ist der einzige Gesellschafter der A-GmbH. Als Steuerberater der Gesellschaft kommen Sie zum Ergebnis, dass eine Kapitalgesellschaft steuerlich besser wäre als eine Kommanditgesellschaft.	Antwort:
Welche Wege kämen in Betracht, um dies zu erreichen? Die Aufdeckung stiller Reserven soll aber verhindert werden.	Seit dem 31.12.2021 besteht die Möglichkeit, dass die Gesellschafter der A-GmbH & Co KG gemäß § 1 a KStG die Besteuerung der Gesellschaft als Kapitalgesellschaft beantragen können.
Was käme noch in Betracht?	Denkbar wäre auch ein Rechtsformwechsel nach § 9 i. V. m. §§ 3 ff. UmwStG. Auch insoweit könnte durch Buchwertansatz eine Aufdeckung stiller Reserven verhindert werden. Zivilrechtlich würde dann rechtlich eine Kapitalgesellschaft bestehen.
Der Mandant möchte von Ihnen wissen, ob der Rechtsformwechsel oder der Antrag nach § 1 a KStG steuerlich vorzugswürdig ist. Was würden Sie antworten?	Da die Option zur steuerlichen Behandlung als Kapitalgesellschaft nach § 1 a KStG in steuerlicher Hinsicht wie ein Rechtsformwechsel abläuft, ergibt sich hieraus kein Unterschied.
Was könnte der Mandant noch tun, um sein Ziel zu erreichen?	Denkbar wäre auch, dass der A seine Kommanditbeteiligung in die A-GmbH einbringt und im Gegenzug hierfür von der A-GmbH neue Anteile erhält (vgl. § 20 UmwStG). Da die KG durch die Einbringung lediglich einen Gesellschafter (die A-GmbH) hat, würde das Vermögen der KG auf die A-GmbH anwachsen (Rechtsgedanke § 738 BGB). Diese Vorgehensweise nennt man das sog. erweiterte Anwachsungsmodell. Auch durch diese Vorgehensweise könnte eine Aufdeckung stiller Reserven verhindert werden.
Wann wäre denn eine Kapitalgesellschaft im Vergleich zu einer Personengesellschaft in steuerlicher Hinsicht regelmäßig vorzugswürdig?	Das wäre vor allen dann der Fall, wenn die Gewinne in der Gesellschaft verbleiben sollen oder die Gewinne reinvestiert werden. Mangels Ausschüttung würde es dann zu keiner Besteuerung bei den Anteilseignern kommen. Bei einer Personengesellschaft besteht diese Möglichkeit grundsätzlich nicht. Lediglich die Thesaurierungsbegünstigung nach § 34 a EStG versucht, diesen Nachteil der Personengesellschaft zu kompensieren. Insbesondere wegen der Nachversteuerung und der Komplexität der Norm spielt die Thesaurierungsbegünstigung nach § 34 a EStG in der Praxis aber nur eine untergeordnete Rolle.

2.14 Prüfung 14 – Spiegelbildtheorie; Mitarbeiterbeteiligung; Ausschlagung der Erbschaft und Anfechtung; Strafverfolgungsverjährung und Strafermittlung durch das Finanzamt; Unternehmensbewertung; Zulässigkeit einer finanzgerichtlichen Klage (Tab. 2.79, 2.80, 2.81, 2.82, 2.83 und 2.84)

Tab. 2.79 Vertreter des Berufsstandes I: Spiegelbildtheorie. EStG, UStG, KStG, GewStG

Frage: Die X-GmbH & Co KG hat ein Grundstück. Komplementärin (0 %) ist die K-GmbH und Kommanditistin (100 %) die T-GmbH. Die Anteile an der T-GmbH wiederum werden von der M-GmbH (100 %) gehalten.	Antwort:
Die X-GmbH & Co KG veräußert ihr Grundstück. Welche Einkünfte hat die Gesellschaft?	Es wäre zunächst zu klären, ob es sich um eine gewerbliche bzw. gewerblich geprägte oder um eine vermögensverwaltende Personengesellschaft handelt. Im ersteren Fall liegen laufende gewerbliche Einkünfte vor. Ansonsten liegen ggf. private Veräußerungsgewinne nach § 23 Abs. 1 Nr. 1 EStG vor.
Wann wäre ggf. die X-GmbH & Co KG nicht gewerblich geprägt?	Dies könnte z. B. dann der Fall sein, wenn die X-GmbH & Co KG die Kommanditistin (T-GmbH) in die Geschäftsführung eingebunden hat.
Wo ist die gewerbliche Prägung im Gesetz geregelt?	Die Voraussetzungen der gewerblichgeprägten Personengesellschaft sind in § 15 Abs. 3 Nr. 2 EStG geregelt.
Die X-GmbH und Co KG überweist den Gewinn aus der Grundstücksveräußerung an die T-GmbH. Wie wird dies bei der T-GmbH handelsrechtlich gebucht?	In der Handelsbilanz weist die T-GmbH eine Beteiligung an der KG aus. Der zugeleitete Gewinn aus der Grundstücksveräußerung ist bei der T-GmbH ein Beteiligungsertrag.
Wie würde der Vorgang steuerlich bei der T-GmbH abgebildet werden?	Steuerlich würden die Ergebnisse aus den Kapitalkonten bzw. der Anteil am einheitlichen und gesonderten Gewinn bei der T-GmbH erfasst werden. Es kommt folglich zu einer Abweichung von Steuer- und Handelsbilanz.
Welcher steuerliche Begriff fällt Ihnen für diese steuerliche Vorgehensweise ein?	Das Steuerrecht nennt diese Vorgehensweise Spiegelbildtheorie.
Wie ist die Veräußerung des Grundstücks bei der X-GmbH & Co umsatzsteuerlich zu erfassen?	Es liegt eine steuerbare Lieferung vor, die jedoch grundsätzlich nach § 4 Nr. 9a UStG umsatzsteuerfrei ist.
Ist die Umsatzsteuerfreiheit zwingend?	Nein. Nach § 9 Abs. 1 UStG kann auf die Umsatzsteuerbefreiung verzichtet werden, wenn die Lieferung an einen Unternehmer für dessen Unternehmen erfolgt.
Wie müsste die Umsatzsteuerbefreiung erfolgen?	Dies müsste nach § 9 Abs. 3 UStG im Grundstückskaufvertrag erfolgen.

(Fortsetzung)

Tab. 2.79 (Fortsetzung)

Frage: Die X-GmbH & Co KG hat ein Grundstück. Komplementärin (0 %) ist die K-GmbH und Kommanditistin (100 %) die T-GmbH. Die Anteile an der T-GmbH wiederum werden von der M-GmbH (100 %) gehalten.	
	Antwort:
Die T-GmbH möchte nun den Gewinn an die M-GmbH weiterleiten. Wie geht das?	Die M-GmbH müsste einen entsprechenden Gewinnausschüttungsbeschluss fassen.
Wie sind die Dividenden bei der M-GmbH zu versteuern?	Gemäß § 8b Abs. 1 i. V. m. Abs. 5 KStG sind 95 % der Dividenden steuerfrei. Entsprechendes gilt über § 7 GewStG für die Gewerbesteuer.
Muss die T-GmbH trotz der weitgehenden Steuerfreiheit Kapitalertragsteuer einbehalten?	Ja. Die Verpflichtung zur Einbehaltung der Kapitalertragsteuer gilt grundsätzlich unabhängig von einer etwaigen Steuerbefreiung des Dividendenempfängers.
Was passiert bei der M-GmbH mit der Kapitalertragsteuer?	Die bereits entrichtete Kapitalertragsteuer wird bei der Steuerschuld der M-GmbH angerechnet.
Wie könnte die 5 %ige Steuerbelastung bei der Gewinnweiterleitung verhindert werden?	Denkbar wäre die Gründung einer ertragsteuerlichen Organschaft zwischen den Gesellschaften oder eine Verschmelzung der Gesellschaften. Denkbar wäre auch, dass die T-GmbH die Gewinne als Darlehen an die M-GmbH weitergibt.

Tab. 2.80 Finanzverwaltung I: Mitarbeiterbeteiligung. EStG, GmbHG, BewG

Frage: Die zwei Gründer einer Start-Up GmbH möchten ausgewählte Mitarbeiter an das Unternehmen binden und am Erfolg des Unternehmens beteiligen.	
	Antwort:
Welche grundsätzlichen Möglichkeiten kommen hier in Betracht?	Hier sind vor allem zu nennen: Tantiemen (bzw. Bonus), Einräumung einer stillen Beteiligung, Gewährung von Gesellschaftsanteilen, virtuelle Beteiligung am Unternehmen (sog. Phantom Shares) und die Unterbeteiligung.
Was genau versteht man unter Phantom Shares?	Bei Phantom Shares handelt es sich um keine echte Beteiligung (Aktien oder GmbH-Anteile). Die Mitarbeiter werden aber schuldrechtlich so gestellt, wie wenn sie direkt am Unternehmen beteiligt sind. Sie erhalten demnach bei Ausschüttung oder Verkauf des Unternehmens eine Geldzahlung.
Welche Einkünfte haben die Mitarbeiter aus den sog. Phantom Shares?	Es handelt sich um Einkünfte aus nicht selbstständiger Tätigkeit nach § 19 Abs. 1 EStG, die dem Lohnsteuerabzug unterliegen.

(Fortsetzung)

Tab. 2.80 (Fortsetzung)

Frage: Die zwei Gründer einer Start-Up GmbH möchten ausgewählte Mitarbeiter an das Unternehmen binden und am Erfolg des Unternehmens beteiligen.	Antwort:
Die Gründer wollen im Jahr 2022 zehn Mitarbeiter direkt ohne Gegenleistung mit jeweils 1 % am Stammkapital beteiligen. Ist dieser Vorgang im Jahr 2022 steuerpflichtig?	Grundsätzlich gilt auch für diesen Sachbezug im Rahmen des § 19 EStG das Zuflussprinzip. Allerdings ermöglicht es § 19a EStG, den Besteuerungszeitpunkt in die Zukunft zu verschieben.
Warum hat der Gesetzgeber eine solche Verschiebung der Versteuerung im Gesetz aufgenommen?	Durch die Regelung soll verhindert werden, dass Mitarbeiter Steuern zahlen müssen, obgleich sie noch keinen Zufluss von Liquidität haben. Durch § 19a EStG soll die Steuer anfallen, wenn die Mitarbeiter die Liquidität aus diesem Vermögensvorteil erhalten.
Gilt § 19a EStG für alle Unternehmen?	Nach § 19a Abs. 3 EStG gilt die zinslose Besteuerung nur für Unternehmen, deren Gründung nicht länger als 12 Jahre zurückliegt und bestimmte Größenklassen (vgl. Art. 2 des Anhangs der Empfehlung der Kommission) nicht überschritten sind.
Wann kommt es bei Anwendung des § 19a EStG zur Besteuerung?	Dies ist spätestens nach 12 Jahren der Fall. Die Besteuerung findet früher statt, wenn der Arbeitnehmer aus dem Arbeitsverhältnis ausscheidet oder die Beteiligung (sog. Exit) veräußert (vgl. § 19a Abs. 4 EStG).
Die Gründer überlegen, ob es nicht Sinn macht, dass eine Gründer-GbR einen Teil der GmbH Anteile hält und die GbR die GmbH Anteile dann unentgeltlich an die Mitarbeiter überträgt. Würde auch dann § 19a EStG gelten?	Nach § 19a Abs. 1 Satz 2 EStG ist auch hier ein Hinausschieben der Steuerschuld möglich.
Welcher Vorteil besteht durch das Vorschalten einer solchen GbR?	Der Einstieg eines Investors ist hierdurch erleichtert, da er nicht mit allen Arbeitnehmern einzeln verhandeln muss. Ferner bedarf die Übertragung der GbR Anteile keiner besonderen Form, während die Übertragung der GmbH Anteile nach § 15 Abs. 3 GmbHG der notariellen Beurkundung bedürfen.
Welcher Wert würde für die Beteiligung bei der späteren Besteuerung herangezogen werden? Welche Vorschriften wären anwendbar?	Nach § 19a Abs. 4 EStG ist der gemeine Wert maßgeblich. Die Einzelheiten ergeben sich dann aus § 11 Abs. 2 BewG.
Wie könnte der Mitarbeiter bereits frühzeitig Sicherheit darüber erlangen, wie hoch der Wert, der für die Besteuerung zugrunde gelegt wird, ist?	Die Mitarbeiter haben die Möglichkeit, im Rahmen einer Lohnsteueranrufungsauskunft nach § 19a Abs. 5 i. V. m. § 42e EStG die Wertbestimmung verbindlich feststellen zu lassen.
Gibt es für die Mitarbeiter weitere steuerliche Begünstigungen für Mitarbeiterbeteiligungen?	Den Mitarbeitern steht jedes Jahr ein steuerlicher Freibetrag von 1440 € zu, wenn die Voraussetzungen des § 3 Nr. 39 EStG erfüllt sind.

2.14 Prüfung 14

Tab. 2.81 Vertreter der Wirtschaft: Ausschlagung der Erbschaft und Anfechtung. BGB, HGB

Frage: A hat von seinem Vater geerbt. 3 Wochen nach Testamentseröffnung verfasst er einen Brief an das Nachlassgericht, in welchem er mitteilt, wegen der hohen Verschuldung des Nachlasses nicht erben zu wollen.	Antwort:
Wird man grundsätzlich auch Erbe, ohne die Erbschaft anzunehmen?	Im deutschen Erbrecht tritt nach § 1922 BGB der Erbe automatisch in die Rechtsposition des Erblassers. Hierzu gehören auch die Verbindlichkeiten (vgl. § 1967 BGB). Einer Annahme der Erbschaft bedarf es nicht.
Wie nennt man dieses Prinzip der Gesamtrechtsnachfolge noch?	Im Zivilrecht ist hier die Bezeichnung Universalsukzession gebräuchlich.
Welche Folge zieht es nach sich, wenn der Erbe dennoch die Erbschaft annimmt?	Das bedeutet lediglich, dass der Erbe sein Ausschlagungsrecht verliert (vgl. § 1943 BGB).
Hat A mit seinem Brief fristgerecht ausgeschlagen?	Zunächst hat A binnen 6 Wochen nach der Testamentseröffnung ausgeschlagen (§ 1944 Abs. 1 und 2 BGB).
Hat er auch formwirksam ausgeschlagen?	Da A die Ausschlagung nicht bei Gericht zu Protokoll gegeben hat, wäre dies nur der Fall gewesen, wenn A die versendete Erklärung in öffentlich beglaubigter Form abgegeben hat.
Was bedeutet öffentliche Beglaubigung?	Gemäß § 129 BGB bedeutet öffentliche Beglaubigung Schriftform und Beglaubigung der Unterschrift durch einen Notar. Dies ist aber nicht erfolgt.
Ist öffentliche Beglaubigung und öffentliche Beurkundung durch einen Notar das Gleiche?	In der öffentlichen Beglaubigung überzeugt sich der Notar nur von der Urheberschaft der Unterschrift. In der Beurkundung geht es auch um die inhaltliche Erklärung und Belehrung des Inhaltes. Der Notar liest den Inhalt vor und muss das Beurkundungsgesetz beachten.
Wer erbt, wenn A wirksam ausschlägt?	Die Ausschlagung wirkt rückwirkend (§ 1953 Abs. 1 BGB). Sofern im Testament kein Ersatzerbe genannt ist, wird für die Erbfolge unterstellt, dass A im Erbfall nicht gelebt hätte.
Was wäre, wenn A wirksam ausgeschlagen hat, jedoch 2 Wochen später merkt, dass der Nachlass doch nicht überschuldet war?	Es besteht die Möglichkeit, die Anfechtung nach § 119 Abs. 2 BGB zu erklären. Die Überschuldung des Nachlasses stellt eine verkehrswesentliche Eigenschaft dar.
Wie lange hat A für die Anfechtung Zeit?	Abweichend von § 121 BGB gilt nach § 1954 Abs. 1 BGB eine sechswöchige Frist. A kann also noch fristgerecht anfechten.

(Fortsetzung)

Tab. 2.81 (Fortsetzung)

Frage: A hat von seinem Vater geerbt. 3 Wochen nach Testamentseröffnung verfasst er einen Brief an das Nachlassgericht, in welchem er mitteilt, wegen der hohen Verschuldung des Nachlasses nicht erben zu wollen.	Antwort:
Angenommen A hat auch diese Frist verpasst. Welche Möglichkeit hat er noch, sich dem Zugriff der Gläubiger des Erblassers zu erwehren?	Für A besteht noch die Möglichkeit, einen Antrag auf Eröffnung eines Nachlassinsolvenzverfahrens nach §§ 1975 i. V. m. 1980 zu stellen. In diesem Fall bleibt A zwar Erbe, jedoch kann er den Zugriff der Gläubiger auf das Nachlassvermögen beschränken. Sein übriges Vermögen bleibt vom Zugriff der Altgläubiger verschont.
Was würde passieren, wenn A ein Handelsunternehmen erben würde und den bisherigen Firmennamen auch nach dem Erbfall fortführt?	In diesem Fall kann A gemäß § 27 HGB die Möglichkeit verlieren, den Gläubigern des Erblassers den Zugriff auf sein Vermögen zu verwehren, wenn er mindestens 3 Monate den Betrieb fortführt.

Tab. 2.82 Finanzverwaltung II: Strafverfolgungsverjährung und Strafermittlung durch das Finanzamt. AO, StGB, StPO

Frage: Der Steuerpflichtige X kommt in Ihre Kanzlei und teilt ihnen mit, dass er vor 8 Jahren Steuern hinterzogen hat. Er möchte wissen, ob er noch mit einer Strafverfolgung rechnen muss.	Antwort:
Welche Art der Verjährung spricht X hier an?	Es geht um die sog. Strafverfolgungsverjährung.
Welche anderen Verjährungen im Steuerrecht sind von der Strafverfolgungsverjährung zu unterscheiden?	Hiervon zu unterscheiden ist die Festsetzungsverjährung (§§ 169 ff. AO) und die Zahlungsverjährung (§§ 228 ff. AO)
Wie unterscheidet sich die Festsetzungsverjährung von der Zahlungsverjährung?	Die Festsetzungsverjährung begrenzt die Zeitdauer der Steuerfestsetzung, während die Zahlungsverjährung die Verjährung nach Steuerfestsetzung meint.
Wo ist die Strafverfolgungsverjährung für Steuerhinterziehung geregelt?	Über § 385 AO richtet sich die Verjährung nach dem StGB. Im StGB ist die Strafverfolgungsverjährungsfrist in § 78 StGB geregelt.
Wie lange ist dann die Verjährungsfrist für Steuerhinterziehung?	Da eine Steuerhinterziehung nach § 370 AO im Höchstmaß mit 5 Jahren bestraft wird, beträgt die Verfolgungsverjährungsfrist nach § 78 Abs. 3 Nr. 4 StGB 5 Jahre.

(Fortsetzung)

2.14 Prüfung 14

Tab. 2.82 (Fortsetzung)

Frage: Der Steuerpflichtige X kommt in Ihre Kanzlei und teilt ihnen mit, dass er vor 8 Jahren Steuern hinterzogen hat. Er möchte wissen, ob er noch mit einer Strafverfolgung rechnen muss.	Antwort:
Kann die Strafverfolgungsverjährung auch in besonderen Fällen länger sein?	Grundsätzlich haben Verschärfungen oder Milderungen keinen Einfluss auf die Verjährungsdauer (vgl. § 78 Abs. 4 StGB). Hiervon abweichend sieht jedoch § 376 AO bei besonders schwerer Steuerhinterziehung eine Verjährungsfrist von 15 Jahren vor.
Wann beginnt typischerweise die Strafverfolgungsverjährung bei Steuerhinterziehung?	Gemäß § 78a StGB beginnt die Verjährung mit Vollendung der Tat. Dies ist in der Regel bei Erlass des Steuerbescheides der Fall.
X teilt Ihnen mit, dass das Finanzamt ein Ermittlungsverfahren eingeleitet hat. Ist das möglich?	Nach § 386 AO ist bei Steuerstraftaten neben der Staatsanwaltschaft auch die Finanzbehörde die zuständige Strafermittlungsbehörde.
Wie nennt sich die Abteilung des Finanzamtes, die hier ermittelt?	Diese Abteilung wird Bußgeld- und Strafsachenstelle genannt. Eine gesetzliche Regelung über diese Behörde gibt es nicht.
Welche Entscheidungsmöglichkeiten hat das Finanzamt, wenn es die Ermittlungen durchgeführt hat?	Das Finanzamt kann den Erlass eines Strafbefehles (§§ 400, 406 AO) beantragen, das Verfahren einstellen (§ 398 AO, §§ 153 ff., 170 Abs. 2 StPO) oder die Sache an die Staatsanwaltschaft abgeben (§ 386 Abs. 4 AO).
Können Sie als Steuerberater die Verteidigung Ihres Mandanten übernehmen?	Dies ist nach § 392 AO möglich, solange die Finanzbehörde die Strafermittlungen durchführt. Ermittelt die Staatanwaltschaft, besteht diese Möglichkeit nicht.
Im Laufe der Beratung erhält Ihr Mandant einen Anruf und erfährt, dass die Steuerfahndung bei ihm zu Hause ist. Wo ist die Steuerfahndung im Gesetz geregelt? Welche Aufgabe nimmt die Steuerfahndung hier wohl wahr?	Die Steuerfahndung ist in § 208 AO und in § 404 AO erwähnt. Nach § 404 AO hat die Steuerfahndung als interne Abteilung des Finanzamtes polizeiliche Befugnisse und unterliegt den Weisungen der Strafermittlungsbehörde.
Ist die Steuerfahndung ausschließlich im Strafbereich tätig?	Die Steuerfahndung hat eine Doppelstellung: Sie kann in der Strafermittlung unterstützen (§ 208 Abs. 1 Nr. 1 AO) und zudem im Veranlagungsverfahren unbekannte Sachverhalte aufklären (§ 208 Abs. 1 Nr. 3 AO).

Tab. 2.83 Vertreter des Berufsstandes II: Unternehmensbewertung. BewG, AStG, EStG

Frage: Wann kann es generell notwendig sein, den Wert eines Unternehmens zu ermitteln?	Antwort: Der Anlass kann sehr unterschiedlich sein. Insbesondere ist an den Verkauf des Unternehmens, die Ermittlung des Zugewinnausgleiches bei Scheidung oder die Wertermittlung für steuerliche Zwecke (z. B. Schenkung, Erbschaft) zu denken.
Können neben der Erbschaft- und Schenkungssteuer auch andere steuerliche Gründe bestehen, den Wert eines Unternehmens zu bestimmen?	Hier ist insbesondere die Wegzugsbesteuerung nach § 6 AStG oder die verdeckte Einlage nach § 17 Abs. 1 Satz 2 EStG zu nennen. In beiden Fällen muss der (gemeine) Wert des Anteils an einer Kapitalgesellschaft bestimmt werden.
Welche Unternehmensbewertungen sind für die Bewertung eines Unternehmens für erbschaftsteuerliche Zwecke zugelassen?	Hier ist insbesondere das vereinfachte Ertragswertverfahren zu nennen (§ 11 Abs. 2 Satz 4 BewG). Alternativ kommt jedoch auch nach § 11 Abs. 2 Satz 2 BewG vor allem das Ertragswertverfahren nach IDW S1 in Betracht. Auch anerkannt ist das Multiplikatorverfahren (z. B. bei Immobilienunternehmen) und das Substanzverfahren.
Welche Rolle spielt das Substanzwertverfahren im Steuerrecht?	Der Wert nach dem Substanzwertverfahren ist ein Mindestwert, der nicht unterschritten wird. Ist der Ertragswert geringer oder gar negativ, dann gilt als Unternehmenswert der Substanzwert (§ 11 Abs. 2 Satz 3 BewG).
Wo liegt vor allem der wesentliche Unterschied zwischen vereinfachten Ertragswertverfahren und dem Ertragswertverfahren nach IDW S 1?	Das vereinfachte Ertragswertverfahren ist vergangenheitsbezogen, während das IDW S 1 Verfahren die zukünftigen Jahre für die Wertbestimmung berücksichtigt. Das vereinfachte Ertragswertverfahren hat zudem einen festen Kapitalisierungsfaktor von 13,75 %, während beim IDW S 1 Verfahren der Kapitalisierungsfaktor unter Berücksichtigung von Branche und aktuellen Zinsverhältnissen individuell festgelegt wird.
Für welche Bewertungen ist das vereinfachte Ertragswertverfahren möglich?	Es gilt für die Wertbestimmung von Anteilen an Kapitalgesellschaften (§ 199 Abs. 1 BewG) sowie für die Wertermittlung eines Einzelunternehmens oder Anteils an einer (gewerblichen oder freiberuflichen) Personengesellschaft (§ 199 Abs. 2 BewG). Bei vermögensverwaltenden Personengesellschaften gilt das vereinfachte Ertragswertverfahren jedoch nicht.
Welche Jahre werden im vereinfachten Ertragswertverfahren regelmäßig berücksichtigt?	Dies sind in der Regel die 3 zurückliegenden vollständigen Wirtschaftsjahre. Das laufende Jahr, in welchem z. B. der Erbfall liegt, bleibt unberücksichtigt.

(Fortsetzung)

Tab. 2.83 (Fortsetzung)

Frage: Wann kann es generell notwendig sein, den Wert eines Unternehmens zu ermitteln?	Antwort: Der Anlass kann sehr unterschiedlich sein. Insbesondere ist an den Verkauf des Unternehmens, die Ermittlung des Zugewinnausgleiches bei Scheidung oder die Wertermittlung für steuerliche Zwecke (z. B. Schenkung, Erbschaft) zu denken.
Angenommen das zu beurteilende Unternehmen hat eine Beteiligung und hat im relevanten Wirtschaftsjahr hieraus eine Dividende erhalten? Wie wirkt sich das auf die Wertbestimmung aus?	Dividenden sind ebenso wie Ergebnisabführungen bei der Berechnung des maßgeblichen Betriebsergebnisses nach § 202 Abs. 1 Nr. 1 f. BewG zu korrigieren. Beteiligungen werden jedoch zusätzlich nach § 200 Abs. 3 BewG dem Ertragswert des Unternehmenswertes hinzuzurechnen.
Welche Vermögen werden bei der Wertbestimmung des Unternehmens dem Ertragswertverfahren noch hinzugerechnet?	Neben Beteiligungen sind dies auch das sog. nicht betriebsnotwendige Vermögen (§ 200 Abs. 2) und die bis vor 2 Jahren eingelegten Wirtschaftsgüter (sog. junges Betriebsvermögen nach § 200 Abs. 4 BewG).
Warum werden bei der Wertermittlung nach § 202 Abs. 1 Nr. 1e und Nr. 2e BewG die gezahlten und erstatteten Ertragsteuern herausgerechnet?	Der Gesetzgeber möchte eine rechtsformneutrale Wertbestimmung erreichen. Demzufolge werden die tatsächlichen Steuern erst einmal herausgerechnet, bevor dann für alle Unternehmen ein fiktiver Steuersatz von 30 % unterstellt wird (§ 202 Abs. 3 BewG).
Welchen steuerlichen Wert hat ein Unternehmen, wenn der Ertragswert negativ ist?	In diesem Fall greift als Unternehmenswert der Substanzwert nach § 11 Abs. 2 Satz 3 BewG, der die Untergrenze der Bewertung darstellt.

Tab. 2.84 Vorsitzende der Prüfungskommission: Zulässigkeit einer finanzgerichtlichen Klage. FGO, AO

Frage: X hat eine ablehnende Einspruchsentscheidung erhalten. Er möchte hiergegen Klage beim Finanzgericht einlegen.	Antwort:
Wann ist eine finanzgerichtliche Klage im rechtlichen Sinne erfolgreich?	Im rechtlichen Sinn hat eine Klage Erfolg, wenn sie zulässig und begründet ist
Wie unterscheidet sich die Zulässigkeitsprüfung von der Begründetheitsprüfung?	Die Zulässigkeit der Klage wird zunächst geprüft. Es geht hier um die formellen Anforderungen, die vorab von Amts wegen vom Gericht geprüft werden. Erst dann folgt die Begründetheitsprüfung. Hier geht es um die Prüfung materiellen Rechts; also meist um die Frage, ob der Steuerbescheid rechtmäßig war.
Welches Zulässigkeitskriterium einer Klage wird vom Finanzgericht zuerst geprüft?	Zuerst wird vom Gericht geprüft, ob die Zulässigkeit des Rechtsweges nach § 33 FGO eröffnet ist.

(Fortsetzung)

Tab. 2.84 (Fortsetzung)

Frage: X hat eine ablehnende Einspruchsentscheidung erhalten. Er möchte hiergegen Klage beim Finanzgericht einlegen.	Antwort:
Wäre der Finanzrechtsweg eröffnet, wenn sich der Steuerpflichtige gegen eine Maßnahme der Steuerfahndung vor Gericht wehren will?	Das hängt davon ab, ob die Steuerfahndung steuerstrafrechtlich (§ 208 Abs. 1 Nr. 1 AO) oder im Veranlagungsverfahren (§ 208 Abs. 1 Nr. 2 und Nr. 3 AO) tätig geworden ist. Bei strafrechtlicher Tätigkeit sind nach § 33 Abs. 3 FGO die ordentlichen Gerichte (insbesondere Amts- und Landgericht) zuständig; im Übrigen das Finanzgericht.
Wann ist in der Praxis davon auszugehen, dass die Steuerfahndung steuerstrafrechtlich tätig wird?	Dies ist dann der Fall, wenn ein entsprechendes Steuerstraf- oder Bußgeldverfahren eingeleitet wurde.
Bei einem strafrechtlichen Verfahren ist die ordentliche Gerichtsbarkeit zuständig. Welche Gerichtsbarkeiten kennen Sie?	Es gibt die Finanz-, Sozial- und Verwaltungsgerichtsbarkeit sowie die ordentliche Gerichtsbarkeit und Arbeitsgerichtsbarkeit. Zivil- und Strafsachen gehören zur ordentlichen Gerichtsbarkeit.
Welche Voraussetzungen sind im Rahmen der Zulässigkeit noch zu prüfen?	Sachliche und örtliche Zuständigkeit des Gerichts (§§ 35 ff. FGO), zulässige Klageart (§ 40, 41 FGO), durchgeführtes Vorverfahren (§ 44 FGO), Form und Inhalt der Klage (§ 64, 65 FGO), Klagebefugnis (§ 40 Abs. 2 FGO), keine entgegenstehende Rechtshängigkeit oder Rechtskraft (§ 66 FGO i. V. m. § 17 Abs. 2 Satz 2 GVG bzw. § 110 FGO).
Wann müssen die Zulässigkeitsvoraussetzungen spätestens vorliegen?	Die Zulässigkeitsvoraussetzungen müssen spätestens im Termin der letzten mündlichen Verhandlung vorliegen, sonst wird die Klage als unzulässig abgewiesen.
Kann man erneute gegen einen Verwaltungsakt klagen, wenn die Klage als unzulässig abgewiesen wurde?	Dies ist möglich, da ein solches Prozessurteil nicht in Rechtskraft nach § 110 FGO erwächst. Problematisch wird aber hier häufig sein, dass dann die Frist zur Klageerhebung abgelaufen ist.
Welche Klageart ist meist im Steuerverfahren anwendbar?	In der Regel wendet sich der Steuerpflichtige gegen eine Steuerfestsetzung. Hiergegen ist die Anfechtungsklage nach § 40 Abs. 1 Alt. 1 FGO die zulässige Klageart.
Wann wäre z. B. eine Verpflichtungsklage die richtige Klageart?	Dies ist der Fall, wenn der Steuerpflichtige einen Bescheid der Finanzverwaltung begehrt (z. B. eine Stundung oder einen Erlass).
Welcher Anwendungsfall liegt einer Leistungsklage zugrunde?	Hier möchte der Steuerpflichtige keinen Verwaltungsakt, sondern ein allgemeines Verwaltungshandeln der Finanzverwaltung (z. B. eine bloße Auskunft oder die Herausgabe von Unterlagen).
Bei welchen Klagearten bedarf es keiner Durchführung eines erfolglosen Vorverfahrens?	Dies ist bei der Leistungsklage und der Feststellungsklage der Fall (vgl. § 44 FGO).

2.15 Prüfung 15 – Gesellschafterwechsel bei Grundstücksgesellschaften; Bruchteilsgemeinschaft und Gesellschaft; Beschränkt geschäftsfähiger Minderjähriger als Kommanditist; Hinzurechnung ausländischer Einkünfte in Deutschland; Güterstandschaukel; Insolvenz (Tab. 2.85, 2.86, 2.87, 2.88, 2.89 und 2.90)

Tab. 2.85 Vertreter des Berufsstandes I: Gesellschafterwechsel bei Grundstücksgesellschaften. GrEStG

Frage: Gesellschafter der X-GmbH mit unbebauten Grundvermögen im Inland ist A (80 %) und C (20 %). V verkauft seinen Anteil an die AB GbR. A ist mit 80 % und B ist mit 20 % Gesellschafter der AB GbR.	Antwort:
Welche ertragsteuerlichen Folgen löst der Verkauf bei der X-GmbH aus?	Der Veräußerungsgewinn ergibt sich aus der Differenz des Veräußerungspreises abzüglich des Buchwertes. Der Veräußerungsgewinn unterliegt der Körperschaftsteuer samt Solidaritätszuschlag sowie der Gewerbesteuer.
Der Geschäftsführer der X-GmbH möchte wissen, ob durch den Gesellschafterwechsel Grunderwerbsteuer anfällt. Prüfen Sie etwaige in Betracht kommende steuerpflichtige Tatbestände in der richtigen Reihenfolge!	Mangels eines Übergangs eines Grundstückes auf einen anderen Rechtsträger wäre hier zunächst an § 1 Abs. 2a GrEStG zu denken. Allerdings ist die X-GmbH keine Personengesellschaft.
Wie prüfen Sie weiter?	In Betracht kommt § 1 Abs. 2b GrEStG. Hierfür bedarf es eines Gesellschafterwechsels von 90 % binnen 10 Jahren. Da nur 20 % der Anteile übertragen werden, ist dies nicht der Fall.
Seit wann gilt § 1 Abs. 2b GrEStG?	Die Norm wurde als neuer steuerpflichtiger Tatbestand aufgenommen und gilt ab dem 1. Juli 2021.
Wie prüfen Sie weiter?	Denkbar wäre, dass § 1 Abs. 3 Nr. 1, 2 GrEStG Anwendung findet, wenn ein Erwerber 90 % der Anteile unmittelbar/mittelbar erhält. Unmittelbar hält A nur 80 %. Über die GbR hält A mittelbar weitere (80 % von 20 %) 16 %. Eine mittelbare Zurechnung kann jedoch nur erfolgen, wenn A auch über die GbR 90 % hält. Da dies nicht der Fall ist, scheidet § 1 Abs. 3 Nr. 1 GrEStG aus.
Was könnten Sie noch prüfen?	Denkbar wäre noch eine Grunderwerbsteuer nach § 1 Abs. 3 Nr. 3, 4 GrEStG. Allerdings wird hier kein Anteil von 90 %, sondern nur von 20 % übertragen.
Wäre der Vorgang dann folglich grunderwerbsteuerfrei?	Nein. Es kommt dann noch § 1 Abs. 3a GrEStG in Betracht. Hinsichtlich der Anteilsvereinigung wird auf eine wirtschaftliche Betrachtung abgestellt. Es wird also nicht auf die sachenrechtliche Beurteilung abgestellt, sondern darauf, wer hinter der GbR am Kapital oder Vermögen beteiligt ist. Infolge dieser Betrachtung vereinigen sich auf A 96 % der Anteile, wodurch es zu einer Grunderwerbsteuerpflicht kommt.

(Fortsetzung)

Tab. 2.85 (Fortsetzung)

Frage: Gesellschafter der X-GmbH mit unbebauten Grundvermögen im Inland ist A (80 %) und C (20 %). V verkauft seinen Anteil an die AB GbR. A ist mit 80 % und B ist mit 20 % Gesellschafter der AB GbR.	Antwort:
Bedeutet dies nun, dass die X-GmbH eine Rückstellung für eine Grunderwerbsteuer zu bilden hat, wenn am Jahresende noch kein Steuerbescheid vorliegt?	Dies wäre nur der Fall, wenn die X-GmbH auch die Steuerschuldnerin ist. Gemäß § 13 Nr. 8 GrEStG schuldet jedoch der A und nicht die X-GmbH die Grunderwerbsteuer.
Wann würde eine grundbesitzende Gesellschaft bei einem Anteilswechsel selbst die Grunderwerbsteuer schulden?	Dies wäre in den Fällen der Änderung des Gesellschafterbestandes nach § 1 Nr. 2a und Nr. 2b GrEStG (vgl. § 13 Nr. 6 und 7 GrEStG) der Fall.
Bei der X-GmbH wird eine Grunderwerbsteuer nach § 1 Abs. 2b GrEStG ausgelöst. Was müsste der Geschäftsführer nun beachten?	Neben der Bildung einer Rückstellung müsste der Geschäftsführer beachten, dass er den grunderwerbsteuerpflichtigen Tatbestand nach § 19 Abs. 1 Nr. 3b GrEStG beim Finanzamt anzeigen.

Tab. 2.86 Finanzverwaltung I: Bruchteilsgemeinschaft und Gesellschaft. BGB, WEG, UStG, AO

Frage:	Antwort:
Wo regelt das Gesetz die sog. Bruchteilsgemeinschaft?	Die Bruchteilsgemeinschaft ist in den §§ 741 BGB geregelt.
Was versteht man unter einer Bruchteilsgemeinschaft?	Hierunter versteht man ein Wirtschaftsgut bzw. Vermögen, das mehr als zwei Personen gemeinschaftlich zusteht.
Wie unterscheidet sich die Bruchteilsgemeinschaft von einer Gesellschaft bürgerlichen Rechtes?	Die Bruchteilsgemeinschaft beschränkt sich auf die gemeinschaftliche Nutzung oder Innehabung eines Gegenstandes. Bei der Gesellschaft bürgerlichen Rechtes fördern Gesellschafter zudem den gemeinsamen Zweck der Gesellschaft.
Inwiefern ist die Unterscheidung umsatzsteuerlich relevant?	Die Gesellschaft bürgerlichen Rechts ist umsatzsteuerlicher Unternehmer nach § 2 UStG. Nach geänderter Rechtsauffassung des BFH und entsprechender Anpassung der UStAE (R 2.1 (2)) ist die Bruchteilsgemeinschaft kein Unternehmer mehr. Mit dem Jahressteuergesetz 2022 wurde § 2 Abs. 1 S. 1 UStG geändert. Unternehmer können nun auch nicht rechtsfähige Handelnde sein. Somit ist auch die Bruchteilsgemeinschaft Unternehmer.

(Fortsetzung)

Tab. 2.86 (Fortsetzung)

Frage:	Antwort:
Wo regelt das Gesetz die sog. Bruchteilsgemeinschaft?	Die Bruchteilsgemeinschaft ist in den §§ 741 BGB geregelt.
Ist die Wohnungseigentümergemeinschaft nach WEG umsatzsteuerlicher Unternehmer?	Die Wohnungseigentümergemeinschaft ist zwar lediglich auf die gemeinschaftliche Nutzung beschränkt und entspricht damit eher einer Bruchteilsgemeinschaft. Nach dem Wohnungseigentumsgesetz (§ 9a WEG) ist die Wohneigentümergemeinschaft jedoch rechtsfähig und daher als Unternehmer im Sinne des § 2 UStG anerkannt.
Wie sind Instandhaltungsleistungen der Wohnungseigentumsgemeinschaft an die Wohnungseigentümer umsatzsteuerlich zu behandeln?	Es handelt sich hier um sonstige Leistungen, die gemäß § 4 Nr. 13 UStG von der Umsatzsteuer befreit sind.
Bedeutet dies, dass die Wohnungseigentümergemeinschaft für entsprechende Eingangsleistungen auch keinen Vorsteuerabzug hat?	Grundsätzlich wäre der Vorsteuerabzug für entsprechende Eingangsleistungen nach § 15 Abs. 2 Nr. 2 UStG ausgeschlossen. Jedoch ist die Vorschrift nicht im Einklang mit der Mehrwertsteuerrichtlinie. Demnach kann die Wohnungseigentumsgemeinschaft unter unmittelbarer Anwendung der Richtlinie den Vorsteuerabzug beanspruchen. Eine Anpassung oder Neufassung des § 4 Nr. 13 UStG steht derzeit noch aus.
Welche rechtlichen bedeutsamen Unterschiede bestehen zwischen einer Bruchteilsgemeinschaft und einer Gesellschaft bürgerlichen Rechts?	Für Verbindlichkeiten der GbR haften die Gesellschafter auch nach § 128 HGB analog persönlich. Bei einer Bruchteilsgemeinschaft haftet nur jeder Teilnehmer für seine persönlich eingegangenen Verbindlichkeiten. Zudem kann der Bruchteilseigentümer über seinen Anteil grundsätzlich frei verfügen, während bei dem GbR Anteil grundsätzlich einvernehmliches Handeln notwendig ist (§ 719 BGB).
Welche Rechtsform liegt vor, wenn Ärzte eine Gemeinschaftspraxis betreiben?	Dies ist eine GbR. Die GbR wird die Rechnung für die Leistungen der Ärzte stellen.
Was ist eine Praxisgemeinschaft?	Hier nutzen die Ärzte nur die Praxis gemeinschaftlich. Jeder der Ärzte stellt für seine Leistung jedoch eine eigene Rechnung.
Muss eine bloße Miteigentümerschaft über ein Vermietungsgrundstück eine einheitliche und gesonderte Erklärung abgeben?	Es handelt sich zwar nicht um eine Gesellschaft, dennoch ist nach § 180 Abs. 1 Nr. 2a AO auch hier eine solche Erklärung abzugeben („mehrere Personen an Einkünften beteiligt").

Tab. 2.87 Vertreter der Wirtschaft: Beschränkt geschäftsfähiger Minderjähriger als Kommanditist. EStG, ErbStG, BGB, HGB

Frage: Der verwitwete V ist Kommanditist (100 %) an der V-GmbH & Co KG. Er möchte seinem 16-jährigem Sohn S einen Teil der Kommanditbeteiligung (20 %) unentgeltlich übertragen.	Antwort:
Welche ertragsteuerlichen Konsequenzen ergeben sich hieraus?	Nach § 6 Abs. 3 EStG erfolgt die Übertragung steuerneutral. S übernimmt den Kommanditanteil mit den Buchwerten des V.
Gilt dies auch, obwohl nur ein Teil eines Mitunternehmeranteils übertragen wird?	Aus § 6 Abs. 3 Satz 1 HS 2 EStG ergibt sich, dass die Vorschrift auch in diesem Fall anwendbar ist.
Wie ist die Übertragung schenkungsteuerlich einzustufen?	Es handelt sich um begünstigtes Betriebsvermögen nach § 13b Abs. 1 Nr. 2 ErbStG. Auch Teilübertragungen sind hiernach begünstigt.
Lassen Sie uns auf die zivilrechtlichen Aspekte der Übertragung kommen. Bedarf die Schenkung einer besonderen Form?	Der Schenkungsvertrag ist nach § 518 Abs. 1 BGB notariell beurkundungspflichtig.
Was ist bei einem solchen Vertrag zivilrechtlich noch zu beachten?	S ist beschränkt geschäftsfähig (§ 106 BGB). Die Wirksamkeit eines Rechtsgeschäftes hängt demnach von der Zustimmung der Eltern ab (§§ 1626 i. V. m. 1629 BGB).
Ist hier eine Zustimmung erforderlich, da S doch nur einen Vermögensvorteil ohne Gegenleistung erhält?	Nach § 107 BGB bedarf es einer Genehmigung nicht, wenn ein Rechtsgeschäft einen lediglich rechtlichen Vorteil darstellt. Trotz der beschränkten Haftung ergeben sich jedoch aus der Gesellschafterstellung Treuepflichten und ggf. noch eine Einzahlungspflicht auf den KG Anteil. Beides führt dazu, dass die Übertragung nicht lediglich rechtlich vorteilhaft ist.
Kann der Vater den S hier überhaupt vertreten?	Nein, da der Vater praktisch mit sich selbst kontrahieren würde (§§ 1629 i. V. m. § 1795 BGB). Es bedarf deshalb der Bestellung eines Ergänzungspflegers, der die Vertretung für den Vater wahrnimmt.
Was wäre ggf. noch notwendig, damit die Vereinbarung zivilrechtlich wirksam geschlossen werden kann?	Es ist noch zu berücksichtigen, dass bei dem Eintritt als Gesellschafter das Familiengericht dem Vertrag zustimmen muss (§ 1643 i. V. m. § 1822 Nr. 3 BGB).
Wie würden Sie die Übertragung einkommensteuerlich beurteilen, wenn V ein Grundstück, welches er an die KG vermietet, weiterhin behält? Würde dies zu einer Aufdeckung stiller Reserven führen?	Das Grundstück befindet sich vor und nach der Übertragung weiterhin im Sonderbetriebsvermögen des V. Nach 6 Abs. 3 Satz 2 EStG kommt es deshalb auch nicht zur Aufdeckung stiller Reserven.

(Fortsetzung)

Tab. 2.87 (Fortsetzung)

Frage: Der verwitwete V ist Kommanditist (100 %) an der V-GmbH & Co KG. Er möchte seinem 16-jährigem Sohn S einen Teil der Kommanditbeteiligung (20 %) unentgeltlich übertragen.	Antwort:
Was würde passieren, wenn S nach Vollendung des 18. Geburtstages seinen KG-Anteil veräußert?	In diesem Fall würde S gegen die fünfjährige Haltefrist nach § 6 Abs. 3 Satz 2 EStG verstoßen. Es kommt dann rückwirkend zur Aufdeckung stiller Reserven.
Könnten Gläubiger der KG auch Ansprüche gegen S geltend machen, wenn der Anspruch vor Eintritt des S entstanden ist?	In der Regel kann der Kommanditist darauf verweisen, dass er seine Einlage geleistet hat und folglich seine Haftung nach § 171 Abs. 1 HGB ausgeschlossen ist.
Was gilt, wenn S seine Einlage noch nicht vollständig geleistet hat?	In diesem Fall haben die Gläubiger auch gegenüber S einen unmittelbaren Anspruch (vgl. § 171 Abs. 1 HS 1, § 173 HGB).

Tab. 2.88 Finanzverwaltung II: Hinzurechnung ausländischer Einkünfte in Deutschland. IntStR, AO, EStG, AStG

Frage: Der in Deutschland ansässige Einzelunternehmer U möchte im Ausland (Steuersatz 20 %) eine Kapitalgesellschaft gründen. Sämtliche Anteile hält U.	Antwort:
Was hat U zu beachten, wenn er einziger Geschäftsführer der Kapitalgesellschaft wird und weiterhin seinen Wohnsitz in Deutschland behält?	Behält U seinen Wohnsitz in Deutschland, besteht die Gefahr, dass weiterhin die Geschäftsleitung in Deutschland besteht und folglich die Gesellschaft in Deutschland unbeschränkt steuerpflichtig bleibt (vgl. 1 KStG).
Wo ist im deutschen Steuerrecht die Geschäftsleitung legal definiert?	Die Geschäftsleitung ist in § 10 AO legaldefiniert.
Wann ist von einer Geschäftsleitung in Deutschland auszugehen?	Es hängt maßgeblich davon ab, wo mehrheitlich die täglichen Geschäfte der Kapitalgesellschaft durch die Geschäftsführung wahrgenommen werden.
U teilt mit, dass er Maschinen des Einzelunternehmens im Ausland einsetzen will. Was könnte dies auslösen?	Die Überführung von Wirtschaftsgütern aus einem Betriebsvermögen in ein anderes Betriebsvermögen stellt eine Entnahme gemäß § 6 Abs. 1 Nr. 4 EStG dar. In Höhe des Unterschiedes des Teilwertes und Buchwertes entsteht für U ein steuerpflichtiger Gewinn.
Wie könnte U das verhindern?	U könnte die Wirtschaftsgüter an die Kapitalgesellschaft vermieten

(Fortsetzung)

Tab. 2.88 (Fortsetzung)

Frage: Der in Deutschland ansässige Einzelunternehmer U möchte im Ausland (Steuersatz 20 %) eine Kapitalgesellschaft gründen. Sämtliche Anteile hält U.	Antwort:
U möchte über die Kapitalgesellschaft im Ausland von U hergestellte Produkte verkaufen. Was wäre steuerlich noch zu prüfen?	Es muss an die Hinzurechnungsbesteuerung nach §§ 7 ff. AStG gedacht werden.
Was ist die Rechtsfolge, wenn die Hinzurechnungsbesteuerung einschlägig ist?	In einem solchen Fall werden dem Gesellschafter die Einkünfte der Kapitalgesellschaft entsprechend seiner Beteiligung als eigene Einkünfte zugerechnet. Es wird damit die Abschirmwirkung einer Kapitalgesellschaft aufgehoben und die Kapitalgesellschaft als transparent behandelt.
Welche drei Kernvoraussetzungen müssen erfüllt sein, um die Hinzurechnungsbesteuerung auszulösen?	Ein Steuerpflichtiger ist beherrschender Gesellschafter einer Kapitalgesellschaft mit Sitz und Geschäftsleitung im Ausland, die Einkünfte werden im Ausland niedrig besteuert und die Kapitalgesellschaft hat passive Einkünfte. (§§ 7, 8 AStG).
Liegen hier schädliche bzw. passive Einkünfte vor?	Grundsätzlich ist der Handel von Wirtschaftsgütern aktiv. Eine Ausnahme besteht hier jedoch dann, wenn Wirtschaftsgüter des beherrschenden Gesellschafters veräußert werden (vgl. § 8 Abs. 1 Nr. 4 AStG).
Gilt die Hinzurechnungsbesteuerung auch, wenn im Ausland eine Personengesellschaft gegründet wird.	Die Personengesellschaft ist selbst schon transparent, sodass es keiner Zurechnung der Einkünfte auf Gesellschafterebene bedarf. Allerdings ist nach § 20 Abs. 2 AStG bei Vorliegen der Voraussetzungen der Hinzurechnungsbesteuerung eine Freistellungsmethode im DBA nicht mehr möglich. Es gilt nunmehr die Anrechnungsmethode.
Kommt es zu einer Doppelbesteuerung, weil die Einkünfte der Kapitalgesellschaft des U im Ausland mit 20 % besteuert werden?	Gemäß § 12 AStG erhält U für die Besteuerung im Ausland eine Steueranrechnung auf seine Einkommensteuer.
Kommt es dann zu einer Doppelbesteuerung, wenn die bereits durch Hinzurechnung in Deutschland besteuerten Einkünfte ausgeschüttet werden?	Nach § 11 AStG kann U bei der Ermittlung der Einkünfte einen Kürzungsbetrag abziehen. Hierdurch wird die Doppelbesteuerung vermieden. Die bisherige Steuerfreiheit solcher Ausschüttungen (§ 3 Nr. 41 EStG a. F.) wurde aufgehoben und durch die Einführung des Kürzungsbetrages ersetzt.

2.15 Prüfung 15

Tab. 2.89 Vertreter des Berufsstandes II: Güterstandschaukel. BGB, ErbStG

Frage: Das Ehepaar Maier hat vor 10 Jahren geheiratet. Einen Ehevertrag haben die Eheleute nicht geschlossen.	Antwort:
In welchem Güterstand leben die Eheleute?	Da ein Ehevertrag nicht vorliegt, gilt die sog. Zugewinngemeinschaft als gesetzlich vorgesehener Güterstand.
Welche anderen Güterstände kennen Sie noch?	Neben der Zugewinngemeinschaft gibt es noch die Gütertrennung und die Gütergemeinschaft. Wenig relevant ist die Wahl-Zugewinngemeinschaft nach § 1519 BGB.
Wie können Ehegatten einen anderen Güterstand vereinbaren?	Ein Güterstand, der vom gesetzlichen Güterstand abweicht, ist in einem notariell zu beurkundendem Ehevertrag zu vereinbaren (§ 1408 BGB).
Wann ist der Zugewinnausgleichsanspruch zu bezahlen?	Der Zugewinnausgleichsanspruch entsteht im Erbfall, bei Scheidung oder bei einvernehmlicher Beendigung des gesetzlichen Güterstandes.
Was passiert bei der Güterstandschaukel?	Die Eheleute beenden einvernehmlich zu Lebzeiten den gesetzlichen Güterstand und wechseln kurze Zeit wieder in den Güterstand zurück.
Welchen steuerlichen Sinn hat die Güterstandschaukel?	Es kann nach § 5 ErbStG schenkungsteuerfrei Vermögen auf den (in der Regel) weniger vermögenden Ehegatten verteilt werden. Hierdurch können die Freibeträge hinsichtlich der Abkömmlinge besser genutzt werden bzw. wegen dem progressiven Steuertarif kommen niedrigere Steuersätze zur Anwendung.
Ist eine Güterstandschaukel nicht ein Gestaltungsmissbrauch nach § 42 AO?	Ein Gestaltungsmissbrauch besteht nicht, wenn auch beachtliche nicht steuerliche Gründe dafür bestehen. Die Rechtsprechung hat solche Gründe gesehen und den Gestaltungsmissbrauch regelmäßig abgelehnt.
Warum gestaltet der Gesetzgeber den Zugewinnausgleichsanspruch in § 5 ErbStG steuerfrei?	Im Kern geht es nicht um eine unentgeltliche Zuwendung, sondern um einen gesetzlichen Ausgleichanspruch für Dienste während der Ehe.
Im Erbrecht erhält der überlebende Ehegatte pauschal einen Zugewinnausgleich von ¼ des Nachlasses (§ 1931 Abs. 3 BGB). Ist das der steuerfreie Betrag bei Erbschaften?	Diese pauschale Berechnung akzeptiert das Steuerrecht nicht. Es ist stets der individuelle Zugewinnausgleichsanspruch zu berechnen; d. h. das Anfangs- und Endvermögen beider Eheleute muss bestimmt werden.
Wie berechnet sich der steuerfreie Betrag eines Zugewinnausgleiches, wenn der Ehevertrag Modifikationen vorsieht?	Hier gilt zu unterscheiden: Bei Beendigung der Zugewinngemeinschaft durch Tod bleiben die Modifikationen für die Berechnung unberücksichtigt (§ 5 Abs. 1 Satz 2 ErbStG). Bei Scheidung oder einvernehmlicher Beendigung sind hingegen die Modifikationen für die Bestimmung des steuerfreien Betrages zu beachten (§ 5 Abs. 2 ErbStG).

Tab. 2.90 Vorsitzende der Prüfungskommission: Insolvenz. InsO, GmbHG, BGB

Frage:	Antwort:
Welche Insolvenzeröffnungsgründe kennen Sie?	Die Insolvenzordnung kennt drei Insolvenzeröffnungsgründe: Die Zahlungsunfähigkeit, die drohende Zahlungsunfähigkeit und die Überschuldung.
Liegt eine insolvenzrechtliche Überschuldung vor, wenn die Handelsbilanz überschuldet ist?	In der Handelsbilanz wird nach Anschaffungs- und Herstellungskosten bilanziert. Insbesondere stille Reserven werden dort nicht ausgewiesen. Bei der insolvenzrechtlichen Überschuldung wird nach den Zerschlagungswerten bilanziert. Etwaige stille Reserven können dann dazu führen, dass keine insolvenzrechtliche Überschuldung besteht.
Angenommen Ihr Mandant, die X-GmbH, ist überschuldet. Was könnte ggf. gemacht werden, um einen Insolvenzantrag zu verhindern?	Der GmbH könnte Eigenkapital zugeführt werden. Denkbar wäre auch eine Patronatserklärung eines Dritten (meist Gesellschafter) oder ein Rangrücktritt.
Was ist ein Rangrücktritt?	Hier tritt ein Gesellschafter für den Fall einer Insolvenz im Rang seiner Forderung gegenüber anderen Gläubigern zurück. Er wird also erst befriedigt, wenn alle anderen Gläubiger ihr Geld bekommen haben.
Welche steuerliche Vorschrift ist zu beachten, wenn die Forderung, für welche der Rangrücktritt erklärt wurde, erst bei zukünftigen Gewinnen wieder bedient werden soll?	Hier ist an § 5 Abs. 2a EStG zu denken. Wird der Rangrücktritt unter dem Vorbehalt ausgesprochen, dass die Verbindlichkeit der GmbH erst bei zukünftigen Gewinnen zu tilgen ist, führt dies bei der GmbH zu einem steuerlichen Ertrag.
Sie vertreten als Steuerberater die AB GbR, die zahlungsunfähig ist. Der Gesellschafter A möchte wissen, ob er einen Insolvenzantrag stellen muss. Was antworten Sie?	Eine Insolvenzantragspflicht besteht nur bei juristischen Personen oder bei Personengesellschaften, die keine natürliche Person als unbeschränkt haftenden Gesellschafter hat. Deshalb besteht hier eine solche Pflicht nicht.
Wann müsste eine GbR bei insolvenzrechtlicher Überschuldung einen Insolvenzantrag stellen?	Das wäre der Fall, wenn z. B. an der GbR nur Kapitalgesellschaften beteiligt sind.
Warum müssen natürliche Personen und Personengesellschaften grundsätzlich keinen Insolvenzantrag stellen?	Der Grund liegt darin, dass die Gläubiger hier Zugriff auf das Privatvermögen der natürlichen Person haben.
Was droht einem Geschäftsführer einer GmbH, wenn er nicht innerhalb der Frist einen Insolvenzantrag für die GmbH stellt?	Zum einen macht sich der Geschäftsführer gegenüber der GmbH nach § 64 GmbHG bzw. außenstehenden Dritten nach § 823 Abs. 2 i. V. m. § 15a InsO schadensersatzpflichtig. Zum anderen droht wegen § 15a Abs. 4 InsO eine strafrechtliche Verfolgung.
Was gilt für die Insolvenzantragspflicht, wenn der letzte Geschäftsführer abgetaucht ist?	In diesem Fall geht nach § 15a Abs. 3 InsO die Antragspflicht auf jeden Gesellschafter über (sog. Führungslosigkeit der Gesellschaft).

(Fortsetzung)

Tab. 2.90 (Fortsetzung)

Frage:	Antwort:
Welche Insolvenzeröffnungsgründe kennen Sie?	Die Insolvenzordnung kennt drei Insolvenzeröffnungsgründe: Die Zahlungsunfähigkeit, die drohende Zahlungsunfähigkeit und die Überschuldung.
Was könnte passieren, wenn Sie als Steuerberater ihr Honorar 2 Wochen vor dem Insolvenzantrag bekommen haben?	In diesem Fall könnte ein späterer Insolvenzverwalter die Zahlung nach §§ 129 ff. InsO anfechten und das Geld zur Zahlung in die Insolvenzmasse zurückfordern.
Neben der Insolvenzanfechtung nach § 129 ff. InsO gibt es noch die Anfechtung nach dem sog. Anfechtungsgesetz. Können Sie die beiden Anwendungsbereiche voneinander abgrenzen?	Die Insolvenzanfechtung nach §§ 129 ff. InsO erfolgt durch den Insolvenzverwalter im Rahmen eines Insolvenzverfahren. Kommt es zu einem solche Verfahren nicht (z. B. mangels Masse), können auch andere Gläubiger außerhalb des Insolvenzverfahrens solche Zahlungen nach dem Anfechtungsgesetz anfechten.

2.16 Prüfung 16 – Vor- und Nacherbschaft und Berliner Testament; Umsatzsteuerbefreiung bei Grunderwerb; Kauf per E-Mail; Goldhandel; Steuerberatervertrag 2; Gleichheit der Besteuerung (Tab. 2.91, 2.92, 2.93, 2.94, 2.95 und 2.96)

Tab. 2.91 Vertreter des Berufsstandes I: Vor- und Nacherbschaft und Berliner Testament. BGB, ErbStG, BewG

Frage: A verfasst ein schriftliches Testament, in welchem ausgeführt ist, dass er und seine Ehefrau B sich gegenseitig zum Erben einsetzen und nach dem Tode des überlebenden Ehegatten das gemeinsame Kind K erben soll.	Antwort:
Unter welcher Bezeichnung ist ein solches Testament allgemein bekannt?	Es liegt ein sog. Berliner Testament vor, wenn die Abkömmlinge nach dem überlebenden Ehegatten erben sollen (vgl. auch § 2269 Abs. 1 BGB).
Wie wird ein solches Testament rechtlich eingestuft?	Es handelt sich um die häufigste Art des sog. gemeinschaftlichen Testamentes nach §§ 2265 ff. BGB.
Ist das Testament formwirksam erstellt, wenn nur der A die Verfügungen handschriftlich verfasst, jedoch beide Eheleute unterschreiben?	Für gemeinschaftliche Testamente besteht in § 2267 BGB eine Formerleichterung. Es genügt, wenn nur ein Ehegatte das Testament selbst schreibt, jedoch beide unterschreiben.
Kann ein gemeinschaftliches Testament auch vorliegen, wenn die Eheleute jeweils gesonderte Testamente verfassen?	Ja, das ist möglich, wenn sich aus den Testamenten ergibt, dass die Eheleute gemeinschaftlich verfügen wollen.

(Fortsetzung)

Tab. 2.91 (Fortsetzung)

Frage / Antwort	
Frage: A verfasst ein schriftliches Testament, in welchem ausgeführt ist, dass er und seine Ehefrau B sich gegenseitig zum Erben einsetzen und nach dem Tode des überlebenden Ehegatten das gemeinsame Kind K erben soll.	Antwort:
Welches erbschaftsteuerliche Problem stellt sich bei dem Berliner Testament?	Die Abkömmlinge können nur von dem Freibetrag des überlebenden Ehegatten profitieren. Zudem haben die Abkömmlinge meist einen höheren Steuersatz (progressiver Steuertarif) zu bezahlen, weil das Erbe nur von einem Ehegatten kommt.
Welche Besonderheit ergibt sich, wenn die Eheleute verfügt haben, dass der überlebende Ehegatte Vorerbe sein soll und der Abkömmling bei Tode des überlebenden Ehegatten Nacherbe wird. Fangen Sie zunächst mit den zivilrechtlichen Folgen an!	Es liegt hier eine Vor- bzw. Nacherbschaft nach §§ 2100 ff. BGB vor. Der Abkömmling wird Erbe des erstversterbenden Ehegatten nach dem Tode des überlebenden Ehegatten. Zudem ist zu berücksichtigen, dass ein Vorerbe grundsätzlich in den Verfügungen nach §§ 2113 ff. BGB beschränkt ist, sofern er hiervon nicht vom Erblasser befreit wurde.
Wo regelt das Erbschaftsteuergesetz diese Thematik?	Das ErbStG behandelt die Vor- bzw. Nacherbschaft in § 6 ErbStG.
Was ist in § 6 ErbStG grundlegend anders als im BGB?	Gemäß § 6 Abs. 2 Satz 1 ErbStG erbt der Nacherbe das Vermögen des Erblassers vom Vorerben und nicht vom Erblasser.
Was wäre einem Nacherben zu raten, wenn der Erblasser ein Elternteil ist, jedoch der Vorerbe der nicht eheliche Lebenspartner. Der Nacherbe soll nicht mit dem Lebenspartner verwandt sein.	In diesem Fall empfiehlt sich, einen Antrag nach § 6 Abs. 2 Satz 2 ErbStG zu stellen. Hierdurch kann der Nacherbe von dem höheren Freibetrag und günstigeren Steuersatz hinsichtlich des Elternteils profitieren.
Wie wäre ein gemeinschaftliches Testament einzustufen, wenn der überlebende Ehegatte alles erbt, jedoch bereits fest nach 3 Jahren der Nacherbfall zugunsten des Abkömmlings eintreten soll?	Der Vorerbfall wäre hier auflösend bedingt und der Nacherbfall aufschiebend bedingt (§ 6 Abs. 3 ErbStG). Der Vorerbe hat den Erbfall zunächst wie einen unbedingten Erbfall zu versteuern. Erst mit Eintritt des Nacherbfalles kann er eine Korrektur auf den tatsächlichen Wert (Nutzung von 3 Jahren) verlangen (§ 8 BewG, § 5 Abs. 1 und 2 BewG).
Was hat dann der Nacherbe noch zu versteuern?	Der Nacherbe hat den Erbfall erst zu versteuern, wenn der Nacherbfall eintritt. Der (versteuerte) Wert des Vorerben kann vom erworbenen Vermögen aber abgezogen werden (§ 8 BewG und § 4 BewG).

2.16 Prüfung 16

Tab. 2.92 Finanzverwaltung I Umsatzsteuerbefreiung bei Grunderwerb. UStG, GrEStG, ErbStG

Frage: V verkauft an seinen volljährigen Sohn S ein Grundstück in Österreich.	Antwort:
Kann der Vorgang der deutschen Grunderwerbsteuer unterliegen?	Nach § 1 Abs. 1 Satz 1 GrEStG können nur inländische Grundstücke der deutschen Grunderwerbsteuer unterliegen.
Wie wäre es, wenn das Grundstück in München ist? Prüfen Sie methodisch korrekt!	Der Kaufvertrag über ein Grundstück stellt nach § 1 Abs. 1 Nr. 1 GrEStG einen Erwerbsvorgang nach dem Grunderwerbsteuergesetz dar. Jedoch ist der Vorgang nach § 3 Nr. 6 GrEStG von der Grunderwerbsteuer befreit, da Vater und Sohn in gerader Linie verwandt sind.
Könnte der Vorgang dann der Umsatzsteuer unterliegen? Bitte prüfen Sie auch hier methodisch korrekt!	Zunächst ist zu prüfen, ob nach § 1 Abs. 1 Nr. 1 i. V. m. § 2 UStG eine Lieferung vorliegt, die ein Unternehmer im Rahmen seines Unternehmens ausführt. Dies ist bei einer einmaligen Veräußerung an den Sohn wohl eher nicht der Fall. Es fehlt eine nachhaltige Tätigkeit nach § 2 Abs. 1 Satz 3 UStG.
Nehmen wir an, dass V Unternehmer ist und das Grundstück zu seinem Betriebsvermögen gehört. Würde dann Umsatzsteuer anfallen?	Es würde zunächst eine Lieferung eines Unternehmers nach § 1 Abs. 1 Nr. 1 UStG vorliegen. Der Ort der Lieferung ist aufgrund der Belegenheit in München nach § 3 Abs. 7 Satz 2 UStG in Deutschland. Allerdings könnte der umsatzsteuerbare Vorgang nach § 4 Nr. 9a UStG steuerfrei sein.
Gilt die Steuerbefreiung auch dann, wenn die Übertragung nach § 3 Nr. 6 GrEStG von der Grunderwerbsteuer befreit ist?	Auch in diesem Fall liegt eine umsatzsteuerfreie Lieferung vor. Dies ergibt sich aus dem Umkehrschluss von § 4 Nr. 9b UStG.
Könnte die Übertragung des Grundstücks dennoch der Umsatzsteuer unterliegen?	Gemäß § 9 Abs. 1 UStG könnte auf die Umsatzsteuerfreiheit verzichtet werden, wenn das Grundstück von einem anderen Unternehmer für dessen Unternehmen erworben wird.
Spielt es hierbei eine Rolle, ob der Erwerber umsatzsteuerpflichtige Umsätze tätigt?	Nein, dies ist nicht relevant. § 9 Abs. 2 GrEStG ist nur bei der Bestellung und Übertragung von Erbbaurechten einschlägig. Für die bloße Grundstücksübertragung gilt die Vorschrift aber nicht.
Was muss bei der Option nach § 9 Abs. 1 UStG beachtet werden?	Der Verzicht auf die Umsatzsteuerbefreiung muss nach § 9 Abs. 3 Satz 2 UStG in dem notariellen Kaufvertrag aufgenommen werden.
Was wäre, wenn die Option zur Umsatzsteuerfreiheit im Kaufvertrag vergessen wurde?	Nach Auffassung des Bundesfinanzhofes (BFH, Urteil vom 21. Oktober 2015 – XI R 40/13, BStBl. II 2017, 852) kann dies nicht mehr nachgeholt werden. Dies gilt selbst dann, wenn die Option in notariell beurkundeter Form nachgeholt wird.
Müsste der V bei Optionsausübung eine Rechnung mit 19 % Umsatzsteuer ausstellen?	Nach § 13b Abs. 5 i. V. m. Abs. 2 Nr. 3 UStG schuldet der Käufer als Leistungsempfänger die Umsatzsteuer. Folglich wird keine Umsatzsteuer ausgewiesen.

(Fortsetzung)

Tab. 2.92 (Fortsetzung)

Frage: V verkauft an seinen volljährigen Sohn S ein Grundstück in Österreich.	Antwort:
Was müsste dann statt der Umsatzsteuer auf der Rechnung stehen?	Auf der Rechnung müsste ein Hinweis auf die Steuerschuldnerschaft des Leistungsempfängers stehen.
Wäre der Verkauf eines Gebäudes auf fremden Grund und Boden umsatzsteuerbefreit?	Für diesen Fall wäre auch § 4 Nr. 9a UStG einschlägig. Die Veräußerung des Gebäudes nach §§ 1 Abs. 1 Nr. 1 i. V. m. 2 Abs. 2 Nr. 2 GrEStG unterliegt der Grunderwerbsteuer.
In welchen Fällen kann das Eigentum an einem Gebäude und das Eigentum am Grund und Boden auseinanderfallen?	Dies könnte der Fall sein, wenn ein Erbbauberechtigter ein Gebäude auf dem Grundstück mit Erbbaurecht errichtet. Denkbar wäre auch, wenn ein Pächter eines Grundstücks ein Gebäude errichtet (§ 95 Abs. 1 ErbStG).

Tab. 2.93 Vertreter der Wirtschaft: Kauf per Email. BGB

Frage: K kauft im Laden des V ein Fahrrad für Freizeitaktivitäten.	Antwort:
Welchen Vertrag haben V und K geschlossen?	V und K haben einen Kaufvertrag nach § 433 BGB geschlossen.
Welche Pflichten hat V aus diesem Kaufvertrag?	V ist verpflichtet, K die Sache zu übergeben und K das Eigentum an dem Fahrrad zu verschaffen (vgl. § 433 Abs. 1 BGB).
Welche Pflichten ergeben sich für K?	K hat die Verpflichtung, den vereinbarten Kaufpreis zu bezahlen und das Fahrrad abzunehmen (vgl. § 433 Abs. 2 BGB).
Wie erlangt K nun Eigentum an dem Fahrrad?	K wird gemäß § 929 BGB Eigentum an dem Fahrrad erlangen, wenn V das Fahrrad übergibt und beide zudem einig sind, dass das Eigentum an dem Fahrrad auf K übergehen soll.
Was verstehen Sie unter dem Begriff „Abstraktionsprinzip"?	Dieses Prinzip liegt dem BGB zugrunde. Es unterscheidet zwischen einem Verpflichtungsgeschäft und den Verfügungsgeschäft. Während Verpflichtungsgeschäfte die Verpflichtung begründen, etwas zu tun oder zu unterlassen, wird bei den Verfügungsgeschäften idR Eigentum übertragen. Zwischen beiden Ebenen ist streng zu unterscheiden.
Welche besondere zivilrechtlichen Einstufung des Kaufvertrages könnte erfolgen, wenn der K das Fahrrad per Email bei V bestellt hätte?	In diesem Fall könnte es sich um einen sog. Fernabsatzvertrag nach § 312c BGB handeln. Ein solcher liegt vor, wenn ein Unternehmer und Verbraucher für den Vertragsausschluss ausschließlich Fernkommunikationsmittel verwenden und V nicht über ein Vertriebs- oder Dienstleistungssystem verfügen würde.
Wo sind im BGB die Begriffe Verbraucher und Unternehmer definiert?	Der Begriff des Verbrauchers findet sich in § 13 BGB. In § 14 BGB ist der Begriff des Unternehmers legaldefiniert.

(Fortsetzung)

Tab. 2.93 (Fortsetzung)

Frage: K kauft im Laden des V ein Fahrrad für Freizeitaktivitäten.	Antwort:
Sind Emails ein Fernkommunikationsmittel?	Nach § 312c BGB fallen auch Emails unter den Begriff der Fernkommunikationsmittel.
Würde ein Fernabsatzvertrag vorliegen, wenn K bei seinem Nachbarn N ein Fahrrad durch Emailverkehr kauft?	Dies wäre nicht der Fall, da N selbst kein Unternehmer ist.
Welche Besonderheit ergibt sich aus der Einstufung eines Vertrages als Fernabsatzvertrag?	Die Besonderheit besteht vor allem darin, dass dem Käufer in diesem Fall ein Widerrufsrecht nach § 312g i. V. m. § 355 BGB zusteht.
Welche Frist gilt für den Widerruf?	Gemäß § 355 Abs. 2 BGB gilt eine Widerrufsfrist von 14 Tagen.
Was ist, wenn V den K auf dieses Widerrufsrecht nicht hinweist?	In diesem Fall beginnt die 14 Tage Frist nach § 356 Abs. 3 BGB i. V. m. Art. 246a § 1 Abs. 2 Nr. 1 EGBGB nicht zu laufen.
Welchen Schutz verfolgt das Gesetz mit der Einstufung von Verträgen in sog. Fernabsatzverträge?	Bei diesen Fällen steht der Verbraucherschutz im Vordergrund.
Was ist das Besondere an einem Widerrufsrecht im Vergleich zu einem Rücktrittsrecht?	Ein Widerruf kann ohne besonderen Grund erfolgen. Bei einem Rücktritt hingegen benötigt man einen solchen Grund.
Kennen Sie neben den Fernabsatzverträgen noch andere Verträge, die ein verbraucherschützendes Widerrufsrecht kennen?	Hier wäre noch zu denken an die Verträge außerhalb von geschlossenen Geschäftsräumen (§ 312b, § 312g), die Teilzeitwohnrechtsverträge („time sharing"; § 485 BGB), die Verbraucherdarlehensverträge nach § 491 BGB, § 495 BGB und die Ratenlieferungsverträge nach § 510 BGB.

Tab. 2.94 Finanzverwaltung II: Goldhandel. HGB, EStG

Frage: Die gewerbliche GbR handelt in geringem Umfang mit Gold.	Antwort:
Ist eine GbR mit einer gewerblichen Tätigkeit denkbar?	Dies ist möglich. Eine GbR ist hinsichtlich des Gesellschaftszweckes nicht eingeschränkt und kann deshalb auch gewerbliche Einkünfte haben.
Wie grenzen sie eine gewerbliche GbR von einer OHG ab?	Eine OHG liegt dann vor, wenn die OHG ein Handelsgewerbe ausübt oder im Handelsregister eingetragen ist (vgl. § 105 Abs. 1 und 2 HGB).
Ist Gewerbe und Handelsgewerbe nicht dasselbe?	Nein. Ein Handelsgewerbe ist ein Gewerbe, das entweder einen vollkaufmännisch eingerichteten Geschäftsbetrieb voraussetzt oder im Handelsregister eingetragen ist (§ 1 HGB und § 2 HGB).

(Fortsetzung)

Tab. 2.94 (Fortsetzung)

Frage:	
Die gewerbliche GbR handelt in geringem Umfang mit Gold. Woran könnte man sich bei der Abgrenzung orientieren, wenn die gewerbliche GbR oder OHG nicht im Handelsregister eingetragen ist?	Antwort: Wenngleich nur für Einzelkaufleute und für die Frage der Bilanzierung anwendbar, kann man sich an den Umsatz- und Gewinngrenzen des § 241 a HGB orientieren.
Gehen wir nun von einer gewerblichen GbR aus, die eine Einnahmen- und Überschussrechnung erstellt. Im Dezember 2022 kauft die GbR Gold für 2 Mio. Euro. Im März 2023 wird das Gold für denselben Preis veräußert. Liegt im Jahr 2022 eine gewinnmindernde Betriebsausgabe vor?	Grundsätzlich gilt das Abflussprinzip nach § 11 EStG. Demnach würde eine Betriebsausgabe im Jahr 2022 vorliegen. Jedoch könnte hiervon nach § 4 Abs. 3 Satz 4 EStG eine Ausnahme bestehen. Jedoch liegt nur ein nicht abnutzbares Wirtschaftsgut des Umlaufvermögens vor, sodass diese Norm nicht zur Anwendung kommt.
Könnte Gold nicht ein „den Wertpapieren vergleichbares nicht verbrieftes Recht" oder „Forderung" im Sinne des § 4 Abs. 3 Satz 4 EStG darstellen?	Dies wurde tatsächlich diskutiert. Jedoch hat sich der Bundesfinanzhof eindeutig positioniert und dies abgelehnt. Die Finanzverwaltung hat diese Ansicht übernommen (vgl. R. 4.5 (2) „Gold" EStR).
Wäre auch eine etwaige bezahlte Umsatzsteuer eine Betriebsausgabe oder kommt es auf die Vorsteuerabzugsberechtigung an?	Die gezahlte Vorsteuer ist grundsätzlich eine Betriebsausgabe. Es liegt auch kein durchlaufender Posten im Sinne des § 4 Abs. 3 Satz 2 EStG vor. Allerdings stellen bei fehlender Vorsteuerabzugsberechtigung die gezahlte Vorsteuer für ein Wirtschaftsgut Anschaffungskosten dar und kann dann nicht als Ausgabe abgezogen werden (vgl. § 9b EStG).
Angenommen es würde eine in England ansässige Personengesellschaft einen Goldhandel betreiben und die Einkünfte eines deutschen Gesellschafters wären laut DBA steuerfrei. Könnte dies dennoch in Deutschland für den Gesellschafter relevant sein?	Zwar sind die Einkünfte steuerfrei. Jedoch könnte die Betriebsausgabe durch einen etwaigen negativen Progressionsvorbehalt den Steuersatz in Deutschland reduzieren. Ein negativer Progressionsvorbehalt kommt bei steuerfreien Einkünften aus Nicht-EU Staaten grundsätzlich in Betracht (vgl. § 32b Abs. 1 Satz 1 Nr. 3 und Satz 2 Nr. 2 EStG).
Bedeutet dies nun, dass die Betriebsausgabe den Steuertarif in Deutschland mindert?	Dies ist nach einer Gesetzesänderung in § 32b Abs. 2 Nr. 2c EStG nicht mehr der Fall. Bei Anschaffung von Wirtschaftsgütern im Umlaufvermögen verschiebt sich die negative Progression auf das Jahr der Veräußerung des Wirtschaftsgutes.
Welches bekanntgewordene Steuermodell sollte durch § 32b Abs. 2 Nr. 2 EStG unterbunden werden?	Die Änderung des Gesetzes zielt auf das sog. Goldfinger Modell.

2.16 Prüfung 16

Tab. 2.95 Vertreter des Berufsstandes II: Steuerberatervertrag 2. BGB, StBerG

Frage: Sie sind neu bestellter Steuerberater. Ihr erster Mandant will Sie mit der Buchhaltung und der Erstellung der Steuererklärung beauftragen.	Antwort:
Welchen Vertrag schließen Sie mit Ihrem Mandanten generell ab?	Ein Vertrag über die Erbringung von Steuerberatungsleistungen ist entweder ein Dienstvertrag oder ein Werkvertrag, der eine Geschäftsbesorgung zum Inhalt (§ 675 BGB). Es kommen folglich entweder die Regelungen des Dienstvertrages (§§ 611 ff. BGB) oder des Werkrechts (§§ 631 ff. BGB) zur Anwendung.
Welche Regeln kommen zur Anwendung, wenn die Buchhaltung bzw. die Steuererklärungen zu erstellen ist?	Hier geht es um die dauernde Erbringung von Leistungen. Es steht weniger ein Werk im Vordergrund, sodass in diesen Fällen regelmäßig die dienstvertraglichen Regelungen zur Anwendung kommen.
Können Sie nach erfolgter Beauftragung den Steuerberatungsvertrag jederzeit fristlos kündigen, wenn keine Kündigungsfristen vereinbart wurden?	Grundsätzlich bedarf es für eine solche Kündigung einen wichtigen Grund nach § 626 BGB. Allerdings handelt es sich bei einem Steuerberatungsvertrag regelmäßig um Dienste höherer Art nach § 627 BGB. Deshalb kann auch ohne einen solchen Grund jederzeit fristlos gekündigt werden kann.
Warum sollten Sie dennoch vorsichtig sein, von dem Recht einer fristlosen Kündigung Gebrauch zu machen?	Kündigt der Steuerberater zur Unzeit bzw. kann sich der Mandant die Dienste nicht rechtzeitig anderweitig beschaffen, so macht sich der Steuerberater schadensersatzpflichtig (§ 627 Abs. 2 BGB).
Nach Erbringung der Dienstleistung wollen Sie Ihre Honorarforderungen an Ihre Kinder abtreten. Welche Berufspflicht könnte einer solchen Abtretung entgegenstehen?	Der Steuerberater unterliegt nach § 57 Abs. 1 StBerG der Verschwiegenheit. Dieser Grundsatz könnte durch die Abtretung verletzt sein.
Könnte eine solche Abtretung auch strafrechtliche Konsequenzen haben?	Ja, dies ist möglich. Die Verletzung von Privatgeheimnissen ist nach § 203 Abs. 1 Nr. 3 StGB strafbar.
Ist eine solche Abtretung dennoch zivilrechtlich wirksam?	Dies ist nicht der Fall. Es liegt ein Verstoß gegen ein gesetzliches Verbot vor und damit ist die Abtretung gemäß § 134 BGB i. V. m. § 203 Abs. 1 Nr. 3 StGB nichtig.
Wann wäre die Abtretung doch wirksam?	Dies wäre der Fall, wenn der Mandant vor der Abtretung seine Zustimmung erteilt hätte.
Kann diese Zustimmung auch mündlich erfolgen?	Berufsrechtlich muss eine solche Zustimmung gemäß § 64 Abs. 2 Satz 2 StBerG schriftlich und ausdrücklich erfolgen.
Was würde gelten, wenn die Forderung an einen anderen Steuerberater abgetreten wird?	Eine solche Abtretung wäre grundsätzlich nach § 65 Abs. 2 Satz 1 StBerG möglich.

(Fortsetzung)

Tab. 2.95 (Fortsetzung)

Frage: Sie sind neu bestellter Steuerberater. Ihr erster Mandant will Sie mit der Buchhaltung und der Erstellung der Steuererklärung beauftragen.	Antwort:
In Ihrem Steuerberatungsvertrag haben Sie die Klausel aufgenommen, dass Ihre Haftung bei jeglichem Verschulden ausgeschlossen ist. Geht das?	Die Haftung wegen Vorsatz kann im Voraus nicht ausgeschlossen werden (§ 276 BGB). Im Falle einer Fahrlässigkeit ist eine Begrenzung auf die Mindestversicherungssumme möglich (§ 67a Abs. 1 Nr. 1 StBerG).
Was gilt zu beachten, wenn eine Begrenzung der Haftung bei Fahrlässigkeit nur in den allgemeinen Geschäftsbedingungen aufgenommen ist?	In den allgemeinen Geschäftsbedingungen kann eine Begrenzung der Haftung nur auf das Vierfache der Mindestversicherungssumme vereinbart werden. (vgl. § 67a Abs. 1 Nr. 2 StBerG).

Tab. 2.96 Vorsitzende der Prüfungskommission: Gleichheit der Besteuerung. GG, AO, EStG

Frage:	Antwort:
Was verstehen Sie unter dem Grundsatz der Gleichmäßigkeit der Besteuerung?	Dieser Grundsatz gebietet, dass Steuergesetze gleichmäßig angewendet und durchgesetzt werden und somit alle Steuerpflichtigen gleichbehandelt werden.
Wo findet sich die verfassungsrechtliche Absicherung dieses Grundsatzes?	Dieser Grundsatz wird aus dem allgemeinen Gleichheitsgrundsatz in Art. 3 Abs. 1 GG abgeleitet.
Wo ist dieser Grundsatz in der Abgabenordnung normiert?	Der Gleichheitsgrundsatz für die Besteuerung findet sich in § 85 AO.
Im deutschen Steuerrecht gibt es zudem das Prinzip der Besteuerung nach der Leistungsfähigkeit. Woraus ergibt sich dieser Grundsatz?	Dieser Grundsatz ist Ausfluss des Gleichheitsgrundsatzes in Art. 3 GG. Hieraus wird abgeleitet, dass gleiche Einkommen gleich und ungleiche Einkommen auch ungleich besteuert werden sollen.
Woran können wir erkennen, dass unterschiedliche Einkommen natürlicher Personen unterschiedlich besteuert werden?	Das ist vor allem durch den progressiven Steuertarifverlauf nach § 32a EStG gewährleistet. Ergänzend ist zu erwähnen, dass aktuell auch der Solidaritätszuschlag nur bei höheren Einkommen teilweise bzw. ganz zu zahlen ist.
Ist es nicht umgekehrt eine Privilegierung höherer Einkommen, wenn Kapitaleinkünfte grundsätzlich einem Steuersatz von 25 % zzgl. Solidaritätszuschlag unterliegen? Wie sehen Sie dies beispielsweise bei Dividenden?	Bei Dividenden muss man zunächst sehen, dass der Gewinn der ausschüttenden Gesellschaft bereits besteuert wurde, sodass der ausgeschüttete Gewinn bereits geringer ausfällt. Der niedrige Steuersatz von 25 % soll demnach berücksichtigen, dass hier derselbe Gewinn bereits ertragswirksam besteuert wurde.

(Fortsetzung)

2.16 Prüfung 16

Tab. 2.96 (Fortsetzung)

Frage:	Antwort:
Was verstehen Sie unter dem Grundsatz der Gleichmäßigkeit der Besteuerung?	Dieser Grundsatz gebietet, dass Steuergesetze gleichmäßig angewendet und durchgesetzt werden und somit alle Steuerpflichtigen gleichbehandelt werden.
Und wie ist es bei Zinsen? Sind hier die Zinserträge gegenüber anderen Einkünften unzulässig privilegiert?	Eine Doppelbesteuerung droht hier nicht, sodass hier zumindest eine Privilegierung der Bezieher von Zinseinkünften im Raum steht.
Warum ist die Abgeltungsteuer bisher auf Zinsen dennoch ein Nachteil für Bezieher von Zinseinkünften?	Seit Einführung der Abgeltungssteuer erhalten Sparer kaum bzw. praktisch keine Zinsen auf ihre Anlagen. Dem steht jedoch ein Werbungskostenabzugsverbot nach § 20 Abs. 9 EStG gegenüber. Die gestiegenen Bankgebühren etc. können folglich in der Steuererklärung keine Berücksichtigung finden. Der Sparpauschbetrag bleibt allerdings erhalten. Erst in 2022 fangen Zinsen wieder an zu steigen.
Gibt es in Deutschland auch Umweltsteuern? Welche fallen Ihnen ggf. ein?	Hier ist zunächst an die Kfz-Steuer zu denken. Weitere Umweltsteuern sind die Strom- und Energiesteuer sowie die Luftverkehrsteuer.
Im Jahr 2017 stufte das Bundesverfassungsgericht die Kernbrennstoffsteuer als verfassungswidrig ein. Wissen Sie, warum dies der Fall war?	Das Bundesverfassungsgericht sah hier einen Verstoß gegen das Steuererfindungsverbot an. Es lehnt die Einstufung als Verbrauchssteuer ab, weil nicht der Verbrauch von Strom besteuert wurde, sondern die Wahl der Mittel der Produktion von Strom.
Gibt es in der Abgabenordnung eine Definition für den Begriff Steuern?	Der Begriff ist in § 3 Abs. 1 AO legaldefiniert.
Was unterscheidet Steuern von Beiträgen und Gebühren?	Bei Steuern gibt es keine Gegenleistung. Bei Gebühren gibt es eine Gegenleistung und bei Beiträgen besteht immerhin eine Möglichkeit einer Inanspruchnahme.

2.17 Prüfung 17 – Handakte des Steuerberaters; Vorläufiger Rechtschutz; Nießbrauch; Umsatzsteuer bei Besitzkonstitut; Realteilung und Begünstigung nach § 6 Abs. 5 EStG; Betriebswirtschaftliche Einzelfragen (Tab. 2.97, 2.98, 2.99, 2.100, 2.101 und 2.102)

Tab. 2.97 Vertreter des Berufsstandes I: Handakte des Steuerberaters. StBerG, BGB

Frage: Nach einem Streit mit Ihrem Mandanten beenden Sie das Mandatsverhältnis. Der Mandant verlangt von Ihnen die Herausgabe der Telefonvermerke, die Sie für die Gespräche mit dem Mandanten erstellt haben.	Antwort:
Woraus könnte sich ein Herausgabeanspruch aus dem Zivilrecht ergeben?	Zivilrechtlich kann sich der Herausgabeanspruch aus § 675 i. V. m. § 667 BGB ergeben. Steuerberatungsverträge sind in der Regel Geschäftsbesorgungsverträge. Bei Beendigung des Steuerberatervertrages ist dem Mandanten alles herauszugeben, was der Steuerberater zur Ausführung und aus der Geschäftsbesorgung erhalten hat.
Könnte sich ein Anspruch auch aus dem Berufsrecht ergeben?	In § 66 StBerG wird die Pflicht des Steuerberaters zur Herausgabe der Handakten vorausgesetzt, jedoch dort nicht ausdrücklich erwähnt. Dennoch soll sich aus dieser Norm eine berufsrechtliche Pflicht zur Herausgabe der Handakte ergeben. Zudem wird in § 13 Abs. 4 BOStB 2010 festgehalten, dass Handakten nach Aufforderung herauszugeben sind.
Sind Telefonvermerke Handakten im Sinne des § 66 StBerG?	Telefonvermerke, die ein Steuerberater für Gespräche mit Mandanten anfertigt, sind keine Handakten im Sinne des § 66 Abs. 3 StBerG. Die Vermerke hat der Steuerberater nicht durch Dritte oder vom Mandanten erhalten.
Was würde gelten, wenn der Mandant die Herausgabe der Emailkorrespondenz verlangt?	Die Emailkorrespondenz wurde für den Mandanten geführt. Somit gehört diese Korrespondenz zur Handakte, die dem Mandanten zur Verfügung zu stellen ist.
Kann der Mandant von Ihnen nach Beendigung des Mandats die Arbeitsergebnisse bzw. die Übersendung elektronischer Dateien verlangen?	Streng genommen handelt es sich nicht um Handakten. Dennoch sieht die Rechtsprechung (BGH, Entscheidung vom 17. Februar 1988 – IVa ZR 262/86, StB 88, 232) eine solche Pflicht und begründet dies damit, dass der Mandant hierfür eine Vergütung gezahlt hat und die Herausgabe Bestandteil der Leistungsverpflichtung des Beraters ist.
Müssen Sie die Handakten auch herausgeben, wenn Ihr Honorar bezahlt ist, jedoch die Auslagen noch nicht bezahlt wurden?	In diesem Fall kann der Steuerberater nach § 66 Abs. 2 StBerG die Herausgabe verweigern. Das Zurückbehaltungsrecht besteht neben dem Honorar auch für den Auslagenersatz.

(Fortsetzung)

Tab. 2.97 (Fortsetzung)

Frage: Nach einem Streit mit Ihrem Mandanten beenden Sie das Mandatsverhältnis. Der Mandant verlangt von Ihnen die Herausgabe der Telefonvermerke, die Sie für die Gespräche mit dem Mandanten erstellt haben.	Antwort:
Abgesehen von einem Herausgabeverlangen des Mandanten hat die Einstufung von Unterlagen als Handakten für den Steuerberater noch eine andere Relevanz. Welche ist das?	Für Handakten besteht nicht nur eine Herausgabepflicht, sondern auch eine 10-jährige Aufbewahrungspflicht.
Wie könnte der Steuerberater ggf. die 10-jährige Aufbewahrungspflicht für die Handakte verringern?	Der Steuerberater kann den Mandanten auffordern, die Handakte in Empfang zu nehmen. Erfolgt die Empfangnahme nicht binnen 6 Monaten, so erlischt die Aufbewahrungspflicht des Steuerberaters (vgl. § 66 Abs. 1 Satz 4 StBerG).

Tab. 2.98 Finanzverwaltung I: Vorläufiger Rechtschutz. AO, FGO

Frage: Ihr Mandant M hat gegen seinen Einkommensteuerbescheid Einspruch eingelegt.	Antwort:
Muss M nach Einlegung des Einspruchs die festgesetzte Steuer bezahlen?	Ja, durch die Einlegung des Einspruchs wird die Vollziehung des Steuerbescheides nicht gehemmt.
Wo findet sich diese Regelung im Gesetz?	Dies ist in § 361 Abs. 1 AO bestimmt.
Was gilt, wenn M nach erfolgloser Einspruchseinlegung Klage beim Finanzgericht einlegt. Muss M dann noch zahlen?	Auch in diesem Fall ist der Steuerbescheid nach § 69 Abs. 1 FGO vollziehbar. M muss zahlen.
Welche Möglichkeiten hat M, um bei der Finanzbehörde gegen die Vollziehung des Steuerbescheides vorzugehen?	M kann vor Klageerhebung einen Antrag auf Aussetzung der Vollziehung nach § 361 Abs. 2 AO beim Finanzamt stellen. Nach Klageerhebung besteht die Möglichkeit, beim Finanzamt einen Antrag auf Aussetzung der Vollziehung nach § 69 Abs. 2 FGO zu stellen.
Kann ein Antrag auf Aussetzung der Vollziehung auch beim Finanzgericht gestellt werden?	Dies ist nach § 69 Abs. 3 FGO möglich. Ein solcher Antrag setzt voraus, dass zuvor ein Antrag auf Aussetzung der Vollziehung von einer Finanzbehörde abgelehnt wurde (vgl. § 69 Abs. 4 FGO).

(Fortsetzung)

Tab. 2.98 (Fortsetzung)

Frage: Ihr Mandant M hat gegen seinen Einkommensteuerbescheid Einspruch eingelegt.	Antwort:
Das Finanzamt lehnt den Antrag auf Aussetzung der Vollziehung ab. Welches Rechtsmittel kann M hiergegen einlegen?	Statthaftes Rechtsmittel ist der Antrag auf Aussetzung der Vollziehung beim Finanzgericht (vgl. § 361 Abs. 5 AO i. V. m. § 69 Abs. 3 FGO bzw. § 69 Abs. 7 FGO i. V. m. § 69 Abs. 3 FGO).
Welches Rechtsmittel besteht, wenn das Finanzgericht den Antrag auf Aussetzung der Vollziehung ablehnt?	In diesem Fall ist das Rechtsmittel die Beschwerde beim Bundesfinanzhof, sofern das Gericht dieses Rechtsmittel zugelassen hat (§ 128 Abs. 3 FGO).
Welches Rechtsmittel besteht, wenn das Gericht die Beschwerde nicht zugelassen hat?	In diesem Fall besteht kein Rechtsmittel. Insbesondere gibt es hier nicht die Nichtzulassungsbeschwerde.
Welche Möglichkeit kennen Sie noch, wonach ein Steuerpflichtiger vorläufigen Rechtsschutz erlangen kann?	In § 114 FGO kann der Steuerpflichtige einen vorläufigen Rechtsschutz auch durch einen Antrag auf einstweilige Anordnung erreichen.
Wann ist ein Antrag auf Aussetzung der Vollziehung bzw. Antrag auf einstweilige Anordnung statthaft?	Bei einem Antrag auf Aussetzung geht der Steuerpflichtige gegen einen Verwaltungsakt vor. Es geht ihm in der Hauptsache um eine Anfechtungsklage. Bei einem Antrag auf einstweilige Anordnung hingegen geht es dem Steuerpflichtigen in der Hauptsache um eine Verpflichtungs-, Leistungs- oder Feststellungsklage (vgl. § 69 Abs. 5 FGO).
Kann ein Antrag auf einstweilige Anordnung auch beim Finanzamt gestellt werden?	Nein, ein solcher Antrag kann nur beim Finanzgericht gestellt werden.
M möchte eine Stundung für seine Steuerschuld haben. Welcher einstweilige Rechtsschutz wäre einschlägig?	Sofern M eine Stundung begehrt, geht es ihm in der Hauptsache um die Erlangung eines Verwaltungsaktes nach § 222 AO. Da in der Hauptsache eine Verpflichtungsklage statthaft ist, kann nur ein einstweiliger Rechtsschutz nach § 114 FGO begehrt werden.
Wie wäre es, wenn M vorläufigen Rechtschutz bei der Herabsetzung von Steuervorauszahlungen begehrt?	Auch dann geht es um die Erlangung eines Verwaltungsaktes. Es wäre demnach ein Antrag auf einstweilige Anordnung statthaft.
Wie wäre es, wenn M sich gegen eine Prüfungsanordnung wehrt?	In diesem Fall wird in der Hauptsache ein Verwaltungsakt angefochten. Einstweiliger Rechtsschutz kann nur durch einen Antrag auf Aussetzung der Vollziehung erlangt werden.

Tab. 2.99 Vertreter der Wirtschaft: Nießbrauch. BGB, BewG, EStG

Frage: Vater V möchte seinem Sohn ein Grundstück übertragen, jedoch lebenslang einen Nießbrauch am Grundstück behalten.	Antwort:
Wo ist im Gesetz der Nießbrauch geregelt?	Die gesetzlichen Regelungen finden sich in den §§ 1030 ff. BGB.
Was ist ein Nießbrauchrecht?	Hierunter versteht man ein umfassendes Nutzungsrecht an der jeweiligen Sache. Es ist ein dingliches Recht, das gegenüber jedermann wirkt (vgl. § 1030 BGB).
Wie bestellt man einen Nießbrauch an einem Grundstück?	Neben der Einigung des Eigentümers und des Nießbrauchberechtigten ist noch die Eintragung im Grundbuch nach § 873 BGB notwendig.
Was ist ein Zuwendungsnießbrauch und ein Vorbehaltsnießbrauch?	Beim Zuwendungsnießbrauch bestellt der Eigentümer einer anderen Person ein Nießbrauchrecht. Beim Vorbehaltsnießbrauch überträgt der bisherige Eigentümer das Eigentum an der Sache, behält sich jedoch den Nießbrauch zurück.
Wie wirkt sich der Nießbrauch im Ausgangsfall schenkungsteuerlich aus?	Der Nießbrauch mindert den schenkungsteuerlichen Wert des geschenkten Grundstücks.
Wie wird der Nießbrauch als Abzugsposten bewertet?	Nach § 14 Abs. 1 i. V. m. § 15 BewG wird der Jahreswert der Nutzung mit einem Vervielfältiger multipliziert, der sich aus einem BMF-Schreiben ergibt.
An welche Steuer wäre hier noch zu denken?	Soweit der Wert des Grundstücks den Wert des Nießbrauchrechts übersteigt, könnte Grunderwerbsteuer anfallen. Allerdings ist hier die Grunderwerbsteuerbefreiung nach § 3 Nr. 6 GrEStG einschlägig.
Kann V seinem Sohn S auch einen Nießbrauch an seiner Beteiligung an einer OHG einräumen?	Ein Nießbrauch kann an Sachen und auch nach § 1068 BGB an Rechten bestellt werden.
Wie wird der Nießbrauch an dem OHG Anteil zivilrechtlich wirksam bestellt?	Dies erfolgt nach den Regeln der Übertragung des Rechtes. Somit wird der Nießbrauch an dem OHG Anteil durch Abtretung (Einigung) bestellt.
V möchte nun doch die OHG Anteile auf seinen Sohn S übertragen, jedoch das Nießbrauchrecht an dem OHG Anteil behalten. Welche Rechte haben V und S, wenn keine weitere Vereinbarung getroffen wird?	Dem Vater stehen die Gewinnbezugsrechte zu, während der Sohn die Gesellschaftsrechte (insbesondere Stimmrechte) wahrnimmt. Der Sohn kann die Anteile auch verkaufen.
Wie ist eine solche Vorgehensweise einkommensteuerlich zu bewerten?	Nach § 6 Abs. 3 EStG kann eine unentgeltliche Übertragung ohne Aufdeckung stiller Reserven erfolgen. Nach wohl herrschender Überzeugung ist die Zurückbehaltung eines Nießbrauches kein Entgelt, da S kein eigenes Vermögen hierfür einsetzt.

(Fortsetzung)

Tab. 2.99 (Fortsetzung)

Frage: Vater V möchte seinem Sohn ein Grundstück übertragen, jedoch lebenslang einen Nießbrauch am Grundstück behalten.	Antwort:
Wie wäre der Fall schenkungsteuerlich zu beurteilen, wenn bei Übertragung der OHG Anteile V sich neben dem Nutzungsrecht auch die Stimmrechte einräumen lässt?	Hier würde das Problem eintreten, dass kein begünstigtes Betriebsvermögen nach § 13 Abs. 1 Nr. 2 ErbStG mehr vorliegt. Es fehlt an der Mitunternehmerstellung des S. Durch das Stimmrecht des V behält dieser die Mitunternehmerinitiative, sodass kein Mitunternehmeranteil auf S übergeht.
Was könnte man machen, wenn V dem S nur einen Teil der OHG Anteile übertragen möchte und auch hieran sich den Nießbrauch zurückbehalten möchte?	Denkbar wäre auch, nur an einem Teil des OHG Anteils einen Nießbrauch zu bestellen (Quotennießbrauch).
Kann sich V bei einer Übertragung einer Wohnung auch ein Wohnrecht zurückbehalten?	Auch dies wäre möglich. Jedoch kann er dann darin nur selbst wohnen und die Wohnung nicht vermieten.
Welche Wohnrechte sind zivilrechtlich zu unterscheiden?	Es gibt zunächst das dingliche Wohnrecht nach § 1093 BGB, das im Grundbuch eingetragen ist und gegenüber jedermann wirkt. Daneben gibt es noch das schuldrechtliche Wohnrecht, das nur zwischen den Vertragsparteien wirkt und nicht im Grundbuch eingetragen wird.

Tab. 2.100 Finanzverwaltung II: Umsatzsteuer bei Besitzkonstitut. UStG, BGB

Frage: Autohändler A in Augsburg erwirbt am 15. Mai bei Unternehmer U in München eine gebrauchte Maschine. An diesem Tag einigen sich A und U, dass das Eigentum auf A übergehen soll, jedoch die Maschine noch bis 30. September bei U verbleiben soll.	Antwort:
Wie wird an beweglichen Wirtschaftsgütern im allgemeinen Eigentum übertragen?	Gemäß § 929 Satz 1 BGB erfolgt dies durch Einigung über den Übergang des Eigentums und durch Übergabe des Wirtschaftsgutes.
Welche anderen Möglichkeiten bestehen sonst noch?	Möglich ist auch die bloße Einigung, wenn der Erwerber bereits über die Sache verfügt (§ 929 Satz 2 BGB). Ferner besteht die Möglichkeit, statt der Übergabe ein Besitzkonstitut zu vereinbaren (§ 930 BGB) oder einen Herausgabeanspruch zu übertragen (§ 931 BGB). Die Einigung über den Eigentumsübergang muss jedoch stets vorliegen.

(Fortsetzung)

Tab. 2.100 (Fortsetzung)

Frage: Autohändler A in Augsburg erwirbt am 15. Mai bei Unternehmer U in München eine gebrauchte Maschine. An diesem Tag einigen sich A und U, dass das Eigentum auf A übergehen soll, jedoch die Maschine noch bis 30. September bei U verbleiben soll. Wie ist in dem hier vorliegenden Fall das Eigentum auf A übergegangen?	Antwort: U hat das Eigentum nach § 929 Satz 1 i. V. m. § 930 BGB an A übertragen. U und A haben sich über den Eigentumsübergang vereinbart und haben zudem ein Besitzkonstitut vereinbart.
Wann ist dann das Eigentum an der Maschine übergegangen?	Der Eigentumsübergang fand bereits am 15.5. statt.
Prüfen Sie nun den Sachverhalt in umsatzsteuerlicher Hinsicht!	U ist Unternehmer im Sinne des § 2 UStG und hat die Maschine auch im Rahmen seines Unternehmens an A geliefert. Es liegt eine Lieferung nach § 3 Abs. 1 UStG vor, weil U dem A die Verfügungsmacht verschafft hat.
Wann ist die umsatzsteuerliche Lieferung erfolgt?	Der Zeitpunkt der Lieferung bestimmt sich nach dem Zivilrecht. Infolge der Eigentümerstellung hat A die Verfügungsmacht über die Maschine bereits erhalten. Ein späterer Transport der Maschine nach Augsburg ist insoweit irrelevant.
Wo ist der Ort der Lieferung?	Da im Zusammenhang mit der Verschaffung der Verfügungsmacht keine Beförderung oder Versendung stattfindet, liegt eine sog. unbewegte Lieferung vor. Der Ort einer unbewegten Lieferung bestimmt sich nach § 3 Abs. 5a i. V. m. § 3 Abs. 7 Satz 1 UStG und ist dort, wo sich der Gegenstand im Zeitpunkt der Verschaffung der Verfügungsmacht befindet. Der Ort ist somit in München.
Wann ist dann die Lieferung umsatzsteuerlich anzumelden?	Umsatzsteuerlich gilt die Lieferung zu dem Zeitpunkt als ausgeführt, an dem die Verfügungsmacht verschafft wird. Die Ortsvorschriften geben zugleich den Zeitpunkt der Lieferung vor (Abschn. 3.12 Abs. 7 Satz 1 UStAE). Die Lieferung ist somit im Mai.
Wer ist für die Umsatzsteuer Steuerschuldner?	Steuerschuldner ist nach § 13a Abs. 1 Nr. 1 UStG der Lieferant U.
Welche Bedeutung hat dann umsatzsteuerlich der Transport der Maschine im September?	Der Transport Ende September zum Abnehmer A ist ein rechtsgeschäftsloses Verbringen. Ein solcher Vorgang löst keine umsatzsteuerlichen Rechtsfolgen aus.

Tab. 2.101 Vertreter des Berufsstandes II: Realteilung und Begünstigung nach § 6 Abs. 5 EStG. EStG, BGB

Frage: Herr X, Herr Y und Herr Z sind zu gleichen Anteilen Gesellschafter an der XYZ-OHG, die sich auf die Reparatur von Computer spezialisiert hat. Nach einem Streit möchte Y aus der OHG ausscheiden.	Antwort:
Was passiert mit der OHG zivilrechtlich, wenn Y gegen Zahlung eines Abfindungsanspruches aus der OHG ausscheidet?	Zivilrechtlich besteht die OHG fort. Der Gesellschaftsanteil des Y wächst mit dessen Ausscheiden den Gesellschaftern X und Z zu gleichen Teilen an (§ 738 BGB analog).
Wie ist der Abfindungsanspruch des Y einkommensteuerlich zu behandeln?	Die Anwachsung des Mitunternehmeranteils gegen Entgelt ist als Veräußerung im Sinne des § 16 Abs. 1 Nr. 2 EStG zu behandeln. Es kommen die Steuerbegünstigungen des § 16 Abs. 4 EStG bzw. des § 34 Abs. 1 und 3 EStG in Betracht.
Herr X hat der OHG eine Wohnung vermietet. Er möchte diese Wohnung nun an Herrn Z unentgeltlich übertragen. Herr X möchte wissen, ob dies ohne Entstehung einer Einkommensteuer möglich ist.	Grundsätzlich würde es bei der Übertragung nach § 6 Abs. 1 Nr. 4 EStG zu einer Aufdeckung stiller Reserven kommen. Jedoch könnte die Übertragung des Eigentums an der Wohnung auf Z nach § 6 Abs. 5 Satz 3 Nr. 3 EStG zu Buchwerten erfolgen.
Was würde passieren, wenn Z nach 2 Jahren die Wohnung an einen Dritten weiterveräußern würde?	In diesem Fall liegt ein Verstoß gegen die 3-jährige Behaltensfrist des § 6 Abs. 5 Satz 4 EStG vor. Es kommt nun rückwirkend zu einer Aufdeckung der stillen Reserven zum Zeitpunkt der Übertragung der Wohnung an Z.
Was würde passieren, wenn Z die Wohnung nicht verkauft, sondern die R-GmbH sich 5 Jahre später zu 30 % an der OHG beteiligen würde?	Nun liegt ein Verstoß gegen die 7-jährige Behaltensfrist des § 6 Abs. 5 Satz 6 EStG vor, weil sich in diesem Zeitraum eine Kapitalgesellschaft an der OHG beteiligt hat. Es kommt zu einer anteiligen (30 %) rückwirkenden Aufdeckung der stillen Reserven.
In § 6 Abs. 5 Satz 1 und 2 EStG ist die Rede von der Überführung von Wirtschaftsgütern, während § 6 Abs. 5 Satz 3 ff. EStG von der Übertragung von Wirtschaftsgütern spricht. Hat diese Wortwahl eine Bedeutung?	Bei der Übertragung von Wirtschaftsgütern geht es um den Wechsel in der zivilrechtlichen Eigentümerstellung über das Wirtschaftsgut. Bei der Überführung bleibt das Eigentum unverändert bestehen, jedoch wird das Wirtschaftsgut einem anderen Betriebsvermögen zugeordnet.
Nachdem sich nun X und Z auch nicht mehr verstehen, möchte X das Unternehmen als Einzelunternehmen weiterführen. Die Wirtschaftsgüter werden zwischen X und Z aufgeteilt. Z wird Privatier. Geld wird nicht bezahlt. X möchte wissen, ob er nun Steuern zahlen muss. Was meinen Sie?	Es handelt sich hier um eine echte Realteilung nach § 16 Abs. 3 Satz 2 EStG. Er kann die Wirtschaftsgüter zu Buchwerten in sein Einzelunternehmen überführen.

(Fortsetzung)

Tab. 2.101 (Fortsetzung)

Frage: Herr X, Herr Y und Herr Z sind zu gleichen Anteilen Gesellschafter an der XYZ-OHG, die sich auf die Reparatur von Computer spezialisiert hat. Nach einem Streit möchte Y aus der OHG ausscheiden.	Antwort:
Welche steuerlichen Folgen hat der Vorgang für den Z?	Z überführt die Wirtschaftsgüter in sein Privatvermögen. Er hat die etwaigen stillen Reserven der Wirtschaftsgüter als Entnahmegewinn zu versteuern.
Was ist eine unechte Realteilung?	Hier scheidet ein Gesellschafter aus einer Personengesellschaft von mind. 3 Gesellschaftern aus und die Personengesellschaft bleibt nach Ausscheiden des Gesellschafters erhalten.
Ist auch eine unechte Realteilung nach § 16 Abs. 3 Satz 2 EStG begünstigt?	Neben der echten ist auch die unechte Realteilung nach § 16 Abs. 3 Satz 2 EStG begünstigt.

Tab. 2.102 Vorsitzende der Prüfungskommission: Betriebswirtschaftliche Einzelfragen. BWL

Frage:	Antwort:
Was versteht man unter einem Shareholder und einem Stakeholder?	Mit Shareholder ist der Gesellschafter (bei AG der Aktionär) gemeint. Unter einem Stakeholder versteht man interne und externe Personengruppen, die vom Unternehmenshandel direkt oder indirekt betroffen sein können (Geschäftspartner, Kreditgeber, Arbeitnehmer etc.).
Was verstehen Sie unter einem Leverage-Effekt?	Mit einem Leverage-Effekt wird die Hebelwirkung durch Einsetzung von Fremdkapital auf die Eigenkapitalrentabilität beschrieben.
Wann wirkt sich der Leverage-Effekt positiv aus?	Das ist immer dann der Fall, wenn die Rendite für das durch Fremdkapital erworbene Wirtschaftsgut höher als der Fremdkapitalzins.
Was verstehen Sie unter einem Return on Investment?	Der Return on Investment ist eine betriebswirtschaftliche Kennzahl, mit welcher die Rendite des eingesetzten Kapitals festgestellt wird.
Was ist mit interner und externer Rechnungslegung gemeint?	Die interne Rechnungslegung wird auch Management Accounting und die externe Rechnungslegung Financial Accounting genannt. Bei der internen Rechnungslegung ist das Controlling gemeint, das der Maximierung des Unternehmenserfolges dient. Externe Rechnungslegung umfasst die Finanzbuchhaltung sowie insbesondere die Jahresabschlüsse samt Lagebericht.

(Fortsetzung)

Tab. 2.102 (Fortsetzung)

Frage:	Antwort:
Was versteht man unter einem Shareholder und einem Stakeholder?	Mit Shareholder ist der Gesellschafter (bei AG der Aktionär) gemeint. Unter einem Stakeholder versteht man interne und externe Personengruppen, die vom Unternehmenshandel direkt oder indirekt betroffen sein können (Geschäftspartner, Kreditgeber, Arbeitnehmer etc.).
Was ist eine Balance Scorecard?	Hierunter ist ein Controllinginstrument gemeint, welches neben finanziellen Kennzahlen auch nicht finanzielle Kennzahlen enthält. Es werden hier vier Perspektiven gezeigt (finanziell, interne Geschäftsprozesse, Kunden und Lern- und Entwicklung). Die Balance Scorecard zeigt die Wirkung der Perspektiven auf die Unternehmensstrategie.
Welche Informationen können Sie durch den Blick auf eine Bilanz entnehmen?	Zunächst ist der Umfang des aufgebrachten und investierten Kapitals (Bilanzsumme) dort zu entnehmen. Ferner findet sich dort die Vermögensstruktur (Aktiva) und die Finanzierungsstruktur (Passiva) des Unternehmens.
Der Gesetzgeber gibt Arbeitnehmern die Möglichkeit in Unternehmen mitzubestimmen. Welche beiden rechtlichen Formen der Mitbestimmung sind zu unterscheiden?	Zum einen gibt es die Möglichkeit über die Bildung eines Betriebsrates als Interessenvertretung der Arbeitnehmer Einfluss auf Maßnahmen des Unternehmens zu nehmen. Zum anderen gibt es die Möglichkeit, Arbeitnehmervertreter in den Aufsichtsrat zu senden.
In welchen Gesetzen ist Mitbestimmung geregelt?	Die maßgeblichen Gesetze sind das Betriebsverfassungsgesetz für die Bildung eines Betriebsrates sowie das Drittelbeteiligungsgesetz bzw. das Mitbestimmungsgesetz für die Entsendung von Arbeitnehmer in den Aufsichtsrat.

2.18 Prüfung 18 – Honorar des Steuerberaters und Verjährung; Gutscheine; Kaufvertrag; Steuerbescheid ohne Begründung und Anhörung; Bauabzugssteuer; Stiftung 2 (Tab. 2.103, 2.104, 2.105, 2.106, 2.107 und 2.108)

Tab. 2.103 Vertreter des Berufsstandes I: Honorar des Steuerberaters und Verjährung. StBerG, BGB, StBVV

Frage:	Antwort:
Der Steuerberater Y möchte mit seinem Mandanten vereinbaren, dass er bei Erfolg eines einzulegenden Einspruches 30 % der erstatteten Summe bekommt. Wäre dies möglich?	Ein Erfolgshonorar ist nach § 9a StBerG nur in ganz engen Grenzen zulässig. So ist ein Erfolgshonorar nur möglich, wenn die Vereinbarung für einen Einzelfall geschlossen wird, der Auftraggeber aufgrund seiner wirtschaftlichen Situation ansonsten von der Rechtsverfolgung abgehalten würde und die engen Formvorgaben des § 9a Abs. 3 Satz 1 und 2 StBerG eingehalten werden.
Ein Steuerberater ist als Insolvenzberater bestellt. Kann er für seine Tätigkeit nach der StBVV abrechnen?	Die StBVV gilt für die im Inland selbstständig ausgeübte Berufstätigkeit im Sinne des § 33 StBerG (vgl. § 1 StBVV). Hierzu gehört nicht die sog. vereinbarte Tätigkeit im Sinne des § 57 Abs. 3 StBerG i. V. m. § 15 BOStB.
Ein Steuerberater will die steuerliche Betreuung für eine neu gegründete UG (haftungsbeschränkt) übernehmen. Er hat Sorge, dass er aufgrund der gesetzlichen Gebühren für seine Tätigkeit ein zu niedriges Honorar bekommt. Was kann er tun?	Nach der StBVV ist für die Gebühren auf den Gegenstandswert abzustellen (vgl. § 10 StBVV). Dies könnte bei einer neu gegründeten UG niedrig sein. Der Steuerberater könnte jedoch einen Mindestgegenstand mit dem Mandanten vereinbaren oder eine Vergütungsvereinbarung abschließen.
Ein Mandant M ist empört, dass er eine Honorarrechnung seines Steuerberaters erhält. Er wendet ein, dass zu keiner Zeit über ein Entgelt gesprochen wurde. Wie beurteilen Sie diesen Einwand?	Die Vergütung für Tätigkeiten nach § 33 StBerG ergibt sich bereits aus dem Gesetz. Über die Höhe der Gebühren muss daher nicht gesprochen werden.
Was würde gelten, wenn der Steuerberater eine Tätigkeit ausübt, für welche die StBVV nicht gilt?	Auch in diesem Fall erhält der Steuerberater ein Entgelt. Der Anspruch auf ein übliches Entgelt ergibt sich aus § 612 Abs. 2 BGB bzw. § 632 Abs. 2 BGB.
Der Steuerberater vereinbart mit seinem Mandanten für die Erstellung der jährlichen Steuererklärungen und für ein Gutachten jeweils einen Festpreis. Geht das?	Nach § 14 StBVV kann ein Steuerberater eine Pauschalvergütung vereinbaren. Für das Gutachten ist jedoch nach § 14 Abs. 2 Nr. 2 StBVV eine solche Vereinbarung nicht zulässig.
Kann der Mandant gegen ein Pauschalhonorar einwenden, dass das Honorar im Hinblick auf den Arbeitsaufwand unangemessen ist?	Ein solcher Einwand wäre nach § 14 Abs. 3 StBVV grundsätzlich möglich, wenn der Einwand auch tatsächlich zutrifft.
Wann verjährt der Honoraranspruch des Steuerberaters?	Die Frist für die Verjährung beträgt nach § 195 BGB drei Jahre.
Wann beginnt die Verjährung des Honoraranspruches zu laufen?	Die Frist beginnt mit dem Schluss des Kalenderjahres, in dem der Honoraranspruch entstanden ist.

(Fortsetzung)

Tab. 2.103 (Fortsetzung)

Frage:	Antwort:
Was kann ein Steuerberater tun, wenn die Verjährung seines Vergütungsanspruches droht?	Der Steuerberater kann durch Einlegung einer Klage oder durch Zustellung eines Mahnbescheides die Verjährung nach § 204 Abs. 1 Nr. 1 bzw. 3 BGB hemmen.
Was wäre noch möglich?	Auch die Vereinbarung einer Stundungsvereinbarung könnte nach § 205 BGB die Verjährung hemmen. Noch besser wäre, wenn der Mandant den Anspruch anerkennt. In diesem Fall wird nach § 212 Abs. 1 Nr. 1 BGB die Verjährung nicht gehemmt, sondern die Verjährung beginnt erneut.
Kann die Steuerberaterkammer bei Honorarstreitigkeiten helfen?	Gemäß § 76 Abs. 2 Nr. 3 StBerG gehört es zu den Aufgaben der Steuerberaterkammer bei Streitigkeiten zwischen ihren Mitgliedern und deren Mandanten zu vermitteln.
Welchen Vorteil hat eine solche Vermittlung?	Kosten- und zeitintensive Gerichtsverfahren können vermieden werden.
Können Sie als Steuerberater einen solchen Antrag auch stellen?	Ein solcher Antrag kann von dem Steuerberater wegen der Verschwiegenheitsverpflichtung nicht gestellt werden.

Tab. 2.104 Finanzverwaltung I: Gutscheine. UStG

Frage: Im Umsatzsteuerrecht wird zwischen Einzweck- und Mehrzweckgutscheinen unterschieden.	Antwort:
Was versteht man unter einem Einzweckgutschein?	Ein Einzweckgutschein ist ein Gutschein, für den bei Ausgabe bereits feststeht, in welcher Höhe Umsatzsteuer in welchem Staat anfällt.
Wo ist der Einzweckgutschein im Gesetz definiert?	Die Definition findet sich in § 3 Abs. 14 UStG.
Was versteht man unter einem Mehrzweckgutschein?	Der Mehrzweckgutschein ist negativ definiert. Ein Gutschein, der kein Einzweckgutschein ist, ist ein Mehrzweckgutschein.
Wo ist der Mehrzweckgutschein im Gesetz definiert?	Die Definition findet sich in § 3 Abs. 15 UStG.
Warum ist die Unterscheidung umsatzsteuerlich bedeutsam?	Die Unterscheidung spielt für die Beurteilung des Leistungszeitpunktes eine maßgebliche Rolle. So stellt bereits die Ausgabe eines Einzweckgutscheins eine fiktive Lieferung oder sonstige Leistung dar. Die spätere Einlösung ist dann keine weitere umsatzsteuerliche Leistung.

(Fortsetzung)

2.18 Prüfung 18

Tab. 2.104 (Fortsetzung)

Frage: Im Umsatzsteuerrecht wird zwischen Einzweck- und Mehrzweckgutscheinen unterschieden.	Antwort:
Was passiert, wenn ein Bezieher eines Einzweckgutscheines diesen nicht einlöst?	Bei Einzweckgutscheinen fand bei Ausgabe bereits eine Besteuerung statt. Diese Besteuerung wird nicht rückgängig gemacht, da die weitere Behandlung unabhängig von der ursprünglichen fiktiven Besteuerung ist. Es bleibt somit bei einer Besteuerung ohne tatsächliche Leistung.
An welche umsatzsteuerliche Korrekturvorschrift hätte man denken können?	Denkbar wäre § 17 Abs. 2 Nr. 2 UStG gewesen, wonach eine nicht erfolgte Lieferung oder Leistung zu einer Korrektur der Umsatzsteuer führt.
Was passiert bei einem Mehrzweckgutschein, wenn der Bezieher den Gutschein nicht einlöst?	Bei einem Mehrzweckgutschein findet weder eine Leistungserbringung noch eine Besteuerung statt. Demzufolge ist hier auch nichts weiter zu veranlassen.
Ihr Mandant hat in der lokalen Zeitschrift Gutscheine zur Verfügung gestellt, wonach der Leser einen 20 %igen Nachlass auf alle Gerichte des Restaurants XY erhält. Liegt ein Mehrzweck- oder Einzweckgutschein vor?	Hier spricht zunächst einiges dafür, einen Einzweckgutschein anzunehmen, weil Leistungsort und Steuer bekannt sind. Allerdings ist gemäß § 3 Abs. 13 Satz 2 UStG bestimmt, dass bei Preisnachlässen ein Gutschein nicht vorliegen kann. Somit handelt es sich nicht um einen Einzweckgutschein.
Ist auch die am Vortag gekaufte Kinokarte für eine Abendveranstaltung am nächsten Tag ein Gutschein im Sinne des § 3 Abs. 13 UStG?	Mit einer Eintrittskarte ist ein Anspruch auf eine genau bezeichnete Leistung gegen ein genau bezeichnetes Unternehmen verbunden. Dies unterscheidet eine Eintrittskarte von Gutscheinen, bei denen der Leistungsgegenstand nur bestimmbar, aber nicht inhaltlich genau bestimmt ist.
Ihr Mandant ist Franchisegeber einer Schnellimbisskette in Deutschland. Er überträgt an Unternehmer X einen Gutschein „Zwei Burger zum Preis von einem Burger", die bei seinen Franchisenehmern eingelöst werden kann. Liegt ein Gutschein vor?	Bei einem Gutschein im Sinne des § 3 Abs. 13 UStG ist auch Voraussetzung, dass die Identität des leistenden Unternehmers im Zeitpunkt der Ausgabe feststeht.

Tab. 2.105 Vertreter der Wirtschaft: Kaufvertrag. BGB

Frage: Wie kommt ein Kaufvertrag zustande?	Antwort: Ein Kaufvertrag kommt durch zwei übereinstimmende Willenserklärungen (sog. Angebot und Annahme) zustande.
Kommt ein Kaufvertrag zustande, wenn V den K fragt, ob er sein Auto kaufen will und K mit „ja" antwortet?	Es ist notwendig, dass sich die Vertragspartien auf die wesentlichen Bestandteile des Kaufvertrages geeinigt haben (sog. „essentialia negotii"). Hierzu gehört auch der Kaufpreis. Es liegt also kein Kaufvertrag vor.
Muss man sich im Vertragsrecht immer auf die Höhe der Vergütung einigen, damit ein Vertrag zustande kommt?	Das ist nicht generell der Fall. So kommt ein Dienstvertrag oder Werkvertrag auch regelmäßig zustande, wenn die Höhe der Vergütung nicht vereinbart wurde (vgl. § 612 BGB, § 632 BGB).
Was verstehen sie unter einem „invitatio ad offerendum"?	Dies stellt lediglich die Aufforderung an einen anderen dar, ein Kaufangebot abzugeben. Die „invitatio" ist also selbst noch kein Angebot.
Was gilt, wenn K für 3 Tage ein Kaufangebot abgegeben hat, aber V erst nach 5 Tagen die Annahme erklärt hat?	Die verspätete Annahme eines befristeten Angebots gilt nach § 150 Abs. 1 BGB als neues Angebot des V. Ein Kaufvertrag liegt also noch nicht vor.
Kann ein Vertrag auch durch eine Versteigerung zustande kommen?	Dies ist nach § 156 BGB möglich. Hier kommt der Vertrag durch den Zuschlag zustande.
Wie kommt der Vertrag bei einer Ebay-Versteigerung zustande?	Hier gilt § 156 BGB nicht, da es keine öffentliche Versteigerung ist. Es ist also weiterhin ein Angebot und eine Annahme erforderlich.
Muss beim Kaufvertrag eine bestimmte Form eingehalten werden?	Grundsätzlich ist dies nicht der Fall. Nur in bestimmten Fällen sieht das Gesetz jedoch ein zwingendes Formerfordernis vor.
Wann wäre dies der Fall?	Zum Beispiel bei einem Kaufvertrag über Grundstücke (§ 311b Abs. 1 BGB) oder GmbH-Anteile (§ 5 Abs. 4 GmbHG) ist dies der Fall.
Was ist ein Verbrauchsgüterkauf?	Hier kauft nach § 474 Abs. 1 Satz 1 BGB ein Verbraucher von einem Unternehmer eine bewegliche Sache. Die Begriffe „Verbraucher" und „Unternehmer" sind in § 13 BGB bzw. § 14 BGB beschrieben.
Welche grundsätzlichen Rechte hat ein Käufer, wenn eine Sache mangelhaft ist?	Der Käufer kann Nacherfüllung, Rücktritt, Minderung, Schadensersatz oder Ersatz vergeblicher Aufwendungen verlangen (vgl. § 437 BGB).
Hat ein Käufer auch ein grundsätzliches 14-tägiges Rückgaberecht?	Ein solches Recht besteht nicht, wenn dies nicht vereinbart wurde. Bei sog. Fernabsatzverträgen gibt es jedoch ein 14-tägiges Widerrufsrecht.
Wann verjähren die Gewährleistungsrechte des Käufers?	Nach § 438 Abs. 1 Nr. 3 BGB beträgt die Verjährungsfrist grundsätzlich 2 Jahre. Die Frist beginnt mit Ablieferung bei beweglichen Sachen bzw. Übergabe bei unentgeltlichen Sachen (§ 438 Abs. 2 BGB).

(Fortsetzung)

2.18 Prüfung 18

Tab. 2.105 (Fortsetzung)

Frage: Wie kommt ein Kaufvertrag zustande?	Antwort: Ein Kaufvertrag kommt durch zwei übereinstimmende Willenserklärungen (sog. Angebot und Annahme) zustande.
Was verstehen Sie unter allgemeinen Geschäftsbedingungen?	Allgemeine Geschäftsbedingungen sind für eine Vielzahl von Verträgen vorformulierte Vertragsbedingungen, die eine Vertragspartei der anderen Vertragspartei bei Abschluss des Vertrages stellt (§ 305 Abs. 1 BGB).
Warum ist es bedeutsam zu wissen, was allgemeine Geschäftsbedingungen sind und was individuell vereinbart ist?	Allgemeine Geschäftsbedingungen unterliegen einer besonderen Inhaltskontrolle nach §§ 307 ff. BGB.

Tab. 2.106 Finanzverwaltung II: Steuerbescheid ohne Begründung und Anhörung. AO

Frage: Ein selbstständiger Unternehmensberater U hat seinen Steuerbescheid erhalten. Im Steuerbescheid waren 5000 € Betriebsausgaben aus Unachtsamkeit des Sachbearbeiters nicht angesetzt worden. Eine Erläuterung hierzu fehlt im Bescheid.	Antwort:
Was könnte U nun unternehmen?	U könnte gegen den Steuerbescheid gemäß §§ 347 ff. AO Einspruch einlegen.
Wann wäre allgemein gesprochen ein Einspruch erfolgreich?	Das ist der Fall, wenn der Einspruch zulässig und begründet ist.
Was müsste insbesondere vorliegen, damit der Einspruch zulässig ist?	Der Einspruch müsste insbesondere der statthafte Rechtsbehelf sein, die Einlegung müsste form- und fristgerecht erfolgen und der Einspruchsführer müsste beschwert sein.
Was könnte U versuchen, wenn der Einspruch verspätet eingelegt wird?	In diesem Fall wäre an die Wiedereinsetzung in den vorigen Stand nach § 110 AO zu denken. Dies wäre der Fall, wenn U ohne Verschulden verhindert war, eine gesetzliche Frist einzuhalten.
Was könnte U ggf. im Hinblick auf ein fehlendes Verschulden vortragen?	Ein fehlendes Verschulden kann sich aus § 126 Abs. 3 Satz 1 AO ergeben. Das Finanzamt hat Betriebsausgaben nicht berücksichtigt und dies nicht gemäß 121 AO im Bescheid entsprechend erläutert. Zudem fehlt vor Erlass des Bescheids eine Anhörung nach § 91 AO.
Was müsste nun noch geprüft werden?	Gemäß § 126 Abs. 3 AO muss noch die Kausalität geprüft werden; d. h. U müsste wegen der fehlenden Begründung oder Anhörung die Frist verpasst haben.

(Fortsetzung)

Tab. 2.106 (Fortsetzung)

Frage: Ein selbstständiger Unternehmensberater U hat seinen Steuerbescheid erhalten. Im Steuerbescheid waren 5000 € Betriebsausgaben aus Unachtsamkeit des Sachbearbeiters nicht angesetzt worden. Eine Erläuterung hierzu fehlt im Bescheid.	Antwort:
Gehen wir nun davon aus, dass der Einspruch zulässig ist. Wann ist der Einspruch allgemein gesprochen begründet?	Das ist der Fall, wenn der Steuerbescheid rechtswidrig ist und U hierdurch in seinen Rechten verletzt wurde.
Wie prüfen Sie die Rechtswidrigkeit des Steuerbescheids?	Zunächst ist die formelle und anschließend die materielle Rechtmäßigkeit zu prüfen.
Ist der Bescheid formell rechtswidrig?	Formell fehlerhaft könnte der Bescheid wegen Verletzung der gesetzlichen Formvorschriften sein. Es fehlt die Begründung nach § 121 AO sowie die Anhörung nach § 91 AO.
Hilft dem Finanzamt hier § 127 AO, um den Einwand des Formverstoßes zu entkräften?	Es liegt kein unbeachtlicher Fehler nach § 127 AO vor, weil das Finanzamt wegen der Nichtberücksichtigung der Betriebsausgaben in der Sache anders hätte entscheiden müssen.
Was könnte das Finanzamt noch unternehmen?	Das Finanzamt könnte noch im Einspruchsverfahren die fehlende Begründung gemäß § 126 Abs. 1 Nr. 2 AO sowie die fehlende Anhörung nach § 126 Abs. 1 Nr. 3 AO nachholen und damit die formelle Rechtswidrigkeit heilen.
Welche Art von Fehler liegt bei der Nichtberücksichtigung von Betriebsausgaben vor?	Es handelt sich um einen sog. materiellen Fehler.
Wo ist der Begriff des materiellen Fehlers im Verfahrensrecht definiert?	Die Definition findet sich in § 177 Abs. 3 AO.
Wie ist nun weiter zu prüfen, wenn der Steuerbescheid mangels Nachholung nach § 126 AO formell rechtswidrig ist?	Nun ist festzustellen, dass die fehlenden Betriebsausgaben zu einem materiell rechtswidrigen Bescheid führen und U hierdurch in seinen Rechten verletzt ist. Der Einspruch hätte also Erfolg.

Tab. 2.107 Vertreter des Berufsstandes II: Bauabzugssteuer. EStG, UStG, AO, FVG, BGB

Frage: Welche Quellensteuern kennen Sie im deutschen Einkommensteuerrecht?	Antwort: Hier sind die Kapitalertragsteuer bei Kapitaleinkünften (§§ 43 ff. EStG), die Lohnsteuer bei nicht selbstständiger Arbeit nach §§ 38 ff. EStG, die Quellensteuer bei beschränkt Steuerpflichtigen nach § 50a EStG und die Bauabzugssteuer nach § 48 EStG zu nennen.
Wer hat die Bauabzugssteuer einzubehalten?	Dies obliegt dem Empfänger einer Bauleistung.
Welche Voraussetzungen müssen vorliegen, damit eine Bauabzugsteuer einzubehalten ist?	Es muss sich um eine Bauleistung im Inland handeln und Leistungsempfänger ist ein Unternehmer im Sinne des §§ 2 UStG bzw. eine juristische Person des öffentlichen Rechts.
Welche Ausnahmen lässt das Gesetz von der Verpflichtung zur Einbehaltung der Bauabzugssteuer zu?	Der Leistungsempfänger vermietet nicht mehr als 2 Wohnungen und bezieht Bauleistungen nur für diese Wohnungen (§ 48 Abs. 1 Satz 2 EStG), es liegt eine Freistellungsbescheinigung vor und die Gegenleistung des Leistungsempfängers beläuft sich auf nicht mehr als 5000 € (§ 48 Abs. 2 EStG).
Welchen Sinn und Zweck verfolgt die Bauabzugssteuer in §§ 48 ff. EStG?	Der Gesetzgeber möchte mit diesem besonderen Steuerabzugsverfahren die illegale Betätigung im Baugewerbe eindämmen und die damit verbundene Schwarzarbeit bekämpfen.
Der in Deutschland ansässige Bauunternehmer U (eingetragene Kaufmann) möchte nun eine Freistellungsbescheinigung erhalten. Wo kann er dies beantragen?	Der Antrag ist beim zuständigen Finanzamt nach § 48b EStG zu stellen.
Woraus ergibt sich die Zuständigkeit des Finanzamtes?	Die Zuständigkeit bei inländisch Leistenden richtet sich nach § 19 AO, § 20 AO. Als Einzelunternehmer richtet sich die Zuständigkeit gemäß § 19 Abs. 1 AO nach dem Wohnsitz des U.
Um welche Art der Zuständigkeit geht es bei § 19 bzw. § 20 AO?	Es geht um die örtliche Zuständigkeit.
Wo ist generell gesprochen die sachliche Zuständigkeit geregelt?	Diese wird geregelt im Gesetz über die Finanzverwaltung (FVG). Dies wird in § 16 AO festgelegt.
Welches Finanzamt wäre zuständig, wenn U im Ausland ansässig ist?	In diesem Fall ergibt sich die Zuständigkeit gemäß § 20a Abs. 1 AO nach der Umsatzsteuerzuständigkeitsverordnung (UStZustV).
Was gilt, wenn ein Bauunternehmer neben einer Bauleistung auch weitere Leistungen erbringt? Gilt auch dann die Bauabzugssteuer?	Wenn der Leistende in einer einheitlich vertraglichen Verpflichtung auch andere Leistungen erbringt, kommt es darauf an, welche Leistung dem Vertrag das Gepräge gibt. Ist dies die Bauleistung, so unterliegt die gesamte Vergütung der Bauabzugssteuer. Ist dies nicht der Fall, entfällt die Bauabzugssteuer insgesamt.

(Fortsetzung)

Tab. 2.107 (Fortsetzung)

Frage: Welche Quellensteuern kennen Sie im deutschen Einkommensteuerrecht?	Antwort: Hier sind die Kapitalertragsteuer bei Kapitaleinkünften (§§ 43 ff. EStG), die Lohnsteuer bei nicht selbstständiger Arbeit nach §§ 38 ff. EStG, die Quellensteuer bei beschränkt Steuerpflichtigen nach § 50a EStG und die Bauabzugssteuer nach § 48 EStG zu nennen.
Welchen Vertrag schließt typischerweise ein Leistungsempfänger mit dem Bauleistenden ab?	Es liegt in der Regel ein Werkvertrag nach § 631 ff. BGB vor.
Was wäre, wenn der Vertrag als Werklieferungsvertrag nach § 650 BGB einzustufen wäre?	Dies ist für die Bauabzugsteuer unerheblich. Allein maßgeblich ist, ob eine Bauleistung vorliegt.
Wie unterscheiden sich Werkvertrag und Werklieferungsvertrag voneinander?	Anders als beim Werkvertrag liefert der Unternehmer beim Werklieferungsvertrag auch die zur Verarbeitung erforderlichen Materialien.
Welche Folge hat es für den Leistungsempfänger, wenn er die Bauabzugsteuer nicht abführt?	In diesem Fall droht dem Leistungsempfänger, dass er für den Abzugsbetrag haftet (§ 48a Abs. 3 EStG).

Tab. 2.108 Vorsitzende der Prüfungskommission: Stiftung 2. BGB, ErbStG, AO

Frage: Der Familienpatriarch Max Huber möchte eine Stiftung errichten.	Antwort:
Wo finden sich die gesetzlichen Regelungen über die Stiftung?	In den §§ 80 bis 88 BGB finden sich bundesrechtliche Regelungen über die Stiftung. Ergänzt werden diese Regelungen durch landesrechtliche Regelungen (z. B. Bayerisches Stiftungsgesetz).
Was ist das Besondere an einer Stiftung im Vergleich zu anderen Rechtsformen (z. B. einer GmbH)?	Das Vermögen der Stiftung gehört keinem Gesellschafter, sondern das Vermögen gehört der Stiftung selbst. Bei einer Stiftung gibt es keine Gesellschafter oder Anteilseigner.
Max Huber möchte von Ihnen wissen, welche Organe eine solche Stiftung haben muss.	Das Gesetz schreibt für eine bürgerlich-rechtliche Stiftung nach § 86 i. V. m. § 26 BGB nur den Vorstand vor, der auch aus lediglich einer Person bestehen kann.
Häufig haben Stiftungen auch ein sog. Kuratorium. Was verstehen Sie hierunter?	Stiftungen geben sich in ihrer Satzung häufig freiwillig einen Aufsichtsrat, der meist Kuratorium genannt wird.
Max Huber möchte nun eine Stiftung errichten, deren Erträge den Familienmitgliedern für Ausbildungszwecke zur Verfügung stehen sollen. Wie nennt man eine solche Stiftung im Erbschaft- und Schenkungsteuerrecht?	Es handelt sich um eine sog. Familienstiftung nach § 1 Abs. 1 Nr. 4 ErbStG, weil der Zweck dieser Stiftung vor allem im Interesse der Familie steht. Es liegt keine gemeinnützige Stiftung vor.

(Fortsetzung)

2.18 Prüfung 18

Tab. 2.108 (Fortsetzung)

Frage: Der Familienpatriarch Max Huber möchte eine Stiftung errichten.	Antwort:
Wie wird eine solche Familienstiftung im Erbschaft- und Schenkungsteuerrecht behandelt?	Bei einer solche Stiftung wird das Vermögen nach § 9 Abs. 1 Nr. 4 ErbStG in Zeitabständen von 30 Jahren erbschaftsteuerlich besteuert.
Kann Max Huber auch in seinem Testament anordnen, dass die Stiftung erst nach seinem Tod errichtet wird?	Das ist möglich. Nach § 83 BGB kann die Stiftung auch von Todes wegen errichtet werden.
Wann entsteht in rechtlicher Sicht eine Stiftung? Was muss vorliegen?	Eine Stiftung entsteht mit dem Stiftungsgeschäft und der Anerkennung der Stiftung durch die Genehmigungsbehörde des jeweiligen Bundeslandes (vgl. § 80 BGB).
Ist es möglich, dass Max Huber eine Stiftung als Erbe einsetzt, wenngleich diese erst nach seinem Tode errichtet wird?	Nach § 1922 Abs. 1 BGB muss die (auch juristische) Person grundsätzlich bereits im Todeszeitpunkt des Erblassers bestehen. Allerdings erkennt es § 84 BGB an, dass eine Stiftung als Erbe eingesetzt wird, wenn sie erst nach dem Tode des Erblassers errichtet wird.
Unterliegt auch der Vermögensübergang aus dem Nachlass auf die Stiftung von Max Huber der Steuerpflicht?	Ein solcher Vermögensübergang ist ein steuerpflichtiger Vermögensübergang nach § 3 Abs. 2 Nr. 1 ErbStG.
Statt der Familienstiftung möchte Max Huber nun eine gemeinnützige Stiftung erreichen. Welche Vorschriften sind nun noch zu beachten?	Für die Anerkennung einer gemeinnützigen Stiftung müssen zusätzlich noch die steuerlichen Vorschriften der §§ 52 ff. BGB beachtet werden.
Könnte Max Huber verfügen, dass nach seinem Tod die gemeinnützige Stiftung eine lebenslange Rente an seine Ehefrau zu zahlen hat	Es handelt sich hier um eine sog. Stifterrente. Diese ist nur im Rahmen der Vorschrift des § 58 Nr. 6 AO zulässig.
Wie wäre es, wenn die Stieftochter des Max Huber eine angemessene Rente bekommen soll?	Dies wäre grundsätzlich möglich. Die Stieftochter gilt nach § 15 Nr. 3 AO als Angehörige. Das Stiefkind ist mit dem Ehegatten in gerader Linie verwandt.

2.19 Prüfung 19 – Kapitalgesellschaft versus Personengesellschaft; Erlass und Stundung; Kaufmann im HGB; Anschaffungsnahe Herstellungskosten; Ausländische Gesellschaft mit Grundbesitz in Deutschland; Steuern und deren steuerliche Behandlung (Tab. 2.109, 2.110, 2.111, 2.112, 2.113 und 2.114)

Tab. 2.109 Vertreter des Berufsstandes I: Kapitalgesellschaft versus Personengesellschaft. HGB, GewStG, ErbStG, BewG

Frage: Der Kleingewerbetreibende A und B wollen sich paritätisch beruflich zusammenschließen und hierfür eine GmbH oder OHG gründen. Sie rechnen sogleich mit kontinuierlichen Gewinnen von rd. 25 TE, die sie für die Finanzierung ihres privaten Lebens benötigen.	Antwort:
A und B möchten von Ihnen als neu bestellten Steuerberater wissen, wie eine GmbH ihren Gewinn ermittelt?	Gemäß § 6 Abs. 2 HGB sind GmbHs Formkaufleute. Als solche haben sie nach § 242 Abs. 1 bis 3 i. V. m. § 238 HGB eine Bilanz und eine GuV aufzustellen.
Was müsste die GmbH noch erstellen?	Zudem hat die GmbH gemäß § 264 Abs. 1 Satz 1 HGB einen Anhang aufzustellen.
Wäre auch ein Lagebericht aufzustellen?	Ein Lagebericht wird entbehrlich sein, weil die GmbH wohl die Größenklasse zur mittelgroßen Kapitalgesellschaft nicht überschreiten wird (§ 264 Abs. 1 Satz 4 HGB).
Wie wäre dies bei einer OHG?	Die OHG ist als Personenhandelsgesellschaft gleichsam Formkaufmann (§ 6 Abs. 1 HGB). Auch sie muss eine Bilanz und GuV aufstellen. Ein Anhang ist nicht zu erstellen. Dies wäre nur dann der Fall, wenn A und/oder B nicht persönlich, sondern stattdessen ausschließlich über Kapitalgesellschaften an der OHG beteiligt sind (vgl. § 264 a i. V. m. § 264 HGB).
Welche Rechtsform bietet sich wohl aus steuerlichen Gründen an?	Aufgrund des gewerbesteuerlichen Freibetrages von 24.500 € gemäß § 11 Abs. 1 Nr. 1 GewStG für Personengesellschaften bietet sich aus steuerlichen Gründen die OHG an. Die OHG wäre dann praktisch gewerbesteuerfrei. Für Kapitalgesellschaften gibt es einen solchen Freibetrag nicht. Sie zahlt mit dem ersten Euro Gewinn bereits Gewerbesteuer.
Wie wäre es, wenn die neue Gesellschaft zunächst laufend Verluste machen würde?	Bei einer GmbH wären die körperschaftlichen und gewerbesteuerlichen Verluste und Verlustvorträge für die Gesellschafter nicht nutzbar (lock in Effekt). Bei der OHG jedoch könnten die Verluste den Gesellschafter anteilig zugerechnet werden und mit anderen Gewinnen in der Einkommensteuererklärung verrechnet werden.
Da A und B schon älter sind, wollen beide ihre Gesellschaftsanteile in den nächsten Jahren an ihre Söhne unentgeltlich übertragen. Sie möchten wissen, welche Gesellschaft hier schenkungssteuerlich besser ist. Was meinen Sie?	Bei Anteilen an gewerblichen Personengesellschaften sowie Beteiligung an Kapitalgesellschaften von mehr als 25 % liegt grundsätzlich sog. begünstigtes Betriebsvermögen vor (vgl. § 13 b Abs. 1 Nr. 2 und 3 ErbStG). In beiden Fällen kommt somit eine schenkungsteuerliche Begünstigung in Betracht.

(Fortsetzung)

Tab. 2.109 (Fortsetzung)

Frage: Der Kleingewerbetreibende A und B wollen sich paritätisch beruflich zusammenschließen und hierfür eine GmbH oder OHG gründen. Sie rechnen sogleich mit kontinuierlichen Gewinnen von rd. 25 TE, die sie für die Finanzierung ihres privaten Lebens benötigen.	
	Antwort:
Gibt es einen Unterschied bei der Bewertung beider Rechtsformen?	Auch hier ergibt sich kein grundsätzlicher Unterschied bei beiden Rechtsformen. In beiden Fällen kommt das Ertragswertverfahren zur Anwendung (vgl. § 11 Abs. 2 BewG bzw. § 109 Abs. 2 i. V. m. § 11 Abs. 2 BewG).

Tab. 2.110 Finanzverwaltung I: Erlass und Stundung. AO

Frage:	Antwort:
Kennt die Abgabenordnung Billigkeitserwägungen, die im Rahmen der Steuerfestsetzung berücksichtigt werden können?	In der Abgabenordnung wird in den Erlassvorschriften § 163 AO und § 227 AO die Unbilligkeit als Tatbestandsmerkmal aufgeführt. Auch in der Stundung gemäß § 222 AO spielt die Billigkeit eine Rolle, indem zu beurteilen ist, ob die Einziehung bei Fälligkeit eine erhebliche Härte für den Steuerschuldner darstellen würde.
Worin besteht der systematische Unterschied zwischen den Erlassvorschriften § 163 AO und § 227 AO?	Die Vorschrift des § 163 AO betrifft den Erlass im Steuererhebungsverfahren. Die Vorschrift des § 227 AO hingegen behandelt den Erlass nach Steuerfestsetzung.
Was regelt die Stundung nach § 220 AO?	Die Stundung verschiebt die Fälligkeit des Steueranspruches in die Zukunft.
Ist die Stundung auch rückwirkend möglich?	Eine Steuerstundung ist auch rückwirkend möglich, wenn die Stundung vor Fälligkeit beantragt wurde.
Was ist bei der Stundung zu beachten?	Die Stundung hat zur Folge, dass für diesen Zeitraum Stundungszinsen nach § 234 AO zu zahlen sind. Zinsen nach § 233 a AO sind jedoch anzurechnen (§ 234 Abs. 3 AO).
Kommt die Stundung bei allen Steuern in Betracht?	Bei Steuerabzugssteuern (wie z. B. die Lohnsteuer) ist eine Stundung nicht möglich (§ 222 Satz 3 AO).
Kann der Steuerpflichtige eine Stundung erlangen mit dem Argument, dass er in Bälde fällige Gegenansprüche gegenüber dem Finanzamt hat?	Ja. Das Vorliegen von (zukünftigen) Gegenansprüchen des Steuerpflichtigen kann einen sachlicher Stundungsgrund begründen.
Wie nennt man eine solche Stundung?	Es handelt sich um die sog. Verrechnungsstundung.
Was ist eine sog. technische Stundung?	Die technische Stundung setzt grundsätzlich fällige Ansprüche des Steuerpflichtigen gegenüber der Finanzverwaltung voraus. Zur Vermeidung von überflüssigen Zahlungsbewegungen akzeptiert die Finanzverwaltung ohne Antrag nach § 222 AO eine zinslose Stundung. Dem Grunde nach handelt es sich also um keine Stundung im eigentlichen Sinn nach § 222 AO.

Tab. 2.111 Vertreter der Wirtschaft: Kaufmann im HGB. HGB

Frage:	Antwort:
Welche Typen von Kaufleuten gibt es?	Es gibt vor allem den sog. Istkaufmann (§ 1 HGB), den sog. Kannkaufmann (§ 2 HGB) und den Formkaufmann (§ 6 HGB).
Was ist ein Istkaufmann?	Ein Istkaufmann ist ein Gewerbetreibender, dessen Geschäftsbetrieb nach Art und Umfang einen kaufmännisch eingerichteten Geschäftsbetrieb erfordert.
Kann man anhand der Umsatzgröße eine Einschätzung machen, wann ein Gewerbetreibender Kaufmann ist?	Eine gute Orientierung gibt der Jahresumsatz von 600 TE. Die Umsatzgröße ist dem § 241 a HGB entnommen. § 241 a HGB regelt zwar nicht die Kaufmannseigenschaft, sieht jedoch eine Befreiung von der Bilanzierungspflicht vor. Eine gewisse Orientierung für die Kaufmannseigenschaft ist dennoch daraus ableitbar.
Warum spricht man in § 2 HGB von einem Kannkaufmann?	Bei Kannkaufleuten hängt die Kaufmannseigenschaft davon ab, ob sich ein Gewerbetreibender im Handelsregister eintragen lässt. Der Gewerbetreibende hat es also selbst in der Hand, ob er durch eine Anmeldung zur Eintragung im Handelsregister Kaufmann wird. Die Eintragung ist freiwillig.
Wo wird das Handelsregister geführt?	Das Handelsregister wird beim Amtsgericht geführt (vgl. § 8 a HGB).
Welchen Sinn haben Eintragungen im Handelsregister?	Der Rechtsverkehr kann sich darauf verlassen, dass Eintragungen richtig sind und nicht eingetragene Tatsachen nicht bestehen (vgl. § 15 HGB).
In welchem Verhältnis steht das HGB zum BGB?	Das HGB ist das speziellere Recht (lex specialis) und geht dem BGB vor.
Welche Regelungen im HGB fallen Ihnen ein, die eine Abweichung von einer Regelung im BGB darstellen?	So ist die Bürgschaftserklärung nach § 350 HGB formlos möglich. Auch kann sich ein Kaufmann nicht gemäß § 349 HGB auf die Einrede der Vorausklage berufen. Der Gutglaubensschutz nach § 366 HGB ist weiter gefasst, weil der gute Glaube an die Verfügungsberechtigung geschützt ist. Ferner sind die gesetzlichen Zinsen nach § 352 HGB höher.
Warum ist das HGB strenger als das BGB?	Kaufleute haben in der Regel eine höhere Sachkenntnis als Privatpersonen.
Welche Vorschrift verdeutlich vor allem die größere Strenge des Rechts gegenüber Kaufleuten?	Hier ist vor allem die Rügepflicht nach § 377 HGB anzusprechen. Verstößt ein Kaufmann gegen die Rügepflicht, indem er eine mangelhafte Ware nicht rechtzeitig beanstandet, verliert er gegenüber dem Verkäufer seine Gewährleistungsrechte.

Tab. 2.112 Finanzverwaltung II: Anschaffungsnahe Herstellungskosten. EStG

Frage: Bitte notieren Sie sich folgenden Fall: Mit notariellem Kaufvertrag vom 4. Dezember 2018 erwarb A ein vermietetes Einfamilienhaus mit einem Kaufpreis von 500 TE. Hierauf entfällt auf den Grund und Boden 200 TE. Besitz, Nutzen und Lasten gehen am 1. Januar 2019 über. In der Zeit vom 1. Januar 2019 bis 31. Dezember 2021 hat A folgende Aufwendungen: 2019: Renovierung Dacheindeckung 18 TE; 2020: Erneuerung der Fußbodenbeläge und Fenster 10 TE; 2021: Instandsetzung oder Erneuerung Sanitär- und Heizungsanlagen 17 TE; 2021: Tapezieren und Anstreichen der Wände und Decken 5 TE. Hieraus ergibt sich eine Summe von 50 TE zzgl. 19 % Umsatzsteuer (9,5 TE). A möchte alle Aufwendungen im Jahr 2019 geltend machen.	Antwort:
Welche Einkünfte hat A?	A hat Überschusseinkünfte aus Vermietung und Verpachtung gemäß § 2 Abs. 2 Nr. 2 i. V. m. § 21 Abs. 1 Nr. 1 EStG.
Wie wird der Überschuss ermittelt?	Der Überschuss ergibt sich aus der Differenz der Einnahmen (§ 8 EStG) und den Werbungskosten (§ 9 EStG)
Wann sind die Werbungskosten grundsätzlich anzusetzen?	Grundsätzlich werden die Werbungskosten im jeweiligen Abflussjahr steuerlich berücksichtigt
Welches Prinzip sieht dies so vor?	Das sog. Zu- und Abflussprinzip nach § 11 EStG.
Was könnte dem hier entgegenstehen?	Fraglich ist, ob anschaffungsnahe Herstellungskosten nach § 9 Abs. 5 i. V. m. § 6 Abs. 1 Nr. 1 a EStG vorliegen. In diesem Fall müssten die angefallenen Kosten über die Nutzungsdauer des Hauses abgeschrieben werden.
Wann liegen anschaffungsnahe Herstellungskosten vor?	Das ist der Fall, wenn binnen 3 Jahren Aufwendungen für die Instandsetzung und Modernisierung die Anschaffungskosten des Gebäudes um 15 % (ohne Umsatzsteuer) übersteigen.

(Fortsetzung)

Tab. 2.112 (Fortsetzung)

Frage: Bitte notieren Sie sich folgenden Fall: Mit notariellem Kaufvertrag vom 4. Dezember 2018 erwarb A ein vermietetes Einfamilienhaus mit einem Kaufpreis von 500 TE. Hierauf entfällt auf den Grund und Boden 200 TE. Besitz, Nutzen und Lasten gehen am 1. Januar 2019 über. In der Zeit vom 1. Januar 2019 bis 31. Dezember 2021 hat A folgende Aufwendungen: 2019: Renovierung Dacheindeckung 18 TE; 2020: Erneuerung der Fußbodenbeläge und Fenster 10 TE; 2021: Instandsetzung oder Erneuerung Sanitär- und Heizungsanlagen 17 TE; 2021: Tapezieren und Anstreichen der Wände und Decken 5 TE. Hieraus ergibt sich eine Summe von 50 TE zzgl. 19 % Umsatzsteuer (9,5 TE). A möchte alle Aufwendungen im Jahr 2019 geltend machen.	Antwort:
Wann beginnt die 3 Jahresfrist?	Die Dreijahresgrenze beginnt mit Anschaffung des Gebäudes. Dies ist der Übergang des wirtschaftlichen Eigentums (Übergang von Besitz, Nutzen und Lasten). Die Frist ist auf den Tag genau zu ermitteln.
Wie wirkt sich ein geringes Überschreiten der 15 % Grenze aus?	Die 15 % Grenze ist eine Freigrenze. Bereits ein geringes Überschreiten der Grenze führt zu Herstellungskosten für die gesamten Aufwendungen.
Auf was kommt es in unserem Fall an?	Fraglich ist, ob die Schönheitsreparaturen zu den anschaffungsnahen Herstellungskosten zählen. Zu den Schönheitsreparaturen gehören das Tapezieren, Anstreichen der Wände, Decken und Fußböden, Heizkörper, Türen und Fenster (BFH, Urteil vom 14. Juni 2016 – IX R 22/15, BStBl. II, 2016, 999). Schönheitsreparaturen können nicht als Erhaltungsarbeiten subsumiert werden, die jährlich üblicherweise anfallen, da sie im Regelfall nicht jährlich anfallen. Da die Nettoaufwendungen von 2019 bis 2021 in Höhe von 50 TE damit die 15 % Grenze übersteigen, handelt es sich um anschaffungsnahe Herstellungskosten.

(Fortsetzung)

Tab. 2.112 (Fortsetzung)

Frage: Bitte notieren Sie sich folgenden Fall: Mit notariellem Kaufvertrag vom 4. Dezember 2018 erwarb A ein vermietetes Einfamilienhaus mit einem Kaufpreis von 500 TE. Hierauf entfällt auf den Grund und Boden 200 TE. Besitz, Nutzen und Lasten gehen am 1. Januar 2019 über. In der Zeit vom 1. Januar 2019 bis 31. Dezember 2021 hat A folgende Aufwendungen: 2019: Renovierung Dacheindeckung 18 TE; 2020: Erneuerung der Fußbodenbeläge und Fenster 10 TE; 2021: Instandsetzung oder Erneuerung Sanitär- und Heizungsanlagen 17 TE; 2021: Tapezieren und Anstreichen der Wände und Decken 5 TE. Hieraus ergibt sich eine Summe von 50 TE zzgl. 19 % Umsatzsteuer (9,5 TE). A möchte alle Aufwendungen im Jahr 2019 geltend machen.	Antwort:
Was wäre, wenn im Januar 2022 dem A wegen mangelhafter Materiallieferung 6 TE zzgl. Umsatzsteuer erstattet werden?	Die Nettogesamtaufwendungen betragen jetzt 44 TE. Die 15 % Grenze wird nicht mehr überschritten. Die Aufwendungen finden als Werbungskosten Berücksichtigung.
Welche Erhaltungsaufwendungen sind bei den anschaffungsnahen Aufwendungen im Sinne des § 6 Abs. 1 Nr. 1 a EStG nicht zu berücksichtigen?	Das sind nur Erhaltungsaufwendungen, die üblicherweise jährlich anfallen. Zum Beispiel: regelmäßige Wartungsarbeiten (Heizung oder Aufzug), Ablesekosten, Beseitigung von Rohrverstopfungen.

(Fortsetzung)

Tab. 2.113 Vertreter des Berufsstandes II: Ausländische Gesellschaft mit Grundbesitz in Deutschland. IntStR, EStG, KStG, GewStG, DBA

Frage: Die in Deutschland ansässige D-GmbH hat eine 100 %ige Beteiligung an der in der Schweiz ansässigen CH-AG. Die CH-AG hat ein Grundstück mit Haus in Deutschland, welches an eine Familie vermietet ist. Andere Einnahmen hat die CH-AG nicht.	Antwort:
Hat die CH-AG in Deutschland Steuern zu zahlen? Prüfen Sie den Sachverhalt Schritt für Schritt durch! Wie beginnen Sie?	Zunächst ist zu prüfen, ob die CH-AG in Deutschland unbeschränkt steuerpflichtig ist. Dies wäre der Fall, wenn die Gesellschaft Sitz (§ 11 AO) oder Geschäftsleitung (§ 10 AO) in Deutschland hat.
Beides soll nicht vorliegen. Wie prüfen Sie weiter?	Nun ist die beschränkte Steuerpflicht nach § 2 Nr. 1 KStG zu prüfen. Voraussetzung hierfür ist, dass inländische Einkünfte gemäß § 8 Abs. 1 KStG i. V. m. § 49 EStG vorliegen.
§ 49 EStG ist nach den jeweiligen Einkunftsarten aufgebaut. Welche Einkünfte hat eine in Deutschland beschränkt steuerpflichtige Kapitalgesellschaft?	Nach § 8 Abs. 2 KStG haben Kapitalgesellschaften grundsätzlich nur gewerbliche Einkünfte. Dies gilt jedoch dem Wortlaut nur für unbeschränkt steuerpflichtige Kapitalgesellschaften, sodass über § 8 Abs. 1 KStG eine beschränkt steuerpflichtige Kapitalgesellschaft grundsätzlich alle Einkunftsarten haben kann.
Liegen nun inländische Einkünfte der CH-AG vor? Ist § 49 Nr. 2 EStG oder § 49 Nr. 6 EStG einschlägig?	Eigentlich würden aufgrund der Vermietungstätigkeit inländische Einkünfte nach § 49 Abs. 1 Nr. 6 EStG vorliegen. Jedoch regelt § 49 Abs. 1 Nr. 2 f. Satz 3 EStG, dass Vermietungseinkünfte einer beschränkt steuerpflichtigen Kapitalgesellschaft gewerbliche Einkünfte sind, wenn inländisches unbewegliches Vermögen vorhanden ist. Da sich das Haus in Deutschland befindet, ist dies der Fall.
Muss die CH-AG nun in Deutschland eine Steuererklärung abgeben?	Ja, nach § 31 Abs. 1 KStG. Eine Ausnahme besteht für beschränkt steuerpflichtige Kapitalgesellschaften nur dann, wenn die Körperschaftsteuer bereits durch Steuerabzug nach § 32 KStG abgegolten ist.
Welcher Steuersatz gilt?	Für beschränkt und unbeschränkt steuerpflichtige Körperschaften gilt gemäß § 23 Abs. 1 KStG einheitlich der Steuertarif von 15 % zzgl. Solidaritätszuschlag.
Muss die CH-AG auch Gewerbesteuer zahlen?	Gemäß § 2 Abs. 2 Satz 1 GewStG hat jede Kapitalgesellschaft stets gewerbliche Einkünfte. Das Gewerbesteuergesetz geht also – anders als das KStG – auch bei beschränkt steuerpflichtigen Kapitalgesellschaften stets von einer gewerblichen Tätigkeit aus.

(Fortsetzung)

Tab. 2.113 (Fortsetzung)

Frage: Die in Deutschland ansässige D-GmbH hat eine 100 %ige Beteiligung an der in der Schweiz ansässigen CH-AG. Die CH-AG hat ein Grundstück mit Haus in Deutschland, welches an eine Familie vermietet ist. Andere Einnahmen hat die CH-AG nicht.	
	Antwort:
Warum kommt es dennoch zu keiner Gewerbesteuer?	Gemäß § 2 Abs. 1 Satz 3 GewStG ist erforderlich, dass eine Betriebsstätte im Inland besteht. Dies ist aber nicht der Fall, da lediglich ein Haus in Deutschland vermietet wird. Es wird folglich keine Gewerbesteuer in Deutschland erhoben.
Was gilt, wenn die Mieteinnahmen auch nach schweizerischem Steuerrecht zu besteuern sind?	Bei Einkünften aus unbeweglichen Einkünften gilt in den DBAs grundsätzlich das sog. Belegenheitsprinzip, wonach dasjenige Land das Besteuerungsrecht hat, in dem die Immobilie belegen ist. So ist es auch in dem DBA zwischen Deutschland und der Schweiz (Art. 6 Abs. 1 DBA).

Tab. 2.114 Vorsitzende der Prüfungskommission: Steuern und deren steuerliche Behandlung. AO, EStG, KStG, ErbStG

Frage: Was sind Steuern?	Antwort: Steuern sind Geldleistungen, die nicht eine Gegenleistung für eine besondere Leistungen darstellen und von einem öffentlichen Gemeinwesen zur Erzielung von Einnahmen allen auferlegt werden.
Steht das auch im Gesetz?	Ja, in § 3 Abs. 1 AO.
Wo ist der Unterschied zwischen Steuern und Abgaben?	Steuern sind neben Gebühren und Beiträge Abgaben.
Wodurch unterscheiden sich Steuern von Gebühren und Beiträgen?	Steuern sind gänzlich ohne Gegenleistung für den Steuerpflichtigen.
Was sind Realsteuern?	Realsteuern sind die Grundsteuer und die Gewerbesteuer (vgl. § 3 Abs. 2 AO).
Friedrich Merz hat einmal gesagt, dass es bereits in Deutschland eine Vermögensteuer gibt. Hat er recht?	Eine allgemeine Vermögensteuer gibt es nicht. Allerdings gibt es eine Grundsteuer, die eine punktuelle Vermögensteuer darstellt. Im Kern ist auch die Kfz-Steuer eine punktuelle Vermögensteuer.
Ist auch die Erbschaftsteuer eine Vermögensteuer?	Kern einer Vermögensteuer ist, dass die Substanz eines Vermögens besteuert wird und nicht Einnahmen oder der Vermögenszuwachs. Insoweit ist die Erbschaft- und Schenkungsteuer eine Vermögensteuer. Allerdings basiert die Steuer auf einen Vermögensübergang durch Schenkung und Erbschaft, sodass diese Steuer auch Elemente einer Verkehrssteuer vorweist.

(Fortsetzung)

Tab. 2.114 (Fortsetzung)

Frage:	Antwort:
Was sind Steuern?	Steuern sind Geldleistungen, die nicht eine Gegenleistung für eine besondere Leistungen darstellen und von einem öffentlichen Gemeinwesen zur Erzielung von Einnahmen allen auferlegt werden.
Sind Steuern abzugsfähige Ausgaben?	Das hängt von der Steuer ab. Nicht abzugsfähig sind die Einkommensteuer zzgl. Solidaritätszuschlag nach § 12 Nr. 3 EStG, die Körperschaftsteuer nach § 10 Nr. 2 KStG sowie die Gewerbesteuer nach § 4 Abs. 5b EStG bzw. § 8 Abs. 1 i. V. m. § 4 Abs. 5b EStG.
Kann eine Kapitalgesellschaft auch Erbschaftsteuer zahlen?	Natürliche und juristische Personen sind nach § 1922 BGB erbfähig. Aus § 2 Abs. 1d ErbStG ergibt sich, dass auch Kapitalgesellschaften Schuldner der Erbschaftsteuer sein können.
Ist die Erbschaft- und Schenkungsteuer, die eine Kapitalgesellschaft zu zahlen hat, für Zwecke der Körper- und Gewerbesteuer abzugsfähig.	Das ist nicht der Fall (vgl. § 10 Nr. 2 KStG). Die fehlende Abzugsfähigkeit schlägt auf die Gewerbesteuer durch, weil der Gewerbeertrag nach § 7 GewStG vom steuerlichen Gewinn nach KStG ausgeht.
Mindert die gezahlte Erbschaftsteuer zumindest die Bemessungsgrundlage für Erbschaftsteuer selbst?	Nach § 10 Abs. 8 ErbStG ist diese Steuer im Rahmen der Ermittlung der Schenkungsteuer nicht abziehbar.
Welche Steuern können von einem Unternehmen dann noch abgezogen werden?	Abziehbar sind noch die Stromsteuer, die Kfz-Steuer und die Grundsteuer, die im Rahmen eines Betriebes anfallen.
Was gilt bei ausländischen Steuern?	Das hängt davon ab, ob es eine Steuer ist, die den deutschen Ertragsteuern vergleichbar ist. Ist dies der Fall, gilt auch insoweit das Abzugsverbot nach § 12 Nr. 3 EStG und § 10 Nr. 2 KStG.

2.20 Prüfung 20 – Rechtsformen einer Steuerberatungsgesellschaft; Versorgungsleistungen als wiederkehrende Zahlungen; Einlagen bei einer GmbH; Homeoffice; Beteiligungsveräußerung an Kapitalgesellschaft; Steuererklärungspflicht und Verspätungszuschlag (Tab. 2.115, 2.116, 2.117, 2.118, 2.119 und 2.120)

Tab. 2.115 Vertreter des Berufsstandes I: Rechtsformen einer Steuerberatungsgesellschaft. StBerG, HGB, PartGG, StaRUG

Frage: Als neu bestellter Steuerberater wollen Sie mit einem Freund eine Steuerberatungsgesellschaft in Form einer Kommanditgesellschaft gründen.	Antwort
Ist dies eine zulässige Rechtform nach dem Berufsrecht?	Nach § 49 Abs. 1 und Abs. 2 StBerG sind Kommanditgesellschaften als Steuerberatungsgesellschaften möglich, sofern sie wegen ihrer Treuhandtätigkeit in das Handelsregister eingetragen werden.
Welche Tätigkeit übt eine KG typischerweise aus?	Nach § 161 Abs. 2 i. V. m. § 105 Abs. 1 und 2 HGB übt eine KG in der Regel eine gewerbliche Tätigkeit. Jedoch ist auch eine vermögensverwaltende Tätigkeit möglich.
Ist denn die Steuerberatung eine gewerbliche oder vermögensverwaltende Tätigkeit?	Das ist jeweils nicht der Fall. Eine selbstständige Tätigkeit im Sinne des § 18 EStG schließt eine gewerbliche und vermögensverwaltende Tätigkeit aus.
Wird dann eine Steuerberatungsgesellschaft in der Rechtsform einer KG in das Handelsregister nicht eingetragen?	Nach dem Berufsrecht ist eine KG mit Treuhandtätigkeit möglich. Diese Regelung geht als spezielleres Recht dem HGB vor. Allerdings muss eine Treuhandtätigkeit im Gesellschaftsvertrag festgelegt sein. Der Schwerpunkt der Tätigkeit der Gesellschaft kann dann dennoch in der Steuerberatung liegen (BGH, Beschluss vom 15.07.2014, II ZB 2/13).
Angenommen Sie haben Ihre Meinung geändert und wollen eine Sozietät mit Ihrem Freund gründen. Welche Rechtsform haben Sie als Sozietät?	Eine Sozietät ist rechtlich gesehen eine Gesellschaft bürgerlichen Rechts nach §§ 705 ff. BGB.
Ist die Sozietät das Gleiche wie eine Bürogemeinschaft?	Nein. Bei der Bürogemeinschaft bleiben die Steuerberater Einzelunternehmer. Lediglich im Innenverhältnis haben Sie für die Büronutzung eine Innen-GbR errichtet.
Kann eine Gesellschaft bürgerlichen Rechts als Steuerberatungsgesellschaft firmieren?	Das ist nicht möglich. In § 49 StBerG ist die Gesellschaft bürgerlichen Rechts als Steuerberatungsgesellschaft nicht vorgesehen. Die Gesellschaft kann deshalb eine solche Bezeichnung nicht führen.
Wie wäre es, wenn Sie eine Partnerschaftsgesellschaft als Steuerberatungsgesellschaft gründen wollen?	Dies wäre möglich. Die Partnerschaftsgesellschaft ist in § 49 Abs. 1 StBerG ausdrücklich genannt.

(Fortsetzung)

Tab. 2.115 (Fortsetzung)

Frage: Als neu bestellter Steuerberater wollen Sie mit einem Freund eine Steuerberatungsgesellschaft in Form einer Kommanditgesellschaft gründen.	Antwort
Ihr Freund möchte wissen, ob nicht eine Partnerschaftsgesellschaft mbB besser ist. Für was steht die Abkürzung?	Es handelt sich um die Partnerschaftsgesellschaft mit beschränkter Berufshaftung.
Was ist hier anders als bei der normalen Partnerschaftsgesellschaft?	Die Besonderheit besteht darin, dass für Berufsausübungsfehler nur das Vermögen der Gesellschaft haftet. Außerhalb dieser Tätigkeit bleibt es dabei, dass grundsätzlich alle Partner auch persönlich haften (vgl. § 8 Abs. 4 PartGG).
Was ist der praktische Nachteil einer solchen Gesellschaftsform im Vergleich zur normalen Partnergesellschaft?	Der Nachteil besteht darin, dass eine zusätzliche Berufshaftpflicht abgeschlossen werden muss, die meist sehr teuer ist.
Ihr erster Mandant kommt nun zu Ihnen. Im Rahmen der Jahresabschlusserstellung stellen Sie fest, dass das Unternehmen insolvenzreif ist. Welche Pflicht ergibt sich hier ggf. für Sie?	Nach § 102 StaRUG besteht für den Steuerberater eine Pflicht, den Mandanten auf das Vorliegen eines möglichen Insolvenzgrundes hinzuweisen, wenn die Anhaltspunkte hierfür nicht offenkundig sind und anzunehmen ist, dass dem Mandanten die Insolvenzreife nicht bekannt ist.
Was bedeutet StaRUG?	Ausgesprochen bedeutet dies Unternehmensstabilisierungs- und Restrukturierungsgesetz.

Tab. 2.116 Finanzverwaltung I: Versorgungsleistungen als wiederkehrende Zahlungen. EStG

Frage: Der Steuerpflichtige V überträgt an seinen Sohn S ein Mietshaus. Als Gegenleistung wird ihm eine lebenslange Rente bezahlt. S kann die Mieteinnahmen für die Rentenzahlungen verwenden.	Antwort:
S möchte wissen, ob er die Rentenzahlungen in seiner Steuererklärung geltend machen kann. Wie gehen Sie bei der Prüfung dieser Frage vor?	Zunächst wäre zu prüfen, ob hier eine entgeltliche oder unentgeltliche Übertragung des Mietshauses vorliegt. Hiervon hängt ab, ob S eine Versorgungsrente bedient oder Kaufpreisraten bezahlt.
Liegt hier eine Versorgungsrente vor?	Hiervon ist auszugehen, da die Raten aus den Mieteinnahmen bedient werden können und S der Abkömmling des V ist.
Was bedeutet die Qualifikation als Versorgungsrente nun für die Abziehbarkeit der Ausgaben bei S?	Da es sich um private Ausgaben handelt, kommt nur ein Sonderausgabenabzug in Betrag. Da jedoch Grundstücke selbst in § 10 Abs. 1a Nr. 2 EStG nicht begünstigt sind, kommt ein Sonderausgabenabzug nicht in Betracht

(Fortsetzung)

Tab. 2.116 (Fortsetzung)

Frage: Der Steuerpflichtige V überträgt an seinen Sohn S ein Mietshaus. Als Gegenleistung wird ihm eine lebenslange Rente bezahlt. S kann die Mieteinnahmen für die Rentenzahlungen verwenden. Sind die Ausgaben bei S Anschaffungskosten?	Antwort: Das ist nicht der Fall. Da es eine unentgeltliche Übertragung ist, übernimmt S die bisherigen Anschaffungskosten seines Vaters V.
Hat V die Einnahmen zu versteuern oder sind die Zahlungen steuerfrei?	Es handelt sich um wiederkehrende Bezüge nach § 22 Satz 1 Nr. 1 EStG. Die Einnahmen unterliegen bei V vollständig der Einkommensteuer.
Diese Situation ist für V und S wenig erfreulich. Was können V und S stattdessen tun, um dennoch die vorweggenommene Erbfolge durchzuführen?	V könnte das Grundstück an S übertragen und sich den Nießbrauch am Grundstück für seine verbleibende Lebenszeit zurückhalten.
Warum wäre eine Übertragung unter Nießbrauchvorbehalt besser?	V müsste nun zwar – statt wiederkehrende Bezüge nach § 22 EStG – die Mieteinnahmen nach § 21 Abs. 1 Nr. 1 EStG voll versteuern. S hingegen hat jedoch keine steuerlich nicht abziehbaren Ausgaben mehr.
Wie wäre es, wenn V dem S einen GmbH-Anteil von 80 % gegen eine lebenslange Versorgungsrente übertragen würde? Kann D die Rente steuermindernd in seiner Steuererklärung erfassen?	Nun könnte S die Rente als Sonderausgaben nach § 10 Abs. 1a Nr. 2c EStG abziehen, wenn S auch die Mehrheit der Stimmrechte hat und V vorher Geschäftsführer der GmbH war und S das Amt nach Übergang der Anteile übernimmt.
Was wäre, wenn S neben V schon vor Übergang der Anteile Geschäftsführer war?	Nach dem Wortlaut muss S die Geschäftsführung nach dem Übergang der Anteile übernehmen. Die Finanzverwaltung lässt dennoch den Sonderausgabenabzug zu.
Was wäre, wenn S bereits ein Jahr nach Anteilsübergang die Geschäftsführung wieder aufgeben würde?	Dies wäre unschädlich. Der Gesetzgeber hat keine bestimmte Frist für die Tätigkeit des S als Geschäftsführer vorgesehen.
Was wäre, wenn V zunächst 20 % und 1 Jahr später 60 % der Anteile übertragen hätte?	In diesem Fall kann S die Ratenzahlungen nur für den späteren Anteilsübergang geltend machen.
Wie wäre es, wenn V ein Aktienpaket von 80 % an S gegen wiederkehrende Versorgungszahlungen übertragen würde?	In diesem Fall hat S keinen Sonderausgabenabzug, da die Vorschrift nur auf die GmbH oder ausländisch vergleichbare Rechtsformen anwendbar ist.
Wie sind die Versorgungsrenten bei V zu erfassen, wenn S den Sonderausgabenabzug nach § 10 Abs. 1a Nr. 2 EStG hat?	Für V bedeutet dies, dass er die Versorgungsrente nach § 22 Nr. 1a EStG voll zu versteuern hat.
Wie nennt man das Prinzip, welches § 10 Abs. 1a Nr. 2 EStG und § 22 Nr. 1a EStG miteinander verbindet?	Da Einnahmen einerseits und Ausgaben andererseits steuerlich nur gleichzeitig zur Anwendung kommen können, spricht man hier von einem Korrespondenzprinzip.

Tab. 2.117 Vertreter der Wirtschaft: Einlagen bei der GmbH. GmbHG

Frage: Herr Huber möchte eine GmbH gründen.	Antwort:
Welches Mindesteigenkapital muss Herr Huber bei Gründung aufbringen?	Nach § 5 Abs. 1 GmbHG muss Herr Huber 25.000 € aufbringen.
Wie nennt man gesellschaftsrechtlich dieses Eigenkapital bei der GmbH genau?	Es handelt sich um das sog. Stammkapital.
Wie nennt man das entsprechende Eigenkapital bei der Aktiengesellschaft?	Bei der Aktiengesellschaft spricht man vom Grundkapital.
Unter welchem Bilanzposten ist das Stammkapital bzw. Grundkapital ausgewiesen?	Nach § 266 HGB wird dies unter der Position „gezeichnetes Kapital" aufgeführt.
Müssen Gesellschafter einer GmbH, die insgesamt das Stammkapital von 25.000 € einzahlen sollen, jeweils den vollen Betrag leisten?	Nach § 7 Abs. 2 GmbHG muss jeder Gesellschafter mindestens ein Viertel seiner Einlage leisten. Insgesamt muss jedoch die Hälfte des Mindeststammkapitals (12.500 €) einbezahlt werden.
Gilt dies auch, wenn Herr Huber als einziger Gesellschafter eine GmbH gründet?	Auch in diesem Fällen ist dies möglich. Es bedarf auch nicht mehr einer zusätzlichen Sicherheit des Gesellschafters.
Wann muss der volle Betrag des Stammkapitals einbezahlt werden?	Dieser Fall könnte im Gesellschaftsvertrag geregelt sein. Ansonsten entscheidet die Gesellschafterversammlung gemäß § 46 Nr. 2 GmbHG über die Einzahlung der Einlagen.
Was ist, wenn die GmbH insolvent wird und das Stammkapital nicht vollständig erbracht wurde?	In diesem Fall kann auch der Insolvenzverwalter den Betrag fällig stellen und einfordern.
Wäre es möglich, dass Herr Huber als Einlage einen Sachwert und einen Geldbetrag von jeweils 12.500 als Eigenkapital leistet?	Es handelt sich um eine sog. Mischeinlage. Dies ist grundsätzlich möglich. Hinsichtlich einer Sacheinlage muss jedoch immer der volle Wert erbracht werden (vgl. § 7 Abs. 2 Satz 2 GmbHG).
Muss dann Herr Huber als Barleistung von den 12.500 € noch die Hälfte einzahlen oder genügt sogar ein Viertel von 12.500 €?	Nach § 7 Abs. 2 Satz 2 GmbHG genügt es, wenn lediglich ein Viertel der Geldsumme von 12.500 € einbezahlt wird.
Welche Besonderheiten gelten, wenn eine Sacheinlage erfolgen soll?	In diesem Fall haben die Gesellschafter einen Sachgründungsbericht nach § 5 Abs. 4 GmbHG zu erstellen. Zudem wird der Registerrichter vor Eintragung die Werthaltigkeit überprüfen.
Wie überprüft der Registerrichter in der Praxis in der Regel die Werthaltigkeit der Sacheinlage?	In der Praxis verlangt das Gericht häufig ein Wertgutachten (z. B. durch einen Wirtschaftsprüfer).

(Fortsetzung)

Tab. 2.117 (Fortsetzung)

Frage: Herr Huber möchte eine GmbH gründen.	Antwort:
Wäre auch zulässig, dass ein Gesellschafter als Einlage eine Dienstleistungsverpflichtung zugunsten der GmbH eingeht?	Als Einlagen sind nur Barleistungen und Sachleistungen zugelassen. Dienstleistungen scheiden hingegen aus.
Welche Einlagen sind grundsätzlich bei Personengesellschaften (wie z. B. eine GbR) möglich?	Neben Bar- und Sachleistungen können als Einlage auch Dienstleistungen erbracht worden.
Warum ist das Recht der Personengesellschaften hier großzügiger und lässt Dienstleistungen als Einlagen zu?	Dies liegt vor allem daran, dass die Gesellschafter persönlich haften. Die Gefahr der Unterbewertung bei Dienstleistungen wird durch diese Haftung wieder ausgeglichen.
Wann spricht man bei einer GmbH von einer GmbH i.G. (in Gründung)?	Dies ist der Fall, wenn der Gesellschaftsvertrag bereits notariell beurkundet wurde, jedoch die Eintragung im Handelsregister noch aussteht.

Tab. 2.118 Finanzverwaltung II: Homeoffice. EStG, AO, IntStR

Frage: Z arbeitet für ein in Italien ansässiges Unternehmen in seinem Homeoffice in München.	Antwort:
Muss Z den Arbeitslohn in Deutschland versteuern?	Zunächst ist festzustellen, ob Z unbeschränkt steuerpflichtig ist. Da sein Homeoffice in München ist, ist wohl auch von einem Wohnsitz in Deutschland auszugehen, sodass eine unbeschränkte Steuerpflicht besteht.
Ist dann das Einkommen zwingend in Deutschland zu versteuern?	Das müsste geprüft werden. Begründet auch Italien ein Steuerrecht, kommt es darauf an, welchem Land das DBA das Besteuerungsrecht zuweist.
Auch wenn Sie das DBA zwischen Italien und Deutschland nicht kennen: Was wird für das Besteuerungsrecht wohl den Ausschlag geben?	Es kommt meist darauf an, wo die Arbeitsleistung erbracht wird. Nicht maßgeblich ist, wo der Arbeitgeber ansässig ist.
Z möchte nun die Kosten für sein Homeoffice möglichst umfassend geltend machen. Was würden Sie zunächst prüfen?	Zunächst wäre zu prüfen, ob ein Arbeitszimmer nach § 9 Abs. 5 i. V. m. § 4 Abs. 5 Nr. 6b Satz 1 EStG vorliegt.
Wann kann Z die gesamten Kosten für das Arbeitszimmer abziehen?	Das ist der Fall, wenn der Arbeitsplatz den Mittelpunkt der gesamten beruflichen Betätigung darstellt.

(Fortsetzung)

Tab. 2.118 (Fortsetzung)

Frage: Z arbeitet für ein in Italien ansässiges Unternehmen in seinem Homeoffice in München.	Antwort:
Was könnte Z machen, wenn das Unternehmen ihm einen Arbeitsplatz in einem Büro in München zur Verfügung stellt, jedoch Z weiter zu Hause arbeitet?	Seit 2023 kann Z die Aufwendungen als Arbeitszimmer auch dann absetzen, wenn das Unternehmen ihm einen Arbeitsplatz zur Verfügung stellt. Voraussetzung ist jedoch, dass das Arbeitszimmer den Mittelpunkt der gesamten beruflichen Tätigkeit des Z darstellt (vgl. § 4 Abs. 5 Satz 1 Nr. 6b EStG). Sollte dies nicht der Fall sein, bleibt nur die Homeofficepauschale nach § 4 Abs. 5 Satz 1 Nr. 6c EStG.
Was wäre, wenn Z nur an 3 Tagen im Homeoffice arbeitet? Gehen Sie davon aus, dass das Homeoffice nicht den Mittelpunkt seiner gesamten beruflichen Tätigkeit darstellt.	Es kommt hier nur die Homeofficepauschale gemäß § 4 Abs. 5 Satz 1 Nr. 6c EStG in Höhe von 6 € in Betracht. Die Tagespauschale von 6 € erhält Z aber nur für die Tage, an welchen er im Homeoffice arbeitet.
Was ist mit den Tagen, an welchen er mit seinem Auto in das Büro fährt?	Insoweit besteht die Möglichkeit, die Entfernungspauschale nach § 9 Abs. 1 Nr. 4 EStG geltend zu machen.
In welchen Fällen ist für Z die Homeofficepauschale praktisch nutzlos?	Das ist der Fall, wenn der Betrag der Homeofficepauschale unter dem Arbeitnehmerpauschbetrag liegt und Z keine bzw nahezu keine Werbungskosten hat.
Was sollte ggf. das italienische Unternehmen beachten, wenn es selbst in Deutschland nicht ansässig ist und nur Z in Deutschland im Homeoffice sitzt?	Es wäre hier ggf. zu prüfen, ob das Homeoffice des Z eine Betriebsstätte des Unternehmens in Deutschland begründet. Infolge einer solchen Betriebsstätte könnte das Unternehmen auch in Deutschland besteuert werden.
Was versteht das deutsche Steuerrecht unter einer Betriebsstätte?	Der Begriff ist in § 12 Satz 1 AO legaldefiniert, wonach es einer festen Einrichtung bedarf, die der Tätigkeit eines Unternehmens dient.
Die Definition der Finanzrechtsprechung geht über die Definition in § 12 AO deutlich hinaus. Welche weiteren ungeschriebenen Voraussetzungen werden dort verlangt?	Die Rechtsprechung ergänzt die Kriterien um das Bestehen einer Betriebsstätte für eine gewisse Dauer und dem Vorhandensein einer nicht lediglich vorübergehenden Verfügungsmacht.
Würden Sie unter Berücksichtigung der Rechtsprechung sagen, dass bei einem Homeoffice eine Betriebsstätte vorliegt?	In der Regel wird man wohl sagen müssen, dass der Arbeitgeber keine Verfügungsmacht über das Homeoffice bzw. die Wohnung des Z hat, sodass keine Betriebsstätte vorliegt. Allerdings ist Vorsicht geboten, da die Entwicklungen über die Einstufung eines Homeoffice als Betriebsstätte noch im Wandel sind. Die Finanzverwaltung und auch die OECD haben hierzu abweichende Ansichten.

Tab. 2.119 Vertreter des Berufsstandes II: Beteiligungsveräußerung an Kapitalgesellschaft. EStG

Frage: Max Maier ist alleiniger Gesellschafter der MM GmbH. Sein Grundstück wird von der MM GmbH unentgeltlich genutzt.	Antwort:
Max Maier möchte seine gesamte Beteiligung an der MM GmbH verkaufen. Was wäre vorab zu prüfen, bevor Sie die Einkunftsart aus dem Verkauf festlegen?	Zunächst wäre zu prüfen, ob Max Maier die Beteiligung im Privat- oder Betriebsvermögen hält. Da Max Maier eine wesentliche Grundlage an die GmbH überlässt (sachliche Verflechtung) und einziger Gesellschafter der GmbH ist (personelle Verflechtung), liegt eine Betriebsaufspaltung vor. Folge hieraus ist, dass sich die Beteiligung an der MM GmbH im Betriebsvermögen befindet.
Welche Einkünfte hat nun Max Maier aus dem Verkauf der Beteiligung?	Da es sich um eine 100 %ige Beteiligung im Betriebsvermögen handelt, erzielt Max Maier hieraus gewerbliche Einkünfte nach § 16 Abs. 1 Nr. 1 Satz 2 EStG.
Welche Besonderheiten im Hinblick auf die Besteuerung sind hier zu beachten?	Sofern Max Maier das 55. Lebensjahr überschritten hat oder dauernd berufsunfähig ist, könnte er den Freibetrag nach § 16 Abs. 4 EStG beantragen.
Angenommen Max Maier wäre 60 Jahre alt und der Veräußerungsgewinn aus dem Beteiligungskauf wäre 200.000 €. Wie hoch wäre der Freibetrag?	In diesem Fall würde der Freibetrag vollständig verpuffen. Da der Veräußerungsgewinn den Freibetrag von 136.000 € um 64.000 € übersteigt, schmilzt der Freibetrag von 45.000 € auf 0,- € herab.
Was wäre bei dem Veräußerungsgewinn noch zu beachten?	Der Veräußerungsgewinn wäre zu 40 % nach § 3 Nr. 40b EStG steuerfrei. Es gilt das Teileinkünfteverfahren.
Könnte Max Maier auch von der Fünftelregelung profitieren? Vorab bitte nennen Sie die einschlägige Regelung!	Die Fünftelregelung findet sich in § 34 Abs. 1 EStG. Voraussetzung für diese Regelung sind außerordentliche Einkünfte nach § 34 Abs. 2 EStG. Dies ist jedoch nicht der Fall, da § 34 Abs. 2 Nr. 1 EStG den Beteiligungsverkauf nach § 16 Abs. 1 Nr. 1 Satz 2 EStG ausdrücklich ausnimmt.
Was wäre, wenn Max Maier nur über eine Beteiligung von 90 % verfügt und diese Beteiligung veräußert.	Auch in diesem Fall wäre die Beteiligung aufgrund der Betriebsaufspaltung im Betriebsvermögen. Es handelt sich dann um einen laufenden Gewinn aus Gewebebetrieb nach § 15 Abs. 1 Nr. 1 EStG.
Gelten hier auch steuerliche Besonderheiten?	Auch hier kommt das Teileinkünfteverfahren zur Anwendung. Dies ergibt sich aus § 3 Nr. 40a EStG. Allerdings gilt § 16 Abs. 4 EStG oder § 34 EStG von vornherein nicht.
Welche steuerlichen Folgen wären im Hinblick auf das Grundstück zu beachten, wenn die Beteiligung veräußert wird?	Durch den Anteilsverkauf endet auch die Betriebsaufspaltung. Das Grundstück wird folglich aus dem Betriebsvermögen in das Privatvermögen entnommen. Es kommt zu einem Entnahmegewinn nach § 6 Abs. 1 Nr. 4 EStG.

(Fortsetzung)

Tab. 2.119 (Fortsetzung)

Frage: Max Maier ist alleiniger Gesellschafter der MM GmbH. Sein Grundstück wird von der MM GmbH unentgeltlich genutzt.	Antwort:
Was wäre, wenn Max Maier das Grundstück nie der MM GmbH überlassen hätte und die Beteiligung von 100 % an der MM GmbH veräußern würde?	In diesem Fall würde ein Beteiligungsverkauf nach § 17 EStG vorliegen. Max Maier hält in den letzten 5 Jahren mind. 1 % an einer Kapitalgesellschaft im Privatvermögen. Auch hier gilt nach § 3 Nr. 40c EStG das Teileinkünfteverfahren. Unter Umständen kommt auch der Freibetrag nach § 17 Abs. 3 EStG in Betracht.
Wie wäre es, wenn Max Maier eine im Privatvermögen befindliche 90 %ige Beteiligung an der MM GmbH veräußern würde?	Auch in einem solchen Fall wäre § 17 EStG einschlägig.
Wie wäre es, wenn Max Maier eine 0,5 % Beteiligung veräußern würde?	Wenn Max Maier eine Beteiligung von weniger als 1 % an der MM GmbH in den letzten 5 Jahren gehalten hat, liegen nun Einkünfte aus Kapitalvermögen nach § 20 Abs. 2 Nr. 1 i. V. m. § 20 Abs. 8 EStG vor. Es gilt der Steuersatz von 25 % nach § 32d EStG (Abgeltungsteuer).

Tab. 2.120 Vorsitzende der Prüfungskommission: Steuererklärungspflicht und Verspätungszuschlag. EStG, AO

Frage: Der Arbeitnehmer N hat im Kalenderjahr 2022 ausschließlich Einkünfte aus nicht selbstständiger Arbeit, die jedoch 1,5 Mio. Euro betragen. Kann oder muss er eine Einkommensteuererklärung abgeben?	Antwort: Hat N lediglich Einkünfte aus nicht selbstständiger Arbeit, so besteht nach § 46 Abs. 2 EStG keine Pflicht zur Abgabe der Einkommensteuererklärung. Die Höhe der Einkünfte spielen hierbei keine Rolle.
Wie wäre es, wenn N zusätzlich noch weitere 500 € Einkünfte aus selbstständiger Tätigkeit hat?	In diesem Fall besteht nach § 46 Abs. 2 Nr. 1 EStG eine Pflicht zur Abgabe der Steuererklärung.
Kann N seine Steuererklärung auch schriftlich beim Finanzamt einreichen?	Diese Möglichkeit besteht nicht. Sobald N auch sog. Gewinneinkünfte erzielt, hat er nach § 25 Abs. 4 EStG seine Einkommensteuererklärung elektronisch einzureichen.
Besteht eine Abgabepflicht, wenn N lediglich Einkünfte aus nicht selbstständiger Arbeit hat, jedoch Einkommen von zwei Arbeitgebern bezieht?	Auch in diesem Fall besteht eine Abgabepflicht. Dies ergibt sich aus § 46 Abs. 2 Nr. 2 EStG.

(Fortsetzung)

Tab. 2.120 (Fortsetzung)

Frage: Der Arbeitnehmer N hat im Kalenderjahr 2022 ausschließlich Einkünfte aus nicht selbstständiger Arbeit, die jedoch 1,5 Mio. Euro betragen. Kann oder muss er eine Einkommensteuererklärung abgeben?	Antwort: Hat N lediglich Einkünfte aus nicht selbstständiger Arbeit, so besteht nach § 46 Abs. 2 EStG keine Pflicht zur Abgabe der Einkommensteuererklärung. Die Höhe der Einkünfte spielen hierbei keine Rolle.
N hat im Jahr 2022 einen PC (Kaufpreis 1000 € zzgl. 190 € Umsatzsteuer) gekauft, den er für sein Beschäftigungsverhältnis benötigt. Die Nutzungsdauer beträgt 3 Jahre. N möchte einen Betrag von 1190 € als Werbungskosten im Jahr 2022 ansetzen. Geht das?	Auch im Rahmen der Werbungskosten gelten die Abschreibungsregeln gemäß § 9 Abs. 1 Nr. 7 EStG i. V. m. § 7 Abs. 1 Satz 1 EStG. Mit BMF-Schreiben vom 22. Februar 2022 (IV C 3 – S 2190/21/10002:025) hat die Finanzverwaltung jedoch festgelegt, dass für Computerhardware und -software eine betriebsgewöhnliche Nutzungsdauer von einem Jahr gilt. Folglich kommt es zu keiner Abschreibung und der Betrag kann in Höhe von 1190 € als Werbungskosten geltend gemacht werden.
Was wäre, wenn der PC im Dezember 2022 angeschafft wurde? Kann dann N nur 1/12 des Betrages geltend machen?	N kann auch dann im Jahr 2022 den vollen Betrag ansetzen. Die Regelung des § 7 Abs. 1 Satz 4 EStG muss nicht beachtet werden, da die Finanzverwaltung von einer betriebsgewöhnlichen Nutzungsdauer von 12 Monaten ausgeht, weshalb eine Abschreibung nicht erforderlich ist.
Könnte N auch lediglich 1/12 des Betrages ansetzen?	Auch das wäre möglich. N hat insoweit ein Wahlrecht.
N hat für die verspätete Abgabe der Einkommensteuererklärung einen Verspätungszuschlag zahlen müssen. Wo ist der Verspätungszuschlag geregelt?	Der Verspätungszuschlag findet sich in der Vorschrift des § 152 AO.
Ist der gezahlte Verspätungszuschlag von der Steuer abziehbar?	Das ist nach § 12 Nr. 3 EStG nicht der Fall. Der Verspätungszuschlag ist eine auf die Einkommensteuer entfallende Nebenleistung.
Welche sonstigen auf die Steuer entfallenden Nebenleistungen kennen Sie?	Steuerliche Nebenleistungen sind in § 3 Abs. 4 AO definiert. Neben Verspätungszuschlägen sind vor allem die Säumniszuschläge nach § 240 AO und die Zinsen nach §§ 233 ff. AO zu nennen.
Wäre ein Verspätungszuschlag auf die verspätete Abgabe der Gewerbesteuererklärung abziehbar?	Auch das wäre nicht möglich. Nach § 4 Abs. 5b EStG sind die Gewerbesteuer sowie die darauf entfallenden Nebenleistungen steuerlich nicht berücksichtigungsfähig.
In welchen Fällen könnte ein Verspätungszuschlag ggf. doch von der Steuer absetzbar sein?	Denkbar wäre dies bei den betrieblichen Steuern wie Umsatzsteuer oder Lohnsteuer.

3
20 Vortragsthemen

In Kap. 3 werden 20 Vortragsthemen für das mündliche Steuerberaterexamen dargestellt. Jeder Prüfling hat ein Vortragsthema zu halten. Jedes der Vortragsthemen enthält eine Kurzgliederung sowie einen ausformulierten Vortragstext.

3.1 Das steuerliche Einlagekonto

1. Bedeutung
2. Anwendungsbereich
3. Ermittlung des steuerlichen Einlagekontos
4. Steuerliche Behandlung von Auskehrungen der Kapitalgesellschaft
5. Verfahrensrechtliche Besonderheiten
6. Haftung der Kapitalgesellschaft bei unterlassener oder falscher Steuerbescheinigung
7. Fazit

1. Bedeutung Das steuerliche Einlagekonto soll einen Nachweis darüber erbringen, welche Eigenkapitalbestandteile neben dem Nennkapital einer Kapitalgesellschaft von außen zugeführt wurden. Die Unterscheidung zwischen steuerlichem Eigenkapital, welches von außen zugeführt wurde, und Eigenkapital, welches die Gesellschaft selbst erwirtschaftet hat, wird vor allem bei der Auskehrung relevant. Während eine bloße Auskehrung aus dem steuerlichen Einlagekonto beim Empfänger eine steuerfreie Einlagenrückgewähr darstellt (§ 20 Abs. 1 S. 3 EStG), wird eine Auszahlung außerhalb des Einlagekontos als steuerpflichtige Dividendenzahlung angesehen (§ 20 Abs. 1 S. 1 EStG).

Die gesetzlichen Regelungen zu dem steuerlichen Einlagekonto finden sich in § 27 f. KStG. Ferner gibt es noch das BMF-Schreiben vom 04. Juni 2003, welches die Regelungen ergänzt.[1]

Die Kapitalgesellschaft hat für Leistungen außerhalb des steuerlichen Einlagekontos Kapitalertragsteuer einzubehalten und für den Gesellschafter abzuführen. Für Leistungen aus dem steuerlichen Einlagekonto entfällt diese Verpflichtung.

2. Anwendungsbereich Nach dem Wortlaut des Gesetzes haben gemäß § 27 Abs. 1 KStG unbeschränkt steuerpflichtige Kapitalgesellschaften ein steuerliches Einlagekonto zu führen. Ausgenommen sind hiervon demnach Kapitalgesellschaften, die weder Sitz noch Geschäftsleitung im Inland haben.

Gemäß § 20 Abs. 7 KStG wird der Anwendungsbereich sinngemäß auf andere Körperschaften, die Leistungen nach § 20 Abs. 1 Nr. 1 und Nr. 9 KStG gewähren können, ausgeweitet. Hier ist zum Beispiel der Betrieb gewerblicher Art einer Körperschaft des öffentlichen Rechts oder ein Verein angesprochen. Auch eine Stiftung wird unter den Anwendungsbereich gefasst, da ihre Leistungen unter § 20 Abs. 1 Nr. 9 EStG fallen. Dies wird in der Literatur jedoch kritisch gesehen, da zwischen der Stiftung und den Begünstigten kein gesellschaftliches Verhältnis besteht.

Nach § 27 Abs. 8 KStG können auch beschränkt steuerpflichtige Kapitalgesellschaften, die im EU-Raum ansässig sind, ein steuerliches Einlagekonto führen. Hierdurch besteht die Möglichkeit, dass auch diese Kapitalgesellschaften steuerfreie Auskehrungen an in Deutschland ansässige Gesellschafter erbringen können. Nicht im Gesetz angesprochen sind beschränkt steuerpflichtige Kapitalgesellschaften, die im Drittland ansässig sind.

Mit Urteilen vom 13. Juli 2016 und vom 10. April 2019 hat der Bundesfinanzhof entschieden, dass auch solche Gesellschaften ein steuerliches Einlagekonto bilden können. Das BMF hat sich dieser Auffassung in seinem Schreiben vom 21. April 2022 angeschlossen.[2]

3. Ermittlung des steuerlichen Einlagekontos Zunächst wird der Bestand des steuerlichen Einlagekontos zu Beginn des ersten Wirtschaftsjahres ermittelt. Typischerweise weist der Anfangsbestand noch ein Einlagekonto mit Null aus. Dann sind die Zugänge in das steuerliche Einlagekonto zu erfassen. Dies sind Einlagen, die nicht in das Nennkapital geleistet werden. Hierzu gehören vor allem offene sowie verdeckte Einlagen. Ferner erhöhen Agios, die bei Ausgabe neuer Anteile zu leisten sind, sowie Minderabführungen bei Organschaften den Bestand des steuerlichen Einlagekontos. Gemindert wird der Bestand des steuerlichen Einlagekontos durch Kapitalerhöhungen aus Gesellschaftsmitteln (§ 28 Abs. 1 KStG), Mehrabführungen bei Organschaften und Leistungen, soweit sie den Bestand des ausschüttbaren Gewinns nach § 27 Abs. 1 S. 5 KStG übersteigen.

---

[1] BMF v. 04.06.2003, IV A 2 – S 2836 – 2/03, BStBl 2003 I S. 366.
[2] BMF, Schreiben v. 21.4.2022, IV C 2 – S 2836/20/10001 :002, BStBl 2022 I S. 647.

4. Steuerliche Behandlung von Auskehrungen der Kapitalgesellschaft Bei Auskehrungen der Kapitalgesellschaft muss nun festgelegt werden, welche Zahlungen aus dem steuerlichen Einlagekonto stammen und welche nicht. Zur Bestimmung der Verwendung legt das Gesetz in § 27 Abs. 1 S. 3 KStG eine zwingende Verwendungsreihenfolge fest. Diese Verwendungsreihenfolge ist eine gesetzliche Fiktion, die unabhängig davon gilt, welche Leistung tatsächlich ausbezahlt wird. Aufgrund dieser Reihenfolge wird der Bestand des steuerlichen Einlagekontos erst dann gemindert, wenn der ausschüttbare Gewinn nach § 27 Abs. 1 S. 5 KStG verbraucht ist und weitergehende Auskehrungen erfolgen.

Der ausschüttbare Gewinn ergibt sich aus dem in der Steuerbilanz ausgewiesenen Eigenkapital, welches um das gezeichnete Kapital und den Bestand des steuerlichen Einlagekontos gemindert wird.

Das Berechnungsschema des ausschüttbaren Gewinns stellt sich somit wie folgt dar:

$$\begin{array}{l} \text{Eigenkapital laut Steuerbilanz} \\ \text{Abzgl. Gezeichnetes Kapital} \\ \underline{\text{Abzgl. Steuerliches Einlagekonto}} \\ = \text{ausschüttbarer Gewinn} \end{array}$$

Wird von der Kapitalgesellschaft im laufenden Jahr mehr ausgekehrt als ausschüttbarer Gewinn zum Ende des Vorjahres vorhanden ist, so gilt der überschießende Teil als aus dem steuerlichen Einlagekonto geleistet. Es liegt insoweit eine steuerfreie Einlagenrückgewähr ohne Verpflichtung zur Einbehaltung von Kapitalertragsteuer vor. Im Übrigen gilt der ausgekehrte Betrag als steuerpflichtige Dividende, für welche die Kapitalgesellschaft Kapitalertragsteuer einzubehalten hat.

5. Verfahrensrechtliche Besonderheiten Die Kapitalgesellschaft hat im Rahmen der körperschaftsteuerlichen Veranlagung jährlich eine Erklärung zur gesonderten Feststellung des steuerlichen Einlagekontos abzugeben.

Der Bestand des steuerlichen Einlagekontos wird dann vom Finanzamt gem. § 27 Abs. 2 S. 1 KStG jeweils unter Berücksichtigung der Zu- und Abgänge auf das Ende eines jeden Wirtschaftsjahres gesondert festgestellt.

Der Bescheid über die gesonderte Feststellung des steuerlichen Einlagekontos stellt einen Grundlagenbescheid für die Feststellung des steuerlichen Einlagekontos zum folgenden Feststellungszeitpunkts dar.

Zu beachten ist zudem, dass bei Zahlungen, die teilweise oder vollständig als steuerfreie Einlagenrückgewähr aus dem steuerlichen Einlagekonto erfolgen, eine Bescheinigung von der leistenden Kapitalgesellschaft an ihre Anteilseigner auszustellen ist. Hierin ist neben den Angaben zu dem Vergütungsgläubiger und dem Zahltag auch anzugeben, in welcher Höhe die Leistungen aus dem steuerlichen Einlagekonto erfolgt sind. Die Details finden sich in § 27 Abs. 3 KStG.

6. Haftung der Kapitalgesellschaft bei unterlassener oder falscher Steuerbescheinigung Die Ausstellung der Bescheinigung über die Minderung des steuerlichen Einlagekontos sollte vor Bekanntgabe des Bescheides über die Feststellung des Einlagekontos erfolgen.

Sofern bis zu diesem Zeitpunkt keine Bescheinigung durch die leistende Gesellschaft erteilt wurde, gilt gem. § 27 Abs. 5 S. 2 KStG der Betrag der Einlagenrückgewähr als mit 0 € bescheinigt. Dies führt dazu, dass die Auskehrungen der leistenden Gesellschaft beim Empfänger als steuerpflichtige Dividenden zu qualifizieren sind und in voller Höhe der Kapitalertragsteuer zu unterwerfen sind. Keine Rolle spielt hierbei, ob tatsächlich eine Dividende ausbezahlt wurde.

Sofern in der Bescheinigung die Minderung des steuerlichen Einlagekontos zu niedrig bescheinigt wurde, bleibt die der Bescheinigung zugrunde gelegte Verwendung unverändert. Dies führt in letzter Konsequenz dazu, dass von den Leistungen ein Teil, der steuerlich als Einlagenrückgewähr hätte qualifiziert werden dürfen, dennoch der Kapitalertragsteuer unterworfen wird. Es kommt somit zu einer Definitivbelastung auf Ebene der begünstigten Gesellschafter.

Die strengen Regelungen über die rechtzeitige und zutreffende Bescheinigung über das steuerliche Einlagekonto führen zu einem hohen Haftungspotenzial der Kapitalgesellschaft (§ 44 Abs. 5 EStG).

Anders ist die Situation, wenn die Kapitalgesellschaft die Einlagenrückgewähr zu hoch bescheinigt hat.

In diesem Fall ist eine Berichtigung der Steuerbescheinigung zulässig und die gesonderte Feststellung des Schlussbestandes des steuerlichen Einlagekontos für das Wirtschaftsjahr der Leistung ist dementsprechend ebenfalls anzupassen. (vgl. § 27 Abs. 5 S. 4 ff. KStG)

7. Fazit Zusammenfassend ist festzuhalten, dass im Vorfeld von Gewinnausschüttungen und Auflösungen von Kapitalrücklagen sorgfältig geprüft werden sollte, ob es sich aufgrund der Verwendungsfiktion steuerlich um eine Dividende oder steuerfreie Auszahlung handelt. Wichtig ist hierbei zu wissen, dass die rechtliche Qualifikation der Auszahlung für das Steuerrecht unbeachtlich ist. Zudem muss sich die Kapitalgesellschaft der erhöhten und einseitigen Haftungsverschiebung zu ihren Lasten bewusst sein, um eine solche Haftung möglichst zu vermeiden.

3.2 Die steuerliche Behandlung von Bitcoins

1. Relevanz des Themas
2. Private Veräußerungsgeschäfte nach § 23 EStG
3. Einkünfte nach § 22 Nr. 3 EStG
4. Einkünfte nach § 19 Abs. 1 Nr. 1 EStG

3.2 Die steuerliche Behandlung von Bitcoins

5. Einkünfte nach § 15 Abs. 1 Nr. 1 EStG
6. Bilanzierung von Bitcoins
7. Umsatzsteuer
8. Fazit

1. Relevanz des Themas Bitcoin ist eine von vielen Kryptowährungen. Kryptowährungen stellen digitale Währungen dar. In den letzten Jahren erfreute sich diese Anlageklasse zunehmender Beliebtheit. Dies kann unter Umständen in Teilen auch auf die steuerliche Behandlung von im Privatvermögen gehaltenen Bitcoins zurückgeführt werden. Es hat sich in jüngster Vergangenheit gezeigt, dass auch Unternehmen Kryptowährungen als Anlageklasse entdecken. Hier ist insbesondere das Beispiel Tesla zu nennen. Aufgrund der gestiegenen Anzahl der Investitionen in dieser Anlageklasse gewinnt auch deren steuerliche Behandlung an Bedeutung.

2. Private Veräußerungsgeschäfte nach § 23 EStG Befinden sich Bitcoins im Privateigentum eines Steuerpflichtigen, so hat dies für den Steuerpflichtigen zunächst keine steuerlichen Folgen. Steuerlich bedeutsam wird es erst, wenn der Steuerpflichtige die Bitcoins weiterveräußert. Hierbei stellt sich die Frage nach der Steuerpflicht eines Veräußerungsgewinns bzw. der Geltendmachung eines steuerlichen Verlustes.

Veräußerungsgewinne von Bitcoins unterliegen nicht den Einkünften aus Kapitalvermögen. Der Katalog der Veräußerungstatbestände des § 20 Abs. 2 EStG ist nicht einschlägig. Insbesondere handelt es sich bei Bitcoins um keine sog. Kapitalforderungen im Sinne des § 20 Abs. 2 Nr. 7 EStG.

Demnach kann eine Besteuerung der Veräußerung von Bitcoins im Privatvermögen lediglich § 23 Abs. 1 Nr. 2 EStG unterliegen. Hier kommt der Frage Bedeutung zu, ob Bitcoins sog. „andere Wirtschaftsgüter sind". Da Bitcoins strukturell mit Fremdwährungen und Devisen vergleichbar sind, ist von einem „anderen Wirtschaftsgut" auszugehen. Diese Behandlung von Bitcoins wurde zuletzt mit einem Urteil des Finanzgerichts Baden-Württemberg vom 1. Dezember 2021 und durch das BMF-Schreiben vom 10. Mai 2022 bestätigt.[3]

Eine Steuerpflicht kann jedoch nach § 23 Abs. 1 Nr. 2 EStG nur eintreten, wenn die Veräußerung der Bitcoins innerhalb eines Jahres nach deren Erwerb erfolgt.

Der Veräußerungsgewinn ermittelt sich nach § 23 Abs. 3 EStG aus dem Unterschiedsbetrag zwischen dem Veräußerungspreis und den Anschaffungskosten sowie den Werbungskosten. Eine Steuerpflicht besteht nur, wenn der Gewinn aus den gesamten privaten Veräußerungsgewinnen nach § 23 EStG innerhalb eines Kalenderjahres mindestens 600 € beträgt. Es handelt sich um eine sog. Freigrenze.

---

[3] FG Baden-Württemberg Urteil v. 11.06.2021 – 5 K 1996/19.

Bei der Feststellung, welche Bitcoins mit welchen Anschaffungskosten verkauft wurden, gilt nach § 22 Abs. 1 Nr. 2 S.3 EStG die sog. FIFO-Methode. Es gelten immer die zuerst erworbenen Bitcoins als veräußert.

Etwaige Verluste können nur bis zur Höhe von Gewinnen aus privaten Veräußerungsgeschäften abgezogen werden. Danach verbleibende Verluste können auf das Vorjahr und das Vorvorjahr oder Folgejahre vor- bzw. zurückgetragen werden (vgl. § 10d Abs. 1 EStG). Auch hier ist nur eine Verrechnung mit Gewinnen aus privaten Veräußerungsgeschäften möglich (§ 23 Abs. 3 S. 7 und 8 EStG).

3. Einkünfte nach § 22 Nr. 3 EStG Denkbar ist auch die Verwendung der im Privateigentum des Steuerpflichtigen befindlichen Bitcoins für Zwecke des sogenannten „Lendings". Hierbei werden die eigenen Bitcoins an andere Personen verliehen, wofür der Verleiher eine Art Nutzungsgebühr erhält. Die Einnahmen des Steuerpflichtigen aus solchen Nutzungsgebühren führen zu Einnahmen aus sonstigen Einkünften im Sinne des § 22 Nr. 3 EStG. Insoweit gilt jedoch eine Freigrenze von 256 € pro Kalenderjahr.

4. Einkünfte nach § 19 Abs. 1 Nr. 1 EStG Bitcoins können durch den Arbeitgeber verbilligt oder unentgeltlich an den Arbeitnehmer überlassen werden. Hier stellt sich die Frage, ob es sich um einen Sachbezug handelt, für welchen eine Freigrenze von 50 € pro Monat gilt (§ 8 Abs. 2 S. 11 EStG). Dies ist im Einzelfall genau zu prüfen (vgl. BMF vom 10. Mai 2022, Rz. 88).[4] Da Bitcoins jedoch einen hohen Zahlungsmittelcharakter aufweisen, ist tendenziell von einer Geldleistung auszugehen (vgl. BMF vom 15. März 2022, Rz. 24).[5]

5. Einkünfte nach § 15 Abs.1 Nr. 1 EStG Werden Bitcoins im Rahmen einer gewerblichen Tätigkeit im Sinne des § 15 Abs. 2 EStG gehandelt, liegen gewerbliche Einkünfte vor. Die Bitcoins befinden sich dann im Betriebsvermögen. Besondere Bedeutung kommt hierbei der Frage zu, ob der Umfang einer sog. vermögensverwaltenden Tätigkeit überschritten wird. Die Grenze zwischen Vermögensverwaltung und gewerblichem Handel wird hier nicht immer leicht zu beantworten sein. Es kommt auf den jeweiligen Einzelfall an.

Das sog. Mining wird regelmäßig einer gewerblichen Tätigkeit zugeordnet. Hierbei werden durch das Finden einer bestimmten Zufallszahl neue Bitcoins geschürft bzw. erzeugt. Diese werden dann dem sog. „Miner" zugewiesen. Nach den Ausführungen des BMF in Rz. 33 ff. des Schreibens vom 10. Mai 2022 handelt es sich dabei um einen Anschaffungsvorgang. Die Anschaffungskosten der geschürften Bitcoins sind mit dem Marktpreis im Zeitpunkt der Anschaffung bzw. im Zeitpunkt des erfolgreichen Schürfvorgangs anzusetzen.[6]

---

[4] BMF, Schreiben v. 10.5.2022, IV C 1 – S 2256/19/10003 :001, BStBl 2022 I S. 668, Rz. 88.
[5] BMF v. 15.03.2022, IV C 5 – S 2334/19/10007 :007, BStBl 2022 I S. 242, Rz. 24.
[6] BMF, Schreiben v. 10.5.2022, IV C 1 – S 2256/19/10003 :001, BStBl 2022 I S. 668, Rz. 33 ff.

6. Bilanzierung von Bitcoins Bitcoins werden als materielle, nicht abnutzbare Wirtschaftsgüter bilanziert.

Die Bewertung erfolgt in der Handels- und Steuerbilanz mit den Anschaffungskosten (§ 253 Abs. 1 S. 1 HGB; § 6 Abs. 1 Nr. 1 und 2 EStG).

In Abhängigkeit von deren Verwendung werden Bitcoins dem Anlage- oder Umlaufvermögen zugeordnet.

Sind die Bitcoins dem Anlagevermögen zuzuordnen, ist keine planmäßige Abschreibung vorzunehmen, da es sich hierbei um nicht abnutzbare Vermögensgegenstände/Wirtschaftsgüter handelt. Aufgrund der hohen Volatilität der Kurse für Kryptowährungen bzw. des Bitcoins ist in der Handelsbilanz jedoch eine außerplanmäßige Abschreibung im Sinne des § 253 Abs. 3 S. 5 HGB auf den sich am Bilanzstichtag ergebenden niedrigeren Marktpreis denkbar. In der Steuerbilanz ist eine Abschreibung auf den niedrigeren Teilwert nur bei einer voraussichtlich dauerhaften Wertminderung zulässig (vgl. § 6 Abs. 1 Nr. 2 S. 2 f. EStG).

Bei im Umlaufvermögen gehaltenen Bitcoins ist in der Handelsbilanz eine Abschreibung vorzunehmen, wenn der Marktpreis zum Bilanzstichtag unter den Anschaffungskosten liegt (vgl. § 253 Abs. 4 HGB). In der Steuerbilanz ist jedoch nur eine Abschreibung auf den niedrigeren Teilwert vorzunehmen, wenn die Wertminderung voraussichtlich dauerhaft ist (vgl. § 5 Abs. 1 S. 1 HS. 2 i. V. m. Abs. 6 EStG, § 6 Abs. 1 Nr. 2 EStG).

7. Umsatzsteuer Der Handel mit Bitcoins und deren Umtausch in konventionelle Währungen stellt eine steuerbare sonstige Leistung dar, die nach § 4 Nr. 8 Bst. b UStG jedoch steuerfrei ist.[7] Hierbei wird der Bitcoin aufgrund einer Entscheidung des EuGH vom 22. Oktober 2015 gesetzlichen Zahlungsmitteln gleichgestellt.

8. Fazit Die Einordnung der steuerlichen Behandlung von Einkünften im Zusammenhang mit Bitcoins sowie deren bilanzielle Behandlung ist heute grundsätzlich geklärt. Es bleiben jedoch viele Bereiche, die einer genauen Einzelbetrachtung und steuerlichen Würdigung bedürfen.

3.3 Haushaltsnahe Beschäftigungsverhältnisse und Dienstleistungen

1. Einführung
2. Sinn und Zweck der Vorschrift
3. Begünstigte Aufwendungen

---

[7] BMF v. 27.02.2018, III C 3 – S 7160-b/13/10001, BStBl 2018 I S. 316.

4. Voraussetzungen
5. Rechtsfolge
6. Fazit

1. Einführung Haushaltsnahe Beschäftigungsverhältnisse und Dienstleistungen kommen im alltäglichen Leben häufig vor. Es handelt sich um Ausgaben, die im Haushalt und damit in der privaten Sphäre des Steuerpflichtigen anfallen. Solche Kosten können grundsätzlich steuerlich nicht geltend gemacht werden.

§ 35a EStG lässt solche Ausgaben jedoch in einem bestimmten Rahmen zum Abzug zu. Im Folgenden werden die Regelungen des § 35a EStG näher beleuchtet.

2. Sinn und Zweck der Vorschrift Mit der Einführung des § 35a EStG möchte der Gesetzgeber zum einen den Bürger entlasten. Zum anderen soll jedoch mit der Vorschrift erreicht werden, dass Schwarzarbeit bekämpft wird. Ein Abzug kommt für solche Ausgaben nur in Betracht, wenn für die Leistung eine Rechnung vorliegt und der Rechnungsbetrag per Banküberweisung auf das Bankkonto des Leistungserbringers transferiert wurde.

3. Begünstigte Aufwendungen Im Rahmen des § 35a EStG müssen drei unterschiedliche Förderbereiche unterschieden werden. Diese umfassen das geringfügige haushaltsnahe Beschäftigungsverhältnis (Abs. 1), versicherungspflichtige haushaltsnahe Beschäftigungen und Dienstleistungen (Abs. 2) sowie Handwerkerleistungen (Abs. 3).

Geringfügige haushaltsnahe Beschäftigungsverhältnisse meint die geringfügig Beschäftigten im Sinne des § 8a SGB IV. Das sind die Beschäftigungen, welche ein Entgelt von maximal 520 € pro Monat voraussetzen.
Wichtigster Anwendungsfall für die versicherungspflichtigen haushaltsnahen Beschäftigungen und Dienstleistungen ist die Inanspruchnahme von Pflege- und Betreuungsleistungen
Handwerkerleistungen sind solche Leistungen, die typischerweise von Angehörigen eines Handwerksberufs im Zusammenhang mit Renovierungs-, Erhaltungs- und Modernisierungsmaßnahmen, die in einem Haushalt anfallen, ausgeführt werden.
Die Unterscheidung ist bedeutsam, weil die Höhe des Abzugs davon abhängt, in welchem dieser Bereiche die Ausgaben anfallen. Hierauf wird später noch eingegangen.

4. Voraussetzungen Sämtliche Aufwendungen im Sinne des § 35a EStG sind nur dann begünstigt, wenn der Ort für die Leistungen im EU/EWR Raum liegt (Abs. 4).

Eine Steuerermäßigung nach § 35a EStG setzt ferner voraus, dass die Ausgaben nicht bereits als Betriebsausgaben/Werbungskosten oder als außergewöhnliche Belastungen/Sonderausgaben abgezogen wurden (Abs. 5 S. 1). Allerdings hat der Steuerpflichtige ein Wahlrecht, ob er die Ausgaben im Rahmen des § 33 EStG oder des § 35a EStG geltend macht.

3.3 Haushaltsnahe Beschäftigungsverhältnisse und Dienstleistungen

Ein Abzug kommt nur für die Arbeitskosten in Betracht (Abs. 5 S. 2 EStG). Zu den begünstigten Arbeitskosten gehören auch die darauf entfallende Lohnsteuer und/oder Sozialversicherungsbeiträge. Materialkosten fallen nicht hierunter.

Daher muss aus der Rechnung, die von dem Leistungserbringer ausgestellt wird, hervorgehen, in welcher Höhe der Rechnungsbetrag auf die Arbeitsleistung entfällt. Eine Schätzung des Steuerpflichtigen ist nicht zulässig. Das BMF hat hierzu ausführlich mit Schreiben vom 9. November 2016 Stellung genommen.[8]

Ferner ist notwendig, dass eine Rechnung vorliegt sowie eine Zahlung auf das Konto des Leistungserbringers geleistet wird. Dies gilt jedoch nicht für Ausgaben wegen eines geringfügigen Beschäftigungsverhältnisses (Abs. 5 S. 3 EStG).

5. Rechtsfolge Alle Ausgaben, die in einem der drei Bereiche anfallen, werden von der tariflichen Einkommensteuer abgezogen.

Abgezogen werden können 20 % der Aufwendungen. Hinsichtlich der Höchstgrenze bestehen jedoch Abweichungen. Für geringfügige haushaltsnahe Beschäftigungsverhältnisse besteht ein Höchstbetrag von 510 €, während für versicherungspflichtige haushaltsnahe Beschäftigungen und Dienstleistungen bzw. Handwerkerleistungen ein Höchstbetrag von 4000 € bzw. 1200 € besteht. Alle drei Höchstbeträge können nebeneinander ausgeschöpft werden. Dies bedeutet, dass pro Kalenderjahr eine maximale Begünstigung aus § 35a EStG von 5710 € möglich ist.

Für Alleinstehende oder Partner einer nicht ehelichen Lebensgemeinschaft, die gemeinsam in einem Haushalt leben, können die Höchstbeträge im Sinne des § 35a Abs. 1 bis 3 EStG nur einmal in Anspruch genommen werden (§ 35a Abs. 3 S. 4 EStG).

Wenngleich dies in § 35a EStG so nicht ausdrücklich geregelt ist, ergibt sich eine solche Höchstbetragsgemeinschaft auch bei Eheleuten. Zusammenveranlagte Ehepaare werden als ein Steuerpflichtiger behandelt (§ 26b EStG). Dies ist zwar bei getrennt veranlagten Eheleuten nicht der Fall. Jedoch erfolgt in diesen Fällen die Zurechnung des Abzugs an den Ehegatten, der die Aufwendungen getragen hat (§ 26 Abs. 2 S. 1 EStG).

6. Fazit Die Regelungen des § 35a EStG bieten den Steuerpflichtigen vielseitige Möglichkeiten, um Aufwendungen, die im Zusammenhang mit dem Haushalt und der privaten Lebensführung stehen, steuerlich berücksichtigen zu können. Nicht zu vernachlässigen ist hierbei auch der finanzpolitische Zweck der Vorschrift, unter der Voraussetzung der steuerlichen Absetzbarkeit der genannten Ausgaben die Schwarzarbeit einzudämmen. Für die Praxis sind daher hiervon betroffene Steuerpflichtige frühzeitig über die formalen Voraussetzungen des § 35a EStG aufzuklären, um ihnen eine steuerliche Berücksichtigung der Aufwendungen zu ermöglichen.

---

[8] BMF v. 09.11.2016, IV C 8 – S 2296 b/07/10003 :008, BStBl 2016 I S. 1213.

3.4 Die steuerliche Behandlung von Fotovoltaikanlagen

1. Relevanz des Themas
2. Einkommensteuer
3. Gewerbesteuer
4. Umsatzsteuer
5. Grunderwerbsteuer
6. Fazit

1. Relevanz des Themas In Zeiten des Klimawandels gewinnt die Energiegewinnung aus erneuerbaren Energien zunehmend an Bedeutung. Verstärkt wurde dieser Effekt nicht auch zuletzt durch die stark gestiegenen Bezugspreise für Öl und Gas. Aus diesem Grund steigt auch weiterhin die Bedeutung von PV-Anlage. Hierbei ergeben sich unterschiedliche steuerliche Fragestellungen, die nachfolgend dargestellt werden.

2. Einkommensteuer Gewerbliche Einkünfte
Wird der Strom einer PV-Anlage ausschließlich privat genutzt, so ergeben sich hieraus keine einkommensteuerlichen Folgen.

Wird zumindest ein Teil des Stroms auch gegen eine Einspeisegebühr in das öffentliche Netz eingespeist, so können gewerbliche Einkünfte vorliegen. Für die Frage, ob gewerbliche Einkünfte vorliegen, kommt es darauf an, ob der Steuerpflichtige für seine Tätigkeit die Voraussetzungen einer gewerblichen Tätigkeit im Sinne des § 15 Abs. 2 EStG erfüllt. Entscheidend ist hierfür, ob das Kriterium der Gewinnerzielungsabsicht erfüllt ist. Hierbei kommt es auf die Totalgewinnprognose für den gesamten gewerblich tätigen Zeitraum an. Liegt eine gewerbliche Tätigkeit vor, so hat der Steuerpflichtige zwar alle Betriebseinnahmen zu erfassen, jedoch kann er auch alle Betriebsausgaben im Zusammenhang mit der PV-Anlage steuerlich geltend machen. Da die Betriebsausgaben (inkl. Abschreibung) häufig über einen längeren Zeitraum höher als die Betriebseinnahmen sind, kann die Finanzbehörde häufig erst einige Jahre später erkennen, ob tatsächlich eine solche Gewinnerzielungsabsicht vorliegt. Verfahrensrechtlich werden etwaige Verluste aus der gewerblichen Tätigkeit einer PV-Anlage deshalb häufig unter Vorbehalt der Nachprüfung nach § 164 AO festgesetzt.

Steuerfreie Einkünfte
Mit dem Jahressteuergesetz 2022 und dem neu eingeführten § 3 Nr. 72 EStG hat der Gesetzgeber Einnahmen aus dem Betrieb von PV-Anlagen bei Einfamilienhäusern oder Gewerbeimmobilien steuerfrei gestellt, wenn die Bruttoleistung der Anlage max. 30 kW (peak) beträgt. Für andere Gebäude ist eine Steuerbefreiung nur vorgesehen, wenn die Bruttoleistung der Anlage max. 15 kW (peak) je Wohn- oder Gewerbeeinheit beträgt. Andere Gebäude sind insbesondere Mehrfamilienhäuser und gemischt genutzte Gebäude.

3.4 Die steuerliche Behandlung von Fotovoltaikanlagen

Je Steuerpflichtigem und Mitunternehmerschaft ist eine Steuerbefreiung bis höchstens 100 kW (peak) möglich.

Zur Info für den Leser: Nach den Regelungen des BMF-Schreibens vom 29. Oktober 2021 und dem darin enthaltenen Wahlrecht zur Liebhaberei, war ein Antrag auf Liebhaberei nur für PV-Anlagen mit einer Gesamtleistung von bis zu 10 kW möglich. Zudem durfte der durch die PV-Anlage erzeugte Strom ausschließlich zu eigenen Wohnzwecken und/oder zur Einspeisung in das öffentliche Stromnetz genutzt werden.

Eine gewerbliche Infektion von Vermietungseinkünften einer vermögensverwaltenden Personengesellschaft aufgrund des Betriebs von begünstigten PV-Anlagen ist ausgeschlossen (vgl. § 3 Nr. 72 Satz 3 EStG).

Behandlung von Zuschüssen
Für PV-Anlagen werden häufig Zuschüsse von staatlichen Stellen geleistet. Übt der Steuerpflichtige mit der PV-Anlage einen Gewerbebetrieb aus, so kann er den Zuschuss unterschiedlich behandeln. Der Zuschuss kann entweder vollumfänglich als Betriebseinnahmen erfasst werden oder er kann als Minderung der Anschaffungskosten für die PV-Anlage erfasst werden (vgl. R. 6.5 EStR). Im letzteren Fall wirkt sich der Zuschuss nur anteilig über die Abschreibungsdauer der PV-Anlage ertragswirksam aus.

Abschreibung für Abnutzung
Die PV-Anlage stellt ein abnutzbares bewegliches Wirtschaftsgut dar. Dies gilt auch dann, wenn die PV-Anlage fest mit dem Gebäude verschraubt ist und zivilrechtlich als wesentlicher Bestandteil des Gebäudes anzusehen ist. Die Abschreibungsdauer bemisst sich nach der betriebsgewöhnlichen Nutzungsdauer (§ 7 Abs. 1 EStG). Hierbei wird regelmäßig eine Nutzungsdauer von 20 Jahren angenommen.

Für PV-Anlagen, die in den Jahren 2020 bis einschließlich 2022 angeschafft wurden, kann auch von der degressiven Abschreibung im Sinne des § 7 Abs. 2 EStG Gebrauch gemacht werden.

Im Jahr der Anschaffung darf die Abschreibung jedoch nur pro rata temporis vorgenommen werden (vgl. § 7 Abs. 1 S. 4 EStG).

Zusätzlich kommt auch noch die Sonderabschreibung nach § 7g Abs. 5 EStG in Betracht. Hierbei kann bei kleinen Betrieben grundsätzlich neben der Abschreibung nach § 7 Abs. 1 ober Abs. 2 EStG auch eine Sonderabschreibung in Höhe von 20 % in Anspruch genommen werden. Die teilweise Nutzung des Stroms für den privaten Haushalt des Steuerpflichtigen stellt hierbei keine für die Anwendung des § 7g EStG schädliche private Verwendung dar, da es sich dabei um eine Sachentnahme handelt (vgl. R 4.3 Abs. 4 S. 2 EStR).

Investitionsabzugsbetrag
Weiterhin besteht für den Steuerpflichtigen die Möglichkeit, in einem Jahr vor der Anschaffung der PV-Anlage einen Investitionsabzugsbetrag im Sinne des § 7g Abs. 1 EStG

gewinnmindernd zu berücksichtigen. Die Höhe des Investitionsabzugsbetrages (IAB) beträgt maximal 50 % der voraussichtlichen Anschaffungs-/Herstellungskosten (AK/HK) der PV-Anlage. Ein in früheren Veranlagungszeiträumen gebildeter IAB ist in dem Jahr der Anschaffung gewinnerhöhend hinzuzurechnen. Die AK/HK der PV-Anlage dürfen jedoch erfolgswirksam in entsprechender Höhe gemindert werden. Dementsprechend ist die Bemessungsgrundlage für Zwecke der Normal- und Sonderabschreibungen zu vermindern. Im Kern geht es folglich nur um einen Stundungseffekt.

3. Gewerbesteuer Betreibt der Steuerpflichtige mit der PV-Anlage einen Gewerbebetrieb nach § 15 EStG, so ist grundsätzlich auch eine Gewerbesteuerpflicht gegeben.

Aufgrund des § 7 S. 1 GewStG gelten die Regelungen des § 3 Nr. 72 EStG auch für die Gewerbesteuer.

Die Gewerbesteuerbefreiung für Leistungen bis zu 30 kW nach § 3 Nr. 32 GewStG ist damit praktisch obsolet.

Liegt eine Steuerbefreiung nicht vor, so können natürliche Personen und Personengesellschaften einen Freibetrag in Höhe von 24.500 € in Anspruch nehmen (§ 11 Abs. 1 S. 3 Nr. 1 GewStG). Häufig kommt es dadurch bei privat betriebenen PV-Anlagen zu keiner Gewerbesteuerschuld.

4. Umsatzsteuer Umsatzsteuerlich wäre zunächst zu klären, ob der Steuerpflichtige Unternehmer im Sinne des § 2 UStG ist. Dies ist der Fall, wenn der Steuerpflichtige gewerblich selbstständig ist. Auf eine Gewinnerzielungsabsicht kommt es hier nicht an (vgl. § 2 Abs. 1 S. 3 UStG).

Bei Einspeisung von Strom in das öffentliche Netz wäre deswegen regelmäßig von einem Unternehmer auszugehen.

Allerdings kann der Steuerpflichtige hier meist von der sog. Kleinunternehmerregelung Gebrauch machen (§ 19 UStG). Diese Regelung gibt dem Steuerpflichtigen die Möglichkeit, seine Leistungen ohne Umsatzsteuer zu erbringen. Umgekehrt entfällt jedoch auch die Vorsteuerabzugsberechtigung. Der Steuerpflichtige hat jedoch die Möglichkeit, auf die Anwendung des § 19 UStG zu verzichten. An diese Entscheidung ist der Steuerpflichtige für mindestens fünf Kalenderjahre gebunden.

Kommt die Kleinunternehmerregelung nicht zur Anwendung, so hat der Steuerpflichtige zu beachten, dass die für eigene Wohnzwecke verbrauchten Strommengen als unentgeltliche Wertabgabe der Umsatzsteuer zu unterwerfen sind (vgl. § 3 Abs. 1b S. 1 Nr. 1 UStG). Die Bemessungsgrundlage für die Umsatzsteuer bemisst sich nach dem Netto-Einkaufspreis und der Strommenge, die dem privaten Verbrauch gedient hat.

Für Lieferungen und die Installation von PV-Anlagen gilt ab dem 01. Januar 2023 ein umsatzsteuerlicher Nullsteuersatz (§ 12 Abs. 3 UStG). Der Nullsteuersatz ist beschränkt auf Lieferungen von Solarmodulen an Betreiber einer PV-Anlage, die ihre Anlage insbesondere auf Wohnungen oder öffentlichen Gebäuden nutzen. Beträgt die Bruttoleistung der PV-Anlage nicht mehr als 30 kW, so gilt stets der Nullsteuersatz.

5. Grunderwerbsteuer PV-Anlagen sind in der Regel wesentlicher Bestandteil des Gebäudes und unterliegen demnach auch der Grunderwerbsteuer. Eine Ausnahme hiervon besteht jedoch, wenn die PV-Anlage als Betriebsvorrichtung im Sinne des § 2 S. 2 Nr. 1 GrEStG betrachtet wird. In diesem Fall unterliegt die PV-Anlage bei Veräußerung des bebauten Grundstücks nicht der Grunderwerbsteuer. Eine Betriebsvorrichtung liegt dann vor, wenn der Strom gegen Entgelt in das öffentliche Netz eingespeist wird.

6. Fazit Zusammenfassend lässt sich festhalten, dass im Zusammenhang mit der Errichtung und dem Betrieb von PV-Anlagen unterschiedlichste steuerliche Aspekte eine Rolle spielen. Es ist deshalb bedeutsam die steuerlichen Auswirkungen insgesamt im Blick zu haben.

3.5 Die ertragsteuerliche Behandlung von Arbeitszimmer und Homeoffice

1. Einleitung
2. Grundsätzliches Abzugsverbot für Arbeitszimmer
3. Arbeitszimmer als Mittelpunkt der Tätigkeit
4. Homeoffice
5. Fazit

1. Einleitung Durch die seit Anfang des Jahres 2020 anhaltende Corona-Pandemie hat sich die berufliche Arbeit einer Vielzahl von erwerbstätigen Personen stark verändert. Das Homeoffice ist heute wesentlicher Bestandteil des Arbeitsalltages und die Kenntnis der einschlägigen steuerlichen Regelungen gewinnt an Bedeutung.

Die einschlägigen Normen zur ertragsteuerlichen Behandlung des Homeoffice und des häuslichen Arbeitszimmers finden sich in § 4 Abs. 5 S. 1 Nr. 6b EStG und § 9 Abs. 5 S. 1 EStG. Diese Regelungen sind auf sämtliche Einkunftsarten anwendbar bzw. übertragbar.[9]

Im Rahmen des Jahressteuergesetzes 2022 wurden die Regelungen zum häuslichen Arbeitszimmer und Homeoffice neu gefasst. Diese sind erstmalig für nach dem 31. Dezember 2022 in der häuslichen Wohnung ausgeübte Tätigkeiten anzuwenden.

Im Folgenden werden diese Regelungen näher dargestellt.

---

[9] BMF v. 06.10.2017, IV C 6 – S 2145/07/10002: 019, BStBl 2017 I S. 1320, Rz. 1 f.

2. Grundsätzliches Abzugsverbot für Arbeitszimmer Gem. § 4 Abs. 5 S. 1 Nr. 6b S. 1 EStG dürfen Betriebsausgaben den Gewinn nicht mindern, wenn es sich um Aufwendungen für ein häusliches Arbeitszimmer oder um Kosten für dessen Ausstattung handelt.

Unter einem häuslichen Arbeitszimmer ist ein Raum zu verstehen, der in die häusliche Sphäre des Steuerpflichtigen eingebunden ist und vorwiegend der Erledigung gedanklicher, schriftlicher, verwaltungstechnischer, bzw. organisatorischer Arbeiten dient. Zudem muss der Raum ausschließlich oder nahezu ausschließlich zu betrieblichen und/oder beruflichen Zwecken genutzt werden. Eine untergeordnete private Mitbenutzung von bis zu 10 % ist unschädlich. Der Raum muss räumlich von den privat genutzten Räumen abgetrennt sein. Das heißt, dass das Vorliegen einer Arbeitsecke für die Annahme eines Arbeitszimmers nicht ausreicht.

Nicht abziehbar sind somit Aufwendungen, wenn sie dem häuslichen Arbeitszimmer direkt zugeordnet werden können. Das ist beispielsweise bei Tapeten oder Teppichen der Fall. Zu den nicht abzugsfähigen Aufwendungen gehören auch diejenigen, die anteilig auf das häusliche Arbeitszimmer entfallen, wie beispielsweise Miete oder Heizkosten.

Aufwendungen für Gegenstände, die Arbeitsmittel sind, stellen keine Aufwendungen im Sinne des § 4 Abs. 5 S. 1 Nr. 6b S. 1 EStG dar und sind daher von dem Abzugsverbot nicht erfasst.

3. Arbeitszimmer als Mittelpunkt der Tätigkeit Eine Abzugsbeschränkung für das Arbeitszimmer kommt nicht in Betracht, wenn das Arbeitszimmer den Mittelpunkt der gesamten betrieblichen und beruflichen Tätigkeit des Steuerpflichtigen darstellt. Somit sind alle Aufwendungen des Arbeitszimmers abziehbar. Der Mittelpunkt der Tätigkeit ist nach den tatsächlichen Umständen des Einzelfalls danach zu ermitteln, wo der Steuerpflichtige seine Hauptberufstätigkeit regelmäßig ausübt. Entscheidend ist der qualitative Schwerpunkt der Gesamttätigkeit bzw. der Ort, an dem der Steuerpflichtige seine Kerntätigkeit für seine Berufsausübung erbringt. Steuerpflichtige, die eine Tätigkeit sowohl in ihrem häuslichen Arbeitszimmer als auch an dem außerhäuslichen Arbeitsort ausüben, haben ihren Mittelpunkt der Tätigkeit dort, wo der Steuerpflichtige mehr als die Hälfte seiner Arbeitszeit tätig wird. Seit dem Jahr 2023 ist nach dem Wortlaut des Gesetzes ein voller Abzug des Arbeitszimmers auch dann möglich, wenn dem Steuerpflichtigen ein anderer Arbeitsplatz zur Verfügung steht.

Anstelle der tatsächlichen Aufwendungen im Zusammenhang mit dem häuslichen Arbeitszimmer ist auch ein pauschaler Abzug pro Jahr von 1260 € möglich (vgl. § 4 Abs. 5 S. 1 Nr. 6b S. 3 EStG). Der Steuerpflichtige hat hier ein Wahlrecht. Dabei ist die Pauschale für Monate, in welchen das Arbeitszimmer nicht den Mittelpunkt der betrieblichen und beruflichen Tätigkeit darstellt, um jeweils ein Zwölftel zu kürzen.

Der Pauschalbetrag ist personenbezogen zu verstehen; das heißt, für ein Arbeitszimmer kann von mehreren Personen eine Pauschale in Anspruch genommen werden.

4. Homeoffice Liegt kein Arbeitszimmer vor, das den Mittelpunkt der gesamten beruflichen oder betrieblichen Tätigkeit darstellt, kommt seit dem Jahr 2023 nur noch ein Abzug einer Homeoffice-Pauschale nach § 4 Abs. 5 S. 1 Nr. 6c EStG in Betracht.

Die Homeofficepauschale ermöglicht es dem Steuerpflichtigen für jeden Tag, an dem die berufliche Tätigkeit überwiegend in der häuslichen Wohnung ausgeübt wird, eine Pauschale von 6 € geltend zu machen. Insgesamt können höchstens 1260 € im Kalenderjahr/Wirtschaftsjahr als Werbungskosten oder Betriebsausgaben berücksichtigt werden. Das entspricht maximal 210 Arbeitstagen. Auch die Homeoffice-Pauschale ist personenbezogen zu verstehen.

Sofern der Steuerpflichtige verschiedene betriebliche oder berufliche Tätigkeiten ausübt, sind die Tagespauschale und auch der Höchstbetrag auf die einzelnen Betätigungen aufzuteilen. Das heißt, die Beträge sind nicht tätigkeitsbezogen zu vervielfachen.

Die Tagespauschale wird auf den Arbeitnehmerpauschbetrag in Höhe von 1230 € angerechnet.

Entgegen der bisherigen Regelung zur Homeoffice-Pauschale ist die Geltungsdauer der Tagespauschale nun zeitlich unbegrenzt möglich.

Steht dem Steuerpflichtigen dauerhaft kein anderer Arbeitsplatz zur Verfügung, kann die Tagespauschale auch dann in Abzug gebracht werden, wenn die Tätigkeit an demselben Tag auch auswärts oder an der ersten Tätigkeitsstätte ausgeübt wird.

Die Frage, ob ein anderer Arbeitsplatz für die betriebliche oder die berufliche Betätigung vorliegt, ist allgemein nach objektiven Gesichtspunkten bzw. tätigkeitsbezogen zu beantworten. Bei Steuerpflichtigen, die nur eine Tätigkeit ausüben, muss gegebenenfalls geprüft werden, ob ein anderer Arbeitsplatz auch tatsächlich für alle Aufgabenbereiche der Erwerbstätigkeit genutzt werden kann. Muss der Steuerpflichtige einen erheblichen Teil seiner Arbeit zu Hause vollbringen, so ist er auf sein häusliches Arbeitszimmer angewiesen. Die Tatsache, dass dem Steuerpflichtigen kein anderer Arbeitsplatz zur Verfügung steht, muss konkret dargelegt werden können. Eine entsprechende Bescheinigung des Arbeitgebers kann ein Indiz hierfür sein.

Die Tagespauschale darf nicht in Abzug gebracht werden, soweit für die Wohnung Unterkunftskosten im Rahmen der doppelten Haushaltsführung geltend gemacht werden.

Ferner ist ein Abzug der Tagespauschale ausgeschlossen, soweit Aufwendungen für ein häusliches Arbeitszimmer vorgenommen wurden. Insoweit spielt es keine Rolle, ob für das Arbeitszimmer die tatsächlichen Kosten oder die Pauschale angesetzt wurden.

Die Tagespauschale kann neben dem Abzug von Fahrtkosten zwischen der Wohnung und der Betriebsstätte oder der ersten Tätigkeitsstätte in Abzug gebracht werden. Dies gilt jedoch nur, wenn dauerhaft kein anderer Arbeitsplatz für die betriebliche oder berufliche Betätigung zur Verfügung steht. Ferner ist ein Abzug zulässig, wenn zusätzlich zu einer Auswärtstätigkeit die betriebliche oder berufliche Betätigung überwiegend in der häuslichen Wohnung ausgeübt wird.

5. Fazit Zusammenfassend lässt sich sagen, dass im Rahmen der Steuererklärung sorgfältig darauf zu achten ist, welche Kosten der Steuerpflichtige für sein Arbeitszimmer bzw. Homeoffice geltend machen kann. Der Steuerberater kann hierbei eine wichtige Hilfestellung geben.

3.6 Rechnungsberichtigung nach § 14c UStG

1. Einleitung
2. Unrichtiger Steuerausweis
3. Unberechtigter Steuerausweis
4. Zeitpunkt der Steuerentstehung
5. Fazit

1. Einleitung Die Anforderungen an eine Rechnung sind in § 14 UStG geregelt. Danach ist unter anderem die auf den Rechnungsbetrag entfallende Umsatzsteuer sowie der maßgebliche Umsatzsteuersatz auszuweisen. In der Praxis kann es hierbei zu Fehlern kommen. Damit eine materiell-rechtlich zutreffende Behandlung gewährleistet werden kann, ist die Rechnung in diesen Fällen zu berichtigen. Die Konsequenzen von unzutreffend ausgewiesenen Steuerbeträgen sind in § 14c UStG geregelt. Der Regelungsinhalt des § 14c UStG lässt sich in die Regelungen für einen unrichtigen (Absatz 1) und für einen unberechtigten Steuerausweis (Absatz 2) aufteilen.

Mit Einführung des § 14c UStG möchte der Gesetzgeber der Gefährdung des deutschen Steueraufkommens entgegenwirken.

Im Folgenden wird der Inhalt des § 14c UStG genauer dargestellt und es werden hierbei einzelne Besonderheiten herausgearbeitet.

2. Unrichtiger Steuerausweis Definition

Ein unrichtiger Steuerausweis liegt vor, wenn ein Unternehmer in seiner Rechnung einen höheren Umsatzsteuerbetrag ausweist, als er nach dem Gesetz schuldet (Abschn. 14c.1 Abs 1 UStAE). Ein Beispiel hierfür wäre, wenn ein Gastronom bei der Abgabe von Take-Away-Speisen in seiner Rechnung 19 % Umsatzsteuer ausweist, obwohl nur 7 % geschuldet werden.

Rechtsfolge
Wird in einer Rechnung ein zu hoher Steuerbetrag ausgewiesen, schuldet der leistende Unternehmer die in der Rechnung ausgewiesene Umsatzsteuer (vgl. § 14c Abs. 1 S. 1 UStG). Dem Leistungsempfänger steht jedoch nur ein Vorsteuerabzug in Höhe der materiell-rechtlich geschuldeten Umsatzsteuer zu (vgl. § 15 Abs. 1 S. 1 Nr. 1 UStG).

Wird in einer Rechnung ein zu niedriger Steuerbetrag ausgewiesen, schuldet der leistende Unternehmer die gesetzlich geschuldete (höhere) Umsatzsteuer. Der Leistungsempfänger darf jedoch nur die in Rechnung gestellte Umsatzsteuer als Vorsteuer geltend machen (vgl. Abschn. 14c.1 Abs. 9 f. UStAE).

In beiden Fällen kommt es zu einer Abweichung zwischen der von dem Leistungserbringer abgeführten Umsatzsteuer und der durch den Leistungsempfänger in Abzug zu bringenden Vorsteuer. Aus der Gesamtbetrachtung ergeben sich für den Fiskus hierdurch Mehreinnahmen.

Heilung

Zur Heilung dieses Zustands ist zwingend eine Rechnungskorrektur vorzunehmen. Die Berichtigung der Rechnung richtet sich nach den Bestimmungen des § 17 Abs. 1 UStG. Damit erfolgt die Berichtigung in dem Voranmeldungszeitraum, in dem die korrigierte Rechnung an den Leistungsempfänger ausgestellt wird. Sofern das Entgelt bereits vereinnahmt wurde, richtet sich die Berichtigung nach dem Zeitpunkt der Rückzahlung des Betrags (vgl. Abschn. 14c.1 Abs. 5 S. 4 UStAE).

3. Unberechtigter Steuerausweis Definition

Ein unberechtigter Steuerausweis im Sinne des § 14c Abs. 2 UStG liegt vor, wenn in einer Rechnung Umsatzsteuer ausgewiesen wird, obwohl der Leistungserbringer hierzu nicht berechtigt ist. Dies ist beispielsweise der Fall, wenn ein Kleinunternehmer eine Rechnung mit gesondertem Steuerausweis ausstellt (vgl. § 14c Abs. 2 S. 1 f. UStG i. V. m. Abschn. 14c.2 Abs. 1 UStAE).

Folge

Der Leistungserbringer schuldet die in der Rechnung unberechtigt ausgewiesene Umsatzsteuer (vgl. § 14c Abs. 2 S. 1 UStG).

Die unberechtigt ausgewiesene Umsatzsteuer wird unabhängig davon, ob der Leistungsempfänger die Umsatzsteuer als Vorsteuer in Abzug gebracht hat, geschuldet. Es ist hierbei schon ausreichend, dass durch die Rechnung die abstrakte Gefahr besteht, dass der Leistungsempfänger einen Vorsteuerabzug geltend machen könnte.

Dem Leistungsempfänger steht für die in Rechnung gestellte Umsatzsteuer gem. § 15 UStG materiell-rechtlich kein Vorsteuerabzug zu, da diese gesetzlich nicht geschuldet wird.

Heilung

Die durch den unberechtigten Ausweis entstandene Umsatzsteuer kann nur durch eine Korrektur der Rechnung berichtigt werden.

Die Berichtigung ist bei dem für den Leistungserbringer zuständigen Finanzamt gesondert und schriftlich zu beantragen. Die Berichtigung kann nur nach Zustimmung des Finanzamtes erfolgen (vgl. § 14c Abs. 2 S. 4 f. UStG). In dem Antrag sind in ausreichendem Umfang Angaben zur Identität des Rechnungsempfänger zu machen.

Ferner ist sicherzustellen, dass die Gefährdung des Steueraufkommens beseitigt ist. Dies ist der Fall, wenn der Leistungsempfänger aufgrund der Rechnung keinen Vorsteuerabzug geltend gemacht hat. Sofern der Leistungsempfänger aufgrund der Rechnung einen Vorsteuerabzug vorgenommen hat, ist das Steueraufkommen so lange gefährdet, bis der in Abzug gebrachte Vorsteuerbetrag an das für den Leistungsempfänger zuständige Finanzamt zurückgezahlt wurde. Das Finanzamt des Leistungserbringers wird von Amts wegen das für den Leistungsempfänger zuständige Finanzamt kontaktieren, um festzustellen, ob eine Gefährdung des Steueraufkommens vorliegt (vgl. Abschn. 14c.2 Abs. 5 S. 3 f. UStAE).

Die Berichtigung des unberechtigt ausgewiesenen Steuerbetrags erfolgt nach Maßgabe des § 17 Abs. 1 UStG. Dabei ist eine Berichtigung erst in dem Voranmeldungszeitraum möglich, in dem die Gefährdung des Steueraufkommens beseitigt wurde. Die Finanzbehörde des Leistungserbringers hat daher mitzuteilen, für welchen Voranmeldungszeitraum die Berichtigung vorzunehmen ist (vgl. Abschn. 14c.2 Abs. 5 S. 5 UStAE). Der Zeitpunkt der Antragstellung für die Berichtigung und der Zeitpunkt der Rechnungsberichtigung ist hierbei irrelevant.

Sofern von dem Leistungsempfänger kein Vorsteuerabzug der unberechtigt ausgewiesenen Umsatzsteuer vorgenommen worden ist, hat die Berichtigung des Steuerbetrags in dem Voranmeldungszeitraum zu erfolgen, in dem die Umsatzsteuer nach § 13 Abs. 1 Nr. 3 UStG entstanden ist. Folglich in dem Voranmeldungszeitraum, in dem die ursprüngliche Rechnung an den Leistungsempfänger ausgestellt wurde.

4. Zeitpunkt der Steuerentstehung Gemäß der Regelung zur Entstehung der Steuer des § 13 Abs. 1 UStG wird in Fällen des § 14c UStG weder auf den Zeitpunkt der Leistungserbringung noch auf den Zeitpunkt der Vereinnahmung des Entgelts abgestellt. Vielmehr stellt § 13 Abs. 1 Nr. 3 UStG klar, dass die Steuer bereits mit Ausstellung der Rechnung entsteht. Vor allem dann, wenn Rechnungen vor Leistungserbringung ausgestellt werden und gegebenenfalls keine Zahlung durch den Leistungsempfänger erfolgt, birgt dies ein potenzielles Liquiditätsrisiko für den Leistungserbringer.

5. Fazit Aus der Vorschrift des § 14c UStG ergibt sich, dass umsatzsteuerliche Fehler bereits bei der Rechnungstellung möglichst vermieden werden sollten. Es drohen hier andernfalls finanzielle Mehrbelastungen der Unternehmen. Das Verfahren zur Berichtigung eines unberechtigten Steuerausweises ist aufwendig. Der Steuerberater sollte deshalb seine Mandanten dazu raten, ihn frühzeitig zu kontaktieren, wenn eine Rechnungstellung ansteht, deren umsatzsteuerliche Einstufung dem Mandanten unklar erscheint.

3.7 Optionen in der Umsatzsteuer

1. Einleitung
2. Option zur Umsatzsteuerpflicht
3. Optionen bei Kleinunternehmer
4. Option über Zeitpunkt der Besteuerung
5. Option über Voranmeldungszeitraum
6. Fazit

1. Einleitung Das Umsatzsteuergesetz bietet eine Vielzahl von Optionen, die zugunsten eines Steuerpflichtigen genutzt werden können. Durch die Ausübung dieser Optionen können sich teilweise erhebliche Unterschiede in der Besteuerung von Umsätzen und Unternehmern ergeben. Im Folgenden wird ein kurzer Überblick über die Optionen des Umsatzsteuergesetzes gegeben.

2. Optionen zur Umsatzsteuerpflicht Ein wesentliches Optionsrecht sieht das Umsatzsteuerrecht in § 9 UStG vor. Hier geht es im Kern darum, dass ein Unternehmer auf eine eigentliche Umsatzsteuerfreiheit verzichten kann.

Die Ausübung der Option erfolgt nicht gegenüber dem Finanzamt. Vielmehr erfolgt die Option, indem der Unternehmer eine Rechnung mit gesondertem Umsatzsteuerausweis ausstellt.

Infolge der Option hat der Leistungserbringer die Möglichkeit, aus Eingangsrechnungen, die im Zusammenhang mit der Ausgangsleistung erfolgen, den Vorsteuerabzug zu erlangen.

Eine Option zur Umsatzsteuerpflicht ist nur für im Inland steuerbare Leistungen möglich, die im § 9 UStG genannt sind.

Hierzu gehören Umsätze im Zusammenhang mit Transaktionen am Kapitalmarkt (wie z. B. Vermittlung von Krediten).

Auch die Veräußerung von Grundstücken oder Erbbaurechten sowie die Vermietung von Grundstücken können durch Ausübung der Option in die Steuerpflicht gezogen werden.

Alle Anwendungsfälle der Option setzen voraus, dass die Leistung, für welche die Option ausgeübt wird, an einen Unternehmer für dessen Unternehmen erfolgt (vgl. § 9 Abs. 1 UStG).

Bei der Bestellung und Übertragung von Erbbaurechten sowie der Vermietung und Verpachtung von Grundstücken ist ferner Voraussetzung, dass der Leistungsempfänger das Grundstück ausschließlich für zum Vorsteuerabzug berechtigende Umsätze verwendet. Bei Vermietungsumsätzen ist eine Nutzung durch den Leistungsempfänger bis zu 5 % für nicht zum Vorsteuerabzug berechtigte Zwecke unschädlich (Abschn. 9.2 Abs. 3 UStAE)

Die Voraussetzungen für einen Verzicht auf die Umsatzsteuerbefreiung sind von dem Vermieter nachzuweisen. Dies kann anhand von Bestätigungen des Mieters oder aus Bestimmungen aus dem Mietvertrag nachgewiesen werden.

Eine weitere Besonderheit besteht bei der Option zur Umsatzsteuerfreiheit bei Grundstücksübertragungen. Hier bedarf es einer Option, die unmittelbar in dem notariellen schuldrechtlichen Übertragungsvertrag aufzunehmen ist. Wichtig ist hierbei zu wissen, dass die Option nicht mehr nachgeholt werden kann. Dies gilt auch dann, wenn bei der Nachholung die notarielle Form eingehalten wird. Diese strenge formelle Anforderung ist nicht erforderlich bei Übertragungen im Zwangsvollstreckungsverfahren.

3. Optionen bei Kleinunternehmer Für Ausgangsumsätze von Kleinunternehmern im Sinne des § 19 UStG besteht grundsätzlich keine Umsatzsteuerpflicht. Dies bedeutet gleichzeitig, dass solche Unternehmer für Eingangsumsätze nicht zum Vorsteuerabzug berechtigt sind. Das Gesetz sieht jedoch nach § 19 Abs. 2 UStG die Möglichkeit vor, dass der Unternehmer auf die Kleinunternehmerregelung verzichten kann.

Kleinunternehmer liegen vor, wenn deren Umsätze im vorangegangenen Jahr einen Betrag von 22.000 € nicht überstiegen haben und deren Umsätze im laufenden Jahr einen Betrag von 50.000 € voraussichtlich nicht übersteigen. Wird die unternehmerische Tätigkeit nur während eines Teils des Kalenderjahres ausgeführt, ist der tatsächliche Gesamtumsatz in einen Jahresumsatz umzurechnen, um das Überschreiten der Umsatzgrenze festzustellen.

Die Kleinunternehmerregelung findet jedoch keine Anwendung, wenn die Steuer im Wege des sog. Reverse-Charge Verfahrens nach § 13b Abs. 5 UStG geschuldet wird. Entsprechendes gilt für unberechtigt ausgewiesene Umsatzsteuer nach § 14c Abs. 2 UStG und die Regelungen für innergemeinschaftliche Dreiecksgeschäfte im Sinne des § 25b Abs. 2 UStG.

Die Option zum Verzicht auf die Regelung für Kleinunternehmer ist gegenüber dem zuständigen Finanzamt zu erklären. Dies hat spätestens bis zur Unanfechtbarkeit der betroffenen Steuerfestsetzung zu erfolgen. Die Erklärung bindet den Unternehmer für mindestens fünf Jahre (§ 19 Abs. 2 S. 2 UStG). Ein Widerruf kann nur mit Wirkung vom Beginn eines Kalenderjahres erfolgen.

4. Option über Zeitpunkt der Besteuerung Generell basiert die Umsatzbesteuerung auf der Besteuerung von vereinbarten Entgelten (sog. Soll-Besteuerung). Das heißt, für die Steuererhebung ist allein die Durchführung der vereinbarten Leistung erheblich. Der Zeitpunkt der Zahlung des in Rechnung gestellten Entgelts ist steuerlich unerheblich (vgl. § 13 Abs. 1 Nr. 1 Bst. a und b UStG). Von diesem Grundsatz kann bei Vorliegen bestimmter Voraussetzungen Abstand genommen werden (vgl. § 20 UStG). Dann erfolgt die Berechnung der Steuer nach vereinnahmten Entgelten (sog. Ist-Besteuerung).

Eine Ist-Besteuerung setzt zunächst einen Antrag voraus. Ferner darf die Höhe der Vorjahres-Umsätze des Unternehmers einen Betrag von 600.000 € nicht übersteigen oder der Unternehmer muss von der Buchführungspflicht nach § 148 AO befreit sein oder er erzielt selbstständige Einkünfte im Sinne des § 18 EStG.

Für den Fall des Wechsels der Art der Steuerberechnung ist sicherzustellen, dass Umsätze nicht doppelt erfasst werden oder unversteuert bleiben (vgl. § 20 S. 3 UStG).

5. Option über Voranmeldungszeitraum Generell ist das Kalendervierteljahr der Voranmeldungszeitraum (§ 18 Abs. 2 S. 1 UStG). Sofern der Unternehmer in dem vorangegangenen Kalenderjahr jedoch Umsätze, die zu einer Steuerlast von mehr als 7500 € geführt haben, ausgeführt hat, ist der Kalendermonat Voranmeldungszeitraum. Für den Unternehmer besteht jedoch, wenn sich in dem vorangegangenen Kalenderjahr ein Überschuss zu seinen Gunsten in Höhe von mehr als 7500 € ergeben hat, die Möglichkeit, den Kalendermonat als Voranmeldungszeitraum zu wählen (vgl. § 18 Abs. 2a UStG).

6. Fazit Wie im Verlauf des Kurzvortrags dargestellt, existieren in der Umsatzsteuer eine Vielzahl von Optionen. Es ist daher für einen Steuerberater unabdingbar, diese Wahlrechte zu kennen, um Mandanten bestmöglich beraten zu können und die Ausübung eines für den Mandanten vorteilhaften Wahlrechts anregen zu können.

3.8 Die verbindliche Auskunft

1. Relevanz des Themas
2. Rechtsnatur
3. Voraussetzungen
4. Rechtsfolge
5. Rechtsschutz
6. Kosten
7. Verbindliche Auskunft nach einer Betriebsprüfung
8. Lohnsteueranrufungsauskunft
9. Fazit

1. Relevanz des Themas Die Komplexität des deutschen Steuerrechts führt dazu, dass eine Unsicherheit darüber bestehen kann, wie oder ob eine Finanzbehörde einen Sachverhalt besteuert. Der Steuerpflichtige kann von seinem Vorhaben Abstand nehmen, wenn er vorab keine Rechtsklarheit über die steuerliche Behandlung erlangt. Zu diesem Zweck hat das Steuerrecht das Institut der verbindlichen Auskunft geschaffen, das die Möglichkeit gibt, einen Sachverhalt vorab für alle steuerlich verbindlich zu klären.

Das deutsche Steuerrecht kennt neben der allgemeinen verbindlichen Auskunft nach § 89 Abs. 2 AO noch die Lohnsteueranrufungsauskunft nach § 42e EStG und die verbindliche Auskunft nach einer Außenprüfung nach § 204 AO. Schwerpunkt meiner Ausführungen ist die allgemeine verbindliche Auskunft. Zum Schluss werde ich jedoch noch kurz auf die anderen Formen einer verbindlichen Auskunft eingehen.

2. Rechtsnatur Anders als die einfache Auskunft entfaltet eine verbindliche Auskunft eine Bindungswirkung. Aufgrund dieses Regelungsinhaltes liegen die Voraussetzungen eines Verwaltungsaktes nach § 118 AO vor.

3. Voraussetzungen Zunächst muss der Steuerpflichtige einen Antrag stellen. Zuständig für die Bearbeitung des Antrags auf Erteilung einer verbindlichen Auskunft ist die Finanzbehörde, die bei Verwirklichung des Sachverhalts örtlich zuständig sein würde (§§ 17 ff. AO). Im Fall einer in Deutschland ansässigen GmbH wäre dies beispielsweise das Betriebsstätten-Finanzamt im Sinne des § 18 Abs. 1 Nr. 2 AO.

Sofern im Zeitpunkt der Antragstellung noch keine Finanzbehörde nach den Regelungen der §§ 18 bis 21 AO zuständig ist, ist das Bundeszentralamt für Steuern für die Erteilung einer verbindlichen Auskunft zuständig. In diesem Fall entfaltet die von dem Bundeszentralamt für Steuern erteilte verbindliche Auskunft Bindungswirkung für die Finanzbehörde, die bei der Verwirklichung des entsprechenden Sachverhalts nach den Vorschriften der Abgabenordnung zuständig ist (vgl. § 89 Abs. 2 S. 3 AO).

Der zu beurteilende Sachverhalt darf im Zeitpunkt der Antragstellung noch nicht verwirklicht sein.

Der Sachverhalt muss jedoch genau bestimmt werden. Das heißt, dass sämtliche steuerlich relevanten Tatbestandsmerkmale hinreichend bekannt sein müssen und entsprechend in dem Antrag beschrieben werden müssen.

Ferner muss die Würdigung des Sachverhalts eine erhebliche steuerliche Auswirkung haben und sich daraus ein besonderes Interesse des Steuerpflichtigen für die Erteilung der verbindlichen Auskunft ergeben.

Eine Entscheidung über den Antrag auf Erteilung einer verbindlichen Auskunft soll von der zuständigen Finanzbehörde innerhalb von 6 Monaten ab Eingang des Antrags getroffen werden. Sofern diese Frist von der zuständigen Finanzbehörde nicht eingehalten werden kann, ist dies dem Antragsteller unter Angabe der Gründe mitzuteilen (§ 89 Abs. 2 S. 4 AO).

4. Rechtsfolge Die zuständige Finanzbehörde ist bei späterer Verwirklichung des Sachverhalts an die erteilte verbindliche Auskunft hinsichtlich der steuerlichen Würdigung des zugrunde liegenden Sachverhalts gebunden. Der Sachverhalt ist entsprechend in der Veranlagung zu behandeln.

Die Bindungswirkung gilt nur hinsichtlich des in dem Antrag auf Erteilung einer verbindlichen Auskunft beschriebenen Sachverhalts. Das heißt, dass die verbindliche Auskunft selbst bei einer nur geringfügigen Abweichung zwischen dem in dem Antrag auf Erteilung einer verbindlichen Auskunft beschriebenen Sachverhalt und dem später tatsächlich verwirklichten Sachverhalt keine Bindungswirkung für die zuständige Finanzbehörde entfaltet.

In der Praxis führt dies zum einen zu der Schwierigkeit, den Sachverhalt bereits im Vorfeld hinreichend zu bestimmen und in dem Antrag auf Erteilung einer verbindlichen Auskunft darzulegen. Zum anderen hat der Steuerpflichtige darauf zu achten, die Umsetzung des Vorhabens gemäß der in dem Antrag dargelegten Beschreibung durchzuführen.

5. Rechtsschutz Gegen die Ablehnung eines Antrags auf Erteilung einer verbindlichen Auskunft ist der Rechtsbehelf des Einspruches und bei erfolglosem Einspruch die Verpflichtungsklage beim Finanzgericht statthaft.

Gegen die Rücknahme oder Änderung einer verbindlichen Auskunft ist gleichsam der Einspruch statthaft und ggf. bei erfolglosem Einspruch die Anfechtungsklage vor dem Finanzgericht.

6. Kosten Für die Bearbeitung eines Antrags auf Erteilung einer verbindlichen Auskunft wird gem. § 89 Abs. 3 AO eine Gebühr erhoben.

Als Bemessungsgrundlage dient hierbei der Gegenstandswert des dem Antrag auf Erteilung einer verbindlichen Auskunft zugrunde liegenden Sachverhalts.
Auf Grundlage des sich aus dem Antrag ergebenden Gegenstandswertes wird dann von der für die Bearbeitung zuständigen Finanzbehörde die Gebühr festgesetzt (vgl. § 89 Abs. 4 AO).
Bei mehreren Antragstellern wird die Gebühr nur einmal erhoben.
Solange die Gebühr nicht durch den/die Antragsteller entrichtet wurde, kann die Finanzbehörde die Entscheidung über den Antrag auf Erteilung einer verbindlichen Auskunft zurückstellen (vgl. § 89 Abs. 3 S. 4 AO).
Sofern für den einem Antrag auf Erteilung einer verbindlichen Auskunft zugrunde liegenden Sachverhalt kein Gegenstandswert bestimmt werden kann, ist eine Zeitgebühr für die Bearbeitung des Antrags zu berechnen.
Auf die Festsetzung einer Gebühr kann ferner ganz oder teilweise verzichtet werde, wenn ihre Erhebung nach Lage des einzelnen Sachverhalts unbillig wäre (vgl. § 89 Abs. 7 S. 1 AO). Die Gebühr kann ermäßigt werden, wenn der Antrag vor Bekanntgabe der Entscheidung der Finanzbehörde zurückgezogen wird (vgl. § 89 Abs. 7 S. 2 AO).

7. Verbindliche Auskunft nach einer Betriebsprüfung Die verbindliche Auskunft im Anschluss an eine Betriebsprüfung nach §§ 204 ff. AO soll einen in der Vergangenheit bereits verwirklichten Sachverhalt für die Zukunft regeln. Die allgemeine verbindliche Auskunft kann nur Gegenstand eines zukünftigen bisher nicht verwirklichten Sachverhaltes sein. Die verbindliche Auskunft nach § 204 AO erfolgt zudem gebührenfrei.

8. Lohnsteueranrufungsauskunft Nach § 42e EStG hat der Arbeitgeber die Möglichkeit, zeitnah Gewissheit über die Anwendung einer lohnsteuerrechtlichen Regelung zu erhalten. Mit der verbindlichen Feststellung kann der Arbeitgeber verhindern, nachträglich für nicht einbehaltene Lohnsteuer in Haftung genommen zu werden. Die Lohnsteueranrufungsauskunft ist gebührenfrei.

9. Fazit Zusammenfassend lässt sich festhalten, dass die verbindliche Auskunft ein hilfreiches Mittel ist, um bereits vor der Verwirklichung eines Sachverhalts Rechtssicherheit hinsichtlich dessen steuerlicher Würdigung und den damit einhergehenden steuerlichen Konsequenzen zu erlangen. Es ist jedoch in der Praxis zu beachten, dass es sich häufig herausfordernd darstellen kann, einen solchen Sachverhalt bereits präzise beschreiben zu können und diesen dann auch entsprechend zu verwirklichen. Es ist daher von dem Mandanten bzw. dessen steuerlichen Berater im Einzelfall unter Beachtung sämtlicher Tatbestandsmerkmale eine Entscheidung hinsichtlich des Nutzens einer verbindlichen Auskunft zu treffen.

3.9 Die steuerliche Außenprüfung

1. Einleitung
2. Begriffsbestimmung
3. Zulässigkeit einer Außenprüfung
4. Ablauf einer Außenprüfung
5. Mitwirkungspflichten
6. Umfang einer Außenprüfung
7. Rechtsfolgen einer Außenprüfung
8. Rechtsschutz gegen eine Außenprüfung
9. Fazit

1. Einleitung Im Rahmen der Veranlagung kann meist eine umfangreiche Prüfung der steuerlichen Angaben des Steuerpflichtigen nicht erfolgen. Diese Prüfung wird durch die sog. Außenprüfung nachgeholt. Betriebsprüfungen führen zu beträchtlichen steuerlichen Mehrergebnissen und sind ein wesentliches Instrumentarium, den Steueranspruch des Staates durchzusetzen.

2. Begriffsbestimmung Die Regelungen einer steuerlichen Außenprüfung finden sich in den §§ 193–207 AO. Diese werden durch die Regelungen der Betriebsprüfungsordnung (BpO) weiter konkretisiert. Der Begriff Außenprüfung wird in der Regel auch als Betriebsprüfung bezeichnet.

Unter den Begriff einer Außenprüfung fallen auch die Umsatzsteuersonderprüfung und die Lohnsteuer-Außenprüfung.
Die Umsatzsteuer-Nachschau (§ 27b UStG), die Lohnsteuer-Nachschau (§ 42g EStG) und die Kassen-Nachschau (§ 146b AO) stellen jedoch keine Außenprüfung dar.

3. Zulässigkeit einer Außenprüfung Der Zweck der Außenprüfung besteht darin, die steuerlichen Verhältnisse des Steuerpflichtigen zu ermitteln (vgl. § 194 Abs. 1 S. 1 AO, § 2 BpO). Eine Außenprüfung kann hierbei eine oder mehrere Steuerarten sowie einen oder mehrere Besteuerungszeiträume umfassen. Es ist zudem auch möglich, dass sich eine Außenprüfung nur auf bestimmte Sachverhalte bei dem Steuerpflichtigen beschränkt.

Eine Außenprüfung kann unabhängig davon, ob eine Steuer bereits festgesetzt ist, oder der Steuerbescheid endgültig, vorläufig oder unter dem Vorbehalt der Nachprüfung erlassen wurde, durchgeführt werden.

Über die Durchführung entscheidet die zuständige Finanzbehörde nach pflichtgemäßem Ermessen (vgl. § 2 Abs. 3 BpO). Der Steuerpflichtige hat hierauf keinen Anspruch.

Die Außenprüfung wird zu Gunsten wie auch zu Ungunsten des Steuerpflichtigen durchgeführt.

Eine steuerliche Außenprüfung ist bei Betrieben gewerblicher, land- und forstwirtschaftlicher Art, bei freiberuflicher Tätigkeit und bei Steuerpflichtigen im Sinne des § 147a AO zulässig. Personen im Sinne des § 147a AO sind Personen, die Überschusseinkünfte von mehr als 500.000 € in einem Veranlagungszeitraum erzielen.

Eine Außenprüfung ist auch zulässig, wenn es sich um sogenannte private Arbeitgeber handelt, die keine gewerblichen oder land- und forstwirtschaftlichen Betriebe unterhalten (vgl. § 193 Abs. 2 Nr. 1 AO).

Weiterhin ist eine Außenprüfung zulässig, wenn die für die Besteuerung erheblichen Verhältnisse einer Aufklärung bedürfen und hierfür eine Prüfung an Amtsstelle nach Art und Umfang nicht zweckmäßig ist. Dies ist vor allem bei Steuerpflichtigen der Fall, die umfangreiche und vielfältige Überschusseinkünfte erzielen (vgl. § 193 Abs. 2 Nr. 2 AO).

Außerdem ist nach § 193 Abs. 2 Nr. 3 AO eine Außenprüfung zulässig, wenn ein Steuerpflichtiger seinen in § 12 des Gesetzes zur Abwehr von Steuervermeidung und unfairem Steuerwettbewerb (StAbwG) fixierten Mitwirkungspflichten nicht nachkommt.

Die von der Außenprüfung betroffenen Steuerpflichtigen werden in Größenklassen eingeordnet (vgl. § 3 BpO). Dies kann Auswirkungen auf den Umfang und die Häufigkeit von Außenprüfungen haben.

4. Ablauf einer Außenprüfung Die Außenprüfung ist dem betroffenen Steuerpflichtigen mit angemessenem zeitlichem Vorlauf bekannt zu geben. Ein Zeitraum von weniger als zwei Wochen zwischen der Bekanntgabe der Prüfungsanordnung und dem Beginn der Außenprüfung ist regelmäßig unzulässig (vgl. § 5 Abs. 4 BpO). Besteht die Gefahr, dass der Prüfungszweck ansonsten gefährdet wird, ist eine Verkürzung des Zeitraums rechtlich zulässig (vgl. § 197 Abs. 1 AO).

Zudem hat der Steuerpflichtige die Möglichkeit, bei Vorliegen von wichtigen Gründen eine Verschiebung des Prüfungsbeginns zu beantragen (vgl. § 197 Abs. 2 AO).

Der Prüfer weist sich bei Beginn der Außenprüfung mit seinem Dienstausweis aus (vgl. § 198 AO). Während der Außenprüfung wird der Steuerpflichtige über die erfolgten Feststellungen und deren steuerliche Auswirkungen informiert (vgl. § 199 Abs. 2 AO).

Führt eine Außenprüfung zu einer Änderung der Besteuerungsgrundlagen, so ist verpflichtend eine Schlussbesprechung zwischen dem zuständigen Prüfer und dem Steuerpflichtigen und ggf. dessen steuerlichen Berater abzuhalten (vgl. § 201 Abs. 1 AO). Hierbei ist durch den Prüfer darauf hinzuweisen, wenn aufgrund der Prüfungsfeststellungen ein Straf- oder Bußgeldverfahren durchgeführt werden muss (§ 201 Abs. 2 AO). Diese Hinweise sind aktenkundig zu machen (§ 11 Abs. 2 BpO).

Wird die Außenprüfung im Wege einer sog. abgekürzten Außenprüfung durchgeführt, findet keine Schlussbesprechung statt (vgl. § 203 AO).

Im Anschluss wird ein Prüfungsbericht erstellt, der dem Steuerpflichtigen in der Regel vorab zugeleitet wird. Hierzu kann der Steuerpflichtige gem. § 202 AO Stellung nehmen.

Führt die Außenprüfung zu keiner Änderung der Besteuerungsgrundlagen, so ist dies dem Steuerpflichtigen schriftlich mitzuteilen (§ 202 Abs. 1 S. 3 AO).

5. Mitwirkungspflichten Der Steuerpflichtige hat bei einer Außenprüfung eine Mitwirkungspflicht hinsichtlich der Klärung von Sachverhalten, die für die Besteuerung erheblich sein können. So ist der Steuerpflichtige verpflichtet, Unterlagen vorzulegen und Auskünfte über die für die Besteuerung erheblichen Sachverhalte zu erteilen (vgl. § 200 Abs. 1 AO).

Diese Mitwirkungspflicht betrifft zum Beispiel die Vorlage von Verrechnungspreisdokumentationen, die im Rahmen einer Außenprüfung durch den zuständigen Prüfer angefordert werden.

Sofern die Außenprüfung vor Ort stattfindet, sind die Unterlagen in den Geschäftsräumen oder den privaten Wohnräumen des Steuerpflichtigen vorzulegen.

Des Weiteren ist dem Prüfer ein Arbeitsplatz zur Verfügung zu stellen.

6. Umfang einer Außenprüfung Wird eine steuerliche Außenprüfung bei einer Personengesellschaft durchgeführt, so sind hiervon auch die persönlichen Verhältnisse der Gesellschafter betroffen, wenn dies für die Prüfung erforderlich ist. Dies gilt insbesondere für das Sonderbetriebsvermögen (vgl. § 194 Abs. 1 S. 3 AO).

Darüber hinaus kann der Prüfungsumfang auf Gesellschafter oder Organe von Kapitalgesellschaften bei Zweckmäßigkeit erweitert werden (§ 194 Abs. 2 AO). Hierfür ist für jeden Beteiligten eine Prüfungsanordnung zu erlassen (vgl. § 5 Abs. 6 BpO).

Eine Erweiterung der Prüfung auf sonstige dritte Personen ist nur möglich, wenn es bei diesen Personen um die Feststellung steuerstrafrechtlicher Sachverhalte geht (§ 194 Abs. 3 AO).

7. Rechtsfolgen einer Außenprüfung Eine Betriebsprüfung hemmt den Ablauf der Festsetzungsverjährungsfrist.

Hierfür ist erforderlich, dass die Betriebsprüfung begonnen hat oder die Betriebsprüfung auf Antrag des Steuerpflichtigen verschoben wurde (§ 171 Abs. 4 AO). Die Ablaufhemmung hält so lange an, bis die geänderten Steuerbescheide unanfechtbar geworden sind oder drei Monate seit dem Erlass der Mitteilung gem. § 202 Abs. 1 S. 3 AO vergangen sind.

Die Durchführung der Außenprüfung führt dazu, dass der Vorbehalt der Nachprüfung aufzuheben ist (vgl. § 164 Abs. 3 S. 3 AO).

Weiterhin ist zu beachten, dass mit Prüfungsanordnung oder nach Erscheinen des Prüfers eine strafbefreiende Selbstanzeige für die von der Außenprüfung umfassten Steuerarten und Veranlagungszeiträume nicht mehr möglich ist (vgl. § 371 Abs. 2 S. Nr. 1 Bst. a und c AO).

Zudem hat ein Steuerbescheid, der aufgrund einer Betriebsprüfung ergeht, erhöhte Bestandskraft. Eine Korrektur aufgrund neuer Tatsachen oder Beweismittel scheidet dann grundsätzlich aus (§ 173 Abs. 2 AO).

8. Rechtsschutz gegen eine Außenprüfung Eine Prüfungsanordnung stellt einen Verwaltungsakt dar, der vom Steuerpflichtigen mit dem Rechtsbehelf des Einspruchs bzw. Anfechtungsklage angefochten werden kann. Ggf. kommt hier auch ein Antrag auf vorläufige Aussetzung nach § 361 AO in Betracht.

Der Prüfungsbericht selbst stellt keinen Verwaltungsakt dar. Ein Einspruch ist insoweit daher nicht zulässig.

Allerdings kann der Steuerpflichtige gegen die Folgebescheide aufgrund der Betriebsprüfung Einspruch und ggf. Anfechtungsklage beim Finanzgericht einlegen.

9. Fazit Steuerberater haben sich in ihrem beruflichen Alltag häufig um Betriebsprüfungen zu kümmern.

Die Zunahme der Häufigkeit der Prüfungen, drohende Nachzahlungen und etwaige nicht einkalkulierte Belastungen des Steuerpflichtigen erfordern, dass Steuerberater mit der Thematik der Außenprüfung vertraut sind.

3.10 Die Haftung nach § 69 AO

1. Einleitung
2. Begriff
3. Haftende Personen
4. Akzessorietät
5. Pflichtverletzung und Kausalität

6. Verschulden
7. Umfang
8. Haftungsbescheid
9. Fazit

1. Einleitung Grundsätzlich setzt der Staat seinen Steueranspruch gegen den Steuerschuldner durch. Häufig droht jedoch dieser Steueranspruch auszufallen oder ist schwer zu realisieren. Zur Sicherung des Steueraufkommens sieht das Gesetz die Möglichkeit vor, auch andere Personen in Haftung zu nehmen.

2. Begriff Haftung im Steuerrecht bedeutet das Einstehen für eine fremde Steuerschuld. Der Begriff weicht von dem Begriff der Haftung im Zivilrecht ab. Die Haftung nach § 69 AO kann auch neben anderen Haftungsnormen zur Anwendung kommen.

3. Haftende Personen In § 69 AO geht es um die Haftung der Personen, die im Gesetz in § 34 AO und § 35 AO benannt sind.

Personen im Sinne des § 34 Abs. 1 AO sind die gesetzlichen Vertreter von natürlichen und juristischen Personen. Hierunter fallen insbesondere Geschäftsführer einer GmbH oder Vorstände einer AG. Zudem können haftende Personen auch sog. Vermögensverwalter nach § 34 Abs. 3 AO sein. Hierzu gehört insbesondere der Insolvenzverwalter.

Bei nicht rechtsfähigen Personenvereinigungen, die über keinen Geschäftsführer verfügen (z. B. GbR), sind deren Mitglieder oder Gesellschafter als die Vertreter der Gesellschaft anzusehen. Diese haben daher auch dafür Sorge zu tragen, dass die Pflichten der Gesellschaft erfüllt werden.

Auch sog. Verfügungsberechtigte im Sinne des § 35 AO können haften. Dies sind Personen, die rechtlich und tatsächlich die Pflichten eines Geschäftsführers erfüllen können. Solche Personen können u. U. Prokuristen sein, wenn sie auch tatsächlich die Aufgaben eines Geschäftsführers erfüllen können. Es kommt hier auf die genauen Umstände des Einzelfalles an.

4. Akzessorietät Der Haftungsanspruch ist zum Steueranspruch akzessorisch. Das bedeutet, dass eine Haftungsinanspruchnahme nur in Betracht kommt, solange der Steueranspruch auch besteht.

5. Pflichtverletzung und Kausalität Der Vertreter muss eine Pflichtverletzung begangen haben. Diese Pflichtverletzung muss dazu geführt haben, dass die Ansprüche aus dem Steuerschuldverhältnis gegen die Gesellschaft nicht oder nicht rechtzeitig festgesetzt werden konnten. Dies wäre zum Beispiel der Fall, wenn die Vertreter der Gesellschaft aufgrund grob fahrlässigen oder pflichtwidrigen Verhaltens die Steuererklärungen der Gesellschaft nicht oder erst verspätet an die Finanzverwaltung übermittelt haben. Die Pflichten eines Geschäftsführers einer GmbH ergeben sich generell aus § 43 Abs. 1 GmbHG. Hiervon erfasst sind auch steuerliche Pflichten (z. B. die rechtzeitige und vollständige Abgabe der Steuererklärung), die der Geschäftsführer der GmbH als deren Vertreter zu erfüllen hat.

Eine Pflichtverletzung kommt auch in Betracht, wenn die aufgrund der an die Angestellten gezahlten Gehälter entstehende Lohnsteuer nicht oder nicht rechtzeitig entrichtet wird. Ferner liegt eine Pflichtverletzung vor, wenn die Vertreter zum Beispiel eine Umsatzsteuervoranmeldung mit einem Vorsteuerüberhang an die Finanzverwaltung übermitteln und die sich ergebende Erstattung an die Gesellschaft ausgezahlt wird, obwohl der Vorsteuerüberhang der Gesellschaft materiell-rechtlich nicht entstanden ist.

Sollte die vertretene juristische oder natürliche Person nicht mehr in der Lage sein, alle ihre Verbindlichkeiten einschließlich der Ansprüche aus dem Steuerschuldverhältnis zu tilgen, kommt der Grundsatz der anteiligen Tilgung zur Anwendung. So haben die Vertreter zur Vermeidung einer Pflichtverletzung dafür Sorge zu tragen, dass die ausstehenden Steueransprüche aus dem Steuerschuldverhältnis in gleichem Umfang wie Verbindlichkeiten gegenüber anderen Gläubigern bedient werden. Vor allem im Fall von Lohnzahlungen lauert hier ein potenzielles Haftungsrisiko für den Vertreter, wenn die Löhne der Arbeitnehmer nach wie vor in voller Höhe ausgezahlt werden, aber die Lohnsteuerbeträge aufgrund des Liquiditätsengpasses nicht oder nur teilweise an das Finanzamt abgeführt werden können.

6. Verschulden Voraussetzung für die Anwendbarkeit des § 69 AO ist, dass die Vertreter schuldhaft gehandelt haben. Dies ist der Fall, wenn die Vertreter die Pflichten grob fahrlässig oder vorsätzlich verletzt haben.

Vorsatz liegt vor, wenn die Pflichtverletzung mit Wissen und Wollen begangen wurde. Grobe Fahrlässigkeit liegt vor, wenn die steuerlichen Sorgfaltspflichten in besonders hohem Maße außer Acht gelassen wurden. Die Abgrenzung zur leichten Fahrlässigkeit kann in der Praxis Probleme verursachen.

7. Umfang Eine Haftung der genannten Personen kommt nur für Ansprüche aus dem Steuerschuldverhältnis in Betracht, die sich gegen die vertretene Person ergeben. Dies kann insbesondere die Körperschaft-, Gewerbe- und Umsatzsteuer sein. Zu den Ansprüchen gehören jedoch auch die steuerlichen Nebenleistungen nach § 3 Abs. 3 AO. Sozialversicherungsbeiträge gehören jedoch nicht dazu.

8. Haftungsbescheid Die Haftung wird gegenüber den Vertretern mit Haftungsbescheid gem. § 191 AO durch das sachlich zuständige Finanzamt geltend gemacht.

Der Haftungsbescheid stellt einen Verwaltungsakt dar.
Für die Haftungsinanspruchnahme hat das Finanzamt ein Entschließungs- und Auswahlermessen.

So entscheidet das Finanzamt, ob ein Vertreter für die Haftung in Anspruch genommen werden soll. Zum anderen wählt das Finanzamt aus, welcher von mehreren Vertretern in Anspruch genommen werden soll. Werden die einzelnen Haftungsschuldner in unterschiedlicher Weise durch die Finanzbehörde in Anspruch genommen, so ist hierfür in den Haftungsbescheid eine entsprechende Begründung aufzunehmen.

Der Haftungsbescheid kann mit dem Einspruch angefochten werden. Sollte der Einspruch erfolglos sein, bleibt noch die Möglichkeit der Anfechtungsklage beim Finanzgericht.

9. Fazit Die Vorschrift des § 69 AO birgt erhebliche Gefahren. Dies gilt im besonderen Maße für Vorstände einer AG und Geschäftsführer einer GmbH, die gegenüber außenstehenden Dritten grundsätzlich persönlich nicht haften. Das Haftungsrisiko dieser Personen ist besonders groß, weil die Gesellschaften insolvent gehen können und dann als Steuerschuldner ausscheiden. Zudem kann die Höhe der Steuerschulden und damit die Haftungsinanspruchnahme beträchtlich sein. Der Steuerberater kann das Haftungsrisiko reduzieren, indem er die Vertreter bei der Durchführung der steuerlichen Pflichten sorgfältig und gewissenhaft unterstützt.

3.11 Die Berufspflichten des Steuerberaters

1. Einleitung
2. Berufspflichten
3. Konsequenzen bei Verstößen
4. Fazit

1. Einleitung Steuerberater üben einen freien Beruf aus und sind ein unabhängiges Organ der Steuerrechtspflege (vgl. § 32 Abs. 2 StBerG). Da freie Berufe nicht der Gewerbeordnung unterliegen, sind für Steuerberater eigene Berufspflichten gesetzlich festgelegt worden. Diese finden sich in § 57 StBerG und werden in der Berufsordnung der Bundessteuerberaterkammer (BOStB) zusätzlich konkretisiert. Auch wenn der Steuerberater neben seiner Tätigkeit als Steuerberater andere mit dem Beruf vereinbare Tätigkeiten ausübt, wird er hierdurch nicht von den Rechten und Pflichten des § 57 StBerG befreit.

Dieser Vortrag befasst sich mit den einzelnen Berufspflichten sowie mit möglichen Sanktionen bei Verstößen.

2. Berufspflichten Die Berufspflichten eines Steuerberaters sind in § 57 Abs. 1 und Abs. 2 StBerG geregelt. Danach haben Steuerberater und Steuerbevollmächtigte ihren Beruf unabhängig, eigenverantwortlich, gewissenhaft, verschwiegen und unter Verzicht auf berufswidrige Werbung auszuüben. Ferner müssen sich Steuerberater berufswürdig verhalten. Auf die einzelnen Kriterien dieser Berufspflichten gehe ich nachfolgend ein.

3.11 Die Berufspflichten des Steuerberaters

Unabhängigkeit

Der Steuerberater hat seinen Beruf unabhängig auszuüben. Das bedeutet, dass Steuerberater ihre Tätigkeit selbstständig und in eigener Verantwortung ausführen und ihre Entscheidungen selbst treffen müssen.

Die Steuerberater haben hierbei ihre persönliche und wirtschaftliche Unabhängigkeit zu wahren. Das erfordert, dass der Steuerberater in geordneten wirtschaftlichen Verhältnissen lebt. Nach Maßgabe des § 2 Abs. 3 BOStB ist die wirtschaftliche Unabhängigkeit nicht gewährleistet, wenn der Steuerberater Provisionen erhält oder Risken des Mandanten übernimmt.

Eine mögliche Beeinträchtigung der Unabhängigkeit des Steuerberaters kann ferner vorliegen, wenn es zu einer Kollision mit Drittinteressen kommt. Vor allem das Tätigwerden für mehrere Mandanten in derselben Sache stellt eine solche Kollision dar. Hier kann es zu einer Situation kommen, dass eine steuerliche Gestaltung einen Mandanten begünstigt, jedoch den anderen Mandanten benachteiligt. Ein Interessenkonflikt kann eintreten, wenn ein Steuerberater eine Gesellschaft und auch deren Gesellschafter vertritt.

Eigenverantwortlichkeit

Der Steuerberater hat seinen Beruf eigenverantwortlich auszuführen. Unter Eigenverantwortlichkeit ist zu verstehen, dass der Steuerberater selbstständig entscheidet und sich sein eigenes Urteil bildet. Allerdings ist zu beachten, dass ein gewisses Weisungsrecht des Mandanten besteht, welches den Steuerberater auch bindet. Ein Beispiel hierfür ist, wenn der Steuerberater auf Wunsch des Mandanten gegen einen Verwaltungsakt Rechtsbehelf einlegt. Ein fachliches Weisungsrecht steht dem Mandanten aber nicht zu. Ein Weisungsrecht des Mandanten besteht auch nicht, wenn eine pflichtwidrige oder unerlaubte Handlung verlangt wird. In einem solchen Fall muss der Steuerberater den Mandanten auf seine Bedenken hinweisen und gegebenenfalls den Auftrag ablehnen. Der Steuerberater kann sich bei einer eigenen Pflichtverletzung nicht auf das Weisungsrecht des Mandanten berufen.

Durch den Grundsatz der Eigenverantwortlichkeit ist nicht ausgeschlossen, dass der Steuerberater für die Erbringung von Leistungen Mitarbeiter, die selbst nicht Berufsträger sind, einsetzen darf. Jedoch ist zu beachten, dass auch bei der Delegation von Aufgaben die Haftung des Steuerberaters bestehen bleibt.

Bei Syndikus-Steuerberatern im Sinne des § 58 S. 2 Nr. 5a StBerG darf die Unabhängigkeit und Eigenverantwortlichkeit durch das Anstellungsverhältnis nicht beeinträchtigt werden. So ist es beispielsweise nicht gestattet, dass ein Syndikus-Steuerberater die Steuererklärung einer Person erstellt, gegenüber der er sich in einem beruflichen Abhängigkeitsverhältnis befindet. Hierdurch könnte die Unabhängigkeit und die Eigenverantwortlichkeit des Steuerberaters beeinträchtigt werden.

Gewissenhaftigkeit

Steuerberater sind dazu verpflichtet, ihren Beruf gewissenhaft auszuüben und Sachlichkeit zu wahren. Dafür hat der Steuerberater in seiner Kanzlei für eine Organisation zu sorgen, die eine bestmögliche Berufsausübung gewährleistet. Zudem bedarf es gem. § 57 Abs. 2a StBerG einer regelmäßigen Fortbildung des Steuerberaters. Der Umfang dieser Fortbildungsmaßnahmen ist gesetzlich nicht festgelegt. Der Steuerberater hat darüber im Rahmen seiner gewissenhaften Berufsausübung selbst zu entscheiden.

Verschwiegenheit

Die Verschwiegenheitspflicht erstreckt sich auf alles, was dem Steuerberater während der Ausübung des Berufes anvertraut oder bekannt wird. Selbst nach der Beendigung des Auftragsverhältnisses besteht diese Pflicht fort. Nicht nur der Steuerberater selbst ist zur Verschwiegenheit verpflichtet. Er muss auch seine Mitarbeiter und seine anderen Beauftragten (z. B. Putzfirmen) zur Verschwiegenheit verpflichten (vgl. § 62 StBerG). Eine Ausnahme der Verschwiegenheitspflicht des Steuerberaters besteht dann, wenn er durch den Mandanten selbst von dieser Pflicht entbunden wurde.

Verzicht auf berufswidrige Werbung

Ein Steuerberater ist dazu verpflichtet, auf berufswidrige Werbung zu verzichten. Gem. §§ 8 und 57a StBerG ist Werbung nur erlaubt, wenn diese über die berufliche Tätigkeit in Form und Inhalt sachlich unterrichtet. Die Werbung darf dabei nicht auf die Erteilung eines Auftrags im Einzelfall gerichtet sein. Unzulässig sind auch Aussagen mit vergleichendem oder wertendem Charakter oder solche, die irreführende Annahmen zulassen.

Berufswürdiges Verhalten

Neben den in § 57 Abs. 1 StBerG normierten Berufspflichten sind Steuerberater gem. § 57 Abs. 2 StBerG auch verpflichtet, ein berufswürdiges Verhalten zu wahren. Dies gilt sowohl im Rahmen ihrer Berufstätigkeit als auch außerhalb der Berufstätigkeit. Hierzu gehören vor allem die Kollegialität zu anderen Berufsträgern und die Sachlichkeit im Umgang mit anderen.

3. Konsequenzen bei Verstößen Sofern ein Steuerberater gegen die Berufspflichten verstößt, können Sanktionen nach dem Steuerberatungsgesetz drohen. Die Sanktionsmöglichkeiten bestimmen sich wesentlich nach der Schwere der Schuld des Steuerberaters. Als Sanktionsmaßnahmen kommen die Rüge durch den Vorstand der Steuerberaterkammer (§ 81 StBerG) und berufsgerichtliche Maßnahmen (§§ 89, 90 StBerG) in Betracht.

Ist die Schwere der Schuld des Steuerberaters gering, kann der Vorstand der zuständigen Steuerberaterkammer eine Rüge aussprechen. Dies ist beispielsweise der Fall, wenn der Steuerberater seinen Kammerbeitrag nicht rechtzeitig begleicht oder berufswidrig um Mandate wirbt. Vor Erteilung der Rüge muss eine Anhörung des Steuerberaters erfolgen.

3.12 Rückstellungen in der Handels- und Steuerbilanz

Der Rügebescheid muss begründet werden. Der zuständigen Staatsanwaltschaft am Oberlandesgericht ist eine Abschrift des Rügebescheides zukommen zu lassen (§ 81 Abs. 5 StBerG).

Ist die Schuld des Steuerberaters schwerwiegend, sind die berufsgerichtlichen Maßnahmen der §§ 89, 90 StBerG anwendbar. Diese reichen von einer Warnung bis hin zum Ausschluss aus dem Beruf.

Es ist hierbei zu beachten, dass eine Sanktionsmaßnahme jeweils die Anwendung der anderen Sanktionsmaßnahme ausschließt. Eine Rüge schließt demnach ein berufsgerichtliches Verfahren aus. Neben den berufsrechtlichen Konsequenzen sind zivilrechtliche und strafrechtliche Konsequenzen möglich.

4. Fazit Zusammenfassend lässt sich sagen, dass ein Steuerberater seinen Beruf eigenverantwortlich ausübt. Als Organ der Steuerrechtspflege gelten jedoch besondere Verhaltenspflichten. Verstöße können zu unangenehmen Konsequenzen führen. Berufsrechtliche Regelungen sind jedoch zur Wahrung des Ansehens des Berufsstandes und Sicherstellung einer ordnungsgemäßen Berufsausübung notwendig.

3.12 Rückstellungen in der Handels- und Steuerbilanz

1. Hintergrund
2. Ansatz und Bewertung in der Handelsbilanz
3. Ansatz und Bewertung in der Steuerbilanz
4. Folgen der Abweichung
5. Fazit

1. Hintergrund Aufgrund der Regelungen des § 252 Abs. 1 Nr. 5 HGB ergibt sich das Erfordernis, Aufwendungen bereits in dem Wirtschaftsjahr zu erfassen, in welchem diese verursacht wurden bzw. entstanden sind. Das bedeutet, dass Aufwendungen aufgrund einer Außenverpflichtung bereits in dem Wirtschaftsjahr ihrer Verursachung und nicht erst in dem Wirtschaftsjahr ihrer Erfüllung zu erfassen sind. Durch diesen Grundsatz ergibt sich die Notwendigkeit zur Bildung von Rückstellungen im Sinne des § 249 HGB. Aufgrund der Maßgeblichkeit gem. § 5 Abs. 1 S. 1 HS. 1 EStG gilt dies prinzipiell auch für die Steuerbilanz. Es kommt hier jedoch teilweise zu Durchbrechungen der Maßgeblichkeit. Die Besonderheiten und Unterschiede zwischen der Bilanzierung von Rückstellungen in der Handels- und Steuerbilanz werden im Folgenden näher dargestellt.

2. Ansatz und Bewertung in der Handelsbilanz Ansatz
Rückstellungen werden im Handelsrecht in § 249 HGB geregelt.

Rückstellungen sind für ungewisse Verbindlichkeiten zu bilden. Hierunter fallen unter anderem die Kosten für die Jahresabschlusserstellung und der Steuererklärungen.

Ferner sind Rückstellungen für drohende Verluste aus schwebenden Geschäften zu bilden. Eine solche Rückstellung ist zu bilden, wenn bei einem gegenseitigen Rechtsgeschäft beide Parteien ihre Pflichten noch nicht vollständig erbracht haben und sich für eine Vertragspartei ein Verlust aus dem Geschäft abzeichnet. Die Einstufung solcher Rückstellungen ist besonders für das Steuerrecht erheblich, da diese Rückstellungen dort nicht gebildet werden können (vgl. § 5 Abs. 4a EStG).

Ferner sind Rückstellungen für im Geschäftsjahr unterlassene Aufwendungen für Instandhaltung zu bilden (vgl. § 249 Abs. 1 Nr. 1 HBG). Voraussetzung hierfür ist, dass diese Instandhaltungsmaßnahmen innerhalb von drei Monaten nach dem Bilanzstichtag nachgeholt werden.

Darüber hinaus sind in der Handelsbilanz auch Rückstellungen für Abraumbeseitigungen zu bilden, die innerhalb des folgenden Geschäftsjahres nachgeholt werden. Dies ist vor allem für Unternehmen, die Bodenschätze abbauen, relevant.

Sofern ein Unternehmen Gewährleistungen an seine Kunden gibt, zu denen es nicht rechtlich verpflichtet ist, ist hierfür ebenfalls eine Rückstellung in der Handelsbilanz zu bilden (§ 249 Abs. 1 Nr. 2 HGB).

Zu beachten ist, dass es sich bei § 249 Abs. 1 HGB um eine abschließende Aufzählung handelt. Das heißt, es dürfen keine Rückstellungen für andere als die dort bezeichneten Zwecke gebildet werden (vgl. § 249 Abs. 2 S. 1 HGB).

Rückstellungen dürfen nur insoweit aufgelöst werden, als der Grund für deren Passivierung entfallen ist (vgl. § 249 Abs. 2 S. 2 HGB).

In der Handelsbilanz werden die Rückstellungen des § 249 HGB in die Gliederungsposten Pensionsrückstellungen, Steuerrückstellungen und sonstige Rückstellungen eingeordnet (vgl. § 266 HGB).

Bewertung
Rückstellungen werden mit dem sog. Erfüllungsbetrag angesetzt (§ 253 Abs. 1 S. 2 HGB). Erfüllungsbetrag ist der Betrag, der zur Erfüllung der Verpflichtung aufgebracht werden muss. Künftige Preis- und Kostenschwankungen werden berücksichtigt.

Rückstellungen werden auf der Basis des durchschnittlichen Marktzinses der letzten 7 Jahre abgezinst. Bei Pensionsrückstellungen erfolgt eine Abzinsung auf Basis des durchschnittlichen Marktzinses der letzten 10 Jahre (vgl. § 253 Abs. 2 S. 2 HGB).

3. Ansatz und Bewertung in der Steuerbilanz Ansatz
Aufgrund der in § 5 Abs. 1 HGB vorgesehenen Maßgeblichkeit ist zunächst die handelsrechtliche Passivierung von Rückstellungen für die Steuerbilanz maßgeblich.

Allerdings durchbricht das Steuerrecht dieses Prinzip in zahlreichen Fällen.

Nach § 5 Abs. 4a EStG sind Drohverlustrückstellungen in der Steuerbilanz nicht möglich.

3.12 Rückstellungen in der Handels- und Steuerbilanz

Unter engeren Voraussetzungen ist eine Rückstellung für die Inanspruchnahme aufgrund der Verletzung eines fremden Patent-, Urheber- oder ähnlichen Schutzrechts möglich (§ 5 Abs. 3 EStG). Hierfür muss entweder bereits eine Inanspruchnahme durch den Rechteinhaber erfolgt sein oder mit einer solchen muss ernsthaft gerechnet werden. In der Regel kann daher eine solche Rückstellung steuerlich erst berücksichtigt werden, wenn der Rechteinhaber Kenntnis über die Rechtsverletzung erlangt hat und mit einer Inanspruchnahme durch diesen ernsthaft zu rechnen ist.

Eine weitere Einschränkung gilt für Rückstellungen für Jubiläumszuwendungen (vgl. § 5 Abs. 4 EStG). Hier muss u. a. das Dienstverhältnis seit mindestens 15 Jahre bestehen, bevor eine solche Rückstellung für steuerliche Zwecke gebildet werden kann.

In § 5 Abs. 2a EStG ist das Verbot der Rückstellung für Verpflichtungen unter der Bedingung der Erzielung künftiger Einnahmen und Gewinne kodifiziert.

In § 5 Abs. 4b EStG gilt ein Verbot der Bildung von Rückstellungen für künftige Anschaffungs- und Herstellungskosten.

Bewertung

Rückstellungen im Steuerrecht werden entsprechend der Anschaffungs- und Herstellungskosten nach § 6 Abs. 1 Nr. 3a EStG bilanziert. Dies ist typischerweise der Nominalbetrag der zu erwartenden Verbindlichkeit. Künftige Preis- und Kostenschwankungen sind hier nicht zu erfassen (vgl. auch § 6 Abs. 1 Nr. 3f EStG). Ein Unterschied zur Handelsbilanz ergibt sich dann meist in den Fällen einer drohenden Sachleistungsverbindlichkeit. Pensionsrückstellungen werden im Steuerrecht hingegen mit dem Teilwert nach § 6a EStG bilanziert.

Ist mit einer Laufzeit von mehr als einem Jahr zu rechnen, bevor die Rückstellung in Anspruch genommen wird, ist im Steuerrecht eine Abzinsung mit 5,5 % vorzunehmen (vgl. § 6 Abs. 1 Nr. 3a Bst. e EStG).

Für Pensionsrückstellungen erfolgt nach § 6a EStG eine Abzinsung mit 6 % p.a.

Ferner ist zu beachten, dass die handelsrechtliche Bewertung von Rückstellungen mit Ausnahme von Pensionsrückstellungen, gleichzeitig die Bewertungsobergrenze für Rückstellungen in der Steuerbilanz darstellt (vgl. R 6.11 Abs. 3 EStR).

4. Folgen der Abweichungen Aufgrund der Abweichung hinsichtlich des Ansatzes und der Bewertung von Rückstellungen kann es zu einer Bildung von latenten Steuern in der Handelsbilanz kommen. In der Regel fallen die Rückstellungen in der Steuerbilanz geringer aus, wodurch es meist zur Entstehung von passiven latenten Steuern kommt.

Latente Steuern haben Kapitalgesellschaften oder Personengesellschaften im Sinne des § 264a HGB zu bilden, wenn es sich zumindest um mittelgroße Gesellschaften im Sinne des § 267 HGB handelt.

5. Fazit Die Unterschiede bei der Bilanzierung von Rückstellungen zwischen der Handel- und Steuerbilanz sind zum Teil beträchtlich. Besonders sind hier die Pensionsrückstellungen zu erwähnen. Insbesondere aufgrund der lang anhaltenden Nullzinsphase sind die handelsrechtlichen Pensionsrückstellungen teilweise beträchtlich höher als in der Steuerbilanz. Aufgrund der nun steigenden Zinsen könnte sich diese Situation aber wieder verändern.

3.13 Bilanzierung von Leasingverträgen

1. Relevanz des Themas
2. Arten von Leasingverträgen
3. Behandlung von Leasingverträgen
4. Zurechnung beim Leasinggeber
5. Zurechnung beim Leasingnehmer
6. Fazit

1. Relevanz des Themas Leasingverträge stellen in der Praxis ein probates und effektives Mittel dar, um Unternehmen die Nutzung von Wirtschaftsgütern zu ermöglichen, deren Anschaffung aufgrund der Liquiditätsbelastung nicht möglich ist oder um vorhandene Liquidität im Unternehmen zu schonen.

Für Zwecke der Bilanzierung von Leasingverträgen sind die Modalitäten eines Leasingvertrages zwischen Leasinggeber und Leasingnehmer entscheidend.

2. Arten von Leasingverträgen Leasingverträge werden grundsätzlich in zwei unterschiedliche Arten aufgeteilt: Das operative Leasing und das Finanzierungsleasing.

Operatives Leasing
Zum einen gibt es Leasingverträge, die als operative Leasingverträge ausgestaltet sind. Das Leasingverhältnis ist hier einem Mietverhältnis ähnlich. Der Leasingnehmer hat im Falle eines operativen Leasings keine Absicht, das Eigentum an dem Leasingobjekt zu erwerben, und die Finanzierungskosten des Leasinggebers für das Leasingobjekt werden nicht durch die Leasingraten gedeckt. Zudem zeichnet sich ein operatives Leasing auch durch eine kürzere Mietdauer im Verhältnis zu der betriebsgewöhnlichen Nutzungsdauer des Leasingobjekts aus. Ein operatives Leasing ist in der Regel darauf ausgelegt, dass der Leasinggeber den Gegenstand mehrfach nacheinander an unterschiedliche Leasingnehmer überlassen kann.[10]

---

[10] Gabler Banklexikon (K – Z): Bank – Börse – Finanzierung. (2020). S. 1514.

Finanzierungsleasing

Die zweite Art von Leasingverträgen ist in die Kategorie des Finanzierungsleasings einzuordnen. Hierbei wird eine längere Vertragslaufzeit vereinbart, die häufig auch eine unkündbare Grundmietzeit beinhaltet. Im Gegensatz zu einem operativen Leasinggeschäft hat der Leasingnehmer Interesse an dem Eigentumserwerb des Leasingobjekts und teilweise sind die Leasingverträge daher mit einer Kaufoption des Leasingnehmers am Ende der Vertragslaufzeit ausgestattet. Zudem sind die Raten und die Laufzeit des Leasingverhältnisses derart ausgestaltet, dass die von dem Leasinggeber getragenen Anschaffungs- oder Herstellungskosten zuzüglich etwaiger Anschaffungsnebenkosten und Finanzierungskosten gedeckt sind.[11]

3. Behandlung von Leasingverträgen Zu der Unterscheidung der unterschiedlichen Leasingtypen und deren steuerlicher Behandlung hat das BMF erstmals mit Schreiben vom 19. April 1971 Stellung genommen. In den Jahren 1972, 1975 und 1991 hat das BMF diesen Erlass um weitere Schreiben ergänzt. In diesem Zusammenhang wird häufig von den „Leasing-Erlassen" gesprochen.

Bei operativen Leasingverträgen werden die Leasinggegenstände weiterhin beim Leasinggeber bilanziert und das Leasingentgelt als Aufwand des Leasingnehmers erfasst.

Probleme hinsichtlich der bilanziellen und damit auch steuerlichen Behandlung bereiten vor allem die sog. Finanzierungsleasingverträge.

Entscheidend für die ertragsteuerliche Behandlung von Finanzierungsleasingverträgen ist die steuerliche Zurechnung des Leasinggegenstands. Diese kann je nach Ausgestaltung des Leasingvertrags bei dem Leasingnehmer oder Leasinggeber erfolgen.

Leasingverträge ohne Kauf- oder Verlängerungsoption

Bei dieser Vertragsform hat der Leasingnehmer nach Ablauf der vereinbarten Grundmietzeit weder das Recht den Leasinggegenstand zu erwerben noch den Leasingvertrag zu verlängern. Nach dem BMF-Schreiben aus dem Jahr 1971 ist für die Frage der Zurechnung des beweglichen Leasinggegenstands ausschließlich die Dauer der Grundmietzeit im Verhältnis zu der betriebsgewöhnlichen Nutzungsdauer des Leasinggegenstandes entscheidend. Demnach erfolgt eine Zurechnung des Leasinggegenstands bei dem Leasinggeber, wenn sich die Grundmietzeit auf mindestens 40 % und maximal 90 % der betriebsgewöhnlichen Nutzungsdauer des Leasinggegenstandes beläuft.

Beträgt die Grundmietzeit des Leasingvertrages hingegen weniger als 40 % oder mehr als 90 % der betriebsgewöhnlichen Nutzungsdauer, erfolgt eine Zurechnung bei dem Leasingnehmer.

---

[11] Gabler Banklexikon (A – J): Bank – Börse – Finanzierung. (2020). S. 753.

Leasingverträge mit Kaufoption
Die Grundmietzeit fällt hier regelmäßig kürzer als die betriebsgewöhnliche Nutzungsdauer des Leasinggegenstands aus und der Leasingnehmer kann am Ende der Vertragslaufzeit eine Kaufoption ausüben. Für die Frage der Zurechnung ist bei dieser Vertragskonstellation zum einen die Dauer der Grundmietzeit und zum anderen die Höhe des Kaufpreises bei Ausübung der Option entscheidend.

Eine Zurechnung bei dem Leasinggeber kann grundsätzlich bei einer Grundmietzeit von wenigstens 40 % bis maximal 90 % der betriebsgewöhnlichen Nutzungsdauer erfolgen. Weiterhin ist für die Zurechnung bei dem Leasinggeber erforderlich, dass der bei Ausübung der Kaufoption vereinbarte Kaufpreis nicht niedriger als der Buchwert des Leasinggegenstands ist. Dieser ist unter Anwendung der auf Grundlage der amtlichen AfA-Tabelle ermittelten linearen AfA zu ermitteln. Sollte sich im Zeitpunkt der Veräußerung ein niedrigerer gemeiner Wert des Leasinggegenstands ergeben, ist dieser anstatt des Buchwerts heranzuziehen. Liegt der vereinbarte Kaufpreis bei Veräußerung jedoch unter dem Buchwert oder dem niedrigeren gemeinen Wert des Leasinggegentands, erfolgt eine Zurechnung beim Leasingnehmer.

Eine Zurechnung des Leasinggegenstandes bei dem Leasingnehmer erfolgt, wenn die Grundmietzeit weniger als 40 % oder mehr als 90 % der betriebsgewöhnlichen Nutzungsdauer beträgt.

Nachträgliche Änderungen der Vertragsmodalitäten sind zu berücksichtigen und die Veranlagung von vorangegangenen Veranlagungszeiträumen sind gegebenenfalls entsprechend zu berichtigen.

Leasingverträge mit Mietverlängerungsoption
Bei dieser Art von Leasingverträgen hat der Leasingnehmer am Ende der Vertragslaufzeit das Recht, die Vertragsbeziehung zu verlängern. Die Grundmietzeit fällt bei diesen Leasingverträgen typischerweise kürzer als die betriebsgewöhnliche Nutzungsdauer aus. In der Regel ist ein Leasingvertrag, der sich ohne Kündigung einer der Vertragsparteien automatisch verlängert, als Leasingvertrag mit Mietverlängerungsoption anzusehen.

Es erfolgt eine Zurechnung bei dem Leasinggeber, wenn die Grundmietzeit wenigstens 40 % oder maximal 90 % der betriebsgewöhnlichen Nutzungsdauer beträgt und die Anschlussmiete die lineare AfA des Leasinggegenstandes deckt.

Eine Zurechnung bei dem Leasingnehmer erfolgt dagegen, wenn die Anschlussmiete die lineare AfA des Leasinggegenstandes nicht deckt.

Ferner erfolgt eine Zurechnung des Leasinggegenstandes bei dem Leasingnehmer, wenn die Grundmietzeit weniger als 40 % oder mehr als 90 % der betriebsgewöhnlichen Nutzungsdauer beträgt.

Spezialleasing
Im Rahmen von Spezialleasingverträgen werden Leasinggegenstände individuell an die Bedürfnisse des Leasingnehmers angepasst. Dies hat daher regelmäßig zur Folge, dass die

Leasinggegenstände nach Ablauf der Grundmietzeit nur bei dem Leasingnehmer wirtschaftlich sinnvoll genutzt werden können. In diesen Fällen ist der Leasinggegenstand regelmäßig dem Leasingnehmer zuzurechnen.

4. Zurechnung beim Leasinggeber Wird der Leasinggegenstand dem Leasinggeber zugerechnet, so hat ihn dieser in seiner Bilanz mit den Anschaffungs- oder Herstellungskosten zu aktivieren und über die betriebsgewöhnliche Nutzungsdauer abzuschreiben. Die Leasingraten stellen bei dem Leasinggeber Betriebseinnahmen dar.

Auf Ebene des Leasingnehmers sind die Leasingraten als Betriebsausgaben im Sinne des § 4 Abs. 4 EStG zu erfassen. Kommt es zur Vornahme einer Sonderzahlung, so ist bei beiden Parteien eine Rechnungsabgrenzung vorzunehmen (vgl. § 250 Abs. 1 HGB, § 5 A bs. 5 S. 1 Nr. 1 EStG).

5. Zurechnung beim Leasingnehmer Ist der Leasinggegenstand dem Leasingnehmer zuzurechnen, erfolgt eine Aktivierung des Leasinggegenstands mit den Anschaffungs- oder Herstellungskosten. Hierbei sind die Anschaffungs- oder Herstellungskosten des Leasinggebers zugrunde zu legen. Der Leasinggegenstand ist in der Folge planmäßig abzuschreiben. Daneben ist eine Verbindlichkeit gegenüber dem Leasinggeber in Höhe der aktivierten Anschaffungs- oder Herstellungskosten zu passivieren. Die Leasingraten sind in der Folge in einen Zins- und einen Tilgungsanteil aufzuteilen, wobei ersterer eine Betriebsausgabe auf Ebene des Leasingnehmers darstellt. Der Tilgungsanteil ist erfolgsneutral gegen die Verbindlichkeit zu erfassen.

Auf Ebene des Leasinggebers ist in korrespondierender Höhe eine Forderung gegenüber dem Leasingnehmer zu aktivieren. Die erhaltenen Leasingraten sind auch hier in einen Zins- und einen Tilgungsanteil aufzuteilen, wovon nur der Zinsanteil ertragswirksam zu erfassen ist.

Kommt es zu einer Sonderzahlung, so ist nur in Höhe des darin enthaltenen Zinsanteils eine Rechnungsabgrenzung vorzunehmen.

6. Fazit Zusammenfassend lässt sich festhalten, dass im Zusammenhang mit Leasingverträgen sorgfältig auf die vereinbarten Modalitäten zu achten ist, um eine zutreffende Zurechnung und Bilanzierung zu gewährleisten. Da Leasing von vielen Unternehmen verschiedenster Größe zur Schonung oder Verbesserung der Liquidität verwendet wird, bleibt die praktische Bedeutung dieses Themas für Unternehmen und Steuerberater auch in Zukunft bestehen.

3.14 Verluste bei beschränkter Haftung nach § 15a EStG

1. Einleitung
2. Voraussetzung und Rechtsfolge

3. Maßnahmen zur Verhinderung eines negativen Kapitalkontos
4. Nachträgliche Einlagen
5. Gewinnhinzurechnung bei Einlagenminderung
6. Weitere Anwendungsfälle des § 15a EStG
7. Einfluss einer Übertragung der Beteiligung auf verrechenbare Verluste
8. Fazit

1. Einleitung Kommanditgesellschaften ermöglichen mindestens einem Gesellschafter (sog. Kommanditist), die Haftung für Verbindlichkeiten der Gesellschaft auf einen festgelegten Betrag zu beschränken. Neben den Kommanditisten gibt es noch den persönlich haftenden Gesellschafter (sog. Komplementär). Wegen der Beschränkung der Haftung der Kommanditisten sieht es der Gesetzgeber als gerechtfertigt an, die Verlustnutzung solcher Gesellschafter aus einer Kommanditgesellschaft zu beschränken. Dieser Vorgabe kommt die Vorschrift des § 15a EStG nach.

2. Voraussetzung und Rechtsfolge Zunächst sieht § 15a Abs. 1 S. 1 EStG vor, dass Verluste weder mit anderen Einkünften aus Gewerbebetrieb noch mit anderen Einkunftsarten verrechnet werden dürfen, soweit aufgrund der Verluste ein negatives Kapitalkonto des Kommanditisten entsteht oder sich erhöht.

Voraussetzung ist demnach das Entstehen bzw. die Erhöhung des negativen Kapitalkontos eines Kommanditisten. Der Begriff des Kapitalkontos im Sinne des § 15a EStG ergibt sich nicht aus dem Gesetz. Nach herrschender Meinung werden hierunter die Kapitalkonten des Kommanditisten (inkl. etwaigem Rücklagenkonto oder Verlustverrechnungskonto) und dem Mehr- oder Minderkapital seiner Ergänzungsbilanz verstanden. Hierunter fallen nicht Darlehenskonten oder etwaige Ergebnisse aus den Sonderbilanzen des Gesellschafters. Insbesondere Verluste aus der Überlassung von Sonderbetriebsvermögen können demnach den Verlustabzug nicht eingeschränken.

Die Rechtsfolge des negativen Kapitalkontos besteht darin, dass die Verluste aus der Kommanditbeteiligung nicht mit anderen Einkünften verrechnet werden dürfen. Ferner ist es nicht möglich, dass diese Verluste mit anderen gewerblichen Einkünften verrechnet werden. Folglich können diese sog. verrechenbaren Verluste nur mit zukünftigen Gewinnen aus derselben Kommanditgesellschaft verrechnet werden. Ein Verlustrücktrag scheidet gleichsam aus.

3. Maßnahmen zur Verhinderung eines negativen Kapitalkontos Zunächst können verrechenbare Verluste verhindert werden, indem das Kapitalkonto nicht zum Ende des Wirtschaftsjahres negativ wird. Sollte sich ein negatives Kapitalkonto abzeichnen, so könnte durch entsprechende Einlagen bis zum Ende des Wirtschaftsjahres ein negatives Kapitalkonto verhindert werden.

3.14 Verluste bei beschränkter Haftung nach § 15a EStG

Ohne Einlage könnte ein sich abzeichnendes negatives Kapitalkonto auch dadurch verhindert werden, dass ein Kommanditist einer höheren Haftungssumme zustimmt und die höhere Haftung bis zum Ende des Wirtschaftsjahres im Handelsregister eingetragen wird (§ 15a Abs. 1 S. 2 und 3 HGB).

Damit die verrechenbaren Verluste des Kommanditisten nicht in Vergessenheit geraten, hat der Gesetzgeber vorgeschrieben, dass diese Verluste jährlich gesondert festzustellen sind (§ 15a Abs. 4 HGB).

4. Nachträgliche Einlagen Leistet der Kommanditist eine nachträgliche Einlage, d. h. eine Einlage, die nach Ablauf des Wirtschaftsjahres, in dem ein nicht ausgleichs- oder abzugsfähiger Verlust entstanden ist, geleistet wird, führt dies nicht zu einer nachträglichen Ausgleichs- oder Abzugsfähigkeit eines vorhandenen verrechenbaren Verlusts (§ 15 Abs. 1a EStG). Diese Einlagen können nur bei weiteren Verlusten im aktuellen Wirtschaftsjahr einer weiteren Nichtnutzung von Verlusten entgegenwirken.

5. Gewinnzurechnung bei Einlagenminderung Denkbar wäre, dass ein Kommanditist zur Verhinderung eines negativen Kapitalkontos noch rechtzeitig eine Einlage geleistet oder eine Haftungserhöhung ausgesprochen hat. Will er nun diese Einlage im Folgejahr wieder zurückzahlen oder die Haftungserhöhung zurücknehmen, so hat der Kommanditist die Folgen des § 15a Abs. 3 EStG zu beachten. Nach dieser Vorschrift wird in diesem Fall dem Kommanditisten ein steuerpflichtiger Gewinn in Höhe der Rückführung bzw. Haftungsreduktion zugerechnet.

6. Weitere Anwendungsfälle des § 15a EStG Hauptanwendungsfall des § 15a EStG ist der Kommanditist. Allerdings können nach § 15a Abs. 5 EStG auch andere Personen in den Anwendungsbereich der Vorschrift fallen.

Wichtigster Fall ist hier der sog. atypisch stille Gesellschafter nach § 15 Abs. 5 Nr. 1 EStG. Das Gesetz sieht ferner vor, dass die Verlustbeschränkung nach § 15a EStG für die vermögensverwaltende oder freiberufliche Kommanditgesellschaft gilt (vgl. § 21 Abs. 1 S. 2, § 18 Abs. 4 S. 2 EStG). Hier kommt nur eine sinngemäße Anwendung in Betracht, da solche Personengesellschaften regelmäßig eine Einnahmenüberschussrechnung erstellen.

7. Einfluss einer Übertragung der Beteiligung auf verrechenbare Verluste Wird ein Kommanditanteil unentgeltlich im Sinne des § 6 Abs. 3 EStG übertragen, so gehen auch die verrechenbaren Verluste im Sinne des § 15a EStG auf den Erwerber über.

Wird der Kommanditanteil entgeltlich übertragen, so erhöht ein negatives Kapitalkonto den Veräußerungsgewinn, der mit den verrechenbaren Verlusten verrechnet werden kann. Im Übrigen gehen auch hier die verrechenbaren Verluste auf den Erwerber über.

In Anwendungsfällen des Umwandlungssteuerrechtes (§ 20 und § 24 UmwStG) gehen bei Einbringung einer Kommanditbeteiligung durch eine Verweisung in § 4 Abs. 2 S. 3 UmwStG die verrechenbaren Verluste unter (§ 23 Abs. 3 UmwStG und § 24 Abs. 4 UmwStG).

8. Fazit Zusammenfassend lässt sich festhalten, dass bei betroffenen Mandanten im Einzelfall genau zu prüfen ist, ob die Regelungen des § 15a EStG Anwendung finden. Eine frühzeitige Sichtung der Entwicklung des Kapitalkontos des Kommanditgesellschafters ist notwendig, um nachteilige Konsequenzen für die Mandantschaft vermeiden zu können.

3.15 Gründung einer GmbH

1. Relevanz des Themas
2. Vorgründungsgesellschaft
3. Vorgesellschaft
4. Die GmbH
5. Fazit

1. Relevanz des Themas Die GmbH ist die in Deutschland dominante Gesellschaftsform und hat daher eine hohe Relevanz für den Berufsalltag eines Steuerberaters. Auch viele neugegründete Start-Ups wählen diese Gesellschaftsform, weswegen die Regelungen und die Voraussetzungen bezüglich der Gründung einer GmbH auch für diese Mandantengruppe von erhöhter Bedeutung sind. Im Folgenden wird die Gründung einer GmbH beschrieben und es wird ein Überblick über ertragsteuerliche Implikationen gegeben.

2. Vorgründungsgesellschaft Beschließen mehrere Personen, eine GmbH zu gründen, so liegt zu diesem Zeitpunkt regelmäßig eine Personengesellschaft vor. Der Zweck der Gesellschaft besteht darin, eine GmbH mit einem bestimmten Gesellschaftsgegenstand zu errichten. Besteht der Zweck darin, ein Handelsgewerbe zu betreiben, liegt regelmäßig eine OHG vor. Ist der Zweck hingegen darauf ausgerichtet, einen anderen Zweck wie z. B. eine selbstständige Tätigkeit im Sinne des § 18 EStG durchzuführen, liegt regelmäßig eine Gesellschaft bürgerlichen Rechts vor. Bei beiden Gesellschaftsformen haften die Gesellschafter für Verbindlichkeiten der Gesellschaft unbeschränkt mit ihrem persönlichen Vermögen (vgl. § 128 HGB analog oder direkt). Handlungsbefugt für die Gesellschaft sind grundsätzlich die Gesellschafter.

Als Personengesellschaft hat die Vorgründungsgesellschaft für die Zeit ihres Bestehens grundsätzlich eine einheitliche und gesonderte Gewinnfeststellung nach § 180 Abs. 1 Nr. 2a AO zu erstellen. Ferner ist eine Umsatzsteuererklärung zu erstellen. Liegt der gewerbliche Zweck der Gesellschaft vor, so ist zudem eine Gewerbesteuererklärung anzufertigen.

3. Vorgesellschaft Sobald die Personen vor dem Notar den Gesellschaftsvertrag der GmbH beurkunden lassen, endet die Vorgründungsgesellschaft und eine GmbH wird errichtet. Das Vermögen gehört ab diesem Moment nicht mehr den Gesellschaftern, sondern der Gesellschaft. Auch erhält die GmbH i.Gr. Organe, die für die Gesellschaft handeln. Eine persönliche Haftung der Gesellschafter scheidet dann regelmäßig aus.

Lediglich die handelnden Gesellschafter können noch wegen der Haftung nach § 11 Abs. 2 GmbHG persönlich in Anspruch genommen werden. Die Haftung der handelnden Gesellschafter scheidet aber wieder aus, wenn die Eintragung der GmbH im Handelsregister später dann tatsächlich erfolgt.

Da die Vorgesellschaft bzw. GmbH i.Gr. noch keine GmbH ist, jedoch aufgrund ihrer kapitalgesellschaftsähnlichen Züge keine Personengesellschaft mehr sein kann, stellt sich die Frage, wie die Vorgesellschaft rechtlich einzuordnen ist.

Man spricht hier von einer Gesellschaft eigener Art oder auch Kapitalgesellschaft sui generis. Im Ergebnis bedeutet dies jedoch, dass die Vorgesellschaft eine Kapitalgesellschaft ist.

Da die Vorgesellschaft zur Vorgründungsgesellschaft wesensunterschiedlich ist, gehen auch die Vermögensgegenstände oder etwaige Vertragsbeziehungen der Vorgründungsgesellschaft nicht automatisch über. Dies bedeutet z. B., dass Aufwendungen vor dem Notartermin keine Betriebsausgaben der Vorgesellschaft darstellen. Auch können keine Abschreibungen erfolgen, wenn die Vorgründungsgesellschaft die Wirtschaftsgüter angeschafft hat.

Steuerlich bedeutet dies, dass die Vorgesellschaft als Körperschaft im Sinne des § 1 Abs. 1 Nr. 1 KStG der Körperschaftsteuer unterliegt. Zudem hat die Vorgesellschaft eine Gewerbesteuererklärung und eine Umsatzsteuererklärung abzugeben.

4. Die GmbH Die Vorgesellschaft endet mit der Eintragung der GmbH im Handelsregister. In diesem Moment entsteht die GmbH. Da die Vorgesellschaft und die GmbH Kapitalgesellschaften sind und die Vorgesellschaft denklogisch der GmbH vorgeschaltet ist, besteht Einigkeit, dass alle Rechte und Pflichten der Vorgesellschaft mit Eintragung auf die GmbH übergehen. Es bedarf somit keiner besonderen Übertragungsakte. Eine Haftung der Gesellschafter sowie einen Handelndenhaftung nach § 11 Abs. 2 GmbHG ist nun ausgeschlossen.

Aufgrund der Identitätswahrung zwischen Vorgesellschaft und GmbH läuft das Geschäftsjahr der Vorgesellschaft einfach weiter. Dies heißt, dass bezogen auf den Eintragungstermin kein Jahresabschluss der Vorgesellschaft aufzustellen ist.

Steuerlich unterliegt die GmbH als Kapitalgesellschaft der Körperschaft-, Gewerbe- und Umsatzsteuer.

5. Fazit Besonders in der Phase, in welcher der Notartermin noch nicht stattgefunden hat, muss darauf geachtet werden, dass nicht zu früh Betriebsausgaben generiert werden, die mit späteren Gewinnen der GmbH nicht mehr verrechnet werden können.

Betriebsprüfer werden sich deshalb ganz besonders die Betriebsausgaben der GmbH in der Gründungsphase ansehen.

3.16 Wesentliche Inhalte des Ehevertrags

1. Hintergrund
2. Anwendbares Recht
3. Form
4. Regelungsinhalte
5. Eheliche Güterstände
6. Unterhalt
7. Versorgungsausgleich
8. Erbrechtliche Regelungen

1. Hintergrund In Deutschland werden mehr als ein Drittel der Ehen geschieden. Eine Scheidung führt in vielen Fällen zu tiefgreifenden Streitigkeiten der Eheleute. In einem Ehevertrag können im Vorfeld Regelungen getroffen werden, die solchen Streitigkeiten entgegenwirken.

2. Anwendbares Recht Ist ein Ehegatte gestorben und kommt es infolge der EU-Erbrechtsverordnung zur Anwendung europäischen Rechtes, so gilt dieses Recht auch für die güterrechtlichen Regelungen. Ferner besteht die Möglichkeit, nach Maßgabe der Europäischen Güterrechtsverordnung europäisches Recht zu wählen.

3. Form Die Form eines Ehevertrags, die für dessen wirksame Schließung einzuhalten ist, ist in § 1410 BGB normiert. Demnach ist ein Ehevertrag bei gleichzeitiger Anwesenheit beider Ehegatten vor einem Notar zu beurkunden. Da der Abschluss eines Ehevertrags für beide Parteien weitreichende Konsequenzen haben kann, kommt dieser Formvorschrift eine Schutzfunktion zu, die vor übereilten Vereinbarungen schützen soll. Bei einem Verstoß gegen die Formvorschrift des § 1410 BGB ist der Ehevertrag nach § 125 BGB unwirksam.

4. Regelungsinhalte Regelungen über den Ehevertrag finden sich in den Vorschriften §§ 1408 ff. BGB.

In § 1408 Abs. 1 BGB ist vorgesehen, dass die güterrechtlichen Verhältnisse der Eheleute in einem solchen Vertrag geregelt werden. Die Eheleute haben die Möglichkeit, die güterrechtlichen Regelungen auch nach Eheschließung zu ändern oder aufzuheben. Wesentlicher Inhalt eines Ehevertrages können auch Regelungen über den Versorgungsausgleich sein (§ 1408 Abs. 2 BGB). Zudem finden sich in einem solchen Vertrag häufig auch Regelungen über den Unterhalt. Dies gilt im Besonderen für den nachehelichen

Unterhalt. Auch erbrechtliche Regelungen können in einen Ehevertrag mitaufgenommen werden.

Grundsätzlich gilt auch für einen Ehevertrag die Vertragsfreiheit. Grenzen ergeben sich jedoch dann, wenn der Ehevertrag oder Regelungen hieraus als sittenwidrig im Sinne des § 138 BGB eingestuft werden. Ferner ist nach § 1409 BGB der Verweis auf ausländisches Recht oder nicht mehr geltendes Recht ausgeschlossen.

Im Folgenden gehe ich nun auf das Kernstück des Inhaltes eines Ehevertrages ein, den sog. Güterstand.

5. Eheliche Güterstände Zugewinngemeinschaft

Das BGB kennt drei Güterstände: Der Güterstand der Zugewinngemeinschaft, die Gütertrennung und die Gütergemeinschaft. Auf die Wahl-Zugewinngemeinschaft nach § 1519 BGB wird nicht eingegangen. Der Güterstand der Zugewinngemeinschaft (§ 1363 BGB) ist der sog. gesetzliche Güterstand. Dieser gilt immer dann, wenn die Ehegatten hierzu nichts Abweichendes geregelt haben.

Im gesetzlichen Güterstand bleiben die Vermögen der Eheleute vor und nach der Eheschließung getrennt. Anders ist dies nur, wenn die Eheleute gemeinsam Wirtschaftsgüter erwerben. Wird der gesetzliche Güterstand jedoch beendet, erhält derjenige Ehegatte einen Ausgleichsanspruch von dem anderen Ehegatten, der während der Ehe weniger Vermögen erwirtschaftet hat. Der gesetzliche Güterstand kann neben Tod und Scheidung auch durch eine Aufhebung im Rahmen eines Ehevertrages erfolgen.

Steuerlich wird der Zugewinnausgleichsanspruch nach § 5 ErbStG von der Erbschaftsteuer freigestellt.

Gütertrennung

Vereinbaren die Eheleute eine Gütertrennung (vgl. § 1414 BGB), so sind auch hier die Vermögen vor und nach der Ehe getrennt. Jedoch kommt es bei Beendigung des Güterstandes nicht zu einer Ausgleichsforderung.

Gütergemeinschaft

Denkbar ist auch, dass die Eheleute die Gütergemeinschaft im Ehevertrag wählen. Die Gütergemeinschaft ist in den §§ 1415 ff. BGB geregelt. In der Praxis kommt dieser Güterstand eher selten vor. Im Rahmen der Gütergemeinschaft sind drei Güterarten zu unterscheiden. Das Gesamtgut, das Sondergut und das Vorbehaltsgut.

Das Gesamtgut umfasst das Vermögen der Ehegatten, das nicht den anderen beiden Güterarten zuzuordnen ist. Hiervon erfasst ist das gesamte Vermögen der Ehegatten, das bereits vor dem Beginn der Gütergemeinschaft bestand und auch das, welches während der Gütergemeinschaft von einem der Ehegatten erworben wird (§ 1416 Abs. 1 BGB). Die einzelnen Gegenstände werden dabei ohne den Abschluss einzelner Rechtsgeschäfte gemeinschaftlich (vgl. § 1416 Abs. 2 BGB).

Als Sondergut werden die Gegenstände erfasst, die nicht durch Rechtsgeschäft übertragbar sind (vgl. § 1417 BGB). Hierunter fallen zum Beispiel unpfändbare Forderungen. Daneben existiert noch das Vorbehaltsgut, welches vom Gesamtgut ausgeschlossen ist. Zum einen umfasst dies Güter, die aufgrund der ehevertraglichen Regelungen zum Vorbehaltsgut erklärt worden sind. Zum anderen sind hiervon Erwerbe erfasst, die ein Ehegatte von Todes wegen oder unentgeltlich von einem Dritten erwirbt und für die der Zuwendende bestimmt hat, dass der Erwerb Vorbehaltsgut sein soll (vgl. § 1418 Abs. 2 Nr. 1, 2 BGB).

Kein eigener Güterstand ist der sog. modifizierte Güterstand der Zugewinngemeinschaft
Bei dieser Gestaltung wird der gesetzliche Güterstand im Kern beibehalten. Jedoch werden hiervon punktuell abweichende Regelungen im Ehevertrag getroffen. Die Abweichungen betreffen hierbei häufig die Berechnung des Zugewinnausgleichsanspruchs. Denkbar ist, dass die Höhe des Zugewinnausgleichsanspruches begrenzt wird. Möglich ist auch, einzelne Vermögensbereiche von der Berechnung des Zugewinnausgleichsanspruches auszuschließen. Hier ist vor allem an Fälle zu denken, in welchen ein Ehegatte ein Unternehmen in die Ehe einbringt. Um eine Zerschlagung des Unternehmens bei großen Wertentwicklungen zu verhindern, wird deshalb häufig dieser Vermögensteil aus dem Zugewinn ausgenommen oder zumindest der Anspruch begrenzt.

6. Unterhalt In dem Ehevertrag können Regelungen bezüglich der Unterhaltsansprüche im Scheidungsfall getroffen werden. Der Trennungsunterhalt, der Betreuungsunterhalt bei Kleinkindern und der Kindesunterhalt können jedoch nicht durch ehevertragliche Regelungen ausgeschlossen werden. Enthält der Ehevertrag derartige Regelungen, so sind diese unwirksam. Die nacheheliche Unterhaltspflicht, die nach der Scheidung der Ehe entsteht, kann hingegen durch den Ehevertrag ausgeschlossen oder modifiziert werden.

Bezüglich aller Unterhaltsarten können Regelungen vereinbart werden, die die Höhe der gesetzlichen Ansprüche des unterhaltsberechtigten Partners übersteigen.

7. Versorgungsausgleich Durch den Versorgungsausgleich soll sichergestellt werden, dass die erworbenen Rentenanwartschaften der Ehegatten im Falle der Scheidung gleichmäßig aufgeteilt werden. Diese Regelung kann durch Ehevertrag unter Anwendung des Versorgungsausgleichsgesetzes modifiziert werden (§ 1408 Abs. 2 BGB).

8. Erbrechtliche Regelungen Häufig werden in einen Ehevertrag auch erbvertragliche Regelungen aufgenommen (§§ 2274 ff. BGB). Ein Erbvertrag bedarf nach § 2276 BGB der notariellen Beurkundung. Aus diesem Grund werden dort häufig gemeinsam mit dem Ehevertrag auch verbindliche Regelungen zwischen den Eheleuten z. B. über testamentarische Verfügungen aufgenommen.

9. Fazit Zusammenfassend lässt sich festhalten, dass in einem Ehevertrag unterschiedliche Regelungen getroffen werden können. Diese Regelungen können zu Klarheit und Rechtssicherheit unter den Eheleuten führen und letztlich Streit verhindern.

3.17 Formvorschriften im BGB

1. Einleitung
2. Sinn und Zweck der Formvorschriften
3. Schriftform
4. Notarielle Beurkundung
5. Elektronische Form
6. Textform
7. Öffentliche Beglaubigung
8. Rechtsfolgen eines Formmangels
9. Gewillkürte Schriftform
10. Fazit

1. Einleitung Als Bestandteil der allgemeinen Handlungsfreiheit (Art. 2 Abs. 1 GG) steht die Privatautonomie unter verfassungsrechtlichem Schutz. Zur Privatautonomie gehört es, dass Parteien den Abschluss und den Inhalt von Verträgen frei bestimmen können. Hierzu gehört auch, dass Verträge grundsätzlich formlos abgeschlossen werden können. Von diesem Grundsatz gibt es einige Ausnahmen im BGB.

2. Sinn und Zweck der Formvorschrift Der wesentliche Sinn und Zweck einer Formvorschrift liegt meist darin, Personen vor dem leichtfertigen Abschluss einer nachteiligen Verpflichtung zu bewahren. Formvorschriften ermöglichen zudem, den genauen Inhalt einer Vereinbarung zu Beweiszwecken festzuhalten. Bei der notariellen Beurkundung kommt noch hinzu, dass Parteien eine sachkundige Beratung und Belehrung erhalten.

3. Schriftform An unterschiedlichen Stellen im BGB wird eine Schriftform für eine Willenserklärung gefordert (vgl. § 126 BGB). Hierzu möchte ich einige Beispiele nennen:

Für die Bürgschaftserklärung sieht der Gesetzgeber in § 766 BGB eine Schriftform vor. Der Gesetzgeber möchte mit dieser Form den Bürgen vor einem übereilten Abschluss einer besonders nachteiligen Erklärung schützen. Die Schriftform gilt jedoch nicht, wenn ein Kaufmann im Rahmen seines Betriebes eine solche Erklärung abgibt (§ 350 HGB).

Ferner sieht der Gesetzgeber für das abstrakte Schuldanerkenntnis oder Schuldversprechen eine Schriftform vor. Auch hier gilt für Kaufleute eine Ausnahme (vgl. § 349 HGB).

Ein weiteres Beispiel für die Schriftform ist die Kündigung eines Arbeitsvertrages (§ 623 BGB). Hier soll durch die Formvorschrift Klarheit hergestellt werden, dass eine solche Willenserklärung ausgesprochen wurde.

Auch für die Verfassung eines eigenhändigen Testamentes bedarf es der Schriftform (§ 2247 BGB). Neben der Schriftform ist hier noch zusätzlich die Eigenhändigkeit vorgeschrieben; d. h. die Willenserklärung muss selbst geschrieben sein.

Ist durch das Gesetz eine schriftliche Form vorgeschrieben, so muss die Erklärung von dem Aussteller eigenhändig durch Namensunterschrift unterzeichnet sein. Die Unterschrift muss eigenhändig, also handschriftlich, vorgenommen werden. Es ist jedoch nicht zwingend erforderlich, dass eine persönlich geleistete Unterschrift vorliegt. Daraus folgt, dass eine Stellvertretung nach § 164 Abs. 1 BGB zulässig ist.

Im Hinblick auf die Art der Unterschrift, ist zu beachten, dass der Name des Unterzeichners wiedergegeben werden muss. Eine Abkürzung oder ein auf wenige Zeichen verkürztes Namenszeichen (Initialen) ist nicht ausreichend. Ausreichend ist es, wenn in der Unterschrift nur der Vor- oder Nachname angegeben wird. Die Unterschrift muss nicht lesbar sein.

4. Notarielle Beurkundung Die strengste Formvorschrift, die das Privatrecht kennt, ist die notarielle Beurkundung nach § 128 BGB.

Die notarielle Beurkundung ist von der notariellen Beglaubigung zu unterscheiden, auf welche ich nachfolgend noch kurz eingehen werde.

Der wohl wichtigste Anwendungsfall einer notariellen Beurkundung ist die Verpflichtung, ein Grundstück zu übertragen oder zu erwerben (§ 311b Abs. 1 BGB). Insbesondere Kauf- oder Schenkungsverträge über Grundstücke fallen unter diese Formvorschrift. Denkbar sind jedoch andere Vertragstypen, in welchen unter anderem eine solche Verpflichtung vorgesehen ist. Auch Gesellschaftsverträge können notariell zu beurkunden sein, wenn sich beispielsweise ein Gesellschafter verpflichtet, ein Grundstück einzubringen.

Ferner sind Verträge notariell beurkundungspflichtig, wenn sich eine Person verpflichtet ihr, (nahezu) gesamtes Vermögen zu übertragen oder zu belasten (§ 311b Abs. 3 BGB). Dies könnte z. B. der Fall sein, wenn ein Einzelunternehmer sein Unternehmen verkauft und über keine weiteren wesentlichen Vermögenswerte mehr verfügt.

Auch notariell beurkundungspflichtig ist die Übertragung oder Belastung eines zukünftigen Vermögens (§ 311b Abs. 2 BGB).

Zudem ist das Schenkungsversprechen nach § 518 BGB notariell beurkundungspflichtig.

Für die notarielle Beurkundung genügt es, wenn zunächst der Antrag und sodann die Annahme des Antrags von einem Notar beurkundet wird. Die Voraussetzungen an eine Beurkundung ergeben sich aus dem Beurkundungsgesetz. Im Beurkundungsgesetz sind umfangreiche Belehrungs- und Aufklärungspflichten des Notars vorgesehen.

3.17 Formvorschriften im BGB

Ein gerichtlicher Vergleich kann die notarielle Form ersetzen (§ 127a BGB).

5. Elektronische Form Im BGB gibt es als weitere Formvorschrift die sog. elektronische Form nach § 126a BGB.

Die elektronische Form nach § 126a BGB kann nur eine eigentlich notwendige Schriftform nach § 126 BGB ersetzen.

Voraussetzung für dieses Formerfordernis ist, dass der Empfänger sein Einverständnis zur elektronischen Übermittlung rechtsgeschäftlicher Erklärungen zumindest schlüssig angezeigt hat.

Es ist zu beachten, dass die Anforderungen an eine handschriftliche Unterschrift auch bei der elektronischen Form gewahrt werden müssen. Hierfür wurde die qualifizierte elektronische Signatur entwickelt.

6. Textform Die Textform nach § 126b BGB lässt eine lesbare und unterschriftslose Erklärung genügen, die sich auf einem dauerhaften Datenträger befindet. Sie stellt die schwächste Form der gesetzlichen Formvorschriften dar, weswegen ihre praktische Bedeutung relativ gering ist. Ein Beispiel hierfür ist die Unterrichtung des Verbrauchers bei einem Verbraucherdarlehensvertrag (vgl. § 491a Abs. 1 BGB i. V. m. Art. 247 § 1 EGBGB).

7. Öffentliche Beglaubigung Die öffentliche (notarielle) Beglaubigung setzt voraus, dass der Inhalt der Willenserklärung schriftlich vorliegt. Zusätzlich muss die Unterschrift des Erklärenden von einem Notar beglaubigt werden. Der Notar prüft hier lediglich die Identität des Unterschreibenden. Typischerweise wird eine notarielle Beglaubigung für Anmeldungen zum Handelsregister i.S.d. § 12 HGB benötigt.

8. Rechtsfolgen eines Formmangels Wird die gesetzlich vorgeschriebene Form nicht eingehalten, so ergibt sich hieraus die Nichtigkeit der Willenserklärung oder des Rechtsgeschäftes (§ 125 S. 1 BGB). Die Willenserklärung oder das Rechtsgeschäft ist demnach von Anfang an unwirksam. Einer Anfechtung bedarf es nicht.

Ein Formmangel kann jedoch geheilt werden. So ist zum Beispiel in § 311b Abs. 1 S. 2 BGB geregelt, dass ein formunwirksamer Grundstückskaufvertrag mit der Auflassung durch Eintragung in das Grundbuch wirksam wird.

Auch ein formunwirksames Schenkungsversprechen kann durch die Bewirkung der Leistung nach § 518 Abs. 2 BGB geheilt werden.

9. Gewillkürte Schriftform Möglich ist auch, dass nicht das Gesetz, sondern die Vertragsparteien selbst eine bestimmte Form vereinbaren. Ist die gewillkürte Form nicht eingehalten, so tritt auch hier im Zweifel Nichtigkeit ein (§ 125 S. 2 BGB).

10. Fazit Zusammenfassend lässt sich festhalten, dass sich Formvorschrift aus unterschiedlichen Gründen ergeben. Da Formverstöße eine Nichtigkeit zur Folge haben, hat diese Rechtsfrage besondere Bedeutung. Auch der Steuerberater sollte hierüber Kenntnisse haben.

3.18 Beschränkte Geschäftsfähigkeit im BGB

1. Einleitung
2. Begriffsklärung und systematische Einordnung
3. Zustimmungsvorbehalt
4. Lediglich rechtlich vorteilhafte Willenserklärung
5. Taschengeldparagraf
6. Selbstständiger Betrieb eines Erwerbsgeschäftes
7. Dienst- und Arbeitsvertrag
8. Einseitige Rechtsgeschäfte
9. Fazit

1. Einleitung Das Zivilrecht möchte den geschäftlich unerfahrenen Minderjährigen vor nachteiligen Rechtsgeschäften schützen. Gleichzeitig möchte der Gesetzgeber dem Minderjährigen mit zunehmendem Alter und steigender Lebenserfahrung auch die Vornahme wirksamer Rechtsgeschäfte ermöglichen. Vor diesem Hintergrund hat der Gesetzgeber die Regelungen für die beschränkte Geschäftsfähigkeit eingeführt.

2. Begriffsklärung und systematisch Einordnung Geschäftsfähigkeit ist die Fähigkeit, Rechtsgeschäfte selbstständig durch Abgabe einer Willenserklärung wirksam vornehmen zu können. Zu unterscheiden ist hiervon die Rechtsfähigkeit. Rechtsfähigkeit bedeutet, dass man selbst Träger von Rechten und Pflichten sein kann, diese liegt bereits nach § 1 BGB mit Vollendung der Geburt eines Menschen vor.

Die Geschäftsfähigkeit erlangt man in Deutschland mit der Vollendung des 18. Lebensjahres (vgl. §§ 2, 106 BGB). Solange eine Person das siebte Lebensjahr noch nicht vollendet hat, ist diese Person geschäftsunfähig (§ 104 Nr. 1 BGB). In diesem Stadium kann eine Person keine wirksamen Handlungen vornehmen. Auch können für solche Handlungen keine Zustimmungen erteilt werden.

Mit Vollendung des siebten bis zur Vollendung des achtzehnten Lebensjahres liegt die sog. beschränkte Geschäftsfähigkeit vor (§ 106 BGB).

3. Zustimmungsvorbehalt Will ein beschränkt Geschäftsfähiger eine Willenserklärung tätigen, so bedarf es einer Einwilligung des gesetzlichen Vertreters, wenn der Minderjährige hierdurch nicht einen lediglich rechtlichen Vorteil erlangt (vgl. § 107 BGB). Die

Einwilligung kann auf einen ganzen Kreis von Rechtsgeschäften pauschal erteilt werden und muss nicht unbedingt auf ein einzelnes Rechtsgeschäft bezogen werden.

Wird eine Willenserklärung des beschränkt Geschäftsfähigen ohne eine solche Einwilligung geschlossen, so ist das Rechtsgeschäft schwebend unwirksam. Die Wirksamkeit des Vertrages hängt von der nachträglichen Zustimmung (Genehmigung) des gesetzlichen Vertreters ab.

Wird eine Genehmigung erteilt, so ist das Rechtsgeschäft von Anfang an wirksam (ex tunc).

Damit der Vertragspartner Rechtssicherheit erlangen kann, kann er den gesetzlichen Vertreter auffordern, binnen einer Frist von zwei Wochen mitzuteilen, ob er die Genehmigung erteilt. Erfolgt innerhalb dieser Frist keine Zustimmung, so gilt die Genehmigung als verweigert (vgl. § 108 Abs. 2 S. 2 BGB). Das Rechtsgeschäft wird somit endgültig unwirksam.

Zudem hat der Geschäftspartner die Möglichkeit, das Geschäft zu widerrufen, wenn er nicht wusste, dass sein Vertragspartner minderjährig war (vgl. § 109 Abs. 1 BGB). Falls der Geschäftspartner die Minderjährigkeit jedoch gekannt hat, kann er das Geschäft nur widerrufen, wenn der Minderjährige unwahre Angaben über die Genehmigung des Rechtsgeschäfts durch dessen gesetzlichen Vertreter gemacht hat (vgl. § 109 Abs. 2 BGB).

4. Lediglich rechtlich vorteilhafte Willenserklärung Sofern die beschränkt geschäftsfähige Person durch die Abgabe der Willenserklärung lediglich einen rechtlichen Vorteil erlangt, kann das Rechtsgeschäft auch ohne die Einwilligung des gesetzlichen Vertreters wirksam abgeschlossen werden. Hintergrund für diese Regelung ist, dass bei einem lediglich rechtlich vorteilhaften Rechtsgeschäft kein Schutzbedürfnis des Minderjährigen besteht.

Für die Frage, ob eine solche Vorteilhaftigkeit vorliegt, ist nicht auf eine wirtschaftliche, sondern auf eine rechtliche Betrachtungsweise abzustellen. So ist die Schenkung von Bargeld unzweifelhaft ein lediglich rechtlicher Vorteil. Nicht lediglich rechtlich vorteilhaft ist jedoch die Schenkung eines Gesellschaftsanteils, weil hier eine Nachschusspflicht eintreten kann (bei Kapitalgesellschaften) oder eine persönliche Haftung möglich ist (bei Personengesellschaften).

5. Taschengeldparagraf Kommt der sog. Taschengeldparagraf zur Anwendung, so bedarf es keiner Zustimmung des gesetzlichen Vertreters (§ 110 BGB). Dies ist der Fall, wenn der Minderjährige die vertragsmäßige Leistung mit Mitteln bewirkt, die ihm zu diesem Zwecke oder zur freien Verfügung von dem Vertreter oder mit dessen Zustimmung von einem Dritten überlassen worden sind.

In den meisten Fällen wird es sich bei den eingesetzten Mitteln um das Taschengeld des Minderjährigen handeln. Daher leitet sich auch die umgangssprachliche Bezeichnung der

Vorschrift als „Taschengeldparagraf" ab. Von den Regelungen des § 110 BGB sind aber auch die Mittel, die der Minderjährige im Rahmen von Ferienjobs verdient hat, erfasst.

Zu beachten ist hier, dass der Minderjährige seine Leistung vollständig bewirkt haben muss. Daher sind Rechtsgeschäfte, die eine Raten- oder Kreditverpflichtung beinhalten, nicht von der Vorschrift umfasst. Dies ist auch dann der Fall, wenn die laufenden Raten aus dem Taschengeld des Minderjährigen beglichen werden.

6. Selbstständiger Betrieb eines Erwerbsgeschäftes Nach § 112 BGB kann der gesetzliche Vertreter mit Genehmigung des Familiengerichts den Minderjährigen ermächtigen, ein selbstständiges Erwerbsgeschäft zu betreiben. Hierdurch wird der Minderjährige für Rechtsgeschäfte, die der Geschäftsbetrieb mit sich bringt, unbeschränkt geschäftsfähig. Die Ermächtigung kann von dem gesetzlichen Vertreter des Minderjährigen nur mit Genehmigung des Familiengerichts zurückgenommen werden (vgl. § 112 Abs. 2 BGB).

7. Dienst- und Arbeitsvertrag Nach § 113 BGB kann der gesetzliche Vertreter den Minderjährigen auch ermächtigen, ein Dienst- oder Arbeitsverhältnis einzugehen. Dies hat zur Folge, dass der Minderjährige für sämtliche Rechtsgeschäfte mit seinem Arbeitgeber voll geschäftsfähig ist.

8. Einseitige Rechtsgeschäfte Nach § 111 BGB ist ein einseitiges Rechtsgeschäft, das der beschränkt Geschäftsfähige ohne die Einwilligung des gesetzlichen Vertreters vornimmt, grundsätzlich unwirksam.

Nimmt der Minderjährige das Rechtsgeschäft mit Einwilligung des gesetzlichen Vertreters vor, so ist jedoch das Rechtsgeschäfts dennoch unwirksam, wenn der Minderjährige keine Einwilligung in schriftlicher Form vorlegt und der Vertragspartner das Rechtsgeschäft aus diesem Grund unverzüglich zurückweist. Eine solche Zurückweisung ist dann ausgeschlossen, wenn der Vertreter des Minderjährigen den Vertragspartner von der Einwilligung bereits in Kenntnis gesetzt hat.

9. Fazit Minderjährige sind besonders schutzwürdig. Dies galt bereits bei Inkrafttreten des BGB und gilt im besonderen Maße heutzutage. Hier ist insbesondere an das Internet zu denken, das neue Gefahrquellen verursacht, vor denen der Minderjährige geschützt werden muss.

3.19 Vertretung im BGB

1. Einleitung
2. Gesetzliche Vertretung
3. Rechtsgeschäftliche Vertretung
4. Wirkung der Vertretung

5. Grenzen der Vertretung
6. Fazit

1. Einleitung Die Vertretung spielt im Rechtsverkehr eine erhebliche Rolle. Sie ermöglicht es, dass Personen für Dritte Rechtsgeschäfte oder Handlungen vornehmen. Die Vertretungsbefugnis kann durch ein Rechtsgeschäft (die sog. Vollmacht) erteilt werden. Eine Vertretungsbefugnis kann sich jedoch auch unmittelbar aus dem Gesetz ergeben.

2. Gesetzliche Vertretung Der wichtigste Fall einer gesetzlichen Vertretungsbefugnis ist die Handlungsbefugnis der Eltern für das minderjährige Kind (vgl. §§ 1626 Abs. 1, 1629 Abs. 1 BGB). Die Vertretungsbefugnis ist Teil der elterlichen Sorge, die den Eltern gemeinsam obliegt.

Einschränkungen des gesetzlichen Vertretungsrechtes der Eltern können sich in den Fällen ergeben, in welchen auch die Vertretung eines Vormundes ausgeschlossen ist (vgl. § 1629 Abs. 2 BGB). Hierzu gehört insbesondere grundsätzlich auch ein zwischen den Eltern und dem minderjährigen Kind (§ 1795 Abs. 1 Nr. 1 BGB) abzuschließendes Rechtsgeschäft. Für diesen Fall wird ein sog. Ergänzungspfleger bestellt (§ 1909 BGB), der dann die Vertretung für das Kind übernimmt.

Die gesetzliche Vertretungsbefugnis spielt auch im Gesellschaftsrecht eine erhebliche Rolle. So ist der Geschäftsführer einer GmbH (vgl. § 35 GmbHG) und der Vorstand (§ 78 AktG) kraft Gesetzes zur Vertretung der Gesellschaft befugt.

3. Rechtsgeschäftliche Vertretung Die rechtsgeschäftliche Vertretung ist in den §§ 164 ff. BGB geregelt. Hier erlangt der Vertreter seine Vertretungsbefugnis für einen Anderen durch eine einseitige empfangsbedürftige Willenserklärung (sog. Vollmacht). Die Bevollmächtigung kann gegenüber dem Bevollmächtigten oder dem Dritten, demgegenüber die Vertretung erfolgen soll, stattfinden (§ 167 Abs. 1 BGB).

Die Vollmacht kann formlos erfolgen. Dies gilt auch dann, wenn das Rechtsgeschäfts, für welches die Vollmacht erteilt ist, eine bestimmte Form erfordert (§ 167 Abs. 2 BGB). So bedarf insbesondere eine Vollmacht für den Kauf eines Grundstückes keiner notariellen Beurkundung.

Vertreter kann auch ein beschränkt Geschäftsfähiger sein (§ 165 BGB). Der Vertreter ist infolge seiner Vollmacht zur Abgabe und zur Entgegennahme einer Willenserklärung bevollmächtigt (§ 164 Abs. 1 und 3 BGB).

Die Vollmacht erlischt grundsätzlich durch den Widerruf (§ 168 S. 3 BGB), der gleichsam eine empfangsbedürftige Willenserklärung ist.

Ausgeschlossen ist eine Vollmacht bei sog. höchstpersönlichen Rechtsgeschäften. Hierzu gehört die Eheschließung oder die Erstellung eines Testamentes.

Nicht als Vertreter gilt der sog. Bote. Der Bote gibt keine eigene Willenserklärung ab. Er überbringt lediglich die Willenserklärung eines Anderen.

Besondere Formen einer rechtsgeschäftlichen Vollmacht sind die Handlungsvollmacht nach § 54 HGB und die Prokura nach § 48 HGB. Die Besonderheit der Prokura besteht darin, dass der Vertretungsumfang sich aus dem Gesetz ergibt und nicht für Wirkung nach außen eingeschränkt werden kann. Die Prokura ist im Handelsregister einzutragen (vgl. § 53 Abs. 1 HGB). Auch ohne Eintragung im Handelsregister ist die Prokura wirksam.

Ferner hat die Rechtsprechung noch die sog. Anscheins- oder Duldungsvollmacht entwickelt. Hier liegt eigentlich keine Vollmacht des Vertretenen vor. Da der Vertretene jedoch kausal einen Rechtsschein verursacht oder willentlich geduldet hat, wird er behandelt, wie wenn er eine wirksame Vollmacht erteilt hätte.

4. Wirkung der Vertretung Handelt ein Vertreter mit Vertretungsmacht, so wirkt dessen Willenserklärung unmittelbar für und gegen den Vertretenen.

Handelt ein Vertreter ohne Vertretungsmacht, so ist das vom Vertreter geschlossene Rechtsgeschäft zunächst schwebend unwirksam (§§ 177 ff. BGB). Ob es zur Wirksamkeit des Rechtsgeschäftes kommt, hängt davon ab, ob der Vertretene das Rechtsgeschäft im Nachgang genehmigt. Genehmigt der Vertretene das Rechtsgeschäft, so wirkt die Genehmigung auf den Zeitpunkt der Vornahme des Rechtsgeschäftes zurück (ex tunc) (vgl. § 184 BGB).

Genehmigt der Vertretene das Rechtsgeschäft nicht, so ist der Vertreter nach § 179 BGB gegenüber dem Dritten schadensersatzpflichtig.

Bei einem einseitigen Rechtsgeschäft ist eine Vertretung ohne Vertretungsmacht von vornherein unzulässig (§ 180 BGB). Folglich ist auch eine nachträgliche Genehmigung nicht mehr möglich.

5. Grenzen der Vertretung Eine Vertretungsbefugnis eines Vertreters ist nicht möglich, wenn der Vertretene und der Dritte bewusst zur Schädigung des Vertretenen ein Rechtsgeschäft abschließen (sog. kollusives Verhalten).

Eine weitere Einschränkung ergibt sich bei dem sog. Insichgeschäft im Sinne des § 181 BGB. Das Verbot des Insichgeschäftes gilt jedoch nicht, wenn der Vertretene den Vertreter von diesen Beschränkungen befreit oder es um die Erfüllung einer Verbindlichkeit geht.

6. Fazit Die Vertretung ist aus dem Alltag nicht hinwegzudenken. Das gilt insbesondere für den Geschäftsverkehr. Personen, die mit Vertretern Rechtsgeschäfte abschließen, haben ein Interesse daran, zu wissen, ob der Vertreter eine wirksame Vertretungsbefugnis hat. Deshalb empfiehlt es sich, die wirksame Vertretungsbefugnis auch frühzeitig zu prüfen.

3.20 Die gesetzliche Erbfolge

1. Bedeutung der gesetzlichen Erbfolge
2. Gesetzliche Erbfolge der Verwandten
3. Gesetzliche Erbfolge des Ehegatten
4. Fazit

1. Bedeutung der gesetzlichen Erbfolge Erblasser haben die Möglichkeit, durch Testament oder Erbvertrag ihren Nachlass zu regeln. Hat der Erblasser jedoch keine Verfügung von Todes wegen erstellt, gelten für die Erbfolge die gesetzlichen Regelungen. In Deutschland gilt für die deutliche Mehrheit aller Erbfälle die gesetzliche Erbfolge. Das Erbrecht unterscheidet hierbei das sog. Verwandten- sowie das Ehegattenerbrecht.

2. Gesetzliche Erbfolge der Verwandten Die gesetzlichen Regeln des Verwandtenerbrechts finden sich in den §§ 1924 ff. BGB.

Verwandt sind Personen, die in gerader oder seitlicher Linie voneinander abstammen. Ehegatten gehören nicht zu den Verwandten. Adoptierte Kinder gelten als von den Eltern abstammend.

Im gesetzlichen Verwandtenerbrecht werden Verwandte in unterschiedliche Ordnungen eingestuft.

In der ersten Ordnung befinden sich die Kinder des Erblassers sowie die Abkömmlinge der Kinder (Enkel, Urenkel). In der zweiten Ordnung befinden sich die Eltern und deren Abkömmlinge. In der dritten Ordnung befinden sich die Urgroßeltern und deren Abkömmlinge. Entsprechend wird in den Ordnungen 4 und 5 verfahren.

Gibt es im Zeitpunkt des Todes des Erblassers einen Erben der ersten Ordnung, so schließt er alle anderen Verwandten, die nicht der ersten Ordnung angehören, von der gesetzlichen Erbfolge aus. Dieser Grundsatz gilt für alle Ordnungen, sodass z. B. Erben 2. Ordnung auch die Erben 3. oder 4. Ordnung ausschließen.

Die Einstufung der Erben in unterschiedliche Ordnungen nennt man Parentelsystem.

Ist geklärt, welche Ordnung für die Erbfolge der Verwandten zur Anwendung kommt, so muss geprüft werden, welche Erben innerhalb einer Ordnung andere Erben der gleichen Ordnung von der Erbfolge ausschließen. Hierbei kommt das Repräsentationsprinzip zur Anwendung. Dieses besagt, dass ein dem Erblasser in der Linie näherstehender Verwandter einen entfernteren Verwandten von der Erbfolge ausschließt. So schließt zum Beispiel ein Kind des Erblassers dessen Kind (Enkel des Erblassers) von der Erbfolge aus.

Ist jedoch der näherstehende Verwandte bereits vorverstorben, so treten dessen Abkömmlinge in die Erbfolge ein. Dieses Prinzip wird Eintrittsprinzip genannt.

Zur Veranschaulichung der beiden Prinzipien möchte ich nun ein kurzes Beispiel vorstellen.

> **Beispiel**
>
> Ein Erblasser hat eine Tochter und einen Sohn. Daraus ergeben sich zwei Stämme (Stamm 1 wäre derjenige der Tochter und Stamm 2 derjenige des Sohnes). Der Sohn wiederum hat selbst zwei Kinder, die somit die Enkel des Erblassers sind. Sowohl die direkten Abkömmlinge als auch die Enkel des Erblassers sind Erben der ersten Ordnung im Sinne des § 1924 BGB. Allerdings schließt der Sohn die Enkel von der Erbfolge aus. Sofern der Sohn des Erblassers vor Tod des Erblassers verstorben sein sollte, geht der Erbanspruch im Rahmen des Eintrittsprinzips auf dessen Kinder, also auf die Enkel des Erblassers, über. ◄

3. Gesetzliche Erbfolge des Ehegatten Ehegatten sind nach § 1589 BGB nicht als miteinander verwandt anzusehen. Insoweit gilt ein eigenes gesetzliches Erbrecht. Das gesetzliche Erbrecht des Ehegatten ist in § 1931 BGB geregelt.

Lebt bei Erbfall noch ein Ehegatte, so ist stets zuerst sein Erbteil zu ermitteln. Für das übrige Vermögen gilt sodann das Verwandtenerbrecht.

Für die gesetzliche Erbfolge des Ehegatten ist zunächst bedeutsam, in welchem Güterstand die Ehegatten gelebt haben. Hiervon abhängig kann der Erbteil des Ehegatten unterschiedlich ausfallen.

Zugewinngemeinschaft
Liegt der gesetzliche Güterstand, die sog. Zugewinngemeinschaft, vor, so erbt der Ehegatte neben den Abkömmlingen zunächst einen Anteil von ¼. Neben den Erben 2. Ordnung erhält der überlebende Ehegatte bereits ½ des Nachlasses. Zusätzlich erhält der Ehegatte pauschal als Abgeltung für den Zugewinnausgleichsanspruch nach § 1931 Abs. 3 i. V. m. § 1371 BGB einen weiteren Anteil von ¼.

Denkbar wäre auch, dass der Ehegatte seinen gesetzlichen Erbteil ausschlägt. In diesem Fall behält der Ehegatte den gesetzlichen Pflichtteilsanspruch. Der Pflichtteilsanspruch beträgt die Hälfte des gesetzlichen Erbes. Zusätzlich erhält der ausschlagende Ehegatte jedoch noch den Zugewinnausgleichsanspruch. Anders als ohne Ausschlagung wird die Höhe des Zugewinnausgleichsanspruches jedoch nicht pauschal ermittelt. Vielmehr wird anhand der tatsächlichen Wertermittlungen der Anfangs- und Endvermögen beider Ehegatten der Zugewinnausgleichsanspruch berechnet.

Gütertrennung
Lebt der überlebende Ehegatte im Güterstand der Gütertrennung, so erben die Ehegatten nach § 1931 Abs. 4 BGB jeweils zu gleichen Teilen mit den Kindern des Erblassers, jedoch beträgt der Mindestanteil ¼ des Nachlasses. Einen zusätzlichen pauschalen Anteil erhält der überlebende Ehegatte nicht.

Gütergemeinschaft
War zwischen den Ehegatten der Güterstand der Gütergemeinschaft vereinbart, so hat der überlebende Ehegatte einen Anspruch auf den Ehegattenanteil im Sinne des § 1931 Abs. 1 BGB in Höhe von einem Viertel. Daneben steht dem überlebenden Ehegatten aufgrund der güterständlichen Besonderheiten der Gütergemeinschaft die Hälfte des Gemeinguts zu (vgl. § 1416, § 1419 BGB).

Liegt kein Testament oder ein Erbvertrag vor und ist weder ein Verwandter noch ein überlebender Ehegatte vorhanden, so erbt nach § 1936 BGB der Staat.

4. Fazit Die gesetzliche Erbfolge führt zu Ergebnissen, die nicht immer den Wünschen des Erblassers entsprechen. Dementsprechend sollte der Erblasser die Möglichkeit nutzen, durch ein Testament oder einen Erbvertrag seine Vermögensnachfolge möglichst frühzeitig zu bestimmen. Hierbei ist der Erblasser mit Ausnahme der Pflichtteilsansprüche weitgehend frei. Die gesetzliche Erbfolge stellt nur eine typisierende Betrachtungsweise dar, die keineswegs passend zu den Vorstellungen und der Lebenssituation des Erblassers sein muss. Auch für Steuerberater gilt, dass sie ihre Mandanten auf die Möglichkeit der eigenen Gestaltung der Erbfolge hinweisen und dabei auch die Möglichkeiten ausloten sollten, inwieweit man hierdurch die Steuerlast für die Hinterbliebenen minimieren kann.

Literatur

BMF, Schreiben v. 21.4.2022, IV C 2 – S 2836/20/10001 :002, BStBl 2022 I S. 647
BMF, Schreiben v. 10.5.2022, IV C 1 – S 2256/19/10003 :001, BStBl 2022 I S. 668,
BMF v. 04.06.2003, IV A 2 – S 2836 – 2/03, BStBl 2003 I S. 366
BMF v. 09.11.2016, IV C 8 – S 2296 b/07/10003 :008, BStBl 2016 I S. 1213
BMF v. 06.10.2017, IV C 6 – S 2145/07/10002: 019, BStBl 2017 I S. 1320
BMF v. 27.02.2018, III C 3 – S 7160-b/13/10001, BStBl 2018 I S. 316
BMF v. 09.07.2021 – IV C 6 – S 2145/19/10006 :013
BMF v. 29.10.2021, IV C 6 – S 2240/19/10006 :006, BStBl 2021 I S. 722
BMF v. 15.03.2022, IV C 5 – S 2334/19/10007 :007, BStBl 2022 I S. 242
Gabler Banklexikon: Bank – Börse – Finanzierung. (2020). Deutschland: Springer Fachmedien Wiesbaden.

Erratum zu: 20 Prüfungssimulationen

Erratum zu:
Kapitel 2 in: A. Schneider, M. P. Müller, *20 Prüfungssimulationen und Kurzvorträge für das mündliche Steuerberaterexamen,*
https://doi.org/10.1007/978-3-658-41616-4_2

Liebe Leserin, lieber Leser, vielen Dank für Ihr Interesse an diesem Buch. Leider haben sich trotz sorgfältiger Prüfung Fehler in Kapitel 2 eingeschlichen, die uns erst nach Drucklegung aufgefallen sind. Die nachfolgenden Korrekturen wurden jetzt ausgeführt.

Die Überschriften der Untertitel in Kapitel 2 wurden sowohl im Kapitel selbst als auch im Inhaltsverzeichnis des Buches aktualisiert (von Tabellennummern 2.1 bis 2.20 zu den betreffenden Themen).

Die aktualisierte Version des Kapitels finden Sie unter
https://doi.org/10.1007/978-3-658-41616-4_2

© Der/die Autor(en), exklusiv lizenziert an Springer Fachmedien Wiesbaden
GmbH, ein Teil von Springer Nature 2023
A. Schneider, M. P. Müller, *20 Prüfungssimulationen und Kurzvorträge für das mündliche Steuerberaterexamen*, https://doi.org/10.1007/978-3-658-41616-4_4